LES 100 PLUS GRANDS QUÉBÉCOIS DU HOCKEY

Rolland Ouellette

LES 100 PLUS GRANDS QUÉBÉCOIS DU HOCKEY

Stanké

Données de catalogage avant publication (Canada)

Ouellette, Rolland, 1963-

Les 100 plus grands Québécois du hockey

ISBN 2-7604-0746-2

1. Joueurs de hockey - Québec (Province) - Biographies. I. Titre. II. Titre: Les cent plus grands Québécois du hockey.

GV848.5.O93 2000   796.962'092'2714   C00-941591-2

© Les Éditions internationales Alain Stanké, 2000

Dépôt légal: Bibliothèque nationale du Québec, 2000

En couverture:
  Raymond Bourque: Bruins de Boston
  Guy Lafleur: Club de hockey Canadien
  Didier Pitre: Temple de la renommée du hockey
  Coupe Stanley: Temple de la renommée du hockey

ISBN 2-7604-0746-2

Les Éditions internationales Alain Stanké remercient le Conseil des arts du Canada et la Société de développement des entreprises culturelles (SODEC) de l'aide apportée à leur programme de publication.

Nous reconnaissons l'aide financière du gouvernement du Canada par l'entremise du Programme d'aide au développement de l'industrie de l'édition (PADIÉ) pour nos activités d'édition.

Stanké International
12, rue Duguay-Trouin
75006 Paris
Tél.: 01.45.44.38.73
Téléc.: 01.45.44.38.73

Les Éditions internationales Alain Stanké
615, boul. René-Lévesque Ouest, bureau 1100
Montréal (Québec)   H3B 1P5
Tél.: (514) 396-5151
Téléc.: (514) 396-0440
editions@stanke.com
www.stanke.com

IMPRIMÉ AU QUÉBEC (CANADA)

REMERCIEMENTS

Il y a déjà longtemps que j'avais envie d'écrire un livre sur le hockey professionnel. Ma passion pour ce sport date de plus de trente ans. La collaboration de plusieurs personnes a été nécessaire afin de réaliser le meilleur document possible. Je m'en voudrais de passer sous silence ceux qui ont cru à mon projet et qui m'ont apporté leur aide.

Comme j'en suis à mon premier ouvrage, je me dois de remercier l'équipe tout entière des *Éditions internationales Alain Stanké* pour avoir remarqué chez l'auteur la passion du sport et le désir d'écrire un manuel sportif.

On ne peut parler de hockey sans parler de statistiques et de records; pour mener à bien ce projet, j'ai fait la connaissance du meilleur statisticien au Canada, qui est d'ailleurs devenu un ami. Je remercie donc *Roger Leblond* pour le généreux partage de ses connaissances et l'analyse des statistiques du hockey.

Merci à mon coéquipier de hockey, *Luc Gélinas*, reporter au Réseau des Sports, d'avoir accepté de s'associer à ce livre. Merci Luc, pour la préface et pour ton encouragement, ce fut grandement apprécié.

Comme vous le verrez en parcourant les pages de ce document, il y a plusieurs joueurs des années 10 et des années 20. Pour assurer l'exactitude des faits relatifs aux exploits de ces vedettes aujourd'hui méconnues, j'ai dû consulter un historien sportif spécialisé dans l'histoire des Canadiens de Montréal avant les débuts de la Ligue nationale en 1917. Merci à *Michel Vigneault* de m'avoir donné un cours d'histoire.

Merci à mes trois commanditaires: Alimentation Couche-Tard inc., Angelino Petrucci des Services financiers LGA et associés et André Bilodeau du Groupe financier Birar inc.

Ont également contribué à la rédaction de ces 100 biographies, Lise Trudeau et René Lapalme de Scribe d'aujourd'hui, qui ont apporté des suggestions et corrections et m'ont aidé à préciser ma pensée en certaines occasions.

Il me faut également remercier Dan Diamond, Claude Rompré du Club de hockey Canadien, Michel Dehoux, Louise Poitras, Gabriel Guérin, Christine Lanthier, André Ouellette, Thérèse Rouleau, Nicole Lanthier, Michel Forrest,

Nathalie Lebel, Bruno Montpetit du Réseau des sports, CKAC, Radio-Canada, Robert Sauvé et France Clermont de Jandec, Jean Roy, Monique Mouton, Manon Gagnon-Leroux de la LHJMQ, François Lemay, André Beauregard, la Ligue nationale de hockey et le Temple de la renommée du hockey.

PRÉFACE

Le hockey est le seul sport qui a réussi à soulever autant d'intérêt et de passion dans le cœur des Québécois. Si à une époque on parlait de religion en pensant au hockey, c'est parce que des joueurs au talent exceptionnel ont écrit l'histoire en s'élevant au rang de légendes, et aussi parce que certains individus ont dédié avec succès une grande partie de leur vie à ce sport.

L'auteur de ce livre, Rolland Ouellette, a pour sa part consacré deux années de son existence à réunir toutes les informations nécessaires à la création et à la rédaction de ce qui deviendra sans doute un ouvrage de référence au Québec. Au moment où les idoles québécoises se font de plus en plus rares et semblent de moins en moins accessibles, il est drôlement agréable de découvrir les faits d'armes et le caractère des étoiles qui ont brillé jadis ou brillent encore aujourd'hui.

Dans ce bouquin, Rolland Ouellette ne se contente pas d'énumérer quelques statistiques impressionnantes, car de toute façon, la carrière de chaque héros est bien résumée en chiffres. Mais l'auteur va au-delà des chiffres. Il n'a rien laissé au hasard et a rencontré la grande majorité des héros de ce livre, ne ménageant aucun effort dans sa quête d'informations, allant même jusqu'à fouiller à maintes reprises dans de vieux registres pour vérifier des détails concernant certaines légendes du hockey.

À la suite d'un travail de moine rendu encore plus difficile parce qu'il ne gravite pas dans le cercle fermé de ce sport, l'auteur nous a concocté cent mini-biographies où l'on découvre bon nombre d'anecdotes surprenantes racontées par ces grands noms du hockey qui ont fait vibrer tant de générations de Québécois et de Québécoises.

Rolland Ouellette nous fait également découvrir plusieurs personnages fort populaires qui n'ont jamais joué dans la Ligue nationale, mais qui ont façonné à leur manière l'histoire du hockey. Des dirigeants, des officiels ou des journalistes ont aussi leur place parmi les plus grands et leurs histoires s'avèrent également uniques et savoureuses.

Vous avez entre les mains le genre d'ouvrage que l'on conserve à proximité, sur la table de chevet, et que l'on consulte régulièrement. Que ce soit pour comparer les chiffres et les époques, ou lorsq'on se sent nostalgique et que l'on veut se rappeler que le Québec est le berceau du hockey, «Les 100 plus grands Québécois du hockey» tombe à point. Merci Rolland.

Luc Gélinas
Reporter, Réseau des sports (RDS)

INTRODUCTION

Wayne Gretzky est-il meilleur que Mario Lemieux? Terry Sawchuk est-il meilleur que Jacques Plante? Bobby Orr est-il meilleur que Doug Harvey? Voilà autant de questions qui sont régulièrement soulevées par les experts et les amateurs. Personne ne semble vouloir s'attarder uniquement à nos bons Québécois dans ce type de comparaisons. J'ai donc consacré deux ans de ma vie à la recherche et à la comparaison en tenant compte des époques, bien sûr.

Si l'on s'y attarde un peu, de très nombreux hockeyeurs natifs du Québec se sont illustrés à travers les décennies. On n'a qu'à penser à Georges Vézina, Joe Malone, Gilbert Perreault, Maurice Richard et Guy Lafleur.

Plusieurs contesteront mon choix des 100 plus grands Québécois du hockey, et c'est important pour moi. Je suis conscient que je ne détiens pas la vérité complète.

Collection personnelle

Mon grand-père était gardien de but pour l'équipe senior de Mentana en 1931.

Par contre, si je peux susciter assez d'intérêt pour provoquer des discussions ou des débats, j'en serai des plus heureux. Évidemment, je n'ai pas vu jouer certaines grandes vedettes du passé, mais il n'en demeure pas moins que ma passion pour ce sport est très vive.

J'ai vu jouer les Guy Lafleur, les Jean Béliveau et tous les joueurs des vingt dernières années. Afin de présenter le meilleur livre possible, j'ai passé de longues heures à me documenter dans de vieux registres et à visionner plusieurs anciens films sur nos héros québécois. C'est vrai que je ne suis pas du domaine du sport, mais depuis ma tendre enfance, je ne pense qu'au hockey. Étant gardien de but sans talent, j'ai toujours été fasciné par ce sport et depuis 30 ans, le hockey est pour moi une véritable passion.

Puisqu'il s'agit d'un choix personnel, il est évident que plusieurs joueurs ou personnalités apparaissent dans ce livre à cause de l'impact qu'ils ont eu sur moi. Vous y trouverez sûrement certaines personnes que vous n'auriez peut-être pas incluses vous-même.

Comme nous avons presque inventé le hockey au Québec, j'ai décidé de me concentrer sur les personnalités d'origine québécoise seulement. C'est pourquoi un Dave Keon ou un Bill Torrey s'y retrouvent et que Denis Potvin et Aurèle Joliat, natifs de l'Ontario, n'y sont pas. J'espère que vous aurez autant de plaisir à le lire que j'en ai eu à l'écrire.

Rolland Ouellette

MARTIN J. BARRY

(Martin J. «Marty Iron Horse» Barry)

Centre

Martin J. Barry, surnommé affectueusement «Marty», donne ses premiers coups de patins dans la Ligue nationale de hockey à l'âge de 22 ans. Grand patineur et fabricant de jeux prolifique, Barry est déjà voué à un avenir prometteur.

Né à Québec le 8 décembre 1905, il avait jusqu'à présent joué au hockey par simple plaisir, sans espoir de carrière. Après avoir joué dans la Ligue de la cité de Montréal, il fait ses débuts dans la Ligne nationale au sein des Américains de New York en 1927-28. Ce premier passage dans la ligue sera de courte durée: il ne dispute que neuf matchs, pour se retrouver de nouveau dans les ligues mineures au cours des deux saisons suivantes.

C'est en 1929 que Barry effectue son retour. Au sommet de sa forme, il amorce une série de onze saisons consécutives et devient l'un des meilleurs joueurs de la ligue. Repêché par les Bruins de Boston le 13 mai 1929, il complète le deuxième trio en attaque à titre de joueur de centre. Si les Bruins se classent alors au premier rang de la ligue avec 38 victoires, cinq défaites et un match nul, c'est sans doute un peu grâce à lui. Il se classe d'ailleurs lui-même meilleur pointeur des séries éliminatoires avec six points (trois buts et trois passes), nez à nez avec son coéquipier Cooney Weiland. Barry terminera en tête des marqueurs de son équipe pour trois saisons consécutives, de 1932-33 à 1934-35.

Le 30 juin 1935, Jack Adams des Red Wings de Détroit fait son acquisition, au cours d'une des plus importantes transactions de l'époque. Barry se rend donc à Détroit en compagnie d'Art Giroux, en échange de l'excellent joueur de centre Cooney Weiland, son ancien coéquipier à Boston, et de Walt Buswell. Sans hésiter, les Red Wings forment l'un des meilleurs trios de la Ligue nationale de hockey: Martin Barry, Laurie Aurie et Herb Lewis.

L'acquisition de Barry permet aux Red Wings de Détroit de remporter la coupe Stanley en 1936 et 1937. Marty parvient de plus à compter le but le plus important de sa carrière en séries éliminatoires le 26 mars 1939, alors qu'il endosse l'uniforme des Red Wings de Détroit. Il marque le seul but de la rencontre, en prolongation, pour vaincre les Canadiens de Montréal en quart de finale et du même coup, leur retirer tout espoir de remporter la coupe.

Bien qu'il soit l'un des meilleurs pointeurs de son club, le championnat des marqueurs de la ligue lui échappera toujours. Il remporte toutefois le trophée Lady

Bing en 1937, en plus d'être choisi pour la première équipe d'étoiles. Le 3 novembre 1937, il avait participé au match d'étoiles (le Howie Morenz Memorial Game, organisé après le décès de Morenz le 8 mars 1937), disputé au Forum de Montréal. Le match opposait les étoiles de la Ligue nationale aux joueurs des Canadiens. Barry marque le but vainqueur pour l'équipe des étoiles, pour une victoire de 6-5.

À Détroit, Marty joue dans le plus long match de l'histoire de la Ligue nationale, le 24 mars 1936, contre les Maroons de Montréal. Les Red Wings parviennent à mettre fin au match lorsque Mud Bruneteau, d'un tir précis, déjoue le gardien des Maroons, Lorne Chabot, à la sixième période de prolongation. Le match se termine... à 2 h 25 du matin!

Après le match, Barry déclare à un journaliste: «Les joueurs des deux équipes priaient pour que quelqu'un marque avant de tomber de fatigue. Rendu dans le vestiaire, il a été difficile de retirer mon équipement, tellement j'étais exténué».

Il signe comme agent libre avec le Canadien de Montréal le 2 novembre 1939. Barry ne participe qu'à une seule campagne, celle de 1939-40. Surnommé «le cheval de fer» pour son endurance, Barry doit se retirer prématurément du hockey à cause d'une blessure grave à un genou. Son seuil de tolérance à la douleur était presque légendaire. Lors de la saison 1933-34, alors qu'il souffrait d'une séparation de l'épaule, son instructeur Art Ross voulait le mettre au repos quelque temps. Barry avait répondu: «L'équipe a besoin de tous ses joueurs si nous voulons prendre part aux séries éliminatoires. Malgré ma blessure, je prendrai part aux matchs tant que la douleur sera tolérable.» Malheureusement, les Bruins n'ont pas réussi à participer aux séries du printemps.

Après sa retraite à titre de joueur, Barry devient instructeur dans l'Association américaine de hockey. Sa nouvelle aventure se révèle un échec et peu de temps après, il disparaît du monde du hockey. Il sera intronisé au Temple de la renommée du hockey en 1965. On ne peut que souligner sa générosité dénuée d'égocentrisme: le succès de l'équipe l'emportait toujours sur ses propres intérêts. Le «cheval de fer» rendit l'âme le 20 août 1969, à l'âge de 63 ans. Par sa simple détermination et sa persévérance, Barry mérite de faire partie du tableau d'honneur des 100 plus grands Québécois du hockey.

Quelques faits marquants de sa carrière:

➤ 6 saisons consécutives de plus de 20 buts.

➤ Participation à un match d'étoiles.

➤ Remporte, en 1937, le trophée Lady Bing.

➤ 2 coupes Stanley en 3 participations à la grande finale.

➤ A porté le numéro 9 avec les Canadiens.

➤ Intronisé au Temple de la renommée du hockey en 1965.

➤ Décédé le 20 août 1969.

BARRY, Martin J. «Marty Iron Horse»   Source: LNH

Centre, gaucher 5'11", 175 lb
Né à Québec, QC, le 8 décembre 1905; décédé le 20 août 1969
Temple de la renommée: 1965
Dernier club amateur 1929-30: les Eagles de New Haven

			Saison régulière							Séries éliminatoires							
Saison	Équipe	Ligue	PJ	B	A	Pts	Pun	AN	BG	+/-	PJ	B	A	Pts	Pun	AN	BG
1927-28	Américains de New York	LNH	9	1	0	1	2				–	–	–	–	–		
1929-30	Bruins de Boston	LNH	44	18	15	33	34				6	3	3	*6	14		
1930-31	Bruins de Boston	LNH	44	20	11	31	26				5	1	1	2	4		
1931-32	Bruins de Boston	LNH	48	21	17	38	22				–	–	–	–	–		
1932-33	Bruins de Boston	LNH	47	24	13	37	40				5	2	2	4	6		
1933-34	Bruins de Boston	LNH	48	27	12	39	12				–	–	–	–	–		
1934-35	Bruins de Boston	LNH	48	20	20	40	33				4	0	0	0	2		
1935-36	Red Wings de Détroit	LNH	48	21	19	40	16				7	2	4	6	6		
1936-37	Red Wings de Détroit	LNH	47	17	27	44	6				10	4	7	11	2		
1937-38	Red Wings de Détroit	LNH	48	9	20	29	34				–	–	–	–	–		
1938-39	Red Wings de Détroit	LNH	48	13	28	41	4				6	3	1	4	0		
1939-40	Canadiens de Montréal	LNH	30	4	10	14	2				–	–	–	–	–		
	Totaux LNH	12 saisons	509	195	192	387	231	–	–	–	43	15	18	33	34	–	–

JACQUES BEAUCHAMP

Journaliste

Le sport actif a toujours nourri l'esprit de Beauchamp, qui a longtemps conservé l'ambition de devenir gardien de but. Lors de sa dernière année à *La Patrie*, il fait un essai comme gardien de but avec le club junior Concordia, dirigé par Sylvio Mantha, ancien joueur des Canadiens. Sa carrière est de très courte durée; en effet, lorsque que Beauchamp demande à Mantha de lui trouver des patins de gardien de but, celui-ci rétorque qu'il ne les aura pas, puisqu'il est congédié de l'équipe, faute de talent. Ce sera sa seule et unique tentative pour se tailler un poste régulier au sein d'une équipe junior.

Par la suite, Beauchamp agit comme gardien d'entraînement avec le Royal senior. Pour 25 $ la séance, il garde également les filets lors des exercices des équipes de la Ligue nationale qui viennent jouer à Montréal. On sait qu'à l'époque, les équipes ne possèdent qu'un seul cerbère et la coutume veut que l'équipe locale loue les services de celui qu'on appelle le «gardien de pratiques». Il devient également gardien d'entraînement pour le club des Canadiens, ce qui lui permet de se lier avec les joueurs et facilite son travail de journaliste.

Né le 4 février 1927 à Saint-Jérôme, Beauchamp est initié très jeune au hockey. La famille Beauchamp n'est pas très riche et sa mère se rend sur la rue Craig dans l'espoir de trouver une paire de patins d'occasion pour Jacques. Il commence à patiner à l'âge de sept ans derrière la maison, sur une patinoire raboteuse. Il n'est pas tellement studieux, préférant les activités de groupe aux longues soirées à faire des devoirs.

Très rapidement, le sport s'empare complètement du cœur de Jacques. «J'essayais par tous les moyens de me mettre en valeur, de prouver à mes camarades que j'étais de la graine de champion», disait-il avec un large sourire, il y a plusieurs années. «C'est à l'école La Mennais, située sur la rue Saint-Denis, angle Beaubien, que j'ai commencé à jouer sur une base quotidienne, car l'école possédait sa propre patinoire», ajoute-t-il.

Lorsqu'il demande au frère Pierre s'il peut jouer au hockey pour l'équipe de l'école, celui-ci décide illico: «Parfait, tu seras gardien de but». Il a tout juste 12 ans. Mais le frère Pierre l'oblige également à suivre des cours de chant, ce qui... l'enchante beaucoup moins. Jacques demande: «Pourquoi me faire chanter pour jouer au hockey?». Le frère demeure muet. Un jour, le groupe se met à chanter jusqu'à ce que le frère entende une voix qui fausse terriblement. «C'est toi qui fausses, Beauchamp!» constate le frère. La carrière de chanteur de Beauchamp prend ainsi fin, pour la plus grande joie de Jacques, qui n'a qu'une seule idée en tête: le hockey. Jacques conserve tout de même son poste de gardien de but au sein de l'équipe.

En guise de récompense pour de bons résultats scolaires, Jacques a la chance d'accompagner un des frères de l'école au match des Canadiens contre les Maple Leafs de Toronto. C'est en 1941 et il a quatorze ans. Très impressionné de voir, pour la première fois de sa vie, des joueurs vedettes de la Ligue nationale de hockey. Beauchamp est surpris de voir avec quelle dextérité les joueurs se passent la rondelle. Buddy O'Connor, des Canadiens, l'impressionne particulièrement. Son désir de jouer dans la Ligue nationale de hockey le tenaille plus que jamais. Toutefois, son talent limité pour le sport qu'il affectionne l'oblige à se tourner vers le journalisme, sa deuxième passion. C'est son père, Philippe, qui n'est pourtant pas journaliste, qui lui trouve son premier emploi dans une salle de rédaction. Par l'entremise de son père, Jacques fait la connaissance de Donat Kavanaugh, directeur de l'information à *La Patrie*. Jacques devient alors messager à 5 $ par semaine. Le voilà heureux! Il abandonne peut-être son salaire de livreur à bicyclette de 12 $ par semaine pour se retrouver ainsi dans une salle de rédaction à moindre salaire, mais cela n'a pour lui aucune importance.

Dès six heures, chaque matin, Beauchamp franchit le seuil de *La Patrie*, le premier sur place. En plus de son travail de messager, il apporte les derniers communiqués et les différentes dépêches des agences, en plus de souligner les faits marquants contenus dans les articles reçus. Un jour, le journaliste responsable des faits divers étant absent, Kavanaugh demande à Jacques de le remplacer. C'est le début d'une carrière de plus de quarante ans.

Animé par cette nouvelle passion pour la rédaction d'articles, Beauchamp en vient à négliger son principal travail, celui de messager. Conséquemment, le gérant du journal, Oswald Mayrand, le convoque à son bureau pour le congédier. Son rêve vient de s'écrouler. Le 8 juin 1944, cependant, *Montréal-Matin* l'accueille à titre d'assistant au rédacteur sportif, Armand Jokisch. L'aventure journalistique reprenait donc de plus belle.

À l'âge de 24 ans, il est promu directeur des sports du *Montréal-Matin*, poste qu'il occupera pour plusieurs années à venir. C'est un visionnaire et ce poste lui permet de prendre des décisions très importantes qui auront un impact majeur sur le monde journalistique. Ses choix sont souvent des plus heureux et il reste un modèle pour bien des journalistes. Lorsqu'il débute à *Montréal-Matin*, le journal se vend quotidiennement à tout près de 18 000 exemplaires, contre 35 000 exemplaires pour le journal *Le Canada*.

Même si la priorité du journal demeure la politique et les faits divers, Beauchamp réussit à convaincre la direction d'accorder plus d'importance à la section des sports. Il prétend que la crédibilité marketing d'un journal doit passer par les sports. Beauchamp constate plus tard avec satisfaction qu'il avait vu juste: les ventes du journal grimpent en flèche grâce au nouvel accent mis sur les activités sportives. L'inévitable se produit finalement un jour: le journal *Le Canada* doit fermer ses portes.

Responsable de la section sportive du journal, Beauchamp essaie d'obtenir de ses patrons de meilleures conditions de travail. À cette époque, il manifeste, pour la première fois de sa carrière, un certain manque d'intérêt pour son travail. Il est tout simplement malheureux de travailler comme un forcené en échange de belles promesses.

Pierre Péladeau, qui vient de fonder le *Journal de Montréal* quelques années auparavant, a vent de l'insatisfaction de Beauchamp. En février 1968, un homme de confiance de Péladeau invite Beauchamp à se joindre au nouveau journal montréalais. Devant le refus catégorique de Jacques, Péladeau revient à la charge lui-même et l'invite à un dîner. Péladeau lui mentionne qu'il pourra fixer ses propres conditions, pourvu qu'il accepte de prendre en charge les pages sportives du *Journal de Montréal*.

Après 27 ans à *Montréal-Matin*, Beauchamp quitte donc les ligues majeures du journalisme pour exercer son grand talent chez une équipe qui, à l'époque, fait encore partie des ligues mineures. En moins de deux, Beauchamp et son équipe accomplissent une besogne phénoménale, puisque le quotidien dépasse le tirage de *Montréal-Matin*. L'avenir s'annonce bien pour Péladeau et ses acolytes. Beauchamp est enfin reconnu à sa juste valeur par un dirigeant de journal.

L'une des conditions d'embauche posées par Beauchamp est de pouvoir engager les journalistes de son choix dans le but de faire une salle de rédaction digne d'un grand journal. C'est ainsi qu'il rapatrie Marcel Gaudette et Jean-Pierre Sanche du *Montréal-Matin*. Peu de temps après, il devient le directeur des sports du journal, à la demande même de Pierre Péladeau.

En 1977, Péladeau décide de lancer un nouveau quotidien à Philadelphie et demande à Jacques de l'aider dans cette nouvelle aventure. Les deux partent pour Philadelphie mettre sur pied la logistique nécessaire pour le lancement prévu le 5 janvier 1978. Un soir, à l'hôtel, Péladeau, la tête toujours farcie d'idées farfelues, déclare qu'il veut prendre tout le monde par surprise. Il annonce à Jacques que le lancement du journal ne se fera pas le 5 janvier, mais plutôt le 5 décembre 1977. Il faut le reconnaître, Beauchamp est maintenant bien loin de son poste de messager à *La Patrie*. Surpris par la décision de son patron, Beauchamp se retrousse les manches, met les bouchées doubles et en vrai professionnel, met tout en œuvre pour le lancement... le 5 décembre!

Il est tellement dévoué à son travail qu'il lui arrive fréquemment de dormir dans son bureau au journal. Le nombre de personnalités qu'il a rencontrées tout au long de sa carrière remplirait tout un volume, tellement il s'était rapproché de tout ce beau monde.

Je pourrais m'étendre longuement encore lorsqu'il s'agit de Jacques Beauchamp. Une chose demeure: il a de toute évidence révolutionné à sa façon le monde journalistique, que ce soit par la couverture des événements sportifs, la façon de diriger une salle de presse ou la manière de rendre intéressante une nouvelle. Il est sans contredit le plus grand visionnaire du monde journalistique que le Québec ait connu et aura côtoyé les plus grands du monde du sport, particulièrement les athlètes du hockey, du baseball ou de la boxe, pour ne nommer que ceux-là.

Plusieurs journalistes encore actifs aujourd'hui lui doivent une partie de leur carrière. Les Marc Lachapelle et Bertrand Raymond, par exemple, ont subi son influence et adopté de nouvelles méthodes de couverture d'événements sportifs. La crédibilité de Beauchamp est telle, qu'on lui propose à plusieurs reprises d'entrer en politique, ce qu'il refuse chaque fois. En 1984, Jacques Beauchamp reçoit le *Elmer Ferguson Memorial Award*, remis à un membre de la profession journalistique pour l'ensemble de sa carrière dans le monde du hockey. Il est ainsi officiellement admis au Temple de la renommée du hockey. Il décède le 17 septembre 1988 à la suite d'une longue maladie.

Beauchamp a fait beaucoup pour le hockey, mais aussi pour le journalisme en général. Il a contribué directement au succès de différents journaux pour lesquels il s'est dévoué corps et âme. Si aujourd'hui, les partisans et amateurs ont la chance de pouvoir suivre les activités des Canadiens à l'extérieur de Montréal, et si les reporters et journalistes sont aujourd'hui sur place pour la couverture des matchs, c'est aussi grâce à Beauchamp, le premier à couvrir le sport de cette façon.

Il a toujours eu une attitude amicale envers tout le monde et personne ne l'accuserait de prétention. Il s'amusait souvent à dire qu'il ne comprenait pas qu'il ait connu autant de succès comme journaliste en ayant un vocabulaire de seulement cent mots! Je crois que Beauchamp a marqué autant le public que le monde journalistique. Zotique Lespérance a entièrement raison lorsqu'il déclare, à propos de Beauchamp: «C'est par le travail ardu qu'il a réussi et par son humanisme qu'il a su se créer une légion d'amis. Il est le rédacteur sportif par excellence des temps modernes.»

Collection personnelle

MICHEL BEAUDRY

Commentateur

Comment peut-on simultanément mener une carrière dans le monde du spectacle, faire de l'animation à la radio et travailler dans le monde du sport, plus précisément le hockey? Peu de gens peuvent se vanter d'avoir accompli pareil exploit. Pourtant, Michel Beaudry franchit avec succès ce parcours professionnel peu commun. Imaginez-le faire des imitations durant un spectacle ou un numéro de *stand-up comic*, puis retrouvez-le aux entractes durant les matchs du Canadien de Montréal. Plusieurs animateurs se consacrent à une carrière dans un domaine précis, mais Beaudry, lui, préfère explorer différentes avenues.

Né le 20 juillet 1956 à Sainte-Émilie-de-l'Énergie, Michel Beaudry s'intéresse très tôt à l'information et... au sport; il aime regarder jouer son idole de jeunesse, Jean Béliveau. Il a déjà 12 ans lorsqu'il commence à disputer des matchs de hockey et il constate alors qu'il n'est pas un joueur au grand talent. «Je n'étais pas l'inventeur de la discipline et je ne me suis jamais pris au sérieux», me disait-il. Mais pour toutes sortes de raisons, il est un adolescent rebelle qui ne s'en laisse pas imposer. Même sans talent, il aime suffisamment son expérience pour conserver un intérêt marqué pour ce sport. Après une escapade à travers l'Europe en pleine crise d'adolescence, il revient transformé, avec la maturité qui lui manquait. C'est à Montréal qu'il découvre les multiples facettes de ce merveilleux sport qu'est le hockey. Son côté rebelle a fait de lui un homme déterminé et prêt à tout pour atteindre un haut niveau de performance et de crédibilité.

À l'âge de dix-sept ans, il fait une demande d'emploi à la station radiophonique CJMS dans le but de travailler un jour à l'information. Détail particulièrement amusant, il s'enregistre sous le nom de sa mère, Durand, puisque son frère travaille déjà pour la station et que l'embauche de membres de la parenté est interdite. Beaudry se souvient: «Je leur ai tout avoué le soir où je suis entré en ondes comme lecteur de nouvelles. Heureusement, ils m'ont quand même gardé et ce fut le début de ma carrière.»

Michel, qui a abandonné l'école très jeune, profite de son travail de nuit pour retourner aux études pendant quatre ans, afin de parfaire ses connaissances et exceller dans le monde de l'information. Après un an de travail de nuit, il poursuit sa carrière aux affaires policières et syndicales en 1974, tout en conservant son emploi de moniteur d'éducation physique pour la ville de Montréal. Il vit de près un épisode marquant du Québec lorsqu'il est appelé à couvrir les événements entourant le dossier du criminel Richard Blass. «J'ai beaucoup appris avec Claude Poirier, car il avait le souci du détail et savait comme pas un où aller chercher ses sources d'information», me mentionnait Beaudry. Mais voilà que la couverture jour après jour des meurtres et accidents en vient à jouer sur le moral Michel, ce qui l'amène à modifier son plan de carrière.

En 1976, il est affecté à la description de l'état de la circulation à CKAC lors de l'émission du plus grand *morning man* du Québec à l'époque, Jacques Proulx. C'est presque à ce moment qu'il fait son entrée à la télévision de Sherbrooke, Télé 7, comme reporter. En 1979, il devient d'ailleurs lecteur de nouvelles pour la même station. En 1980, Radio-Canada est en grève et on manque de commentateurs sportifs; il effectue donc un retour au sport pour TVA. Pendant une année, il fait des remplacements un peu partout, avant de se joindre à l'équipe de Paul Houde à la station radiophonique CKMF, à titre de commentateur sportif. Il est par la suite engagé par TVA en 1982 pour travailler aux côtés de Jacques Moreau à l'émission *Le hockey TVA*. La même année, il devient directeur des sports à CJMS.

Il assume peu après la direction de toute la salle des nouvelles de Radiomutuel pendant un an et demi. N'aimant pas avoir des employés sous ses ordres, il préfère de loin le sport et veut définitivement se consacrer au hockey. Aujourd'hui propriétaire d'une maison de production artistique, Beaudry travaille depuis plusieurs années au hockey à TQS. Sa force première est d'ajouter une touche d'humour durant les reportages télévisés. Grâce à ses imitations, il sait nous faire aimer davantage le sport.

Il apporte donc un cachet humoristique lors de la promotion du match. Que dire de ses entrevues avec nos athlètes professionnels? Beaudry les mène avec l'objectif de détendre le joueur plutôt que de lui parler de ses difficultés sur la patinoire. C'est sa manière à lui de rejoindre un auditoire plus vaste. Il cherche à rejoindre autant les amateurs de hockey hommes, femmes ou enfants, que les néophytes.

Pour les amateurs d'humour et de sport, il est possible de l'entendre sur les ondes de CKAC lors de l'émission *Les amateurs de sports*, où il s'adonne à des imitations de diverses personnalités sportives comme Régis Lévesque, Alain Vigneault, Michel Bergeron ou Mario Tremblay. Fervent de hockey dans l'âme, il agit comme entraîneur de l'équipe de son fils et son engagement au niveau mineur est indéfectible.

Celui qui a même écrit un scénario de film qui devrait voir le jour dans les années à venir, a mis sur pied un gigantesque *pool* de hockey à son restaurant. Chaque année, des personnalités connues du monde du sport ou artistique se réunissent afin de bâtir une équipe de hockey et tenter de remporter les différentes bourses mises à leur disposition.

La grande force de Beaudry, c'est de proposer des imitations originales. Son humour nous fait apprécier le hockey d'une façon différente, plus détachée, moins partisane. Même s'il a connu jusque-là une brillante carrière dont il peut être fier, il aimerait un jour animer un *talk show*, un aspect de la profession qu'il n'a pas encore exploré. Malgré le mélange d'humour et de sport qui a fait sa marque, Michel compte également et depuis longtemps à son tableau de chasse des entrevues majeures avec de grands joueurs comme Jean Béliveau, Guy Lafleur et Mario Lemieux.

La société d'aujourd'hui nous amène à chercher des échappatoires pour fuir le stress de la vie moderne. L'humour est une belle façon de dédramatiser le sport; celui-ci ne devrait jamais être pris au sérieux, mais plutôt comme un divertissement. Très peu de gens ont osé risquer leur crédibilité afin de nous faire voir un sport sous un angle différent. Beaudry en homme de défi, a accepté de mettre une partie de sa carrière en jeu et comme il fait partie des plus grands, il a réussi.

Plusieurs remettront en question et contesteront sans doute mon choix d'inclure Michel Beaudry dans les 100 plus grands Québécois du hockey. La raison en est pourtant fort simple: étant un fanatique d'humour et un amateur de sport, il s'agit pour moi d'un choix sentimental.

JEAN BÉLIVEAU

(Jean « Le Gros Bill » Béliveau)

Centre

Lorsqu'on parle de Québécois qui ont marqué le monde du hockey, on ne peut passer sous silence la contribution de Jean Béliveau. Selon *The Hockey News*, le « Gros Bill » est le joueur par excellence des années soixante. Peu de joueurs peuvent se vanter d'avoir remporté dix coupes Stanley, participé à 12 finales de la coupe Stanley et aux séries éliminatoires à 17 reprises. Il est partie intégrante des succès des Canadiens pendant ses 20 saisons dans la Ligue nationale de hockey.

Il possède une maîtrise parfaite de plusieurs facettes du jeu, comme en témoigne sa fiche en carrière, tant en saison régulière qu'en séries éliminatoires. Timide, ou réservé plutôt, Béliveau n'a aucune difficulté à exprimer ses idées et ses commentaires sont beaucoup plus structurés que ceux de la plupart des athlètes du monde du sport. Il est l'un des plus grands ambassadeurs que notre sport national ait connus.

Souvent traité de paresseux au début de sa carrière, Béliveau, du haut de ses six pieds et trois pouces, préconise un style qui semble parfois nonchalant. Il se trouve toujours là où il le faut sur la patinoire, manifeste une facilité déconcertante pour repérer un coéquipier et possède un sens inouï du hockey.

Né le 31 août 1931 à Trois-Rivières, Jean Béliveau passe dans les années quarante la plus grande partie de ses loisirs à jouer en plein air. Il chausse les patins pour aller se divertir sur la patinoire aménagée par son père derrière la maison. Tous les jeunes du quartier viennent jouer quelques matchs de hockey sur la glace de Béliveau.

C'est à l'école des frères du Sacré-Cœur qu'il commence véritablement à jouer au hockey sur une patinoire réglementaire, avec des lignes et des officiels. Les frères mettent sur pied une équipe d'étoiles, ce qui permet à Béliveau d'évoluer avec des joueurs beaucoup plus expérimentés que lui. Rapidement, il s'adapte au style de jeu préconisé par les frères et à l'âge de quinze ans, il entre au collège de Victoriaville. C'est à ce moment que sa carrière se met à évoluer à une vitesse vertigineuse. Il exécute sur la glace des jeux que les autres sont incapables de faire et sa rapidité sur patins est visiblement supérieure à celle de ses coéquipiers.

Jeune, Béliveau pratique également le baseball. C'est un très bon frappeur et il possède un lancer plus puissant que celui des autres de son âge. Des recruteurs des États-Unis demandent même la permission à sa mère de l'expatrier afin de parfaire sa formation de baseballeur. Mais sa mère refuse de voir Jean quitter le Québec et s'éloigner de sa famille. Il s'en faut de peu pour que Béliveau devienne un joueur de baseball.

En 1946, Roland Hébert, ancien défenseur des Tigres de Victoriaville, de la Ligue de hockey junior du Québec, remarque le talent exceptionnel du Gros Bill. Il recommande Béliveau à la direction des Canadiens et rapidement, on envoie un éclaireur sur place pour constater les dires d'Hébert. L'un d'eux, Mickey Hennessey, propose à Béliveau de signer un contrat lui garantissant la modique somme de 200 $ pour boni de signature. Mais son père refuse, comme il l'avait fait avec les autres éclaireurs venus le solliciter.

Jean, qui vient tout juste de passer le cap des 17 ans, est très déçu, car chaque fois qu'il a la chance de monter en grade, son paternel refuse gentiment. Enfin, une lueur d'espoir pointe à l'horizon lorsque son père accepte qu'il joigne les rangs du Canadien junior, dirigé par Sam Pollock. Jean signe donc un contrat avec l'équipe de Pollock. Les Tigres de Victoriaville s'intéressent également à lui et une entente concoctée par Roland Hébert, des Tigres, et Frank Selke, des Canadiens de Montréal, permet à Béliveau d'être libéré du Canadien junior pour se joindre à l'équipe de Victoriaville pour un salaire initial de 15 $ par semaine, puis quelques mois plus tard, de 20 $.

Jean est très polyvalent et son jeu de passes est aussi impressionnant que son tir du poignet, d'une précision déconcertante. Après avoir joué pour l'équipe des Panthers de Victoriaville de la Ligue de hockey intermédiaire en 1946-47, Béliveau peut démontrer son grand talent avec les Tigres de Victoriaville pour les saisons 1947-48 et 1948-49. Malheureusement, les Tigres, victimes de gros problèmes financiers, cessent leurs activités, ce qui permet à Béliveau de signer avec les Citadelles de Québec pour les campagnes 1949-50 et 1950-51.

Grâce à un rendement remarquable de 61 buts et 124 points en 46 rencontres lors de la saison 1950-51, avec les Citadelles, il est rappelé par le grand club pour y disputer deux rencontres. Béliveau passe toute la saison suivante avec les As de Québec de la Ligue senior du Québec. Durant la saison 1952-53, Béliveau ne participe qu'à trois matchs avec le Tricolore, mais c'est assez pour marquer cinq buts et démontrer à la direction du Canadien qu'il possède autant de talent que certains joueurs de la Ligue nationale. Il passe donc la très grande majorité de la saison avec les As de Québec.

À l'époque, un joueur peut évoluer dans la Ligue senior sans toutefois appartenir à une équipe de la LNH. Béliveau est très bien payé dans la Ligue senior et décide pour l'instant de ne pas jouer pour les Canadiens. La direction de l'équipe souhaite faire signer un contrat à Béliveau, mais Jean aime beaucoup la ville de Québec et refuse les avances de Montréal, préférant les As de Québec du circuit professionnel senior. «De toute façon, seulement deux joueurs de la LNH peuvent rivaliser avec mon protégé: Gordie Howe et Rocket Richard», déclare Punch Imlach, l'entraîneur des As.

Finalement, Frank Selke, gérant des Canadiens, décide d'ouvrir les coffres et d'offrir à Béliveau un montant qu'il ne pourra refuser. Plusieurs facteurs militent en faveur des Canadiens: mis à part le salaire, il y a la fierté de jouer dans la Ligue nationale. Béliveau, influencé par son conseiller, Émile Couture, accepte finalement de se joindre aux Canadiens. Couture raconte: «J'ai dit à Jean que s'il aimait vraiment le hockey, il n'y avait qu'une seule Ligue où il devait jouer et une seule équipe avec laquelle il devait évoluer. De plus, le fait de jouer avec son idole de jeunesse, Maurice Richard, le fascinait.»

Avec 95 buts en deux ans à Québec et 172 points en poche, Jean fait officiellement son entrée au Forum de Montréal par la grande porte à l'automne de 1953. Les nombreux honneurs individuels qu'il reçoit tout au long de sa carrière prouvent sans l'ombre d'un doute que Selke et la direction des Canadiens avaient vu juste en lui faisant confiance.

Jouissant d'une réputation d'attaquant redoutable, Béliveau excelle également en défensive. Il peut même adopter un style robuste lorsque la situation le commande. Il est d'un calme absolu et inspire le respect. «Tous ceux qui avaient la chance de jouer sur le même trio que lui étaient assurés de marquer plusieurs buts. Il suffisait de se rendre près des filets et la rondelle vous y attendait», disait son ancien coéquipier Dick Duff.

Plusieurs s'amusent à comparer Béliveau au Rocket Richard. Ils ont des styles totalement différents, n'ont pas la même stature et ils n'évoluent pas à la même position. Mais les deux possèdent certaines qualités communes, comme la détermination et le désir de vaincre. Ils sont également de très bons marqueurs, mais la différence la plus importante entre les deux hommes est que Béliveau est perfectionniste, là où Richard est opportuniste.

Le 5 novembre 1955, à Montréal, Béliveau marque trois buts en 44 secondes, tous en avantage numérique, contre le gardien Terry Sawchuk des Bruins de Boston. Du même coup, il enregistre le deuxième tour du chapeau le plus rapide de l'histoire de la Ligue nationale, derrière Bill Mosienko des Blackhawks de Chicago qui avait réussi l'exploit en 21 secondes, le 23 mars 1952. C'est encore aujourd'hui le record de la Ligue.

Cet exploit de Jean Béliveau provoquera la saison suivante (1956-57) l'adoption d'un règlement qui permet à un joueur pénalisé de revenir sur la patinoire lorsqu'un but est marqué par l'adversaire en avantage numérique. Jean Béliveau aura été novateur bien avant de jouer dans la Ligue nationale. Il est si populaire qu'il faut construire un nouvel aréna à Québec pour contenir tous les admirateurs qui se déplaçaient pour le voir jouer.

La qualité de son jeu lui vaut en 1956 le trophée Art Ross, grâce à une récolte de 88 points dont 47 buts au classement de la Ligue nationale de hockey. C'est là son seul championnat des marqueurs, mais il parvient à s'illustrer autrement: deux trophées Hart, 1956 et 1964, sans compter 13 participations aux matchs des étoiles de 1953 à 1960, 1963 à 1965, 1968 et 1969, et à six reprises, le titre de champion marqueur de son équipe. De plus, il est le premier récipiendaire du trophée Conn Smythe en 1965, après avoir disputé des séries éliminatoires qui méritent d'être soulignées.

«Chaque joueur exige plus de lui-même lorsqu'il porte l'uniforme des Canadiens. Chacun sait qu'il doit se sacrifier pour le bien de l'équipe. Les honneurs individuels ne sont rien face à ceux de l'équipe», mentionne Béliveau à un journaliste en 1969.

Il devient capitaine de son club, succédant ainsi à Doug Harvey lorsque celui-ci cesse ses activités avec les Canadiens en 1961. Il reste capitaine pendant dix ans, soit jusqu'à sa retraite en 1971. «J'ai grandement apprécié ce vote de confiance de la part de mes coéquipiers, étant donné que je n'ai jamais été assistant capitaine», affirme Béliveau au journaliste Jacques Beauchamp. Béliveau est très constant et son rendement dans les séries éliminatoires est toujours d'un cran supérieur à ses saisons régulières. Si le trophée Conn Smythe avait existé en 1956, il l'aurait sans doute ajouté à sa collection. Il est selon plusieurs l'un des plus grands des séries. Il réussit à marquer quatre buts gagnants durant les séries de 1965, dont trois au cours de la finale de la coupe Stanley contre les Blackhawks de Chicago. D'ailleurs, il marque le but décisif qui fait triompher son équipe lors du septième match.

Ses performances en séries éliminatoires sont telles qu'il détient encore aujourd'hui le record de la Ligue nationale pour le plus grand nombre de points en séries avec 62, soit neuf de plus que le célèbre Wayne Gretzky. De plus, ses neuf buts victorieux en finale de coupe Stanley constituent également un sommet de la LNH.

C'est un athlète complet, d'une simplicité extrême, et un gentilhomme, qualités qui ne se sont jamais démenties. Les instants de gloire sont nombreux pour Béliveau durant sa carrière avec les Canadiens, mais rien pour lui n'est plus important que de rendre ses partisans heureux. «Je suis passé par toute la gamme des émotions lors des vingt dernières années passées ici à combler le public québécois», affirme le Gros Bill à Jean Pagé de Radio Canada. La gloire et les moments merveilleux n'altèrent pas son caractère affable et généreux, ni sa disponibilité lorsque vient le temps de parler hockey.

Le 9 octobre 1991, lorsque le club des Canadiens retire à jamais son chandail numéro 4, il reçoit une ovation de plusieurs minutes. Béliveau se rappelle: «L'ovation que l'on m'a donnée m'a rappelé bien des souvenirs et voir mon gilet monter au plafond du Forum m'a donné l'impression du devoir accompli.» Même si l'on a retiré son célèbre numéro 4, Béliveau a déjà disputé un match avec un autre numéro. Le 20 décembre 1970 à Los Angeles, Béliveau a endossé le dossard numéro 8 tout simplement parce que les équipements des joueurs du Canadien avait été volés.

Vers la fin des années cinquante et au cours des années soixante, Béliveau est au sommet de sa forme et de sa carrière, tandis que sa renommée de sportif s'étend aux quatre coins de l'Amérique, ce qui fait dire au journaliste américain Leonard Shecter: «Jean Béliveau ressemble à Mickey Mantle et à Joe DiMaggio. Lorsque

Béliveau se promène sur la rue au Québec, les femmes lui sourient, les hommes lui serrent la main et les jeunes le suivent.»

Je garde un souvenir particulièrement vif d'une journée de 1968 où j'étais allé chez un ami de mes parents qui était voisin de Serge Savard. Ma mère, sachant que j'adorais le hockey, me présente Serge Savard qui, à ce moment, commence sa carrière avec le Canadien. Comme je ne suis pas très grand, il me prend dans ses bras et me dit: «Tu aimes le hockey, qui est ton joueur préféré?» Et avec mes cinq ans bien sonnés, je lui réponds: «Monsieur Savard, mon joueur préféré est Jean Béliveau» et Savard exhibe un large sourire en me disant que c'est un très bon choix.

Béliveau se retire en 1971, non sans avoir inscrit 507 buts en saison régulière et 79 en séries éliminatoires, pour un impressionnant total de 1219 points en saison et 176 points en séries éliminatoires. Il est intronisé au Temple de la renommée du hockey en 1972, seulement un an après avoir annoncé sa retraite.

Après sa retraite, il devient le premier joueur de hockey à occuper un poste administratif au sein des Canadiens de Montréal. Il occupe le poste de vice-président des Affaires publiques du Forum. On lui doit plusieurs projets humanitaires. Il crée un programme destiné à donner aux jeunes pee-wee et Moustiques la chance de jouer sur la glace du Forum. Il a participé à plusieurs dîners-bénéfices pour les Grands Frères et à des messages publicitaires portant sur la maladie d'Alzheimer, entre autres.

Membre de l'équipe de rêve du Canadien, Jean Béliveau demeure un grand leader doué d'un charisme impressionnant. Sa détermination et son désir de vaincre l'auront amené à l'été 2000 à décrocher encore une fois la victoire, lorsqu'il a vaincu un cancer.

Quelques faits marquants de sa carrière:

➢ 18 tours du chapeau en saison régulière et en séries éliminatoires.

➢ 3 matchs de 4 buts.

➢ 13 saisons de plus de 20 buts, 13 saisons de plus de 30 buts et 8 saisons de plus de 40 buts.

➢ Participation à 13 matchs d'étoiles.

➢ Remporte, en 1956, le trophée Art Ross.

➢ Remporte, en 1956 et 1964, le trophée Hart.

➢ Remporte, en 1965, le trophée Conn Smythe.

➢ 10 coupes Stanley en 12 participations à la grande finale.

➢ Capitaine des Canadiens de 1961 à 1971.

➢ Son chandail numéro 4 est retiré par les Canadiens de Montréal.

➢ Intronisé au Temple de la renommée du hockey en 1972.

➢ A porté les numéros 8 et 4 avec les Canadiens.

BÉLIVEAU, Jean « Le Gros Bill » Source: LNH

Centre, gaucher 6'3", 205 lb
Né à Trois-Rivières, QC, le 31 août 1931
Temple de la renommée: 1972
Dernier club amateur 1952-53: les As de Québec

Saison	Équipe	Ligue	PJ	B	A	Pts	Pun	AN	BG	+/-	PJ	B	A	Pts	Pun	AN	BG
						Saison régulière								**Séries éliminatoires**			
1950-51	Canadiens de Montréal	LNH	2	1	1	2	0				–	–	–	–	–		
1952-53	Canadiens de Montréal	LNH	3	5	0	5	0				–	–	–	–	–		
1953-54	Canadiens de Montréal	LNH	44	13	21	34	22				10	2	*8	10	4		
1954-55	Canadiens de Montréal	LNH	70	37	36	73	58				12	6	7	13	18		
1955-56	Canadiens de Montréal	LNH	70	*47	41	*88	143				10	*12	7	19	*22		
1956-57	Canadiens de Montréal	LNH	69	33	51	84	105				10	6	6	12	15		
1957-58	Canadiens de Montréal	LNH	55	27	32	59	93				10	4	8	12	10		
1958-59	Canadiens de Montréal	LNH	64	*45	46	91	67				3	1	4	5	4		
1959-60	Canadiens de Montréal	LNH	60	34	40	74	57				8	5	2	7	6		
1960-61	Canadiens de Montréal	LNH	69	32	*58	90	57				6	0	5	5	0		
1961-62	Canadiens de Montréal	LNH	43	18	23	41	36				6	2	1	3	4		
1962-63	Canadiens de Montréal	LNH	69	18	49	67	68				5	2	1	3	2		
1963-64	Canadiens de Montréal	LNH	68	28	50	78	42				5	2	0	2	18		
1964-65	Canadiens de Montréal	LNH	58	20	23	43	76				13	8	8	16	34		
1965-66	Canadiens de Montréal	LNH	67	29	*48	77	50				10	5	5	10	6		
1966-67	Canadiens de Montréal	LNH	53	12	26	38	22				10	6	5	11	*26		
1967-68	Canadiens de Montréal	LNH	59	31	37	68	28	9	3	+27	10	7	4	11	6	3	1
1968-69	Canadiens de Montréal	LNH	69	33	49	82	55	7	5	+15	14	5	*10	15	8	1	1
1969-70	Canadiens de Montréal	LNH	63	19	30	49	10	3	1	+1	–	–	–	–	–		
1970-71	Canadiens de Montréal	LNH	70	25	51	76	40	7	4	+24	20	6	*16	22	28	2	0
	Totaux LNH	20 saisons	1125	507	712	1219	1029				162	79	97	176	211		

MICHEL BERGERON

(Michel « Le Tigre » Bergeron)

Entraîneur

Michel Bergeron, né à Montréal le 12 juin 1946, n'a jamais cherché à devenir joueur vedette dans la Ligue nationale de hockey. Son ambition était tout autre: faire sa marque au sein de la ligue par son tempérament fougueux et sa grande détermination. Toutefois, trois années de vaines tentatives pour se tailler une place au sein du Canadien junior de Montréal, une équipe de la Ligue junior du Québec, lui font comprendre que son rêve de jeunesse, somme toute assez modeste, ne se réalisera pas.

Bien d'autres auraient abandonné tout espoir de faire carrière dans le monde du hockey, mais Michel Bergeron est tenace. Alors qu'il se prélasse lors de ses vacances à Atlantic City, il reçoit un appel de son ancien entraîneur, Jean Trottier, qui lui annonce, à l'autre bout du fil: «Michel, je suis à la recherche d'un entraîneur pour mon équipe midget élites à Rosemont.» Michel répond: «Ne cherche plus, tu l'as trouvé.» Peu après, il remporte le championnat du Canada de 1971. Le voilà maintenant de plain-pied dans le monde ingrat des instructeurs sportifs.

Grâce à son succès, il débute l'année suivante avec le club junior B de Pointe-aux-Trembles. Pendant trois années, il impose son style au sein de la ligue junior, pour finalement gravir l'ultime échelon et atteindre la Ligue de hockey junior majeur du Québec. Le 10 décembre 1974, les Draveurs de Trois-Rivières congédient leur entraîneur de l'époque, Claude Dolbec, l'homme de hockey le plus populaire de la région, pour le remplacer par un inconnu sorti de nulle part, à peine âgé de 28 ans. C'est ainsi que Bergeron fait ses pénibles débuts, bien loin du club midget ou du junior B...

Il perd son premier match 7-0 à Québec, contre les Remparts. Le journaliste affecté au hockey junior majeur, Marc Lachapelle déclare: «Bergeron ne passera pas à travers, personne n'accepte le congédiement de Dolbec et les joueurs ne veulent pas jouer pour lui.» Bergeron devra à nouveau compter sur son ardeur et sa détermination. Avouant à sa femme Michelle qu'il n'est pas au bout de ses peines, il ajoute qu'il serait sage d'attendre avant de s'installer définitivement dans la région de la Mauricie.

Quelques changements de joueurs, une nouvelle philosophie et une solide éthique de travail lui permettent cependant de reprendre courage, non sans quelques heurts. Grâce à leur esprit d'équipe maintenant renouvelé, les Draveurs se transforment contre toutes attentes en une équipe gagnante. On appréciera enfin l'homme et ses capacités pendant six ans, soit jusqu'à la fin de la saison 1979-80. Son talent de pédagogue ne fait plus de doute.

L'équipe découvre un entraîneur colérique, ennemi des demi-mesures, comme en témoigne son comportement lors d'une cinglante défaite à Hull. Comme d'habitude, les joueurs mangent à bord de l'autobus qui les ramène à Québec. Bergeron, dans un accès de colère, jette toutes les boîtes de poulet dans un banc de neige, totalement hors de lui. Une contre-performance des joueurs donne lieu à un exercice à quatre heures du matin. Cet entraîneur à la mèche courte, du moins dans certaines situations, aura cependant conservé une fiche de 234 victoires, 116 défaites et 44 matchs nuls dans la Ligue de hockey junior majeur du Québec, avec deux passages au tournoi à la ronde de la coupe Mémorial, s'inclinant une fois en grande finale.

En 1980-81, l'entraîneur des Nordiques de Québec, Jacques Demers, est congédié à la fin de la saison. Maurice Filion, alors directeur général, décide de cumuler les deux fonctions et reprend du service à titre d'entraîneur. Il offre à Michel Bergeron de devenir son entraîneur adjoint. Une belle offre, mais qui impose un choix difficile: les Draveurs de Trois-Rivières lui offrent également un contrat! Son respect pour Filion et pour ses méthodes de travail finissent toutefois par le convaincre. Au même moment, Peter et Anton Stastny se joignent eux aussi à l'équipe.

Après seulement six matchs, Filion convoque Bergeron dans sa chambre d'hôtel à Winnipeg et lui dit: «Je viens de congédier le meilleur entraîneur au monde – moi – et si tu veux le poste, il est à toi.» C'est une offre impossible à refuser. Filion préfère se consacrer à temps complet à son poste de directeur général. Bergeron réalise enfin son objectif de diriger une équipe dans la LNH.

Il fait officiellement ses débuts comme entraîneur-chef le 22 octobre 1980. Il connaît, comme toujours, un début difficile et son équipe s'incline 4-2 lors de son premier match, face aux North Stars du Minnesota. Toutefois, son équipe maintenant bien équilibrée peut espérer de beaux jours grâce à Michel Goulet, Peter Stastny et Dale Hunter.

Lorsqu'on demande à Bergeron quel est le facteur déterminant qui aura permis aux Nordiques de devenir une équipe gagnante, il répond sans hésiter: «Quand Maurice Filion a échangé Jamie Hislop aux Flames de Calgary, en retour du gardien Daniel Bouchard.» La meilleure transaction réalisée par Filion? Sans aucun doute, puisque dès l'arrivée de Bouchard, les Nordiques gagnent onze matchs consécutifs et laissent ainsi entrevoir une belle progression vers les plus hauts sommets.

Bergeron, qu'on allait surnommer «Le Tigre» pour son désir de vaincre, aura été au cœur d'une rivalité entre son club et les Canadiens de Montréal qu'on ne reverra jamais plus entre deux équipes de la LNH. Tous se souviennent du match du 20 avril 1984, un Vendredi saint pas comme les autres. Les Nordiques mènent 2-0 lorsqu'une bagarre générale éclate.

Alors que les coups fusent et que les arbitres tentent désespérément de contrôler la situation, Jean Hamel, un joueur des Canadiens, est grièvement blessé à un œil. Plusieurs qualifient ce match de barbare: les gardiens se battent entre eux, les entraîneurs sont debout sur la rampe et s'invitent au combat. Bergeron déclare quelques années plus tard: «Il fallait que ça survienne, car il y avait tellement d'animosité entre les joueurs des deux équipes.» La province entière est rivée à son téléviseur à chaque affrontement, les femmes autant que les hommes suivant de près les prouesses des deux équipes.

Certains des joueurs des deux équipes sont atteints de malaises à l'idée d'affronter leurs rivaux québécois. La femme du Tigre perd ses cheveux par pure nervosité et, pour citer Bergeron: «Des cotes d'écoute allant jusqu'à trois millions de téléspectateurs, ça ne se produit plus de nos jours.» Les restaurants et certains magasins vont jusqu'à fermer leurs portes pendant la durée des matchs. Le phénomène connaît une ampleur sans précédent. Serge Savard, des Canadiens, et Maurice Filion, des Nordiques, décident même de mettre un terme au match traditionnel du 31 décembre, de peur qu'un drame ne survienne dans une famille québécoise. Cette rivalité a tellement marqué les amateurs de hockey qu'elle fait encore aujourd'hui l'objet de nombreuses discussions.

Bergeron a une photo de Jacques Lemaire, l'entraîneur des Canadiens, dans son bureau, ce qui pique un peu la curiosité d'un de ses bons amis. Il lui répond: «Marcel, c'est pour le haïr un peu plus chaque jour.» Cette rivalité intense se poursuit jusqu'au départ de Bergeron pour New York, en 1987.

Cette année-là, la direction des Nordiques permet à Phil Esposito, directeur gérant des Rangers de New York, de discuter avec Bergeron dans le but d'acquérir ses services. Une entente toute simple qui coûtera aux Rangers un choix de première ronde. Un excellent contrat... et un événement qui ne se reproduira plus. Plus jamais un entraîneur-chef ne sera échangé à une formation pour un premier choix au repêchage. Les Rangers connaissent le potentiel de Bergeron, qui a fait ses preuves auprès des hommes de hockey de la Ligue nationale.

Bergeron se trouve dans son bureau du Madison Square Garden de New York lorsqu'il reçoit un appel d'Yves Tremblay, l'agent de Guy Lafleur. «Le démon blond, lui dit-il, veut effectuer un retour au jeu.» Bergeron lui promet d'en parler à Esposito. Les deux hommes conviennent de l'inviter au prochain camp d'entraînement de l'équipe. Eh oui! Bergeron aura donc été le principal artisan du retour au jeu de l'idole des Québécois.

Deux saisons dans la grande ville américaine précèdent son retour chez les Nordiques, pour une fin de carrière somme toute un peu triste. En 1989, les ventes de billets de saison ne cessent de décliner. Le président de l'équipe, Marcel Aubut, espère que l'arrivée de Michel renversera la vapeur et il lui fait miroiter la possibilité d'un poste à vie au sein de l'organisation. Malheureusement pour lui, Bergeron croit aux promesses du président des Nordiques: la dernière saison s'avère cauchemardesque (12 victoires, 61 défaites et 7 parties nulles), Bergeron étant aux commandes d'un assemblage disparate de nouveaux jeunes joueurs sans âme et sans grand talent.

Même s'il ne remporte pas la coupe Stanley (on se souviendra que, dans les années 80, ce sont les Islanders de New York et les Oilers d'Edmonton qui se sont disputé le précieux trophée), Bergeron a tout de même le sentiment du devoir accompli. Secondé par un fin stratège tel que Charles Thiffault, il a atteint des sommets dont peu de Québécois peuvent s'enorgueillir.

Et que dire de Michel Bergeron, le joueur de baseball? En 1964, il représente le Canada au championnat mondial de baseball à Cuba, au poste de receveur. Un match contre l'équipe de Fidel Castro. Malgré un talent exceptionnel, les possibilités de faire carrière restent limitées pour un Québécois.

Partisan des Canadiens lorsqu'il était tout jeune, bien qu'il n'ait jamais pu les diriger, c'est avec un plaisir évident qu'il tient aujourd'hui le rôle de chroniqueur et analyste de l'équipe à CKAC et à Radio-Canada.

Michel Bergeron se fait un devoir de s'investir auprès de plusieurs organismes de sport amateur et fait toujours preuve d'une très grande disponibilité. Son horaire chargé ne l'empêche pas de donner de son temps à titre de président d'honneur de divers événements à travers la province, que ce soit un tournoi de hockey amateur ou un tournoi de golf.

De sa carrière jalonnée de plus de sommets que d'échecs, Bergeron garde surtout un souvenir impérissable de la victoire des Nordiques contre les Canadiens en séries éliminatoires. Il se rappelle aussi le but de Dale Hunter au Forum en 1982 et celui de Peter Stastny, au Forum également, en 1985. Entraîneur de dix saisons dans le circuit le plus exigeant du hockey et collaborateur affable et généreux, Michel Bergeron mérite, sans l'ombre d'un doute, une place parmi les 100 plus grands Québécois du hockey.

BERGERON, Michel «Le Tigre»   Source: LNH
Entraîneur, né à Montréal, QC, le 12 juin 1946

Saison	Équipe	Ligue	PJ	VIC	DÉF	NUL	%	PJ	VIC	DÉF	NUL	%
1980-81	Nordiques de Québec	LNH	74	29	29	16	.500	5	2	3	0	.400
1981-82	Nordiques de Québec	LNH	80	33	31	16	.513	16	7	9	0	.438
1982-83	Nordiques de Québec	LNH	80	34	34	12	.500	4	1	3	0	.250
1983-84	Nordiques de Québec	LNH	80	42	28	10	.588	9	5	4	0	.556
1984-85	Nordiques de Québec	LNH	80	41	30	9	.569	18	9	9	0	.500
1985-86	Nordiques de Québec	LNH	80	43	31	6	.575	3	0	3	0	.000
1986-87	Nordiques de Québec	LNH	80	31	39	10	.450	13	7	6	0	.538
1987-88	Rangers de New York	LNH	80	36	34	10	.513	–	–	–	–	–
1988-89	Rangers de New York	LNH	78	37	33	8	.526	–	–	–	–	–
1989-90	Nordiques de Québec	LNH	80	12	61	7	.194	–	–	–	–	–
	Totaux LNH	10 saisons	792	338	350	104	.492	68	31	37	0	.456

MICHAEL BOSSY

(Michael «Mike» Bossy)

Ailier droit

Si le hockey reste essentiellement l'art de marquer des buts, Mike Bossy aura démontré à tous pendant ses dix années de jeu qu'il en avait la parfaite maîtrise. Les joueurs de talent sont nombreux, mais les talents exceptionnels, eux, sont rares et ne se manifestent généralement qu'une fois par décennie. Au fil des ans, il y a certes eu quelques exceptions: Joe Malone, Howie Morenz, Maurice Richard, Gordie Howe, Bobby Hull, Bobby Orr, Guy Lafleur, Wayne Gretzky et Mario Lemieux. Aujourd'hui, c'est au tour de Mike Bossy de faire son entrée dans ce club sélect.

Dès ses débuts au sein de la Ligue junior, Bossy se démarque. Pendant quatre saisons avec le National de Laval de la Ligue de hockey junior majeur du Québec, il domine tous les joueurs et marque plus de 70 buts par saison, soit 70, 84, 79 et 75 buts. Il réussit à maintenir une moyenne de plus de deux points par match chez les juniors. Aucun doute, il pourra un jour joindre les rangs de la Ligue nationale de hockey. Il se classe finalement meilleur buteur de la Ligue junior majeur lors de la saison 1974-75, avec 84 buts. Lorsqu'il quitte les rangs mineurs, il totalise 532 points. Ses 309 buts en quatre ans constituent le record de toute l'histoire de la Ligue canadienne de hockey junior.

En 1973-74, il remporte le trophée Michel Bergeron, remis à la meilleure recrue en attaque. Il est choisi pour la première équipe d'étoiles de la LHJMQ en 1975, pour la première équipe d'étoiles de la section ouest de la ligue en 1976 et pour la deuxième équipe d'étoiles en 1977.

Bill Torrey, directeur général des Islanders de New York, et Al Arbour, entraîneur de l'équipe, se mettent d'accord pour en faire leur premier choix au repêchage de 1977. S'assurer les services de Bossy n'est pas une mince affaire, toutefois, et rien n'est assuré: les Islanders se classent au 15e rang et doivent attendre patiemment leur tour. Les Canadiens de Montréal ont cette année-là le dixième choix et Arbour craint que Bossy ne soit repêché par ces derniers puisqu'il est originaire du Québec. Mais au grand soulagement des dirigeants des Islanders, les Canadiens font de Mark Napier leur premier choix. Torrey et Arbour attendent impatiemment que les quatre équipes qui les devancent encore effectuent leur choix. Lorsque vient enfin le temps de se prononcer, c'est avec un large sourire que Torrey annonce la sélection de l'ailier droit du National de Laval, Mike Bossy.

Comment expliquer que quatorze équipes laissent ainsi passer un joueur dont la fiche chez les juniors indique une moyenne de 77 buts par saison? Il n'est pas assez physique pour jouer avec les Canadiens, dit-on. De plus, certains des éclaireurs de la Ligue nationale lui ont réservé une évaluation plutôt négative, mais sans plus.

Il arrive à Long Island avec l'espoir d'attaquer comme il le faisait à Laval, mais il doit s'adapter au jeu physique que préconise la Ligue nationale de hockey. Chez les juniors, malgré sa grande habileté avec la rondelle, son jeu était dénué de rudesse. On pouvait craindre qu'il ne parvienne pas à se tailler véritablement une place au sein de la Ligue nationale. Parviendrait-il à faire taire ceux qui doutaient de lui, particulièrement les Canadiens?

La réponse ne se fait pas attendre. Dès son premier match, contre les Sabres de Buffalo et le gardien Don Edwards, Bossy parvient à marquer un but, son premier dans la Ligue nationale. Sa première saison est fulgurante: il inscrit 53 buts et 91 points, remportant du même coup le trophée Calder pour la meilleure recrue de la Ligue nationale. Il est le premier joueur recrue à marquer plus de 50 buts à sa première saison. Son record sera éclipsé en 1992-93 par Teemu Selanne des Jets de Winnipeg, avec 76 buts. Il est sans conteste l'élément clef du succès de l'équipe new-yorkaise.

Il forme pendant des années un magnifique trio avec Clark Gillies à l'aile gauche et Bryan Trottier au centre. Ces trois joueurs dominent totalement la Ligue nationale. Gillies représente la force et Trottier est le fabricant de jeu du trio, permettant à Bossy de compléter le tout par ses feintes savantes... et ses buts!

Né à Montréal le 22 janvier 1957, Michael Bossy avait deux rêves: battre le record de 50 buts en 50 matchs de Maurice Richard et jouer pour les Canadiens de Montréal. Bossy voit ses chances de réussir l'exploit du Rocket lorsqu'il atteint 48 buts lors des 47 premiers matchs de la saison 1980-81. Il lui reste cependant à affronter les Flames de Calgary, les Red Wings de Détroit et les Nordiques de Québec. N'ayant pu s'inscrire sur la feuille de pointage lors des 48e et 49e matchs, il ne reste à Bossy qu'une seule possibilité s'il désire égaler le record du légendaire Rocket Richard: marquer un doublé contre les Nordiques.

Le 24 janvier 1981 reste gravé à jamais dans la mémoire des partisans et représente sans doute le sommet de la carrière de Bossy. Après deux périodes de jeu, il n'a encore marqué aucun but et sa frustration ne laisse aucun doute. Même si la vedette des Islanders redouble d'efforts en troisième période, le filet lui échappe toujours au cours des dix premières minutes de jeu.

Le destin joue finalement en sa faveur: une pénalité aux Nordiques permet enfin à Bossy d'exécuter un bon lancer en direction du gardien et de le déjouer. Il n'en manque plus qu'un et Bossy semble de plus en plus soulagé. Alors qu'il ne reste que cinq minutes de jeu, Bossy commence à croire en ses chances. La foule du Nassau Coliseum est derrière lui et avec moins de deux minutes de jeu, Arbour envoie son gros trio sur la patinoire, espérant ainsi être le témoin d'un événement majeur. Mike accepte une passe parfaite de Trottier et sans hésiter, il décoche un tir précis vers le gardien de but. L'exploit est accompli. Il reste encore 1 min 29 de jeu et les spectateurs passent ces derniers moments debout à ovationner leur idole, qui entre de plain-pied dans la légende.

Wayne Gretzky et Bossy sont les deux seuls joueurs de l'histoire de la Ligue nationale de hockey à avoir totalisé 50 buts ou plus en neuf occasions, mais Bossy est le seul à avoir réussi l'exploit de façon consécutive. Il est également deuxième derrière Gretzky pour le nombre de tours du chapeau, avec 39 contre les 50 de Gretzky. Bossy n'a jamais gagné de championnat des marqueurs, mais à deux reprises il a été le meilleur buteur de la ligue, soit en 1979 avec 69 buts et 1981 avec 68 buts.

Pour l'avoir vu évoluer tant chez les juniors que chez les professionnels, il est selon moi le facteur clef de la victoire des Islanders lors des séries éliminatoires. Dirigés de mains de maître par Al Arbour, les Islanders ont su former une équipe complète tant à l'offensive qu'à la défensive et sont ainsi parvenus à s'imposer pendant quatre ans sans jamais faiblir.

Bossy touche à la coupe Stanley pour la première fois au terme de la saison 1979-80. Il réalise ainsi le rêve de tout joueur de hockey. Il défile à nouveau sur la patinoire avec le précieux trophée entre les mains lors des trois années suivantes. S'il ne se démarque pas lors de la première victoire des Islanders, il le fait sans conteste lors des trois autres, dominant la ligue en séries éliminatoires avec 17 buts à chaque occasion. À défaut d'obtenir un championnat des marqueurs, il remporte le trophée Conn Smythe lors de la victoire des siens en 1982.

Lorsqu'on parle de production offensive, il est important de comprendre que Bossy s'est toujours donné comme mission de déjouer le plus possible les gardiens de but adverses. Ses 35 buts en avantage numérique, en séries éliminatoires, constituent un record encore en vigueur aujourd'hui dans la Ligue nationale. Il est le seul joueur de l'histoire à avoir réussi tous les buts victorieux de son équipe dans une série quatre de sept, face aux Bruins de Boston, en finale de la Conférence Prince-de-Galles en 1982-83.

Malgré la qualité sans faille de ses prestations, Bossy doit tirer sa révérence au terme de la saison 1986-87 à cause de problèmes chroniques au dos. Des deux rêves qu'il caressait, seul le fait de n'avoir jamais endossé le chandail des Canadiens lui inspire encore quelques regrets. Lors de sa dernière campagne avec les Islanders, la direction de l'équipe lui offre la possibilité de poursuivre sa carrière avec les Canadiens. Mike préfère se retirer plutôt que d'offrir un rendement inadéquat aux partisans des Canadiens. Il est intronisé au Temple de la renommée du hockey en 1991.

Depuis sa retraite, il a œuvré dans plusieurs domaines. Il a fait de l'humour pour une station radio reconnue au Québec et, aujourd'hui, il est directeur des relations publiques pour la compagnie de croustilles Humpty-Dumpty.

Finalement, les exploits de Bossy auront frustré les espoirs de bien des équipes de la ligue. Il représente pour moi un symbole de constance, puisqu'il n'a jamais été plus de six matchs sans marquer de but, ce qui lui vaut son inscription dans les 100 plus grands Québécois du hockey.

Quelques faits marquants de sa carrière:

➤ 9 saisons de plus de 50 buts et 5 saisons de plus de 60 buts.

➤ Participation à 7 matchs d'étoiles.

➤ 39 tours du chapeau en saison (30 matchs de trois buts et 9 matchs de quatre buts).

➤ Remporte, en 1978, le trophée Calder.

➤ Remporte, en 1983, 1984 et 1986, le trophée Lady Bing.

➤ Remporte, en 1982, le trophée Conn Smythe.

➤ 4 coupes Stanley en 5 participations à la grande finale.

➤ Son chandail numéro 22 est retiré par les Islanders de New York.

➤ Intronisé au Temple de la renommée du hockey en 1991.

BOSSY, Michael «Mike» Source: LNH

Ailier droit, droitier 6'0'', 186 lb
Né à Montréal, QC, le 22 janvier 1957
1er choix des Islanders de New York, 15e choix au repêchage de 1977
Temple de la renommée: 1991
Dernier club amateur 1976-77: le National de Laval

						Saison régulière						Séries éliminatoires					
Saison	Équipe	Ligue	PJ	B	A	Pts	Pun	AN	BG	+/-	PJ	B	A	Pts	Pun	AN	BG
1977-78	Islanders de New York	LNH	73	53	38	91	6	25	5	+31	7	2	2	4	2	0	1
1978-79	Islanders de New York	LNH	80	*69	57	126	25	27	9	+63	10	6	2	8	2	2	1
1979-80	Islanders de New York	LNH	75	51	41	92	12	16	8	+28	16	10	13	23	8	6	1
1980-81	Islanders de New York	LNH	79	*68	51	119	32	28	10	+37	18	*17	*18	*35	4	9	3
1981-82	Islanders de New York	LNH	80	64	83	147	22	17	10	+69	19	*17	10	27	0	6	3
1982-83	Islanders de New York	LNH	79	60	58	118	20	19	8	+27	19	*17	9	26	10	6	5
1983-84	Islanders de New York	LNH	67	51	67	118	8	6	11	+66	21	8	10	18	4	2	3
1984-85	Islanders de New York	LNH	76	58	59	117	38	14	7	+37	10	5	6	11	4	2	0
1985-86	Islanders de New York	LNH	80	61	62	123	14	21	9	+30	3	1	2	3	4	0	0
1986-87	Islanders de New York	LNH	63	38	37	75	33	8	5	-7	6	2	3	5	0	2	0
	Totaux LNH	10 saisons	752	573	553	1126	210	181	82		129	85	75	160	38	35	17

ÉMILE BOUCHARD

(Émile «Butch» Bouchard)

Défenseur

Le robuste Émile Bouchard sait démontrer, à une époque où on tend à oublier la valeur d'une solide mise en échec, que l'on peut malgré tout utiliser son corps pour arrêter la poussée de l'adversaire. Ce défenseur des Canadiens de Montréal est rude, mais loyal au jeu, et à son époque, il est l'un des plus courageux hockeyeurs de la Ligue nationale de hockey.

Émile Bouchard, qu'on surnomme «Butch», est doté d'une force de caractère et d'une force physique peu communes et il contribue sans cesse au succès de son club. Son apport à l'équipe est largement apprécié, comme en témoignent ses trois nominations sur la première équipe d'étoiles, en 1945, 1946 et 1947, et sa présence sur la deuxième équipe d'étoiles en 1944. De plus, il participe au tout premier match des étoiles le 13 octobre 1947, alors que les meilleurs joueurs de la Ligue nationale se mesurent aux Maple Leafs de Toronto, champions de la coupe Stanley l'année précédente. Les étoiles de la Ligue l'emportent 4-3. Par la suite, il sera invité à cinq autres reprises: en 1948 et de 1950 à 1953.

Tom Johnson, coéquipier à la défense, disait: «Ses adversaires savaient qu'ils devaient garder la tête haute lorsqu'ils s'aventuraient dans le territoire de Butch. Sa rapidité à relancer l'attaque obligeait les joueurs adverses à se replier très rapidement». Son leadership est une source de motivation pour tous les joueurs de l'équipe et personne n'est indifférent au courage et à la détermination dont il fait preuve match après match.

Le rôle joué par Bouchard ne passe jamais inaperçu aux yeux de son entraîneur Dick Irvin, qui l'utilise dans les moments les plus critiques. Émile lui donne toujours l'occasion de s'en féliciter. La robustesse de Bouchard rend parfois inévitables les accrochages avec l'adversaire. Aux yeux de certains, il est invincible, même si Émile est le premier à le nier.

Durant toute sa carrière, qui commence à Montréal en 1941 et dure jusqu'en 1956, Bouchard se distingue tant par son courage que par ses dures mises en échec. Un de ses coéquipiers chez le Canadien à cette époque, Kenny Reardon, se rappelle: «Bouchard était un défenseur fiable, rarement pris hors position et, à cause de sa grande stature, il était difficile pour un joueur adverse de s'imposer devant le filet».

Né le 4 septembre 1919 à Montréal, Émile Bouchard est le fils de Calixte Bouchard, peintre, et de Régina Lachapelle. Il fait ses études au Collège Roussin dans le quartier Pointe-aux-Trembles, à St-François-Xavier, St-Louis de Gonzague et Le Plateau de Montréal. Il s'intéresse très jeune au hockey et il passe beaucoup d'heures sur les patinoires extérieures avec des amis pour pratiquer son sport préféré. Il achète sa première paire de patins à l'âge de 17 ans. Jusqu'à cet âge, il les avait loués 25 cents à des amis ou il gardait les buts. Il faut ici remercier Marcel, son frère, qui lui prête les 35 $ nécessaires à l'achat de sa paire de patins. Quatre ans plus tard, il débute dans la Ligue nationale de hockey.

En 1938-39, à l'âge de 19 ans, il fait ses débuts avec l'équipe des Maple Leafs de Verdun de la Ligue de hockey junior de Montréal pour deux saisons. En 1940-41, il se joint au Canadien junior de Montréal de la même ligue. Sa tenue est tellement exceptionnelle qu'il rejoint les Reds de Providence de la Ligue américaine de hockey. Avant d'être cédé à Providence par le Canadien, Bouchard signe son premier contrat. Tom Gorman, directeur gérant des Canadiens, lui remet un boni de signature de 100 $. Cette saison-là sera sa dernière dans les rangs mineurs puisque la saison suivante, il se retrouve avec les Canadiens de Montréal. Son arrivée avec le grand club coïncide avec une augmentation de salaire assez importante : il touche alors 4000 $ à sa première saison dans la Ligue nationale de hockey, en 1941-42.

On lui remet le chandail numéro 17, qu'il conservera durant ses deux premières saisons, pour ensuite endosser le célèbre numéro 3 jusqu'à la fin de sa carrière. Il marque son premier but en carrière le 24 mars 1942, dans une victoire de 5-0 contre les Red Wings de Détroit, lors du deuxième match de la série quart de finale des séries de la coupe Stanley. Émile n'est pas particulièrement reconnu pour ses talents offensifs, mais il est capable d'aider son club lorsque la situation l'exige. Il atteint des sommets avec 11 buts et 23 assistances pour 34 points, tous réalisés durant la saison 1944-45.

Hormis la robustesse de son jeu, Butch a la réputation d'être l'un des personnages les plus accessibles de la Ligue nationale de hockey. Tous se rappellent, entre autres, leur surprise lorsque Bouchard parcourt 80 kilomètres à vélo pour se présenter au camp d'entraînement de 1941.

Au désarroi de certains vétérans de l'équipe, Émile Bouchard réussit à se tailler une place au sein de l'équipe avec laquelle il demeurera jusqu'à sa retraite en 1956, en ne ménageant pas les mises en échec. Ses qualités premières sont la robustesse et la vitesse et Bouchard aime frapper ses adversaires ; il est en quelque sorte le policier de l'époque. «Quand je frappais un joueur adverse, c'était pour l'arrêter, pas pour le blesser. Aujourd'hui, le rôle du policier a changé considérablement et il n'est pas toujours évident de savoir si c'est pour stopper un joueur ou le blesser délibérément.»

Ce gaillard de six pieds deux pouces et 205 livres est très fier d'avoir joué pour les Canadiens. Il me disait : «C'était un rêve de jeunesse et je voulais coûte que coûte endosser l'uniforme du Canadien». Il aura remporté quatre coupes Stanley durant sa longue carrière. Sa première, qui revêt une saveur un peu plus spéciale que les autres, a été gagnée en 1944. Pour cet honneur, il reçoit la somme mirobolante de 900 $!

Il inscrit à nouveau son nom sur le précieux trophée en 1946, 1953 et 1956. Lors de sa dernière conquête, une blessure à une jambe le ralentit considérablement, lui qui songeait déjà à prendre sa retraite dès la fin de la saison précédente. Mais, l'entraîneur Toe Blake insiste pour qu'il joue une dernière saison, sorte de garantie pour les nouveaux jeunes défenseurs que le Canadien vient d'ajouter dans ses rangs. Il passe les 35 derniers matchs assis sur le bout du banc à attendre qu'un joueur se blesse. Il ne joue que lors du dernier match de la finale de la coupe Stanley. Même à la toute fin de sa carrière, sa détermination demeure entière et ce, malgré les maigres 18 000 $ gagnés lors de sa dernière saison.

En 1956, le Sénateur Drouin invite Émile Bouchard à diriger un club de hockey dans la région de Québec, mais Butch refuse l'offre pour se consacrer à autre chose que le hockey dans la région métropolitaine.

Bouchard n'est pas indifférent à d'autres sports tels le baseball. Comme l'organisation des Canadiens n'a aucun poste à lui offrir après sa carrière de joueur, il accepte donc de rencontrer René Lemire des Royaux de Montréal. Il est ainsi nommé en 1956 directeur des Royaux, club école des Dodgers de Brooklyn, devenu en 1958 les Dodgers de Los Angeles de la Ligue nationale de baseball. En 1957, il en devenait le président jusqu'au départ de l'équipe pour les États-Unis en 1960.

Butch travaille dans plusieurs domaines pendant et après sa longue carrière de hockeyeur. Il est propriétaire du restaurant «Chez Butch Bouchard» de 1948 à 1980, où plusieurs artistes de renom se sont produits, comme Charles Aznavour, Dominique Michel et Pierre Lalonde.

Il occupe un poste de conseiller municipal à Longueuil durant les années 1960, 1961 et 1962. Il est toujours président des Immeubles DeMontigny Ltée. Il a été, tout au long de sa deuxième carrière, membre de plusieurs organismes tels le conseil d'administration de l'hôpital Sainte-Jeanne d'Arc et la Palestre nationale. Aujourd'hui, il profite du temps qui passe avec sa femme Marie-Claire, dans l'une de ses deux maisons, en Floride et au Québec.

Butch Bouchard, qui aura connu une glorieuse carrière dans la LNH, est intronisé au Temple de la renommée du hockey en 1966. Avec ses coéquipiers Kenny Reardon et Tom Johnson, Bouchard se sera avéré jusqu'à la fin un défenseur indispensable pour les Canadiens et figure parmi les joueurs vedettes de la trempe de son idole de jeunesse Earl Seibert, des Blackhawks de Chicago.

Quelques faits marquants de sa carrière:

➤ Participation au tout premier match des étoiles en 1947.

➤ Participation à 6 matchs d'étoiles.

➤ 4 coupes Stanley en 9 participations à la grande finale.

➤ Capitaine des Canadiens de Montréal de 1948 à 1956.

➤ Intronisé au Temple de la renommée du hockey en 1966.

➤ A porté les numéros 17 et 3 avec les Canadiens.

BOUCHARD, Émile «Butch» Source: LNH

Défenseur, droitier 6'2", 205 lb
Né à Montréal, QC, le 4 septembre 1919
Temple de la renommée: 1966
Dernier club amateur 1940-41: le Canadien junior de Montréal

					Saison régulière								Séries éliminatoires				
Saison	Équipe	Ligue	PJ	B	A	Pts	Pun	AN	BG	+/-	PJ	B	A	Pts	Pun	AN	BG
1941-42	Canadiens de Montréal	LNH	44	0	6	6	38				3	1	1	2	0		
1942-43	Canadiens de Montréal	LNH	45	2	16	18	47				5	0	1	1	4		
1943-44	Canadiens de Montréal	LNH	39	5	14	19	52				9	1	3	4	4		
1944-45	Canadiens de Montréal	LNH	50	11	23	34	34				6	3	4	7	4		
1945-46	Canadiens de Montréal	LNH	45	7	10	17	52				9	2	1	3	17		
1946-47	Canadiens de Montréal	LNH	60	5	7	12	60				11	0	3	3	21		
1947-48	Canadiens de Montréal	LNH	60	4	6	10	78				–	–	–	–	–		
1948-49	Canadiens de Montréal	LNH	27	3	3	6	42				7	0	0	0	6		
1949-50	Canadiens de Montréal	LNH	69	1	7	8	88				5	0	2	2	2		
1950-51	Canadiens de Montréal	LNH	52	3	10	13	80				11	1	1	2	2		
1951-52	Canadiens de Montréal	LNH	60	3	9	12	45				11	0	2	2	14		
1952-53	Canadiens de Montréal	LNH	58	2	8	10	55				12	1	1	2	6		
1953-54	Canadiens de Montréal	LNH	70	1	10	11	89				11	2	1	3	4		
1954-55	Canadiens de Montréal	LNH	70	2	15	17	81				12	0	1	1	37		
1955-56	Canadiens de Montréal	LNH	36	0	0	0	22				1	0	0	0	0		
	Totaux LNH	15 saisons	785	49	144	193	863				113	11	21	32	121		

RAYMOND BOURQUE

(Raymond «Ray» «Bubba» Bourque)

Défenseur

Bruins de Boston

Raymond Bourque est considéré aujourd'hui comme le meilleur défenseur de la Ligue nationale de hockey. À cinq pieds onze pouces et 200 livres, Bourque possède le gabarit idéal pour un défenseur si l'on songe au type de hockey qui se joue aujourd'hui. Dur et fort, il est surtout reconnu pour son coup de patins élégant et la force de son lancer frappé. Avec son intuition et son sens du jeu incroyable, Raymond met ses coéquipiers en confiance lors des sorties de zone afin de relancer l'attaque.

Le grand Wayne Gretzky disait: «C'est lui qu'il faut arrêter pour empêcher les Bruins de Boston de produire une attaque.» Une telle déclaration de la part de Gretzky confirme sans aucun doute le grand talent du défenseur bostonnais. Il n'est pas facile de s'amener à Boston à 18 ans et d'occuper la même position qu'un certain Bobby Orr. Plusieurs experts qui assurent la couverture des activités de l'équipe prétendent qu'il sera le successeur de Bobby Orr. Heureusement, Bourque n'est pas homme à perdre son sang-froid et c'est sans doute la raison principale de son immense succès avec les Bruins dès le début de sa carrière.

Né le 28 décembre 1960 à Montréal, Bourque commence à se tenir debout sur patins avec un bâton de hockey dans les mains à l'âge de trois ans. C'est à six ans qu'il commence à jouer dans une ligue organisée. Il joue au niveau A, chez les atomes, puis il continue toujours dans les ligues les plus fortes. À 14 ans, alors qu'il joue junior B pour Saint-Laurent, il est repêché par les Draveurs de Trois-Rivières de la Ligue de hockey junior majeur du Québec, équipe dirigée par Michel Bergeron. À 17 ans, alors qu'il joue pour les Éperviers de Sorel, il est le premier choix des Bruins de Boston et le huitième au repêchage de 1979.

Mais avant de faire définitivement carrière dans le monde du hockey, Bourque est aux prises avec un heureux problème. Il a beaucoup de talent pour le football et il remporte le championnat provincial lorsqu'il est quart arrière des Jets de Saint-Laurent. Et ses talents de sportif ne s'arrêtent pas là: il est également un très bon joueur de baseball.

À l'âge de 14 ans, lors d'un match, l'entraîneur lui annonce que s'il frappe trois circuits, il lancera durant le prochain match de son équipe. Lors de la rencontre suivante, Bourque est au monticule et mène son équipe à la victoire. Dieu seul sait si Raymond aurait pu faire carrière dans un autre sport que le hockey, mais à en juger par ses exploits de hockeyeur, il ne fait aucun doute qu'il est un athlète complet et extrêmement talentueux.

À 16 ans, alors que sa première saison avec les Draveurs est déjà amorcée depuis trois mois, Michel Bergeron le convoque dans son bureau pour lui dire qu'il est échangé aux Éperviers. «Ce fut le choc, j'en ai pleuré un coup. Mais les Draveurs avaient besoin d'un marqueur et l'acquisition de Benoît Caisse venait régler les problèmes à l'attaque», dit-il. Bergeron n'a pas de chance puisque, seulement trois semaines après son arrivée, Caisse se fracture le poignet.

Même si, lorsqu'il était jeune, Bourque rêvait de jouer pour le Canadien, il n'est pas déçu de se retrouver avec les Bruins. Il veut jouer chaque jour et aider son équipe à atteindre les plus hauts sommets. Depuis le début de sa carrière, il a déjà reçu un nombre important d'honneurs individuels. Il se retrouve avec Boston grâce à un tour de passe-passe du directeur-gérant, Harry Sinden. Celui-ci avait, le 9 octobre 1978, envoyé le gardien de but Ron Grahame aux Kings de Los Angeles en retour du premier choix des Kings au repêchage de 1979. Une stratégie à la Sam Pollock, quoi!

Lors de sa première saison en 1979-80, Bourque conserve une fiche de 17 buts, 48 assistances, pour un total de 65 points en 80 rencontres, en plus d'éblouir tous les amateurs de hockey par son style et d'être élu à la première équipe d'étoiles. Il remporte également le trophée Calder. C'est en quelque sorte une belle façon de faire son entrée dans le domaine de Bobby Orr et les supporteurs de l'équipe le prennent immédiatement en adoration.

Lorsqu'on parle de loyauté envers son équipe, un nom nous vient à l'esprit: Raymond Bourque. Son salaire a toujours été moindre que celui des autres joueurs du circuit au talent comparable. En effet, il reçoit deux ou trois millions par saison, alors qu'une autre équipe de la Ligue nationale de hockey lui offrirait sans hésiter quatre ou cinq millions. Par respect pour le sport, Bourque préfère rester à Boston; il est heureux et aime le hockey par-dessus tout.

À l'époque où Raymond Bourque est sélectionné par les Bruins, le Canadien est très bien nanti à la défensive avec, entre autres, Guy Lapointe, Serge Savard et Larry Robinson. Bourque n'a donc aucune chance d'être choisi par le Canadien lors de la sélection amateur de 1979. Il est évident que Bourque aurait aimé être choisi par le Tricolore, l'équipe favorite de sa jeunesse.

Raymond continue toutefois d'accumuler les honneurs individuels. Tout d'abord, il est choisi à 18 reprises sur les équipes d'étoiles, 12 fois sur la première et 6 fois sur la seconde. Il est devancé seulement par Gordie Howe à ce chapitre dans l'histoire de la Ligue nationale de hockey. Par contre, ses douze présences sur la première équipe d'étoiles constituent un record de la Ligue nationale.

Il excelle tant en saison qu'en séries éliminatoires et il n'a pas son pareil pour la constance au jeu. Il ne connaît que très rarement de mauvais matchs, trois ou quatre par saison tout au plus. Adam Oates, son ancien coéquipier à Boston, disait de Bourque: «Il est fantastique et il fait des merveilles depuis si longtemps que les gens s'attendent à ce qu'il soit toujours comme ça. On dirait que les gens le tiennent pour acquis, car on sait qu'il participera à la feuille de pointage presque chaque soir. Il est une très belle source de motivation pour chacun d'entre nous.»

En octobre 1993, la situation contractuelle de Bourque est soumise à l'arbitrage et l'arbitre Richard Bloch tranche en faveur des Bruins, en octroyant un salaire de 2,25 millions contre les 4,25 millions de dollars exigés par le clan Bourque. Après mûre réflexion, et conscient de la valeur de Raymond pour une franchise, Harry Sinden, directeur-gérant des Bruins, appelle l'agent de son défenseur, Steven Freyer, pour lui faire part que la décision de l'arbitre n'est satisfaisante ni pour Bourque, ni pour les Bruins. Quelques jours plus tard, une nouvelle entente est conclue entre les deux parties. Pour que Sinden, «un gratte la cenne», renégocie après la décision de l'arbitre Bloch, il fallait que le talent de Bourque soit indéniable. Il incarne à l'époque l'âme et le cœur de l'équipe.

Il réussit à maintenir une moyenne de presque un point par rencontre depuis son arrivée dans la Ligue nationale, il y a plus de vingt ans. Il fait l'envie de beaucoup de joueurs d'avant dans la ligue qui ne réussissent même pas à obtenir la moitié des points de Raymond en une saison, lui qui est un... défenseur! Il participe à un total impressionnant de 18 matchs des étoiles et encore une fois, n'est devancé que par Gordie Howe qui, lui, a pris part à 23 matchs de cette classique annuelle. Les 13 mentions d'assistance de Bourque lors de ces matchs d'étoiles constituent également un record de la LNH, sur un pied d'égalité avec Mark Messier.

Le 11 février 2000, en marquant un but lors de la défaite des siens 5-2 aux mains des Rangers de New York, il atteint le cap des 1500 points en carrière.

Le 6 mars 2000 demeure une date importante pour lui et pour les amateurs de hockey. Après être demeuré plus de vingt ans dans la même organisation, celle des Bruins de Boston, il est échangé à l'Avalanche du Colorado en compagnie de Dave Andreychuk, en retour de Brian Rolston, Martin Grenier, Sami Pahlsson et un choix de première ronde en 2000 ou 2001. Une longue histoire d'amour entre un joueur et une organisation vient de prendre fin.

Le 18 mars 2000, alors qu'il marque un but lors d'un match opposant l'Avalanche du Colorado à Détroit, il devient le premier défenseur à atteindre le plateau des 400 buts.

Lorsqu'on le compare à Bobby Orr, Bourque répond: «Je ne crois pas que les gens de Boston me comparent à Orr, ils m'apprécient pour ce que je fais sur la patinoire et pour l'équipe. De toute façon, Bobby Orr est à mes yeux le meilleur défenseur à avoir chaussé les patins, il faisait tout sur une patinoire.» Malgré cela, il y aura toujours quelqu'un quelque part pour scander très fort que Bourque est le meilleur défenseur à avoir joué pour les Bruins, là où d'autres diront qu'il s'agit de Bobby Orr. Une chose est certaine, il faut garder en tête l'âge de ceux qui se prononcent pour l'un ou pour l'autre, car ces deux joueurs appartiennent à deux époques distinctes; pour des raisons différentes, les deux générations ont raison.

Humble et réservé, Raymond Bourque n'a malheureusement pas encore gagné une coupe Stanley, mais il est de toute façon l'un des plus grands joueurs de l'histoire de la Ligue nationale de hockey. Il rejoint dans un club sélect des joueurs comme Marcel Dionne et Gilbert Perreault, qui ne l'ont jamais gagnée eux non plus. Celui qui a remporté le trophée Norris à cinq reprises est à se tailler une place au Temple de la renommée du hockey.

Quelques faits marquants de sa carrière:

➤ 9 saisons de plus de 20 buts, une saison de 30 buts.

➤ Participation à 18 matchs d'étoiles.

➤ Remporte, en 1980, le trophée Calder.

➤ Remporte, en 1987, 1988, 1990, 1991 et 1994, le trophée Norris.

➤ Remporte, en 1992, le trophée King Clancy.

➤ Élu 12 fois sur la première équipe d'étoiles (record LNH avec Gordie Howe).

➤ Élu 6 fois sur la deuxième équipe d'étoiles.

➤ Seul défenseur à atteindre le plateau des 1500 points.

➤ Premier défenseur à atteindre le plateau des 400 buts.

➤ Aucune coupe Stanley et deux participations à la grande finale.

BOURQUE, Raymond «Ray» «Bubba» Source: LNH

Défenseur, gaucher 5'11", 219 lb
Né à Montréal, QC, le 28 décembre 1960
1er choix des Bruins de Boston, 8e choix au repêchage de 1979
Dernier club amateur 1978-79: les Éperviers de Verdun

Saison	Équipe	Ligue	PJ	B	A	Pts	Pun	AN	BG	+/-	PJ	B	A	Pts	Pun	AN	BG
						Saison régulière								Séries éliminatoires			
1979-80	Bruins de Boston	LNH	80	17	48	65	73	3	1	+52	10	2	9	11	27	0	0
1980-81	Bruins de Boston	LNH	67	27	29	56	96	9	6	+29	3	0	1	1	2	0	0
1981-82	Bruins de Boston	LNH	65	17	49	66	51	4	2	+22	9	1	5	6	16	0	1
1982-83	Bruins de Boston	LNH	65	22	51	73	20	7	5	+49	17	8	15	23	10	2	1
1983-84	Bruins de Boston	LNH	78	31	65	96	57	12	5	+51	3	0	2	2	0	0	0
1984-85	Bruins de Boston	LNH	73	20	66	86	53	10	1	+30	5	0	3	3	4	0	0
1985-86	Bruins de Boston	LNH	74	19	58	77	68	11	3	+17	3	0	0	0	0	0	0
1986-87	Bruins de Boston	LNH	78	23	72	95	36	6	3	+44	4	1	2	3	0	0	0
1987-88	Bruins de Boston	LNH	78	17	64	81	72	7	5	+34	23	3	18	21	26	0	1
1988-89	Bruins de Boston	LNH	60	18	43	61	52	6	0	+20	10	0	4	4	6	0	0
1989-90	Bruins de Boston	LNH	76	19	65	84	50	8	3	+31	17	5	12	17	16	1	0
1990-91	Bruins de Boston	LNH	76	21	73	94	75	7	3	+33	19	7	18	25	12	3	0
1991-92	Bruins de Boston	LNH	80	21	60	81	56	7	2	+11	12	3	6	9	12	2	0
1992-93	Bruins de Boston	LNH	78	19	63	82	40	8	7	+38	4	1	0	1	2	1	0
1993-94	Bruins de Boston	LNH	72	20	71	91	58	10	1	+26	13	2	8	10	0	1	0
1994-95	Bruins de Boston	LNH	46	12	31	43	20	9	2	+3	5	0	3	3	0	0	0
1995-96	Bruins de Boston	LNH	82	20	62	82	58	9	2	+31	5	1	6	7	2	1	0
1996-97	Bruins de Boston	LNH	62	19	31	50	18	8	3	-11	–	–	–	–	–	–	–
1997-98	Bruins de Boston	LNH	82	13	35	48	80	9	3	+2	6	1	4	5	2	1	0
1998-99	Bruins de Boston	LNH	81	10	47	57	34	8	3	-7	12	1	9	10	14	0	0
1999-00	Bruins de Boston	LNH	65	10	28	38	20	6	0	-11	–	–	–	–	–	–	–
	Avalanche du Colorado	LNH	14	8	6	14	6	7	0	+9	13	1	8	9	8	0	0
	Totaux LNH	21 saisons	1532	403	1117	1520	1093	171	60		193	37	133	170	159	12	3

SCOTTY BOWMAN

(Scotty «Scott» Bowman)

Entraîneur

Lorsqu'on aspire à gagner la coupe Stanley, certains éléments sont essentiels: de jeunes joueurs, quelques vétérans, un bon gardien de but et un entraîneur digne de ce nom. Scotty Bowman a toujours eu le hockey dans le sang et n'a jamais connu la défaite. Il est aussi la preuve que pour réussir, il n'est pas nécessaire d'avoir joué dans la Ligue nationale de hockey.

Né le 18 septembre 1933 à Montréal, William Scotty Bowman connaît une belle carrière de hockeyeur dans les ligues mineures. Il abandonne l'idée d'une carrière professionnelle lorsqu'une blessure grave infligée à la tête le 7 mars 1952 l'oblige à se retirer deux ans plus tard. Il possède néanmoins les connaissances et le talent nécessaires pour aspirer à un poste d'entraîneur-chef chez les professionnels.

Bowman commence sa carrière d'entraîneur avec le Canadien junior de Montréal, à la demande de son bon ami Sam Pollock. Après avoir fait ses gammes dans les ligues mineures, Bowman rejoint Pollock dans la grande organisation montréalaise à titre d'éclaireur pour le Canadien de Montréal.

Il fait officiellement ses débuts comme entraîneur-chef avec les Blues de St. Louis pour la saison 1967-68, alors que six nouvelles équipes font aussi leur entrée dans la Ligue nationale. Grâce à lui, les Blues participent à la finale de la coupe Stanley lors de ses trois premières saisons. Toutefois, il s'incline chaque fois en quatre matchs consécutifs, soit contre Montréal en 1968 et 1969, et contre Boston en 1970. De plus, à sa deuxième saison, on le nomme également directeur-gérant de l'équipe. En 1970-71, il ne dirige son club que pour 28 matchs avant de céder sa place à Al Arbour.

La saison suivante, il revient auprès du Tricolore après le congédiement d'Al MacNeil. Bowman dirige ainsi une des plus grandes puissances du hockey, menant les Canadiens jusqu'à la coupe Stanley en 1973 et pour quatre saisons consécutives, de 1976 à 1979. Bowman remporte le trophée Jack Adams en 1977, alors que son club récolte 60 victoires, 8 défaites et 12 matchs nuls. De plus, son équipe ne perd qu'un seul match à domicile.

Après huit saisons avec le Tricolore et cinq coupes Stanley, Bowman quitte les Canadiens après la saison 1978-79 pour devenir entraîneur, directeur général et directeur des opérations hockey pour les Sabres de Buffalo. Il connaît un certain succès avec les Sabres, mais sa nouvelle équipe ne parvient pas à figurer parmi les trois ou quatre meilleures de la Ligue nationale de hockey. Lors de la saison 1986-87, Bowman est congédié après seulement 12 matchs, pour devenir analyste à la soirée du hockey à la télévision anglophone de Radio-Canada l'année suivante.

En juin 1990, Scotty abandonne son poste à la télévision pour entreprendre une nouvelle carrière comme directeur du développement des joueurs avec les Penguins de Pittsburgh. Les résultats sont probants et à sa façon, il aide les Penguins à remporter la coupe Stanley en 1991. Il gagne à nouveau la coupe Stanley en 1992, à titre d'entraîneur-chef cette fois. Un différend lors des négociations salariales l'oblige à quitter les Penguins et l'amène à se joindre aux Red Wings de Détroit pour la saison 1992-93. Il remporte à nouveau le trophée Jack Adams en 1996. Les succès s'accumulent grâce à lui et les Red Wings remportent à nouveau la coupe Stanley en 1997 et 1998. Il devient donc le premier entraîneur de l'histoire de la Ligue nationale de hockey et pour l'instant, toujours le seul, à remporter la coupe Stanley avec trois équipes différentes, un record encore en vigueur aujourd'hui. Comment pourrait-on exiger davantage devant un tel rendement?

Il faut dire, toutefois, que Bowman est d'une intransigeance redoutable avec ses joueurs. Il se retrouve à maintes reprises au cœur de sérieuses polémiques tout au long de sa carrière et plus particulièrement à Montréal. Lorsqu'il quitte l'équipe à la fin de la saison 1978-79, certains disent que les Canadiens perdent le meilleur entraîneur qui soit. D'autres préfèrent qu'on se débarrasse plutôt d'un menteur et d'un hypocrite. La controverse et la hargne le suivent partout.

On ne pourra jamais mettre en doute ses qualités et sa capacité à diriger un club de hockey, mais son talent pour dénigrer l'un ou l'autre de ses joueurs est tout aussi indéniable. On lui doit même une déclaration publique contre Irving Grundman, directeur-gérant, qu'il considère moins compétent que lui en matière de hockey et avec qui il se dit incapable de travailler.

Plusieurs joueurs doivent subir les foudres de Bowman. Il s'en prend même à Cournoyer, qui utilise un bâton un peu particulier. En effet, le joueur possède un bâton muni d'une palette très droite, mais légèrement inclinée vers l'arrière au talon. Bowman prétend que ce choix de bâton est en partie responsable des puissants lancers frappés qui aboutissent parfois dans la baie vitrée ou chez les spectateurs. Bowman tente à plusieurs reprises de convaincre son ailier droit d'utiliser un bâton plus traditionnel. Lors d'un entraînement, il demande à un préposé à l'équipement de lui donner l'un de ces étranges bâtons. Pour se moquer de Cournoyer, Bowman fait une démonstration devant les joueurs de l'équipe, cherchant ainsi à narguer et insulter le joueur. Mais c'est peine perdue: le Roadrunner ne changera jamais de bâton.

Il est si persistant qu'un jour, Jacques Laperrière déclare: «Si Bowman ne part pas, je le ferai». Henri Richard est cavalièrement écarté lors d'un match inaugural à l'époque où il est capitaine des Canadiens. Le gardien de but Philippe Myre lance même son bâton en direction de son entraîneur dans le vestiaire des Canadiens, avant un match à Vancouver. Pierre Bouchard et Gilles Lupien font des séances d'entraînement sans supervision et Bowman considère qu'il s'agit d'heures supplémentaires. Scotty menace aussi de renvoyer Guy Lafleur dans les ligues mineures à cause d'un début de carrière difficile. Comment s'assurer la victoire dans de telles conditions? La chimie entre les joueurs est presque impossible à briser, à l'époque. Tous les joueurs de l'équipe ont quelque chose en commun, un lien solide: ils ont tous un jour ou l'autre été victimes des humeurs de Bowman.

Noël Picard, à l'époque joueur recrue pour les Blues de St. Louis, goûte lui aussi aux sarcasmes de Bowman lorsque celui-ci dirige les Blues. Deux semaines avant la visite de St. Louis à Montréal, Picard demande à son entraîneur de lui obtenir une vingtaine de billets de la direction des Canadiens pour sa famille. Une semaine plus tard, Bowman lui donne les billets demandés. Le dimanche en question, les Blues se préparent lors de l'exercice d'avant match, sur la patinoire du Forum. Au vestiaire quelques minutes avant le début de la rencontre, Bowman signifie à Picard qu'il ne jouera pas. Scotty n'a pas apprécié la performance de son défenseur la veille, à Philadelphie.

Les méthodes de travail de Bowman sont révolues aujourd'hui, mais il a su utiliser et manipuler, à tort ou à raison, le talent de tous ses joueurs. De toute évidence, lorsqu'il remporte huit coupes Stanley, deux trophées Jack Adams, 1144 victoires en saison et 205 victoires en séries éliminatoires, il est impossible de passer sous silence un homme de hockey aussi talentueux. Il est sans contredit le plus grand entraîneur de l'histoire de la Ligue nationale et son intronisation au Temple de la renommée du hockey en 1991, comme bâtisseur, en témoigne avec éloquence.

BOWMAN, Scotty «Scott» — Source: LNH
Entraîneur, né à Montréal, QC, le 18 septembre 1933

Saison	Équipe	Ligue	Saison régulière					Séries éliminatoires				
			PJ	VIC	DÉF	NUL	%	PJ	VIC	DÉF	NUL	%
1967-68	Blues de St. Louis	LNH	58	23	21	14	.517	18	8	10	0	.444
1968-69	Blues de St. Louis	LNH	76	37	25	14	.579	12	8	4	0	.667
1969-70	Blues de St. Louis	LNH	76	37	27	12	.566	16	8	8	0	.500
1970-71	Blues de St. Louis	LNH	28	13	10	5	.554	6	2	4	0	.333
1971-72	Canadiens de Montréal	LNH	78	46	16	16	.692	6	2	4	0	.333
1972-73	Canadiens de Montréal	LNH	78	52	10	16	.769	17	12	5	0	.706
1973-74	Canadiens de Montréal	LNH	78	45	24	9	.635	6	2	4	0	.333
1974-75	Canadiens de Montréal	LNH	80	47	14	19	.706	11	6	5	0	.545
1975-76	Canadiens de Montréal	LNH	80	58	11	11	.794	13	12	1	0	.923
1976-77	Canadiens de Montréal	LNH	80	60	8	12	.825	14	12	2	0	.857
1977-78	Canadiens de Montréal	LNH	80	59	10	11	.806	15	12	3	0	.800
1978-79	Canadiens de Montréal	LNH	80	52	17	11	.719	16	12	4	0	.750
1979-80	Sabres de Buffalo	LNH	80	47	17	16	.688	14	9	5	0	.643
1981-82	Sabres de Buffalo	LNH	35	18	10	7	.614	4	1	3	0	.250
1982-83	Sabres de Buffalo	LNH	80	38	29	13	.556	10	6	4	0	.600
1983-84	Sabres de Buffalo	LNH	80	48	25	7	.644	3	0	3	0	.000
1984-85	Sabres de Buffalo	LNH	80	38	28	14	.563	5	2	3	0	.400
1985-86	Sabres de Buffalo	LNH	37	18	18	1	.500	–	–	–	–	–
1986-87	Sabres de Buffalo	LNH	12	3	7	2	.333	–	–	–	–	–
1991-92	Penguins de Pittsburgh	LNH	80	39	32	9	.544	21	16	5	0	.762
1992-93	Penguins de Pittsburgh	LNH	84	56	21	7	.708	12	7	5	0	.583
1993-94	Red Wings de Détroit	LNH	84	46	30	8	.595	7	3	4	0	.429
1994-95	Red Wings de Détroit	LNH	48	33	11	4	.729	18	12	6	0	.667
1995-96	Red Wings de Détroit	LNH	82	62	13	7	.799	19	10	9	0	.526
1996-97	Red Wings de Détroit	LNH	82	38	26	18	.573	20	16	4	0	.800
1997-98	Red Wings de Détroit	LNH	82	44	23	15	.628	22	16	6	0	.727
1998-99	Red Wings de Détroit	LNH	77	39	32	6	.545	10	6	4	0	.600
1999-00	Red Wings de Détroit	LNH	82	48	24	10	.659	9	5	4	0	.556
	Totaux LNH	28 saisons	1977	1144	539	294	.654	324	205	119	0	.633

BERNARD BRISSET

Journaliste et relationniste

La marge d'erreur d'un journaliste responsable de la couverture des Canadiens de Montréal est presque nulle. Une citation erronée d'un joueur ou une couverture d'événement inexacte peuvent s'avérer fatales. Si aujourd'hui, les journalistes s'arrachent les *scoops*, la lutte était tout aussi ardue il y a quinze ou vingt ans, mais pour des raisons différentes. De nos jours, la compétition se fait entre les journalistes alors qu'anciennement, les journaux eux-mêmes se faisaient la guerre... du tirage.

Né le 27 août 1945 à Montréal, Bernard Brisset manifeste très tôt de l'intérêt pour les journaux. Il se fait un plaisir de feuilleter le journal *La Presse*, bien qu'il ne sache pas lire... il regarde tout simplement les lettres, les caractères. Une chose est certaine, il est fasciné par les journaux. À l'adolescence, en dehors des heures d'école, il tente de lire tous les journaux de Montréal. Qu'on y parle de politique ou de sport, tout l'intéresse.

En 1963, pendant qu'il complète son cours classique, Brisset décroche un emploi d'été au *Montréal-Matin* comme correcteur d'épreuves, le soir. À cette époque, Bernard fréquente la fille du rédacteur en chef, ce qui favorise son entrée au journal. Bachelier du Collège Saint-Denis, Brisset est destiné au journalisme. Cependant, comme plusieurs de ses confrères, il amorce sa carrière dans une autre sphère que le sport. En mai 1965, Bernard commence à titre de journaliste affecté aux nouvelles générales. À cette époque, le journal prend beaucoup d'expansion, misant sur des journalistes sans expérience, mais très prometteurs. Le journal n'a pas les moyens de payer de gros salaires, ce qui favorise l'entrée en scène de nouvelles recrues.

Brisset est déjà un bourreau de travail: il étudie le jour et travaille de 18 h à 1 h le matin, un début dans la profession des plus exigeants. Il nage toutefois en pleine passion et dès lors, rien ne pourrait le faire abdiquer et se diriger vers une autre profession. Bernard se souvient: «Travailler au *Montréal-Matin* fut pour moi la meilleure école pour apprendre mon métier sur le terrain. J'ai appris beaucoup à côtoyer des gens d'expérience. L'un de ceux-là fut le chroniqueur judiciaire Claude Poirier. Pendant deux ans, j'ai écrit ses textes et ses connaissances dans le domaine étaient sans équivalent.»

En 1973, Brisset est adjoint au directeur de l'information lorsque le journal passe aux mains de Power Corporation, également propriétaire de *La Presse*. Un jour, Pierre Gobeil, le directeur des sports, confie à Bernard, lors d'une conversation privée, qu'il est un peu découragé d'un de ses journalistes responsables de la couverture des Canadiens de Montréal. Bernard, pour qui le hockey est un sujet d'intérêt, lui dit: «Je vais te couvrir ça, moi!» Vingt-quatre heures plus tard, Brisset est au Forum de Montréal et commence une nouvelle carrière de reporter. Grandement aidé par Claude Mouton, Brisset réussit à se faire une niche parmi les autres journalistes beaucoup plus expérimentés.

La lutte est féroce puisque Bertrand Raymond est bien installé au *Journal de Montréal* et qu'Yvon Pedneault met son expérience à profit à *La Presse*. Heureusement, le sport est la pierre angulaire du *Montréal-Matin* et Brisset compte tout mettre en œuvre pour rivaliser avec ses confrères des autres journaux. Pendant son séjour au *Montréal-Matin*, Bernard aura gravi les échelons en devenant directeur des sports le temps des Olympiques de Montréal en 1976. Malheureusement, le journal éprouve des difficultés financières et est contraint de fermer ses portes en 1978.

Brisset retombe rapidement sur ses pattes et se joint à *La Presse*. Simultanément, il travaille à la Soirée du Hockey à la radio de Radio-Canada. On se souvient qu'à l'époque, lors des matchs du Canadien, tant à la radio qu'à la télé, Gilles Tremblay est analyste pour Radio-Canada. Lorsqu'il travaille à la télévision, c'est Brisset qui le remplace à la radio. Il fait ce travail pendant quatre ou cinq ans au milieu des années quatre-vingt. Travailler pour Radio-Canada présente certains avantages, puisqu'il a l'occasion de voyager et de couvrir les Canadiens.

Une nouvelle aventure l'attend lorsqu'il se joint en 1984 à l'organisation des Nordiques de Québec. Marcel Aubut, le président de l'époque, veut Brisset dans ses rangs, il aime sa façon de travailler. En 1985, les Nordiques se voient octroyer le match des étoiles pour l'année 1987. Marcel Aubut ne croit pas à la formule traditionnelle que l'on préconise dans la Ligue nationale saison après saison. Il a deux ans pour trouver une façon d'innover et présenter à la Ligue nationale une nouvelle formule, mais pour ce faire, il a besoin d'une équipe, et principalement de Bernard Brisset. C'est à ce moment que Rendez-vous 87 est mis en branle.

Bernard me livrait ceci: «À cette époque, Marcel réussissait tout ce qu'il entreprenait, il était donc permis de croire à une réussite.» Jamais à court d'arguments, Aubut et son équipe réussissent à convaincre les dirigeants de la Ligue d'accepter le projet, qui consiste à organiser deux rencontres entre les meilleurs joueurs de la Ligue nationale et des Soviétiques. C'est un événement majeur pour la ville de Québec, mais il s'en faut de peu pour que Bernard y laisse sa peau.

Bernard me raconte: «Après avoir travaillé très fort sur ce méga projet, je suis tombé au combat 90 minutes avant le premier match, celui du 11 février 1987. J'étais très épuisé. Nous travaillions jour et nuit depuis un an et même la journée de la première rencontre, je devais encore régler des problèmes de dernière minute. Je n'avais aucun moment de relaxation. Quelques minutes avant d'accueillir les

250 journalistes, je décide d'aller me détendre, car je ne me sentais vraiment pas bien. J'avertis la secrétaire de Maurice Filion de me réveiller à 18 h si je m'endors. Voyant que je n'allais pas très bien, elle décide d'appeler le médecin de l'équipe, le docteur Beauchemin, alors dans le vestiaire des Nordiques.

«Le médecin arrive en haut au bureau de l'administration et commence à prendre ma pression. Il constate qu'elle est très haute et me force à prendre du repos. Il veut que je parte pour l'hôpital. Je refuse, lui promettant que je n'irai pas à la rencontre et que je partirai à la maison me reposer. La secrétaire de Maurice Filion entre dans le bureau pour me dire qu'on venait d'annoncer à la radio que j'avais fait une crise cardiaque et que j'étais dans un état critique.

«Devant cette annonce, je m'inquiète pour ma femme qui a peut-être entendu la nouvelle à la radio, je téléphone à la maison et je parle à mon plus jeune qui me dit que ma femme est en route pour le Colisée de Québec. Ma mère avait reçu un appel d'une âme charitable qui lui annonçait que j'étais mort. Très frustré, je décide d'aller leur montrer que je suis bel et bien en vie, mais en me levant je me sens très étourdi et j'ai un mal de tête terrible. Finalement, je rassure ma mère et je quitte le Forum pour la maison.

«Après m'être investi corps et âme dans ce projet de grande envergure, je n'aurai assisté à aucun des deux matchs.» Pire encore, Bernard en a pour trois mois avant de se remettre complètement. Quelques mois plus tard, son contrat avec la direction des Nordiques prenait fin et ni Marcel Aubut, ni Bernard ne souhaitant renouveler l'entente, il quitte la direction à la fin de son mandat en juin 1987.

Après ces quelques années avec les Nordiques, Brisset aide la chaîne de télévision TQS à lancer un bulletin de nouvelles sportives de 30 minutes chaque soir. L'émission *Sport Plus*, qui voit le jour en 1987, s'avère une réussite totale. Par contre, Brisset reste seulement quatre mois avec la chaîne de télévision, juste le temps de les aider à réussir un tour de force pour une télévision non spécialisée dans le sport. Parallèlement à son emploi à TQS, il écrit en tant que collaborateur spécial pour *La Presse*.

Il quitte *La Presse* en 1988 pour devenir directeur des sports au *Journal de Montréal* pendant quelques années, avant d'offrir ses services à la direction des Canadiens de Montréal au mois d'août de 1992. Après la défaite en séries éliminatoires de cette année-là, les Canadiens apportent quelques changements dans l'organigramme de la direction et Brisset est embauché comme vice-président, communications et marketing. Il fait son entrée chez les Canadiens juste à temps pour célébrer la coupe Stanley de l'équipe en 1993.

Ses principales tâches avec le Tricolore consistent à rétablir de meilleures relations avec les médias et à gérer les communications lors du transfert de l'équipe du Forum de Montréal au Centre Molson. Le Canadien, avec Pierre Boivin à la présidence, procède à plusieurs changements dans l'organisation et le nouveau président congédie Bernard en février 2000, pour le remplacer par Pierre Ladouceur, anciennement des restaurants McDonalds.

Parfois, la route du journalisme peut s'avérer un peu inusitée et mener à une carrière inattendue. Être journaliste dans le domaine du sport peut à l'occasion devenir une porte d'entrée vers d'autres postes à l'intérieur du merveilleux monde sportif. Lorsqu'un journaliste se démarque, les offres d'emploi se présentent à qui sait attendre. On sait qu'il est difficile d'être assigné à la couverture de ces enfants gâtés millionnaires et de moins en moins accessibles que sont les joueurs. Chemin faisant, Bernard aura assisté aux exploits des Canadiens à la fin des années soixante-dix en tant que journaliste, remporté une coupe Stanley avec le Bleu-blanc-rouge et contribué largement à une formule inhabituelle du match des étoiles de la Ligue nationale en 1987.

DENIS BRODEUR

Photographe

Né dans la paroisse Saint-Victor dans l'est de Montréal en 1930, Denis Brodeur s'intéresse au hockey comme tous les jeunes de son âge. À cette époque, les matchs se déroulaient sur des patinoires extérieures. Au début, Denis est joueur d'avant, jusqu'au jour où le gardien de but quitte l'équipe. Denis le remplace... et c'est le début de sa carrière de gardien. À l'âge de 17 ans, il fait partie de la catégorie juvénile. Un soir de 1947, bravant le froid, il participe à la grande finale au parc LaFontaine, sous les regards attentifs de Georges et Sylvio Mantha, alors membres des Canadiens. À la demande des frères Mantha, Denis est invité à participer au camp d'entraînement du National de Montréal de la Ligue de hockey junior du Québec. C'est peine perdue: malgré toute sa bonne volonté, il ne parvient pas à se tailler une place au sein de l'équipe. La direction du club lui préfère Gaétan Desforges, joueur plus expérimenté. Brodeur se contente donc de jouer pour le Champêtre junior B à Ville Saint-Laurent.

Quelques semaines plus tard, les Tigres de Victoriaville, Jean Béliveau en tête, jouent à Montréal dans l'ancien Forum. Roland Hébert, responsable des Tigres, profite de sa visite à Montréal pour passer un coup de fil à Brodeur. L'équipe se cherche un gardien de but capable d'évoluer immédiatement et régulièrement: le gardien de l'équipe vient de déclarer forfait. À cette époque, les équipes ne comptaient qu'un seul cerbère; les Tigres n'avaient donc personne devant le filet. Au bout du fil, Hébert demande à Denis de se joindre au club de Victoriaville.

Denis boucle ses valises en vitesse. Hébert et Béliveau viennent le chercher sur-le-champ, car l'équipe rencontre le lendemain soir, à Québec, la meilleure équipe de la ligue: les Citadelles de Québec, qui viennent de remporter 16 parties de suite. Brodeur est plutôt fébrile à l'idée de faire partie de la Ligue junior du Québec. Après un voyage de nuit de Montréal à Québec dans une vieille voiture au confort rudimentaire, la nouvelle sensation des Tigres se présente fort avant dans la nuit, aussi courbaturée que survoltée. Pris d'une grande nervosité, Denis fait ses débuts devant le filet et contribue à la victoire de 3-2 des Tigres contre les Citadelles et leur gardien, Jacques Plante, en affrontant une avalanche de 44 lancers. Il a fait ses preuves et termine la saison au sein de sa nouvelle équipe.

L'année suivante, après la fin des activités de l'équipe de Victoriaville, Denis se joint au National de Montréal. C'est le début d'une longue route et de nombreux voyages au sein de plusieurs ligues. Brodeur se promène dans toute l'Amérique du

Nord. Il joue, entre autres, pour des clubs seniors, à Saint-Jean au Nouveau-Brunswick, à Charlottetown, à Jonquière, deux ans à Rivière-du-Loup (où il fait la rencontre de sa femme, Mireille), à Charlotte en Caroline du Nord et à Kitchener.

C'est dans cette dernière ville que Brodeur sent que le vent commence à tourner. Il se fait remarquer par son rendement et son désir de vaincre. À la suite de son aventure dans cette petite ville, il est invité à faire partie de l'équipe canadienne olympique de 1956. Il est cependant confronté à une décision qui changera profondément sa vie: participer aux Jeux olympiques ou signer un contrat professionnel avec les Barons de Cleveland de la Ligue américaine. Le directeur général des Barons remet un chèque de 3 500 $ à Denis pour l'encourager à signer. Après quelques jours de réflexion, Denis lui retourne le chèque et choisit les Jeux olympiques, sans savoir s'il pourra à nouveau jouer pour un club professionnel.

Il représente donc le Canada aux Jeux olympiques d'hiver à Cortina d'Ampezzo, en Italie. Grâce à sa prestation remarquable devant le filet, il obtient une fiche de cinq victoires et une défaite. Au cours d'une partie contre les États-Unis, toutefois, il déçoit son entraîneur par une contre-performance et doit céder sa place lors du dernier match. Le Canada revient néanmoins avec une médaille de bronze. L'aventure olympique est sans l'ombre d'un doute l'expérience la plus enrichissante que Brodeur connaîtra tout au long de sa carrière de gardien de but. Malheureusement, il ne signera jamais avec une équipe professionnelle. En effet, il est presque impossible de déloger des gardiens comme Jacques Plante, Lorne Worsley, Terry Sawchuk et Glenn Hall. Il participe par contre à plusieurs matchs avec les Old Timers.

Le match du Canada contre la Russie est terminé. Les joueurs de l'équipe canadienne sont au vestiaire lorsqu'on cogne à la porte: c'est le gardien de l'équipe soviétique, accompagné d'un interprète. Ce dernier demande à voir Brodeur; il veut le gant de Denis. En effet, Brodeur possède un gant un peu spécial. Il a gardé la partie inférieure de son gant de gardien et y a cousu le panier d'un gant de joueur de baseball de premier but. Les gants de gardien de but n'existent pas en Russie et le gardien des Russes a deux gants sans panier. Brodeur lui remet un vieux gant déchiré pour que le gardien russe s'en fabrique un lui-même. Denis Brodeur est donc le premier à faire jouer les gardiens de but russes avec un gant de premier but!

Après avoir quitté le hockey, Brodeur se retrouve sans emploi. Ronald Corey lui déniche un travail comme directeur des sports au Centre Immaculée-Conception. Il travaillera donc six ans sous les ordres du père Sablon. Le centre sportif n'a pas de photographe et le père Sablon veut des photos des événements majeurs. C'était le début de la seconde carrière de Brodeur: photographe sportif. Brodeur transforme sa salle de bain... en chambre noire. Le père Sablon rédige les descriptions des compétitions sportives du centre et Brodeur les illustre de ses photos.

C'est Denis qui transmet le tout aux différents quotidiens de Montréal. Lors d'une grève au journal *La Presse*, il devient le premier photographe du *Journal de Montréal*. Par la suite, Brodeur fait un stage de 15 ans au *Montréal-Matin*. Son travail de pigiste l'amène à couvrir les événements les plus prestigieux du Québec. Il participe à 29 camps d'entraînement des Expos de Montréal et passe plus de 30 ans à suivre les activités du Canadien. Sa collection de photos dépasse le million. Il couvre également d'autres événements sportifs comme la boxe, la Formule 1 et la lutte. Les collectionneurs de cartes de hockey possèdent tous aujourd'hui quelques-unes de ses nombreuses photographies. On peut également admirer ses photos dans quatre magnifiques ouvrages en plus de la cinquantaine de publications pour lesquelles il a œuvré, dont plusieurs magazines sportifs, malheureusement disparus aujourd'hui, tels le *Sportif* et *Spormania*.

Une photo prise par Denis en 1972, lors de la série du siècle à Moscou, est aujourd'hui d'importance historique. Le célèbre but de Paul Henderson lors du dernier match apparaît sur un timbre et sur une pièce de monnaie. Il est le seul de tous les photographes sur place à avoir capté le but le plus inoubliable de cette série.

Outre sa carrière de gardien de but, l'instant le plus mémorable de la vie de Brodeur est survenu en 1990. Il était à Vancouver lorsque les Devils du New Jersey ont choisi son fils, Martin Brodeur, en première ronde. Martin faisait maintenant partie d'une équipe professionnelle. Denis n'avait jamais ressenti autant de joie et de bonheur. Son fils venait de franchir une étape qu'il n'était jamais lui-même parvenu à traverser.

MARTIN BRODEUR

Gardien de but

Devils du New Jersey

Plusieurs gardiens de but québécois ont marqué l'histoire de la Ligue nationale. À l'instar des Georges Vézina, Jacques Plante et Patrick Roy, Martin Brodeur est de toute évidence l'un des trois meilleurs gardiens de la Ligue nationale dans les années quatre-vingt-dix. Flamboyant autour de son filet, il est pour son équipe un sixième joueur en attaque en raison de son grand talent à manier la rondelle et faire des passes. Comme Jacques Plante l'avait fait durant ses beaux jours, Brodeur est devenu un gardien de but offensif.

Il n'y a pas si longtemps, les équipes n'avaient qu'un seul cerbère qui disputait tous les matchs de son équipe. Aujourd'hui, les choses ont changé, mais l'entraîneur des Devils du New Jersey utilise pourtant Brodeur comme s'il n'avait pas d'adjoint. Sa remarquable forme physique et sa tenue exceptionnelle devant les filets font de lui un gardien très peu affecté par les longues saisons quasi interminables. Au cours des cinq dernières années, Martin aura disputé respectivement 77, 67, 70, 70 et 72 rencontres, ne laissant pour son assistant que 54 rencontres en cinq ans.

Né le 6 mai 1972 à Montréal, Martin Brodeur est le fils du célèbre photographe sportif Denis Brodeur. Martin commence à jouer au hockey comme joueur d'avant dans la catégorie atome. C'est son père qui l'inscrit dans cette équipe organisée afin qu'il apprenne à patiner, sans rêver d'une carrière. Doté d'un certain talent comme joueur d'avant, Brodeur se retrouve gardien de but par intérim en remplacement du gardien blessé. «Martin voulait juste dépanner son équipe, mais il a fait tellement bonne figure que son entraîneur a insisté pour qu'il revienne dans les buts. Martin n'était pas très emballé par l'idée, mais il a fini par y prendre goût», disait son père Denis.

Devant les encouragements de son père, Martin laisse rapidement le hockey prendre de plus en plus de place dans sa vie. «Mon père ne m'a jamais obligé à jouer au hockey et je lui dois beaucoup, car il se levait à 6 h le matin pour me conduire à l'aréna», affirme Martin. Martin est repêché par le Canadien junior, situé alors à Verdun et dont le directeur-gérant était nul autre que Jacques Lemaire, que Martin retrouvera quelques années plus tard avec les Devils. Deux semaines plus tard, l'équipe de Verdun est vendue, de sorte que c'est avec le Laser de Saint-Hyacinthe de la Ligue de hockey junior majeur du Québec que Martin joue son hockey junior durant les saisons 1989-90 à 1991-92.

L'élément déclencheur chez les juniors est sans doute le travail effectué par l'entraîneur des gardiens de but, Mario Baril. Il enseigne à Brodeur, Félix Potvin et Stéphane Fiset un élément important pour tout athlète professionnel: la préparation mentale. Il lui apprend également à se détendre avant et pendant une rencontre. Par la suite, son apprentissage de trois ans à l'école des gardiens de but de Vladislav Tretiak lui permet de polir les différentes facettes de son travail de gardien de but. On lui enseigne l'art de harponner le disque lors des échappées, immobiliser les rondelles et diriger les retours de lancers dans les coins de patinoire.

Lors de la séance de repêchage de 1990, les Devils du New Jersey font de Martin Brodeur leur premier choix, le 20e au total. Cette année-là, le Canadien possède le 12e choix et opte pour Turner Stevenson. Comment se fait-il que l'équipe n'ait pas repéré ce magnifique talent dans les rangs juniors? Ironie du sort, aujourd'hui, Stevenson se retrouve avec les Devils du New Jersey.

Martin effectue donc ses débuts avec les Devils en 1991-92 pour un essai de quatre matchs, mais il passe toute la saison suivante avec les Devils d'Utica, de la Ligue américaine de hockey. C'est en 1993-94 qu'il entreprend vraiment de façon permanente sa carrière avec le New Jersey. Ses débuts en 1993 coïncident avec l'arrivée de Jacques Lemaire en tant qu'entraîneur, celui-là même qui l'a vu travailler dans le junior.

Une première saison de rêve pour Martin, puisqu'il accumule un dossier éloquent de 27 victoires, 11 défaites et 8 matchs nuls en conservant une moyenne de buts alloués de 2.40 et trois blanchissages. Cette grande performance fait de Martin le gagnant du trophée Calder en plus de lui valoir une nomination à l'équipe d'étoiles des recrues. Les Devils peuvent maintenant compter sur un gardien de premier plan pour la première fois depuis leur arrivée dans la Ligue nationale en 1974, alors que l'équipe était à Kansas City.

Il connaît une bonne saison en 1994-95, mais c'est en séries éliminatoires qu'il démontre qu'il doit être considéré comme l'un des plus grands de la Ligue nationale. Il domine dans presque toutes les catégories. Ses 16 victoires, sa moyenne de 1.67 et ses trois jeux blancs sont largement suffisants pour mener les Devils à leur première coupe Stanley, alors que son coéquipier Claude Lemieux remporte le trophée Conn Smythe.

S'il n'a reçu que très peu d'honneurs individuels jusqu'à présent, Martin met la main sur le trophée William Jennings deux saisons consécutives, en 1997 et 1998, en plus d'être nommé à la deuxième équipe d'étoiles à chaque occasion. On doit aussi se souvenir qu'il domine la LNH avec une moyenne de 1.88 et dix blanchissages en 1996-97. Timide et introverti, Martin n'est pas homme à clamer tout haut ses performances, préférant se concentrer sur la recherche de la victoire match après match. Son frère Denis junior se souvient: «Quand je lui dis qu'il a été éblouissant lors d'un match, il me répond sans hésiter: "C'était pas pire, mais j'ai de bons coéquipiers", pour ensuite parler d'autre chose.»

Le 17 avril 1997, lors des séries éliminatoires, il réussit l'exploit de marquer un but contre les Canadiens de Montréal dans un gain de 5-2 des Devils, lors du premier match de la série quart de finale de l'Association de l'Est. Question d'en rajouter, il inscrit un deuxième but en carrière contre les Flyers de Philadelphie, le 15 février 2000. En compagnie de l'ex-gardien Ron Hextall, il est l'un des deux cerbères de l'histoire de la Ligue nationale à avoir réussi à marquer un but autant en saison qu'en séries éliminatoires.

Grâce au brio de Brodeur, les Devils constituent depuis plusieurs années une menace constante pour leurs adversaires dans la course aux grands honneurs. Un gardien de la trempe de Martin rehausse le jeu des défenseurs; il sauve souvent l'équipe et remporte régulièrement des matchs à lui seul. Martin goûte une deuxième fois au champagne de la coupe Stanley lorsque les Stars de Dallas, pourtant bien servis par Brett Hull et Mike Modano, baissent pavillon devant Martin et ses coéquipiers en séries 2000.

Encore très jeune, il a plusieurs bonnes années devant lui et une place au panthéon du hockey l'attend assurément. Lorsqu'il est arrivé dans la Ligue nationale de hockey, les Devils présentaient une équipe très moyenne et Toujours souvent décevante, mais grâce aux performances magiques de Martin et aux stratégies de Jacques Lemaire, New Jersey n'est plus l'équipe «Mickey Mouse» des années quatre-vingt, comme s'amusait à le dire Wayne Gretzky à l'époque.

Ses cinq participations au match des étoiles en sept saisons complètes démontrent bien le talent de Martin. Tous les éclaireurs de la Ligue nationale rêvent un jour de découvrir un gardien de but avec l'agilité et la stature voulues pour fermer tous les angles aux attaquants adverses. Tout comme les grands gardiens Georges Vézina ou Jacques Plante, Martin est d'une utilité sans conteste pour son équipe. Il est vrai que l'on n'admet en général un joueur ou un gardien au panthéon des plus grands du hockey que lorsqu'ils atteignent la retraite. Mais Martin Brodeur a connu suffisamment de grands moments dans la Ligue nationale pour mériter toute notre considération.

En quelques saisons seulement, il a cumulé des chiffres que certains n'atteindront jamais de toute leur carrière. Il a déjà à sa fiche 244 victoires en carrière et 42 blanchissages, sans compter ses 50 gains en séries éliminatoires. Il a d'ailleurs dominé la Ligue nationale pour les victoires en saison régulière avec 43 en 1997-98, 39 en 1998-99 et 43 en 1999-2000. Rien n'indique qu'il ralentisse dans les prochaines saisons. Si aujourd'hui la victoire est toujours à sa portée, il faut se souvenir que même à l'âge de six, sept ou huit ans, il accomplissait déjà des miracles, n'allouant qu'un ou deux buts face à 40 ou 50 tirs par match. Possédant un talent brut indéniable qu'il a fignolé en compagnie de Jacques Caron, l'entraîneur des gardiens des Devils, Martin a magnifiquement su affiner son jeu au maximum.

Chaque jour, les jeunes amateurs de hockey partout à travers la Ligue nationale poursuivent Martin pour obtenir un autographe. Il est si populaire que le chanteur Bryan Adams s'est présenté sur scène en arborant le chandail numéro 30 des Devils.

Quelques faits marquants de sa carrière:

➤ Réussit 30 victoires et plus en une saison à 5 reprises.

➤ A déjà marqué un but en saison régulière et un en séries éliminatoires.

➤ Participation à 5 matchs d'étoiles.

➤ 2 coupes Stanley en 2 participations à la grande finale.

➤ Remporte, en 1994, le trophée Calder.

➤ Remporte, en 1997 et 1998, le trophée William Jennings.

BRODEUR, Martin   Source: LNH

Gardien, gaucher 6'1", 205 lb
Né à Montréal, QC, le 6 mai 1972
1er choix des Devils du New Jersey, 20e choix au repêchage de 1990
Dernier club amateur 1991-92: le Laser de Saint-Hyacinthe

Saison	Équipe	Ligue	Saison régulière								Séries éliminatoires						
			PJ	VIC	D	N	Mins	BA	BL	Moy	PJ	VIC	D	Mins	BA	BL	Moy
1991-92	Devils du New Jersey	LNH	4	2	1	0	179	10	0	3.35	1	0	1	32	3	0	5.63
1993-94	Devils du New Jersey	LNH	47	27	11	8	2625	105	3	2.40	17	8	9	1171	38	1	1.95
1994-95	Devils du New Jersey	LNH	40	19	11	6	2184	89	3	2.45	*20	*16	4	*1222	34	*3	*1.67
1995-96	Devils du New Jersey	LNH	77	34	30	12	*4433	173	6	2.34	–	–	–	–	–	–	–
1996-97	Devils du New Jersey	LNH	67	37	14	13	3838	120	*10	*1.88	10	5	5	659	19	2	*1.73
1997-98	Devils du New Jersey	LNH	70	*43	17	8	4128	130	10	1.89	6	2	4	366	12	0	1.97
1998-99	Devils du New Jersey	LNH	*70	*39	21	10	*4239	162	4	2.29	7	3	4	425	20	0	2.82
1999-00	Devils du New Jersey	LNH	72	*43	20	8	4312	161	6	2.24	*23	*16	7	*1450	39	2	*1.61
	Totaux LNH	8 saisons	447	244	125	65	25938	950	42	2.20	84	50	34	5325	165	8	1.86

PAT BURNS

Entraîneur

Lorsqu'on assiste à un match de hockey au niveau mineur ou même dans la Ligue nationale, on se déplace pour voir évoluer un Mario Lemieux ou un Guy Lafleur, mais pour chaque formation, il y a derrière le banc un maître de jeu: l'entraîneur. Il assume un rôle très important auprès de ses joueurs, il est constamment visé lorsque son équipe traverse une période difficile et sera très souvent le premier à être sacrifié devant les insuccès de l'équipe.

En revanche, on reconnaît aussi pleinement sa contribution lorsqu'un joueur atteint des niveaux de performance élevés et que l'équipe remporte une coupe Stanley. Dans le hockey contemporain, il est très difficile de diriger une formation plus de quatre ou cinq ans. On compte très peu d'entraîneurs de la trempe de Scotty Bowman, Toe Blake ou Al Arbour, pour qui l'usure du temps est toujours retardée, saison après saison. Aujourd'hui plus que jamais, dans la vague des millions, l'entraîneur doit être à la fois psychologue, pédagogue, motivateur, et il doit toujours essayer de comprendre les faits et gestes de sa troupe.

Né le 4 avril 1952 à Saint-Henri, Pat Burns ne semble pas particulièrement destiné à une carrière d'entraîneur et son cheminement emprunte une voie différente de celui des autres entraîneurs de la Ligue nationale. Malgré sa passion pour le hockey, Burns rêve d'une tout autre carrière. Dans la jeune vingtaine, il fait son entrée à l'Ontario Police College pour y suivre une formation de policier, puis il se perfectionne à l'Institut de police de Nicolet. Au fil des quinze années suivantes, il sera policier, sergent et finalement sergent-détective à Gatineau, tout près de Hull et d'Ottawa, avant de terminer sa carrière comme agent secret pour la police.

Pat fait ses premiers pas d'entraîneur dans la Ligue de hockey junior majeur du Québec avec les Olympiques de Hull, pour la saison 1984-85. Il demeure derrière le banc de cette équipe pendant trois ans, soit jusqu'en 1987. La saison 1985-86 est déterminante dans la carrière de Burns, alors qu'il se rend en finales de la coupe Memorial avec des joueurs comme Luc Robitaille, Benoît Brunet, Stéphane Matteau et Sylvain Côté. Malheureusement, ils doivent s'incliner 6-2 en finale contre les Platers de Guelph, de la Ligue junior de l'Ontario. De plus, il dirige à deux reprises la formation tout étoiles de la LHJMQ et agit comme entraîneur adjoint lors des championnats juniors mondiaux tenus en Tchécoslovaquie en décembre 1986.

Devant les succès qu'il connaît à Hull, le Canadien l'embauche le 8 juin 1987 pour son club les Canadiens de Sherbrooke, de la Ligue américaine de hockey. Il ne dirige le petit Canadien qu'une seule saison avant de se joindre définitivement au grand Canadien pour la saison 1988-89, devenant ainsi le vingtième entraîneur-chef de l'histoire du club.

Le début de saison de Pat dans la Ligue nationale de hockey est très difficile, car après les douze premiers matchs, son club affiche seulement quatre victoires, sept défaites et un match nul. Mais à compter de novembre, Burns et ses joueurs prennent les choses en main pour terminer la saison en deuxième position au classement général avec une splendide fiche de 53 victoires, 18 défaites et 9 matchs nuls, tout juste derrière les Flames de Calgary.

D'ailleurs, pour une des rares fois depuis plus de dix ans, les deux meilleures équipes de la Ligue nationale s'affrontent en finale de la coupe Stanley. Justice est rendue et les Flames remportent la coupe Stanley en six matchs; ils viennent de prendre une douce revanche sur le Canadien, qui avait fait de même en 1986 en les battant. Au terme de la saison, Burns remporte son premier Jack Adams.

Burns n'est pas le plus grand technicien du hockey; il laisse cet aspect du jeu à ses adjoints. Il dirige son club en jouant sur les sentiments des joueurs. Il s'en prend à un athlète quand il n'est pas satisfait, encense un joueur au moment opportun et provoque celui qu'on doit constamment pousser dans le dos. Il trouve toujours une façon de motiver ses joueurs, au grand désarroi de certains.

Pat Burns a toujours prôné la liberté, pour les autres et surtout pour lui-même, ce qui lui vaut des moments difficiles avec le Canadien et les journalistes, pour qui le hockey fait figure de religion au Québec. Lorsqu'il est policier, opérant dans l'anonymat auprès de criminels endurcis et malgré les risques, Burns travaille avec des déguisements de rocker, il oublie les dangers de sa profession et endosse régulièrement différentes identités. Il a les cheveux longs et porte des bottes de cuir; personne ne le reconnaît. Il est donc peu étonnant qu'il trouve pénible aujourd'hui d'avoir à rendre des comptes à tel ou tel journaliste.

C'est en bonne partie la raison qui incite Burns à quitter Montréal pour Toronto à l'été de 1992. À Toronto, les journalistes qui assurent la couverture des Maple Leafs ne sont pas aussi voraces qu'à Montréal. D'ailleurs, avec les Leafs, il fait insérer une clause dans son contrat qui lui permet de ne donner des entrevues que lorsqu'il le juge à propos. À Montréal, tout entraîneur doit donner une conférence de presse après chaque match, ce que Burns détestait profondément.

Lorsqu'il arrive à Toronto, Burns a la chance d'avoir sous la main une équipe qui peut aspirer à la victoire chaque soir. Il dirige des joueurs comme Dave Andreychuk, Doug Gilmour et Sylvain Lefebvre. La pression est moindre, il se sent plus à l'aise pour travailler. Les 44 victoires de son club lui permettent de gagner le trophée Jack Adams pour une deuxième fois.

Durant son séjour à Toronto, Burns réussit à maintenir les Maple Leafs à un rendement supérieur à .500 à chaque saison, mais est incapable d'amener son club en finale de la coupe Stanley, comme il l'avait fait à Montréal. La carte maîtresse qui justifie les succès de Burns à Toronto est sans contredit la tenue exceptionnelle de son gardien recrue, Félix Potvin.

La confiance qu'il accorde à son jeune gardien lui enlève énormément de pression, ce qui lui permet de se concentrer sur sa stratégie offensive et défensive avec ses adjoints. Diriger à Toronto n'a rien à voir avec diriger à Montréal. Avec le Canadien, il faut rendre des comptes après une série de quatre ou cinq rencontres décevantes. À Toronto, on est plus patient et on réclame moins rapidement la tête d'un entraîneur.

Pat Burns se passe plus ou moins la corde au cou lorsqu'il demande à son directeur-gérant, Cliff Fletcher, d'échanger le célèbre Grant Fuhr et de donner une chance à Potvin. «J'ai dit à Fletcher que Fuhr était un très grand gardien, mais qu'il en avait un autre sous la main en Félix Potvin. Il est aussi bon et je suis certain qu'il peut faire la job», disait-il. Il a une telle confiance en son gardien recrue que lors des séries éliminatoires contre les Red Wings de Détroit, il garde Potvin à son poste malgré les douze buts qu'il avait accordés au cours des deux premières rencontres. Potvin se relève et Toronto gagne en sept parties.

Une chose est certaine, Burns gagne la faveur du public torontois. Il redonne ses lettres de noblesse à une équipe qui n'allait nulle part avant son arrivée. Mais, comme c'est souvent le cas, l'entraîneur est le premier sacrifié lorsque ses méthodes de travail ne sont plus appréciées. Burns est donc congédié par les Maple Leafs le 5 mars 1996, après le 65e match de l'équipe lors de la saison 1995-96.

Pendant la saison 1996-97, Burns travaille comme analyste sportif à CKAC et commente les matchs des Canadiens de Montréal, avant de revenir plus fort que jamais avec les Bruins de Boston. Après une saison médiocre, Harry Sinden, directeur-gérant des Bruins, congédie l'entraîneur Steve Kasper pour le remplacer par Pat Burns. Après quelques changements de joueurs, Burns et ses adjoints mettent sur pied de nouvelles stratégies pour redonner aux partisans des Bruins une équipe très respectable.

Avec Jacques Laperrière comme adjoint, Burns et les Bruins surprennent les experts en décrochant la deuxième place dans la division Nord-Est de la Ligue nationale. Au terme de cette première saison à Boston, Pat remporte un troisième trophée Jack Adams. Cependant, depuis qu'il est à Boston, il est à couteau tiré avec son directeur-gérant qui ne fait pas les choses comme les autres. Même si des rumeurs courent depuis presque deux ans, Burns est toujours en poste et entreprend sa quatrième saison avec les Bruins à l'automne 2000.

Il fait montre de détermination et de courage et n'a peur de rien – au contraire –, son principal objectif derrière le banc étant de stimuler les joueurs. Il crie à tue-tête et soulève parfois la controverse en mettant en doute les méthodes de travail de certains de ses joueurs. Il donne des coups de pied sur la poubelle dans le vestiaire, lance les bouteilles d'eau et claque souvent les portes, toujours dans le but de secouer son club. Il affiche souvent un air bête, mais ça marche: les joueurs ont peur. Son leadership ne peut en aucun temps être mis en doute.

Comment passer sous silence le seul entraîneur de l'histoire de la Ligue nationale de hockey à avoir remporté trois fois le trophée Jack Adams tant convoité? Son exploit est d'autant plus méritoire, puisqu'il l'a réalisé avec trois équipes différentes. Toujours plus étonnant, il l'a remporté chaque fois lors de sa première saison avec l'équipe.

Il est un modèle de courage, de détermination et son caractère bouillant a fait des vagues partout où il est passé. De toute évidence, il faut être un gagnant pour jouer sous la férule de Burns, car pour lui, chaque match perdu est une catastrophe.

BURNS, PAT Pat Burns   Source: LNH
Entraîneur, né à Saint-Henri, QC, le 4 avril 1952

| Saison | Équipe | Ligue | Saison régulière | | | | | Séries éliminatoires | | | | |
			PJ	VIC	DÉF	NUL	%	PJ	VIC	DÉF	NUL	%
1988-89	Canadiens de Montréal	LNH	80	53	18	9	.719	21	14	7	0	.667
1989-90	Canadiens de Montréal	LNH	80	41	28	11	.581	11	5	6	0	.455
1990-91	Canadiens de Montréal	LNH	80	39	30	11	.556	13	7	6	0	.538
1991-92	Canadiens de Montréal	LNH	80	41	28	11	.581	11	4	7	0	.364
1992-93	Maple Leafs de Toronto	LNH	84	44	29	11	.589	21	11	10	0	.524
1993-94	Maple Leafs de Toronto	LNH	84	43	29	12	.583	18	9	9	0	.500
1994-95	Maple Leafs de Toronto	LNH	48	21	19	8	.521	7	3	4	0	.429
1995-96	Maple Leafs de Toronto	LNH	65	25	30	10	.462	–	–	–	–	–
1997-98	Bruins de Boston	LNH	82	39	30	13	.555	6	2	4	0	.333
1998-99	Bruins de Boston	LNH	82	39	30	13	.555	12	6	6	0	.500
1999-00	Bruins de Boston	LNH	82	24	39	19	.445	–	–	–	–	–
	Totaux LNH	11 saisons	847	409	310	128	.562	120	61	59	0	.508

GUY CARBONNEAU

(Guy « Carbo » Carbonneau)
Centre

Lorsqu'un club aspire à remporter des victoires et la coupe Stanley, il lui faut posséder des joueurs de tous les styles et de tous les talents. Chaque équipe compte dans ses rangs des joueurs de haut calibre capables de marquer des buts. Cependant, les équipes doivent aussi aligner des joueurs à caractère défensif. Leur importance n'est pas moindre, car leur tâche consiste à ralentir, voire anéantir les efforts des marqueurs adverses.

Personne n'a maîtrisé aussi bien que Guy Carbonneau l'aspect défensif d'un match de hockey durant les années quatre-vingt. Il faut posséder beaucoup de talent pour remplir sa mission contre des joueurs comme Wayne Gretzky, Mario Lemieux, Peter Stastny ou Steve Yzerman.

Tout au long de sa carrière avec les Canadiens, les Blues et les Stars, Guy Carbonneau s'est affirmé non seulement comme un joueur de grande qualité, mais également par son sens du leadership et ce, match après match. Reconnu à travers la Ligue nationale pour son brio défensif, Guy a toujours été opposé aux meilleurs joueurs de centre des équipes adverses. Toujours disponible tant après une victoire qu'une défaite, il est ce qu'on appelle un « gagnant ». Dans le vestiaire, il est toujours le premier à prendre la parole et encourager ses coéquipiers dans des moments difficiles.

Né le 18 mars 1960 à Sept-Îles, Guy Carbonneau, que l'on surnomme « Carbo », est le fils de Charles-Aimé Carbonneau et Mary Ferguson. Le sport a toujours été une partie intégrante de sa vie. Il participe aux Jeux du Québec comme joueur de baseball et participe à des compétitions de tennis. Très jeune, Carbonneau a un voisin qui travaille à l'aréna municipal et qui décide de faire une patinoire derrière sa maison. « Je pouvais y aller quand je voulais puisqu'il était mon voisin. J'y pratiquais mon coup de patin et le maniement de la rondelle », affirme Carbonneau. Il joue principalement comme défenseur jusqu'à l'âge de quinze ans.

Repêché par l'équipe de Sainte-Foy de la Ligue midget AAA, Carbo aide son équipe à remporter le championnat provincial midget à Senneterre, en Abitibi. Guy demeure dans sa ville natale jusqu'à l'âge de seize ans, alors qu'il quitte pour Chicoutimi dans le but de faire son hockey junior avec les Saguenéens de la Ligue de hockey junior majeur du Québec. Il y jouera quatre saisons, soit de 1976 à 1980.

Il faut se rendre à l'évidence: Carbonneau veut à tout prix faire une carrière de hockeyeur. Lorsqu'on lui demande ce qu'il fera s'il ne réussit pas à atteindre son but, il répond qu'il veut jouer au hockey et qu'il réussira.

Son rêve de jeunesse était sans l'ombre d'un doute de jouer un jour pour les Canadiens de Montréal. Il apprend qu'il vient d'être repêché par le Canadien alors qu'il s'apprête à commencer son dixième trou au cours d'une magnifique ronde de golf. Il est le 4e choix du Tricolore, le 44e au total de la sélection amateur de 1979. Voilà qu'il goûte enfin à la Ligue nationale lors de la saison 1980-81, étant rappelé à deux reprises par le Canadien pour remplacer des blessés. Il passera le reste de la saison et la saison suivante avec les Voyageurs de la Nouvelle-Écosse, de la Ligue américaine de hockey.

Il fait son entrée officielle au Forum de Montréal à la saison 1982-83. Très bon marqueur dans les rangs juniors, Carbo est transformé en joueur défensif par le Canadien. Comment un joueur peut-il s'adapter à un nouveau style de jeu quand il a réussi à faire scintiller la lumière rouge à 134 reprises en 144 rencontres lors des deux saisons précédentes avec les Saguenéens? Guy répond: «Devenir un joueur défensif ne me dérangeait pas puisque tout ce que je voulais, c'était de jouer.» Il connaît des saisons extraordinaires avec le Tricolore et pendant treize ans à Montréal, rien ne l'arrête lorsqu'il saute sur la patinoire. Lorsqu'il reçoit le trophée Frank J. Selke en 1988, 1989 et 1992, Guy voit son grand talent d'attaquant défensif reconnu à travers toute la Ligue nationale.

Wayne Gretzky disait souvent combien il est difficile de jouer contre Carbonneau: «Je suis heureux de n'avoir à affronter Carbo qu'à trois reprises durant la saison. D'ailleurs, c'est trois fois de trop. Il faut être sur la glace face à lui pour se rendre compte à quel point il est efficace, combatif et surtout, très talentueux.» Bien qu'il soit confiné à un rôle défensif, Carbo marque des buts régulièrement, comme en témoignent ses cinq saisons de plus de vingt buts, dont un sommet de 26 en 1988-89. De plus, il inscrit son nom sur la précieuse coupe Stanley en 1986 et 1993 avec le Tricolore.

Volubile et fier, il ne craint jamais d'émettre ses opinions, mais le 19 août 1994, le couperet tombe sur son association avec les Canadiens, alors qu'on l'échange aux Blues de St. Louis en retour de l'attaquant Jim Montgomery. Il trouve très difficile d'être échangé, puisqu'il pensait terminer sa carrière au Centre Molson. C'est avec une grande tristesse et quelques larmes que Carbo quitte le vestiaire avant de se diriger vers St. Louis pour continuer à exercer son métier.

Il joue une seule saison sous la férule de Mike Keenan et, le 2 octobre 1995, il passe aux Stars de Dallas en retour de Paul Broten. Carbonneau est très content de partir de St. Louis, puisqu'il n'aime pas les méthodes de travail de Keenan. Un second souffle l'anime à Dallas et il est très heureux de rejoindre son bon ami et ancien coéquipier Bob Gainey.

Après deux saisons à Dallas, plusieurs affirment qu'il est sur son déclin, un joueur au bout du rouleau. Chose certaine, il fait taire ses dénigreurs en aidant grandement son équipe à remporter la coupe Stanley en 1999, sa troisième en carrière.

Même s'il ne sera jamais vraiment reconnu pour son talent offensif, malgré ses 260 buts en carrière, Carbo aura marqué 32 buts en désavantages numériques, ce qui le place au 3e rang de l'histoire de la Ligue nationale de hockey, à égalité avec l'excellent Bobby Clarke, derrière Wayne Gretzky avec 71 et Butch Goring avec 40. Et que dire de ses 42 buts victorieux en saison régulière et huit en séries éliminatoires?

Il faut reconnaître que Carbonneau aura été l'un des meilleurs joueurs de centre défensifs de l'histoire de la Ligue nationale. Il est le digne remplaçant de Doug Jarvis chez le Canadien. Sa capacité d'anticipation, ses glissades sur la glace pour bloquer un lancer lui valent une réputation à toute épreuve à travers la Ligue nationale. Même s'il n'a jamais disputé un match d'étoiles, il demeure néanmoins un joueur comme on en voit de moins en moins aujourd'hui. Le fait d'être confiné à un rôle défensif lui a sans doute coûté plusieurs millions de dollars, puisqu'un joueur offensif attire davantage l'attention des partisans et décroche des contrats plus lucratifs. Par contre, Carbo me disait: «C'est vrai que je ne recevais pas un salaire aussi important qu'un marqueur, mais ma carrière n'aurait pas été aussi longue, car il est impossible de produire en attaque pendant vingt ans.»

Son calme fait rarement place à l'émotivité et sa seule préoccupation est la victoire avant tout. «Il n'y a rien d'unique au fait que j'éprouve du plaisir à gagner, dit-il. J'aime être dans le feu de l'action lorsque la situation est critique», me confiait-il. Ce qui fait sa force, c'est sa lecture du jeu. Il anticipe bien les mouvements de l'équipe adverse et son habileté avec la rondelle en a fait un joueur craint de toutes les équipes à travers le circuit.

Lorsque Carbonneau constate que l'un de ses coéquipiers de trio n'était pas né lorsqu'il a signé son premier contrat avec le Canadien et qu'il est par surcroît l'ami de cœur de sa fille, c'est tout un choc et tout indique que l'heure de la retraite a sonné, ce qu'il annoncera officiellement à la fin de la saison 1999-2000. Quelques jours plus tard, la direction des Canadiens lui fait une proposition de contrat afin de le rapatrier et prolonger l'apport au hockey de son immense talent. Finalement, à la fin de l'été 2000, tout le Québec se réjouit de voir les Canadiens faire de Carbo un nouveau membre de leur direction.

Quelques faits marquants de sa carrière:

➢ 32 buts en désavantages numériques en carrière.

➢ Remporte, en 1988, 1989 et 1992, le trophée Frank J. Selke.

➢ 3 coupes Stanley en 5 participations à la grande finale.

➢ Capitaine des Canadiens de Montréal de 1989 à 1991.

➢ A porté le numéro 21 avec les Canadiens.

CARBONNEAU, Guy «Carbo»

Source: LNH

Centre, droitier 5'11", 186 lb
Né à Sept-Îles, QC, le 18 mars 1960
4e choix des Canadiens de Montréal, 44e choix au repêchage de 1979
Dernier club amateur 1979-80: les Saguenéens de Chicoutimi

Saison	Équipe	Ligue	Saison régulière								Séries éliminatoires						
			PJ	B	A	Pts	Pun	AN	BG	+/-	PJ	B	A	Pts	Pun	AN	BG
1980-81	Canadiens de Montréal	LNH	2	0	1	1	0	0	0	=	–	–	–	–	–	–	–
1982-83	Canadiens de Montréal	LNH	77	18	29	47	68	0	2	+18	3	0	0	0	2	0	0
1983-84	Canadiens de Montréal	LNH	78	24	30	54	75	3	2	+5	15	4	3	7	12	0	1
1984-85	Canadiens de Montréal	LNH	79	23	34	57	43	0	2	+28	12	4	3	7	8	0	1
1985-86	Canadiens de Montréal	LNH	80	20	36	56	57	1	3	+18	20	7	5	12	35	0	1
1986-87	Canadiens de Montréal	LNH	79	18	27	45	68	0	2	+9	17	3	8	11	20	0	0
1987-88	Canadiens de Montréal	LNH	80	17	21	38	61	0	1	+14	11	0	4	4	2	0	0
1988-89	Canadiens de Montréal	LNH	79	26	30	56	44	1	10	+37	21	4	5	9	10	0	0
1989-90	Canadiens de Montréal	LNH	68	19	36	55	37	1	3	+21	11	2	3	5	6	0	0
1990-91	Canadiens de Montréal	LNH	78	20	24	44	63	4	3	-1	13	1	5	6	10	0	1
1991-92	Canadiens de Montréal	LNH	72	18	21	39	39	1	4	+2	11	1	1	2	6	0	0
1992-93	Canadiens de Montréal	LNH	61	4	13	17	20	0	0	-9	20	3	3	6	10	0	2
1993-94	Canadiens de Montréal	LNH	79	14	24	38	48	0	1	+16	7	1	3	4	4	0	0
1994-95	Blues de St. Louis	LNH	42	5	11	16	16	1	1	+11	7	1	2	3	6	0	0
1995-96	Stars de Dallas	LNH	71	8	15	23	38	0	1	-2	–	–	–	–	–	–	–
1996-97	Stars de Dallas	LNH	73	5	16	21	36	0	0	+9	7	0	1	1	6	0	0
1997-98	Stars de Dallas	LNH	77	7	17	24	40	0	1	+3	16	3	1	4	6	0	0
1998-99	Stars de Dallas	LNH	74	4	12	16	31	0	2	-3	17	2	4	6	6	0	1
1999-00	Stars de Dallas	LNH	69	10	6	16	36	0	4	+10	23	2	4	6	12	0	1
	Totaux LNH	19 saisons	1318	260	403	663	820	12	42		231	38	55	93	161	0	8

RONALD CARON

(Ronald « Le Prof » Caron)

Directeur-gérant

Lorsqu'on aspire à devenir directeur-gérant d'une équipe de hockey, il est important d'atteindre une certaine crédibilité auprès des gens de hockey. Actif dans le hockey professionnel depuis plus de cinquante ans, Ronald « Le Prof » Caron a été à la tête de quelques équipes au niveau junior et professionnel. Dans la Ligue nationale, il été une sorte de grand manitou, où il a orchestré les victoires des Canadiens de Montréal et des Blues de St. Louis.

Fougueux et volubile, Ronald Caron ne fait jamais les choses à moitié. Lorsqu'il assiste aux matchs éliminatoires de la coupe Stanley, il lui arrive régulièrement de manifester son mécontentement. Au Forum, les habitués aiment mieux en rire, car le voir sortir de ses gonds lorsque la tension monte est devenu chose courante. Il extériorise tout aussi bien sa joie que sa colère. C'est sa façon à lui de démontrer qu'il prend à cœur chaque instant d'un match.

Né le 19 décembre 1929 à Hull, Ronald Caron détient un diplôme de l'Université d'Ottawa en arts et en philosophie. Il entreprend vers l'âge de 24 ans une carrière dans l'enseignement, d'où ce surnom, qui lui colle toujours à la peau. C'est à Rouyn-Noranda, en 1954, dans une Abitibi encore toute jeune, que l'aventure commence pour « Le Prof ». Les pères Oblats lui confient l'enseignement des langues tout en le chargeant de répondre au besoin d'action des jeunes sportifs du collège. Il conduit rapidement l'équipe de hockey à un premier championnat. Pour Caron, ça devait être le premier d'une longue série.

« J'ai toujours été mordu de sports. Mon père a d'abord été un grand sportif et j'ai suivi ses traces. Il connut beaucoup de succès au baseball et au hockey », se rappelle Le Prof. Troisième d'une famille de cinq enfants, Ronald a l'occasion de pratiquer une multitude de disciplines sportives lorsqu'il est pensionnaire au collège classique de Hull. Curieusement, c'est au football qu'il montre les meilleures dispositions. On reconnaît également son talent de lanceur au baseball et à la balle-molle.

« J'ai commencé à patiner très tard, soit à l'âge de 13 ans. Malgré tout, j'ai obtenu un certain succès. J'ai commencé comme gardien de but pour l'équipe du collège. L'année suivante, j'ai joué pour l'équipe de troisième échelon, dans les buts et comme joueur d'attaque. À ma troisième année, j'ai enlevé le championnat des marqueurs avec le premier club du collège », raconte-t-il en riant aux éclats.

Le désir de devenir éclaireur se manifeste lorsque l'éclaireur Bob Davidson visite spécialement Rouyn-Noranda pour faire signer un contrat au célèbre joueur Dave Keon. Mais Ronald est encore plus fasciné lorsqu'un autre éclaireur vient assister aux prouesses du gardien de but Jacques Caron. La mort de son père l'amène à se rapprocher davantage de sa mère et de son jeune frère Jean-Luc, alors âgé de 15 ans. Il déménage donc ses pénates à Montréal et se joint au corps professoral du collège de Saint-Laurent.

En plus d'enseigner, il est directement lié à l'équipe de hockey du collège, ce qui lui permet en 1956 de faire la connaissance d'un autre grand Québécois, Cliff Fletcher. Un jour qu'il dirige une pratique, Fletcher vient assister à l'entraînement de l'équipe. C'est à ce moment que Caron entreprend une carrière d'éclaireur. Il est éclaireur, oui, mais pour son plaisir, puisqu'il n'est pas rémunéré; pour sa part Fletcher apprécie beaucoup sa collaboration. Il assiste à de nombreux matchs de tournoi midget. Petit à petit, le hockey prend une place grandissante dans sa vie. Devant la possibilité d'une carrière dans le hockey, il renonce à terminer sa maîtrise à l'Université de Montréal.

Il débute avec l'organisation du Canadien de Montréal en 1957 en tant qu'éclaireur et, en 1966, il est nommé responsable du recrutement du Canadien junior de Montréal. Cette équipe remporte deux coupes Memorial consécutives en 1969 et 1970.

En 1965, il devient éclaireur à temps partiel pour le grand club tout en conservant ses tâches au niveau junior. Puis, Toe Blake quitte le hockey, Claude Ruel est promu. Ces mouvements de personnel créent une ouverture pour le poste d'éclaireur. Après un entretien avec Sammy Pollock, le 4 juin 1968, Ronald devient un employé permanent du Canadien de Montréal. La tâche est très difficile au début, mais son acharnement et sa mémoire phénoménale lui permettent de prendre la place qui lui revient.

Avant même d'être un membre à part entière de l'organisation, Caron avait participé à la construction des glorieuses équipes juniors. En 1969, il est nommé directeur-gérant des Voyageurs de Montréal de la Ligue américaine de hockey, le club école du Canadien de Montréal. L'année suivante, il devient l'adjoint de Sam Pollock et assume un rôle de plus en plus actif avec le Tricolore.

Il fait signer son premier contrat junior à Gilbert Perreault et par la suite, à Réjean Houle et Marc Tardif. Le premier contrat professionnel qu'il fait signer est celui du célèbre gardien de but Tony Esposito, qui connaîtra une brillante carrière avec les Blackhawks de Chicago. Sa première recommandation pour une transaction est de se départir des services de Gary Monahan, en échange de Peter Mahovlich. Quelques années plus tard, il sera l'artisan principal de l'acquisition du grand frère de Peter, Frank Mahovlich.

De 1971 à 1978, Ronald Caron devient un rouage important du recrutement et voit l'organisation remporter pas moins de six coupes Stanley. Lorsque Sammy Pollock annonce sa retraite en 1978, Caron est nommé directeur du recrutement et du développement des joueurs du Canadien. Durant cette période, le Canadien ne perd pas très souvent. Caron est donc habitué à gagner plus souvent qu'à perdre. Pour lui, la victoire de la coupe Stanley de 1977 représente son plus beau souvenir. Les Canadiens jouent la finale de la coupe Stanley contre les Blackhawks de Chicago. Ils tirent de l'arrière après avoir perdu les deux premières rencontres. Finalement, le Tricolore gagne la série en sept matchs.

«Lors du septième match à Chicago, j'étais assis avec le maire de la ville et nous regardions la partie ensemble. Après que les Hawks eurent pris les devants 2-0 après la première période, le maire commença à me dire que je ne boirais pas de champagne. Je lui ai dit que nous n'étions pas encore morts. En effet, lors du deuxième engagement, Henri Richard marque avant la fin de la période pour égaler la rencontre 2-2. En troisième, Ken Dryden, le gardien du Canadien, est magistral, Stan Mikita frappe la barre horizontale et Bobby Hull atteint le poteau des buts à deux reprises. Dès lors, je savais que nous étions pour gagner, car tout était de notre côté. Je n'ai pas entendu un seul mot du maire de Chicago jusqu'à la toute fin de la rencontre», se souvient Le Prof.

En 1983, après l'élimination du Canadien en première ronde pour une troisième fois de suite, il est remercié par le Canadien et se retrouve avec les Blues de St. Louis. Il fait donc ses débuts officiels à St. Louis le 13 août 1983 et c'est le propriétaire Harry Ornest qui le nomme au même poste qu'il occupait à Montréal. On lui confiera d'autres postes importants, vice-président exécutif, entre autres.

Cette équipe, qui voit pratiquement ses activités prendre fin en 1983, connaît beaucoup de succès par la suite, n'ayant jamais raté les éliminatoires depuis la nomination de Ronald Caron. Ayant réussi plusieurs bonnes transactions, il est sans l'ombre d'un doute le principal responsable de la tenue exceptionnelle des Blues depuis quelques années. Avec des acquisitions comme Brett Hull, Guy Carbonneau, Peter Nedved, Curtis Joseph et plus récemment, Pierre Turgeon, on ne peut faire autrement que gagner.

Grâce à une structure d'équipe bien établie, la direction des Blues peut maintenant envisager de remporter la coupe Stanley. D'ailleurs, leur défaite lors des séries éliminatoires à la fin de la saison 1999-2000 n'est absolument pas un gage d'avenir, puisque la relève chez les Blues est bien présente.

Travailler pendant 26 ans pour la plus prestigieuse organisation de la Ligue nationale, les Canadiens de Montréal, et passer 17 saisons avec les Blues de St. Louis démontre bien la qualité de son travail. Il possède le flair pour déceler de loin les meilleurs talents juniors partout à travers l'Amérique. Voilà maintenant plusieurs années qu'il mentionne qu'il est sur le point de se retirer, mais il pourrait encore travailler pour les Blues à titre de consultant. Son ancienne secrétaire, Andrea Frisella, dit de lui: «Je crois qu'il ne se retirera jamais. Il aura toujours quelque chose à faire pour le hockey.»

Ronald Caron a déjà reçu des offres de la direction des Cards de St. Louis de la Ligue nationale de baseball. On l'avait sollicité pour qu'il se joigne à l'équipe d'éclaireurs. Whitey Herzog, le gérant de l'époque, savait que Caron était très calé en matière de baseball et l'avait recommandé à son directeur-gérant. Néanmoins, Ronald décide de rester dans le hockey et le Prof utilise une phrase de son cru pour justifier sa décision: «*Hockey is my love, baseball is my passion.*»

LORNE CHABOT

(Lorne «Chabotsky» Chabot)

Gardien de but

Lorsqu'on pense aux meilleurs gardiens de but de l'histoire, plusieurs noms nous viennent à l'esprit. Il suffit de penser aux membres du Temple de la renommée, Terry Sawchuk, Ken Dryden, Turk Broda ou Lorne «Gump» Worsley. Il reste toutefois un grand oublié dans cet extraordinaire club sélect: Lorne Chabot.

Ce vétéran de dix saisons dans la Ligue nationale de hockey a dominé son sport partout où il a joué. Il faut dire qu'avec ses six pieds, un pouce et 185 livres, Chabot bloque une bonne partie du filet! Il est à son époque l'un des plus grands et plus gros gardiens de la ligue. Il préconise un style très particulier, faisant confiance principalement à ses réflexes. Il aime volontiers sembler laisser la place aux attaquants adverses pour ensuite, en une fraction de seconde, fermer l'angle et effectuer l'arrêt. Il a comme force première de jouer profondément dans son filet et de choisir lui-même l'angle de lancer des joueurs.

Né le 5 octobre 1900 à Montréal, Chabot joue son hockey mineur à Outremont en 1915 et 1916. Entre 1916 et 1920, Lorne dispute des matchs dans plusieurs ligues sans toutefois appartenir à une équipe précise. Au printemps de 1917, il songe même à abandonner le hockey. Issu d'une famille très pauvre, Chabot voudrait éviter d'imposer à sa famille une telle précarité. En effet, il souhaite se marier et fonder une famille: «Avec un boulot honnête, je réussirai à subvenir aux besoins de ma famille», déclare-t-il.

Mais la vie nous réserve toujours des surprises. Chabot reste toujours un passionné et le hockey lui manque. On l'invite donc en 1922 à participer à un match hors concours avec l'équipe de Port Arthur de la Ligue senior du Manitoba. Il reprend goût à la compétition et signe un contrat avec cette équipe. Il y passera quatre ans avant de faire le grand saut dans la Ligue nationale.

Chabot se fait remarquer lors de sa dernière saison au Manitoba en 1925-26, avec 14 victoires en vingt matchs en saison régulière, pour l'équipe des Bearcats. Il aide également Port Arthur à gagner la coupe Allan, emblème du hockey senior canadien en 1925 et 1926. Conn Smythe le fait signer avec les Rangers de New York le 2 septembre 1926, en vue de la saison 1926-27. Sa tenue devant le filet est remarquable puisqu'il enregistre 22 victoires en 36 matchs dès sa première saison dans la Ligue nationale de hockey.

La saison suivante, «Chabotsky» mène la ligue avec 44 matchs disputés et aide son club à remporter la coupe Stanley, sa première. C'est au cours de cette finale contre les Maroons de Montréal qu'il se blesse à un œil et qu'on le remplace à pied levé par son entraîneur Lester Patrick, âgé de 45 ans. Les Rangers gagnent la rencontre 2 à 1 en prolongation, grâce au but de Frank Boucher. Ce match est passé à l'histoire. Chabot est de retour pour les affrontements suivants et New York remporte la coupe.

Malgré cette magnifique victoire, Chabot est échangé aux Maple Leafs de Toronto le 18 octobre 1928 en compagnie d'Alex Gray... et de 10 000 $, en retour de John Roach et Butch Kelling. À Toronto, Chabot jouit enfin d'une certaine stabilité: il y passe cinq ans. Chabot s'impose d'emblée et les Maple Leafs gagnent la coupe Stanley au terme de la saison 1931-32. L'année suivante, Chabot ne peut répéter l'exploit et son club doit s'incliner en finale de la coupe Stanley contre son ancienne équipe, les Rangers de New York.

Le 1er octobre 1933, Chabot fait l'objet d'une transaction majeure lorsqu'il est échangé aux Canadiens de Montréal contre le gardien George Hainsworth. Son séjour avec les Canadiens sera cependant de courte durée puisqu'il est à nouveau échangé le 3 octobre 1934 aux Blackhawks de Chicago avec Marty Burke et le légendaire Howie Morenz en retour de Lionel Conacher, Roger Jenkins et Leroy Goldsworthy. Chicago doit remplacer le gardien qui les a aidés à remporter la coupe Stanley en 1934, Charlie Gardner, ce dernier ayant été emporté durant l'été par une tumeur au cerveau. Cette importante transaction est bénéfique à Chabot, puisqu'il remporte le trophée Vézina en 1935.

Malgré sa moyenne impressionnante de 1.80 et sa nomination à la première équipe d'étoiles, Chabot perd son poste au profit de Mike Karakas. Il refuse alors de retourner dans les ligues mineures et demande à la direction des Blackhawks d'essayer de l'échanger; si personne ne s'intéresse à lui, il prendra sa retraite.

Le 8 février 1936, il se retrouve à nouveau avec le Canadien en échange d'une somme d'argent, mais cinq jours plus tard, les Canadiens le renvoient aux Maroons de Montréal en retour de Toe Blake. Maintenant sur son déclin, il termine sa carrière dans la ville où il a fait ses débuts, New York, avec les Americans, pour la saison 1936-37. Après seulement six matchs, il prend sa retraite et revient s'installer définitivement avec sa famille à Montréal.

Chabotsky a joué dans les deux matchs les plus longs de l'histoire de la Ligue nationale de hockey. Il remporte la victoire 1-0 en 1933 lorsque les Maple Leafs de Toronto battent les Bruins de Boston à la sixième prolongation, grâce au but de Ken Doraty après 104 minutes de prolongation. Trois ans plus tard, il se retrouve cette fois du côté des perdants. Il s'incline 1-0 contre les Red Wings de Détroit, lorsque Modère «Mud» Bruneteau marque après 116 minutes de prolongation.

Seuls deux gardiens ont endossé l'uniforme des Maroons de Montréal et des Canadiens de Montréal lors de leur carrière dans la Ligue nationale de hockey. Outre Chabot, Abbie Cox avait disputé un match avec les Maroons en 1929-30 et un match également avec les Canadiens en 1935-36. Ironie du sort, en 1935-36, ces deux gardiens endossent tous deux l'autre uniforme de Montréal.

Chabot est décédé le 10 octobre 1946, alors qu'il venait d'avoir 41 ans. Avec 73 blanchissages en carrière et une moyenne à vie de 2.04, il est clair que Chabot est l'un des plus grands gardiens de but de l'histoire de la Ligue nationale de hockey. Comment expliquer qu'il ne soit pas parmi les membres du Temple de la renommée du hockey?

Quelques faits marquants de sa carrière:

➤ 73 blanchissages en carrière; se classe aujourd'hui au 8e rang.

➤ Remporte, en 1935, le trophée Vézina.

➤ 2 coupes Stanley en 3 participations à la grande finale.

➤ A porté le numéro 1 avec les Canadiens.

➤ Décédé le 10 octobre 1946.

CHABOT, Lorne «Chabotsky»   Source: LNH

Gardien, gaucher 6'1'', 185 lb
Né à Montréal, QC, le 5 octobre 1900; décédé le 10 octobre 1946
Dernier club amateur 1925-26: les Bearcats de Port Arthur

Saison	Équipe		Saison régulière									Séries éliminatoires						
Saison	Équipe	Ligue	PJ	VIC	D	N	Mins	BA	BL	Moy	PJ	VIC	D	Mins	BA	BL	Moy
1926-27	Rangers de New York	LNH	36	22	9	5	2307	56	10	1.46	2	0	1	1	120	3	1	1.50
1927-28	Rangers de New York	LNH	*44	19	16	9	2730	79	11	1.74	6	2	2	1	321	8	1	1.50
1928-29	Maple Leafs de Toronto	LNH	43	20	18	5	2458	66	12	1.61	4	2	2	0	242	5	0	1.24
1929-30	Maple Leafs de Toronto	LNH	42	16	20	6	2620	113	6	2.59	–	–	–	–	–	–	–	–
1930-31	Maple Leafs de Toronto	LNH	37	21	8	8	2300	80	6	2.09	2	0	1	1	139	4	0	1.73
1931-32	Maple Leafs de Toronto	LNH	44	22	16	6	2698	106	4	2.36	*7	*5	1	1	438	15	0	2.05
1932-33	Maple Leafs de Toronto	LNH	*48	24	18	6	2946	111	5	2.26	*9	4	5	0	*686	18	*2	1.57
1933-34	Canadiens de Montréal	LNH	47	21	20	6	2928	101	8	2.07	2	0	1	1	131	4	0	1.83
1934-35	Blackhawks de Chicago	LNH	*48	26	17	5	2940	88	8	*1.80	2	0	1	1	124	1	1	0.48
1935-36	Maroons de Montréal	LNH	16	8	3	5	1010	35	2	2.08	3	0	3	0	297	6	0	*1.21
1936-37	Américains de New York	LNH	6	2	3	1	370	25	1	4.05	–	–	–	–	–	–	–	–
	Totaux LNH	11 saisons	411	201	148	62	25307	860	73	2.04	37	13	17	6	2498	64	5	1.54

GUY CHOUINARD

(Guy «Gramps» Chouinard)

Centre

Les Flames d'Atlanta et les Islanders de New York font leur entrée dans la Ligue nationale au cours de la saison 1972-73. Issues de l'expansion, ces deux équipes doivent bâtir leur formation afin d'être compétitives le plus rapidement possible. Après avoir repêché le Québécois Jacques Richard en 1972, les Flames se tournent vers un autre Québécois lors de la séance de repêchage de 1974 et portent leur premier choix sur Guy Chouinard. Au cours de ses 10 ans de carrière dans la Ligue nationale, Chouinard sera principalement utilisé à la pointe sur les jeux de puissance, pour sa vision du jeu ainsi que la qualité de ses passes.

Inspiré par ses idoles de jeunesse Jean Béliveau et Guy Lafleur, Chouinard est prêt à tout pour connaître une carrière glorieuse dans la Ligue nationale de hockey. Bon manieur de rondelle et possédant un bon coup de patin, il est une source de motivation pour ses coéquipiers à Atlanta, Calgary et St. Louis. Le trio piloté par Chouinard au milieu des années soixante-dix causera des maux de tête à bien des équipes. En compagnie tout particulièrement d'Éric «Big Train» Vail à sa gauche et de Bob MacMillan à sa droite, Guy adore jouer au Forum de Montréal. «Tu essaies toujours d'en faire un peu plus lorsque tu joues devant les tiens», dit-il en se rappelant de bons souvenirs.

Né le 20 octobre 1956 à Québec, Guy Chouinard commence à patiner à l'âge de cinq ans en compagnie de ses amis sur les patinoires extérieures du quartier. Comme tous les jeunes à l'époque, il doit parfois déneiger la surface glacée pour arriver à jouer un match entre amis. C'est à ce moment qu'il commence à développer son habileté à manier la rondelle et à améliorer son coup de patin. «Il y avait régulièrement deux ou trois matchs simultanément sur la même patinoire. C'était le moment idéal pour s'habituer à déjouer les autres et apprendre à dribler avec la rondelle», me raconte-t-il lors d'une entrevue.

Son père l'inscrit au programme de développement dans la catégorie moustique à l'âge de six ans. Déjà, le talent de Guy émerge puisqu'à l'âge de sept ans, il est promu chez les pee-wee. Il aura donc l'occasion de jouer au prestigieux tournoi pee-wee de Québec à quatre reprises, ce qui constitue un record encore en vigueur aujourd'hui. Avant même de faire partie d'une équipe junior, Chouinard avait son nom dans un livre de records.

Il est l'un des plus jeunes joueurs à recevoir une offre d'une équipe de la Ligue nationale. Guy a dix ans lorsqu'un représentant de l'organisation des Maple Leafs de Toronto lui offre 5000 $ pour qu'il déménage à Toronto. «Gérard Bolduc, directeur du tournoi pee-wee de Québec, refuse catégoriquement. Il n'est pas question qu'on commence à envoyer des joueurs aussi jeunes», me dit Guy avec un léger sourire.

Lorsqu'il joue pour les Castors de Québec, dans la catégorie pee-wee, Chouinard a la chance de se présenter devant des foules de plus de 14 000 personnes. Il est à la fois intimidé et excité. Son talent est tel qu'il se retrouve chez les juniors à l'âge de 14 ans, sous la férule de Maurice Filion, et qu'il fait ses débuts avec les Remparts de Québec de la Ligue de hockey junior majeur du Québec lors de la saison 1971-72.

Après trois ans avec les Remparts, Chouinard participe à son premier camp d'entraînement avec les Flames d'Atlanta à l'automne de 1974. Il passe la majeure partie de la saison avec les Knights d'Omaha de la Ligue centrale de hockey professionnel. Toutefois, il goûte à l'expérience de jouer dans la Ligue nationale pour cinq rencontres lors de cette saison et quatre la saison suivante, terminant son stage avec les Voyageurs de la Nouvelle-Écosse, de la Ligue américaine de hockey. Il fait des débuts officiels avec les Flames en 1976-77.

Guy n'est pas déçu d'appartenir aux Flames, car c'est pour lui une chance unique de jouer sur les mêmes patinoires que ses idoles d'antan. L'athlète natif de Québec estime qu'il doit beaucoup à Al MacNeil. C'est ce dernier qui l'a aidé à améliorer son coup de patin et son jeu défensif, deux lacunes très apparentes à son arrivée chez les Flames.

Chouinard connaît un bon début de carrière, mais sans plus. Le véritable coup d'envoi se produit à sa deuxième année chez les professionnels. Cliff Fletcher, directeur-gérant des Flames, complète l'une de ses plus importantes transactions depuis les débuts du club. Il obtient l'ailier droit Bob MacMillan des Blues de St. Louis en retour du vétéran gardien Philippe Myre. «Ce fut le point tournant de ma carrière», me dira Chouinard lors de l'entrevue. L'entraîneur Fred Creighton décide d'assigner sa nouvelle acquisition dès son arrivée au joueur de centre québécois et complète le trio avec Éric «The Train» Vail.

Après avoir très peu joué en première moitié de saison, Chouinard et ses compagnons de trio profitent de la deuxième moitié de la saison 1977-78 pour s'adapter aux forces de tout un chacun. Guy boucle tout de même l'année avec 28 buts, le deuxième meilleur total de l'équipe. En 1978-79, le gros trio des Flames en met plein la vue aux partisans des Flames. Chouinard devient lors de cette saison le premier marqueur de 50 buts de l'histoire des Flames en déjouant le cerbère John Davidson des Rangers de New York. Très bien assorti, le trio complète l'année avec 298 points, dont 122 buts.

«Je visais une trentaine de buts, mais le trio s'est mis à bien fonctionner dès le début de la saison et je me suis même retrouvé en tête des pointeurs devant Guy Lafleur et Bryan Trottier», dit-il. Mais sa meilleure saison reste celle de 1980-81, avec 83 points en 52 rencontres. Une blessure l'oblige à s'absenter de plus de 25 matchs. «Je me dirigeais vers la meilleure saison de ma carrière, mais une blessure... J'aurais certainement pu récolter 115 ou 120 points», confie celui qui prétend être davantage un fabricant de jeu qu'un marqueur.

Le 6 septembre 1983, il est échangé aux Blues de St. Louis en retour de considérations futures. Fletcher lui fait savoir que l'équipe s'est départie de ses services dans le but d'amorcer un virage jeunesse. Il est le dernier joueur des Flames d'Atlanta à quitter l'équipe. Après une seule saison avec les Blues, il est soumis au ballottage, mais aucune équipe ne le réclame et il décide de prendre sa retraite. Guy se souvient: «Les Blues devaient donner plus de temps de glace à Bernie Federko et un autre joueur de centre du nom de Doug Gilmour progressait très rapidement, la direction voulait l'utiliser plus souvent.»

Depuis sa retraite comme joueur actif, il est devenu entraîneur dans la Ligue de hockey junior majeur du Québec avec plusieurs formations. Il commence sa longue carrière d'entraîneur avec les Chevaliers de Longueuil lorsque Guy Lapointe devient directeur-gérant de l'équipe. Il dirige tout à tour les équipes de Verdun, Trois-Rivières et Sherbrooke, et fait maintenant partie de l'organisation des Remparts de Québec depuis 1997. Il détient plusieurs records dans la LHJMQ. Il est l'entraîneur qui a récolté le plus de victoires dans l'histoire de la Ligue, soit 462. De plus, il a remporté le trophée Jean Rougeau à quatre reprises avec les Tigres de Victoriaville, les Faucons de Sherbrooke et deux fois avec les Remparts de Québec, ce qui constitue un record pour un entraîneur de la LHJMQ. Ses plus grands regrets sont de ne pas avoir gagné la coupe Stanley en tant que joueur et de s'être incliné en coupe Memorial. Sa principale ambition est de faire le saut à nouveau dans la Ligue nationale, mais à titre d'entraîneur.

Il aime beaucoup enseigner aux jeunes et sa patience est sans doute sa principale qualité. La satisfaction du devoir accompli, il la ressent bien souvent grâce à ceux qui l'entourent: «Un jour, le père d'un de mes anciens joueurs des Chevaliers de Longueuil est venu me voir pour me remercier. Il m'a dit que son fils avait abandonné l'école, mais qu'après avoir joué pour moi, il est retourné aux études et qu'il est aujourd'hui ingénieur», dit Chouinard, fier de sa réussite. «On n'enseigne pas juste le hockey au niveau junior», ajoute Guy.

S'il avait joué pour les Bruins de Boston, les Flyers de Philadelphie ou les Canadiens de Montréal, il aurait été davantage sous les feux de la rampe et serait devenu une grande vedette. Mais à Atlanta et Calgary, il était condamné à rester dans l'ombre. Il aura maintenu une moyenne de presque un point par rencontre, ce qui est tout à son honneur, puisque jouer à l'époque pour des équipes comme Atlanta, Calgary et St. Louis ne pouvait certainement pas l'aider à développer tout le talent qu'on lui reconnaissait lors de ses débuts professionnels.

Quelques faits marquants de sa carrière:

➢ Remporte, en 1974, le trophée George Parsons.

➢ Remporte, en 1975, le trophée Ken McKenzie.

➤ Premier choix des Flames d'Atlanta au repêchage de 1975.

➤ Fut le dernier joueur de l'édition des Flames d'Atlanta à avoir quitté l'organisation.

➤ Premier joueur de l'histoire des Flames à avoir atteint le plateau des 50 buts.

➤ 4 fois vainqueur du trophée Jean Rougeau dans la LHJMQ (record).

➤ Père d'Éric Chouinard, repêché par les Canadiens de Montréal.

CHOUINARD, Guy «Gramps»   Source: LNH

Centre, droitier 5'11", 182 lb
Né à Québec, QC, le 20 octobre 1956
1er choix des Flames d'Atlanta, 28e choix au repêchage de 1974
Dernier club amateur 1973-74: les Remparts de Québec

| Saison | Équipe | Ligue | \multicolumn{8}{c}{Saison régulière} | \multicolumn{7}{c}{Séries éliminatoires} |

Saison	Équipe	Ligue	PJ	B	A	Pts	Pun	AN	BG	+/-	PJ	B	A	Pts	Pun	AN	BG
1974-75	Flames d'Atlanta	LNH	5	0	0	0	2	0	0	-2	–	–	–	–	–	–	–
1975-76	Flames d'Atlanta	LNH	4	0	2	2	2	0	0	+2	2	0	0	0	0	0	0
1976-77	Flames d'Atlanta	LNH	80	17	33	50	8	3	0	-12	3	2	0	2	0	1	0
1977-78	Flames d'Atlanta	LNH	73	28	30	58	8	11	1	+8	2	1	0	1	0	0	0
1978-79	Flames d'Atlanta	LNH	80	50	57	107	14	11	5	+23	2	1	2	3	0	1	0
1979-80	Flames d'Atlanta	LNH	76	31	46	77	22	9	1	+5	4	1	3	4	4	1	0
1980-81	Flames de Calgary	LNH	52	31	52	83	24	10	1	+18	16	3	14	17	4	0	0
1981-82	Flames de Calgary	LNH	64	23	57	80	12	13	4	-5	3	0	1	1	0	0	0
1982-83	Flames de Calgary	LNH	80	13	59	72	18	7	2	-24	9	1	6	7	4	0	0
1983-84	Blues de St. Louis	LNH	64	12	34	46	10	4	2	-15	5	0	2	2	0	0	0
	Totaux LNH	10 saisons	578	205	370	575	120	68	16		46	9	28	37	12	3	0

SPRAGUE CLEGHORN

Défenseur

Sprague Cleghorn est né à Montréal le 11 mars 1890 et commence ses activités de hockeyeur en 1904 dans la Ligue des écoles protestantes de Montréal. Après quelques années à parfaire ses études et ses connaissances du hockey, Cleghorn fait son entrée dans la Ligue intermédiaire avec le club de Westmount. Il joue ses derniers matchs amateurs au printemps de 1910. L'automne suivant, il fait ses débuts dans le circuit professionnel avec les Millionnaires de Renfrew de l'Association nationale de hockey. En 1911, les Wanderers de Montréal achètent les droits du joueur natif du Québec. Il rejoint son frère Ogilvie, qu'on surnomme «Odie», et restera avec l'équipe jusqu'à l'incendie de l'aréna de Westmount qui met fin aux activités de l'équipe, en janvier 1918.

Lorsque Cleghorn se joint à l'équipe de New York, il travaille également pour une compagnie téléphonique. Pour beaucoup de joueurs à l'époque, en effet, il est impossible de faire carrière uniquement dans le domaine du hockey tout en ayant des responsabilités familiales. Curieusement, mais fort heureusement, l'entreprise pour laquelle travaille Sprague paie également son salaire de joueur.

Sprague est l'un des défenseurs les plus robustes de son temps. Il adopte dès son arrivée un style de jeu exagérément violent inacceptable aujourd'hui. Il n'est pas rare de voir Sprague et son frère Odie, parmi les pionniers du hockey professionnel, utiliser leurs bâtons pour s'en prendre à un adversaire. Malheureusement, la réputation de joueur intimidant de Cleghorn a toujours éclipsé son très grand talent.

De 1911 à 1917, les frères Cleghorn évoluent pour les Wanderers de Montréal. Le 12 décembre 1912 reste une date mémorable pour tous les amateurs de hockey de l'époque. Un match hors-concours entre les Canadiens et les Wanderers a lieu à Toronto. Ce soir-là, les frères Cleghorn manifestent une brutalité peu commune. Lors de la deuxième période, Newsy Lalonde des Canadiens frappe Odie si durement contre la bande que Sprague s'en prend illico à Lalonde et l'atteint délibérément au visage avec son bâton. Lalonde en est quitte pour 12 points de suture.

Un policier de Toronto envoie une sommation à comparaître à Cleghorn. Devant le tribunal de la Ville Reine, Sprague est condamné à payer 50 $ en raison de ses actes. Une autre amende de 50 $ est imposée par le président de l'Association nationale de hockey, Emmett Quinn. De plus, le joueur de défense est suspendu pour 4 semaines, mais la ligue est peu attentive à ce genre de choses et Cleghorn ne s'absente que pour un seul match.

Lors de la fondation de la Ligue nationale de hockey, les droits des frères Cleghorn sont acquis par les Sénateurs d'Ottawa, au grand désarroi du public ontarien. Sprague Cleghorn devient du même coup l'un des premiers défenseurs offensifs, car il faut bien préciser qu'à cette époque, il était interdit dans les règles du jeu de faire des passes avant, ce qui obligeait les joueurs à monter la rondelle en attaque. Une fracture à une jambe oblige toutefois Cleghorn à rester au repos durant toute la saison inaugurale de la LNH en 1917-18.

Sa grande forme physique permet aux Sénateurs d'Ottawa d'entreprendre un nouveau virage et de gagner la coupe Stanley en 1920. La saison suivante, Cleghorn joue pour l'équipe des St. Pats de Toronto, pour revenir à Ottawa pour les séries éliminatoires et gagner à nouveau la coupe Stanley.

En 1921, Cleghorn est échangé aux Canadiens de Montréal; il ne jouera désormais plus pour les Sénateurs d'Ottawa. Pour une deuxième fois, il rejoint son frère Odie, membre de l'équipe des Canadiens depuis quelques saisons déjà. Il y reste pendant quatre ans, à titre de capitaine. Il est le principal chaînon de ce qui allait devenir une dynastie chez les Canadiens de Montréal. Cleghorn offre aux partisans des Canadiens du hockey de haut niveau et d'une robustesse à faire frémir les adversaires.

Ses 534 minutes de pénalités en seulement 262 matchs ne laissent aucun doute sur sa robustesse... Durant les séries de 1923, le style de jeu robuste de Cleghorn est par ailleurs source d'ennuis. En effet, Cleghorn s'en prend sauvagement à Lionel Hitchman, des Sénateurs. Le défenseur des Canadiens est suspendu par le propriétaire de l'équipe, Léo Dandurand, pour un match, et par la Ligue pour le reste des séries. Son absence pour le reste des séries de 1923 prive le club de hockey des Canadiens de la coupe, mais ce n'est que partie remise puisque le Tricolore la remportera lors de la saison suivante (1924).

La situation financière des Canadiens de Montréal étant précaire, le club décide de vendre les droits de Sprague Cleghorn aux Bruins de Boston en 1925 pour 5 000 $. Ironie du sort, Cleghorn devient le coéquipier de... Lionel Hitchman en formant la paire de défenseurs de choix des Bruins. En 1926, Cleghorn est finaliste pour le trophée Hart, derrière le gagnant Nels Stewart.

L'arrivée d'Eddie Shore en 1926 est l'élément déclencheur vers la retraite. Sprague, alors sur son déclin, annonce deux ans plus tard qu'il met un terme à sa carrière. Il est intronisé au Temple de la renommée du hockey en 1958.

Un des joueurs les plus robustes de son temps vient de tirer sa révérence à tout jamais, mais il part la tête haute. En 1931-32, Cleghorn agit à titre d'entraîneur des Maroons de Montréal, pour une fiche de 19 victoires, 22 défaites et 7 matchs nuls, en saison régulière, et une fiche de .500 en quatre matchs en séries éliminatoires. Malgré son style robuste et les blessures subies, le défenseur des Canadiens a connu 17 saisons dans le hockey professionnel: 7 dans l'Association nationale et 10 dans la Ligue nationale de hockey. Il est sans contredit l'un des plus beaux joueurs robustes à avoir évolué dans le monde du hockey.

Quelques faits marquants de sa carrière:

➤ Plus de 80 minutes de pénalités à 4 reprises.

➤ 3 coupes Stanley en 4 participations à la grande finale.

➤ Capitaine des Canadiens de Montréal de 1921 à 1925.

➤ A porté le numéro 2 avec les Canadiens.

➤ Entraîneur, en 1931-32, des Maroons de Montréal.

➤ Décédé le 11 juillet 1956.

➤ Intronisé au Temple de la renommée du hockey en 1958.

➤ Frère de Ogilvie «Odie» Cleghorn.

CLEGHORN, Sprague   Source: LNH

Défenseur, gaucher 5'10", 190 lb
Né à Montréal, QC, le 11 mars 1890; décédé le 11 juillet 1956
Temple de la renommée: 1958
Dernier club amateur 1909-10: les Wanderers de New York

Saison	Équipe	Ligue	Saison régulière								Séries éliminatoires						
			PJ	B	A	Pts	Pun	AN	BG	+/-	PJ	B	A	Pts	Pun	AN	BG
1910-11	Millionnaires de Renfrew	ANH	12	5	0	5	27				–	–	–	–	–
1911-12	Wanderers de Montréal	ANH	18	9	0	9	40				–	–	–	–	–
1912-13	Wanderers de Montréal	ANH	19	12	0	12	46				–	–	–	–	–
1913-14	Wanderers de Montréal	ANH	20	12	8	20	17				–	–	–	–	–
1914-15	Wanderers de Montréal	ANH	19	21	*12	33	51				2	0	0	0	17
1915-16	Wanderers de Montréal	ANH	8	9	4	13	22				–	–	–	–	–
1916-17	Wanderers de Montréal	ANH	19	16	3	19	53				–	–	–	–	–
1918-19	Sénateurs d'Ottawa	LNH	18	7	9	16	27				5	2	2	4	12
1919-20	Sénateurs d'Ottawa	LNH	21	16	5	21	85				5	0	1	1	4
1920-21	Sénateurs d'Ottawa	LNH	3	2	3	5	9				–	–	–	–	–
	St. Pats de Toronto	LNH	13	3	5	8	31				1	0	0	0	0
	Sénateurs d'Ottawa	LNH	–	–	–	–	–				5	1	2	3	36
1921-22	Canadiens de Montréal	LNH	24	17	9	26	*80				–	–	–	–	–
1922-23	Canadiens de Montréal	LNH	24	9	4	13	34				1	0	0	0	0
1923-24	Canadiens de Montréal	LNH	23	8	3	11	39				6	2	1	3	2
1924-25	Canadiens de Montréal	LNH	27	8	1	9	82				6	1	2	3	4
1925-26	Bruins de Boston	LNH	28	6	5	11	49				–	–	–	–	–
1926-27	Bruins de Boston	LNH	44	7	1	8	84				8	1	0	1	8
1927-28	Bruins de Boston	LNH	37	2	2	4	14				2	0	0	0	0
	Totaux LNH	10 saisons	262	85	47	132	534				39	7	8	15	66
	Totaux ANH	7 saisons	115	84	27	111	256				2	0	0	0	17

Entraîneur   Source: LNH

Saison	Équipe	Ligue	Saison régulière					Séries éliminatoires				
			PJ	VIC	DÉF	NUL	%	PJ	VIC	DÉF	NUL	%
1931-32	Maroons de Montréal	LNH	48	19	22	7	.469	4	1	1	2	.500
	Totaux LNH	1 saison	48	19	22	7	.469	4	1	1	2	.500

Club de hockey Canadien

YVAN COURNOYER

(Yvan «Roadrunner» Cournoyer)

Ailier droit

Lorsqu'un joueur envisage de faire carrière dans le hockey professionnel, il doit faire preuve de certaines qualités qui lui permettront de se relever des coups les plus durs. Avec ses cinq pieds et sept pouces, Cournoyer est jugé trop petit pour évoluer sur une base régulière dans la Ligue nationale de hockey. Mais par sa rapidité et son puissant lancer frappé, il démontre aisément qu'il peut se distinguer parmi les meilleurs joueurs de la ligue. Sa grande vitesse, qui lui vaut le surnom de «Roadrunner», et son coup de patin lui permettent de compenser sa petite taille.

Né le 22 novembre 1943 à Drummondville, Cournoyer commence à patiner à l'âge de 6 ans lorsque son parrain lui fait cadeau d'une première paire de patins. Son engouement pour le hockey se manifeste très tôt et chaque hiver, son père lui fabrique une patinoire près de la maison. Il s'aperçoit très rapidement qu'il est plus talentueux que les autres jeunes de son âge.

Cournoyer aime tellement rester sur la patinoire que très souvent, il en oublie de rentrer à la maison pour les repas. Il décide d'abord d'être gardien de but, ce qui lui permet de rester plus longtemps sur la glace. Après avoir reçu une rondelle en plein visage, toutefois, il hésite à garder les buts de nouveau et tente alors de disputer des matchs comme joueur d'avant.

Yvan a treize ans lorsque sa famille quitte Drummondville pour s'établir à Lachine, tout près de Montréal où son père, un machiniste, achète l'atelier d'usinage où il travaille. L'arrivée de la famille Cournoyer dans cette petite municipalité coïncide avec les débuts d'Yvan dans le hockey organisé. À l'âge de quinze ans, il obtient un poste au sein de l'équipe des Maroons de Lachine de la Ligue métropolitaine. Peut-être ce déménagement aura-t-il été déterminant pour la carrière de Cournoyer. En effet, le hockey organisé était quasi inexistant à Drummondville, à l'époque.

Comme tous les autres joueurs, il signe une formule B signifiant qu'il ne peut se joindre à aucune autre formation professionnelle. Il appartient donc aux Canadiens de Montréal. La direction des Red Wings de Détroit l'approche pour qu'il se joigne à leur club école de Hamilton, mais ces derniers sont dans l'impossibilité d'obtenir sa libération de l'organisation du club de hockey des Canadiens. Pour Cournoyer, l'important est de faire carrière, peu importe l'équipe. Son avenir avec le Tricolore étant incertain, il ne peut qu'être déçu de ne pas pouvoir joindre la formation de Hamilton. Faisant contre mauvaise fortune bon cœur, il décide de développer l'une de ses plus grandes forces, le lancer frappé, en découpant des rondelles en acier à l'usine de son père. Il perfectionne ainsi son art et, le temps venu, est assez aguerri pour faire le saut des Maroons au Canadien junior.

Il joue trois saisons avec le Canadien junior de Montréal, qui dispute ses matchs au Forum de Montréal sous les ordres de Claude Ruel. À sa dernière campagne chez le junior en 1963-64, il inscrit 63 filets, ce qui en fait, cette saison-là, le meilleur buteur de la Ligue de hockey de l'Ontario. Il attribue ses succès à André Boudrias, son joueur de centre attitré avec qui la chimie était quasi parfaite. Selon Ruel, Yvan jouissait d'un don très spécial de compteur: «Il me rappelait à certains moments Maurice Richard, un des plus grands compteurs de tous les temps.»

Il se joint aux Canadiens pour la saison 1964-65, après n'avoir disputé que sept rencontres avec les As de Québec de la Ligue américaine. Ses débuts avec le grand club sont difficiles et ses apparitions sur la glace se font de façon sporadique. On l'utilise surtout lors des avantages numériques, à titre de cinquième ailier droit de l'équipe. Il s'impose enfin dès la saison 1966-67, enfilant 25 buts. Au cours des onze saisons suivantes et malgré sa petite stature, il n'en marquera jamais moins de 24 par saison.

Il dispute son premier match dans la LNH à Détroit contre les Red Wings et marque le septième but des Canadiens, pour une victoire de 7-3. Il joue ce soir-là en compagnie de Gilles Tremblay et de Robert Rousseau. Cournoyer m'a déjà dit: «C'est difficile de faire le saut dans la LNH, mais encore plus difficile d'y rester, alors on joue avec des blessures pour ne pas être rayé de l'alignement.»

À ses débuts dans la LNH, on l'accuse fréquemment d'être un joueur qui néglige l'aspect défensif du jeu. Bien qu'il subisse souvent la critique de son entraîneur Toe Blake, Cournoyer reste un rouage important de l'équipe et son instructeur décide finalement de le faire jouer avec Gilles Tremblay, pour l'aspect défensif, et Jean Béliveau, pour le contrôle de la rondelle. La direction des Canadiens est prête à faire preuve de patience et à lui pardonner certaines lacunes défensives s'il réussit à devenir le joueur vedette que tous espèrent.

En 1972, il est invité par l'équipe canadienne pour la célèbre série du siècle contre les Soviétiques. En huit rencontres, il inscrit trois buts et cinq points. C'est un moment inoubliable pour Yvan: il inscrit un but égalisateur dans le huitième match, juste avant le but le plus célèbre de cette série, celui de Paul Henderson. Aujourd'hui, on peut l'apercevoir en action sur un timbre commémoratif reprenant une photo prise à Moscou par le talentueux photographe Denis Brodeur.

Comme plusieurs joueurs vedettes qui ont évolué avec les Canadiens, Cournoyer démontre des qualités exceptionnelles et ses performances seront dignes des plus grands. Il remporte un nombre remarquable de dix coupes Stanley. Quant aux séries de 1973, le Roadrunner les domine totalement: il décroche le trophée Conn Smythe en récoltant 25 points, dont quinze buts en seulement 17 rencontres. De plus, il est élu sur la deuxième équipe d'étoiles en 1969, 1971, 1972 et 1973.

Yvan doit son sobriquet de «Roadrunner» à un match disputé à New York. Après la rencontre, un journaliste du magazine *Sports Illustrated* entre dans le vestiaire des Canadiens pour l'interviewer. Le numéro 12 du Canadien vient de marquer trois buts, tous réalisés sur des échappées. Le journaliste aborde Cournoyer et lui dit: «Yvan, personne ne peut te rejoindre sur la patinoire, tu es comme le Roadrunner.» Le lendemain, on peut lire dans le journal de New York «The Roadrunner scored 3 goals and nobody could stop him».

En 1976-77, Cournoyer doit subir une première opération au dos, ce qui lui fait rater toutes les séries éliminatoires. Bien que sa douleur au dos continue de l'affliger, il revient en force la saison suivante avec 24 buts et 53 points. Toutefois, il ne dispute que quinze rencontres lors de la saison 1978-79, puis doit se soumettre à une deuxième opération au dos. Malgré le succès de l'intervention chirurgicale, son médecin l'avertit qu'il est possible qu'il ne soit plus en mesure de poursuivre sa carrière. Yvan revient au camp d'entraînement l'automne suivant et tente d'entreprendre sa dix-septième saison dans la LNH, mais il doit se rendre à l'évidence et abandonner définitivement le 10 octobre 1979, avant même d'avoir disputé un seul match. Il a de la difficulté à marcher et la douleur est trop intense pour espérer terminer son contrat avec les Canadiens.

Lorsqu'il annonce sa retraite, Cournoyer sent qu'il a perdu ses repères et ne sait plus vers quel domaine se diriger. Il constate: «J'ai trouvé ça dur, car il fallait que j'établisse moi-même mon horaire. Mon style de vie avait complètement changé et je me retrouvais seul, sans mes coéquipiers.» Armé tout comme son père d'une formation de machiniste, Cournoyer décide d'explorer de nouveaux horizons. Comme il est très habile de ses mains, il entreprend la construction de sa propre brasserie à Lachine, un autre défi qu'il relève avec succès. Il inaugure en 1982 la Brasserie 12, après avoir participé à toutes les étapes des travaux. Il gère son commerce pendant douze ans, pour finalement le vendre et tourner la page. «Ça manquait de défi», me dit-il.

En 1994, il est nommé entraîneur-chef pour les Roadrunners de Montréal de la Ligue de roller-hockey, un nouveau sport qui se joue en patins à roulettes. À la demande de Bob Sirois, il accepte de conserver son poste pour la saison de 1995. Les matchs se déroulent au Forum de Montréal devant plus de 12 000 spectateurs à presque tous les matchs.

Puis, il reçoit un jour un appel de Réjean Houle, qui cherche à le rencontrer. Cournoyer croit que Réjean a besoin de lui pour une tournée de promotion pour la brasserie Molson. Les deux hommes se rencontrent et lors de la conversation, Houle déclare: «Veux-tu être entraîneur adjoint avec les Canadiens? Je suis le nouveau directeur général de l'équipe et Mario Tremblay est le nouvel entraîneur.» Cournoyer, en homme de défi, accepte d'emblée cette nouvelle expérience. Même si l'aventure s'est avérée décevante, le Roadrunner est aujourd'hui heureux dans sa nouvelle vie à titre d'ambassadeur de l'équipe des Canadiens.

Les experts affirmaient à l'époque que Cournoyer était la vedette la plus prometteuse du hockey professionnel. Il n'est peut-être pas devenu un Maurice

Richard ou un Guy Lafleur, mais son efficacité et les nombreuses victoires de la coupe Stanley auxquelles il a participé justifient de toute évidence que son talent soit reconnu. Il est intronisé au Temple de la renommée du hockey en 1982. Avec un lancer frappé puissant et une rapidité à faire frémir les défenseurs adverses, Cournoyer mérite d'être considéré parmi les plus grands... en dépit de sa petite taille.

Quelques faits marquants de sa carrière:

➢ 8 tours du chapeau en saison régulière et 2 en séries éliminatoires.

➢ Un match de 5 buts.

➢ 6 saisons de plus de 30 buts et 4 saisons de 40 buts.

➢ Participation à 6 matchs d'étoiles.

➢ Remporte, en 1973, le trophée Conn Smythe.

➢ 10 coupes Stanley en 9 participations à la grande finale.

➢ Capitaine des Canadiens de Montréal de 1975 à 1979.

➢ Intronisé au Temple de la renommée du hockey en 1982.

➢ A porté le numéro 12 avec les Canadiens.

COURNOYER, Yvan «Roadrunner»   Source: LNH

Ailier droit, gaucher 5'7", 178 lb
Né à Drummondville, QC, le 22 novembre 1943
Temple de la renommée: 1982
Dernier club amateur 1963-64: le Canadien junior de Montréal

			Saison régulière								Séries éliminatoires						
Saison	Équipe	Ligue	PJ	B	A	Pts	Pun	AN	BG	+/-	PJ	B	A	Pts	Pun	AN	BG
1963-64	Canadiens de Montréal	LNH	5	4	0	4	0				–	–	–	–	–		
1964-65	Canadiens de Montréal	LNH	55	7	10	17	10				12	3	1	4	0		
1965-66	Canadiens de Montréal	LNH	65	18	11	29	8				10	2	3	5	2		
1966-67	Canadiens de Montréal	LNH	69	25	15	40	14				10	2	3	5	6		
1967-68	Canadiens de Montréal	LNH	64	28	32	60	23	7	4	+19	13	6	8	14	4	3	1
1968-69	Canadiens de Montréal	LNH	76	43	44	87	31	14	8	+19	14	4	7	11	5	0	2
1969-70	Canadiens de Montréal	LNH	72	27	36	63	23	10	4	+1	–	–	–	–	–	–	–
1970-71	Canadiens de Montréal	LNH	65	37	36	73	21	18	5	+20	20	10	12	22	6	2	1
1971-72	Canadiens de Montréal	LNH	73	47	36	83	15	18	5	+23	6	2	1	3	2	0	0
1972-73	Canadiens de Montréal	LNH	67	40	39	79	18	6	4	+50	17	*15	10	*25	2	3	3
1973-74	Canadiens de Montréal	LNH	67	40	33	73	18	10	9	+16	6	5	2	7	2	0	2
1974-75	Canadiens de Montréal	LNH	76	29	45	74	32	11	2	+16	11	5	6	11	4	2	0
1975-76	Canadiens de Montréal	LNH	71	32	36	68	20	8	12	+37	13	3	6	9	4	2	1
1976-77	Canadiens de Montréal	LNH	60	25	28	53	8	6	2	+27	–	–	–	–	–	–	–
1977-78	Canadiens de Montréal	LNH	68	24	29	53	12	4	6	+39	15	7	4	11	10	0	2
1978-79	Canadiens de Montréal	LNH	15	2	5	7	2	0	0	+5	–	–	–	–	–	–	–
	Totaux LNH	16 saisons	968	428	435	863	255				147	64	63	127	47		

LHJMQ

GILLES COURTEAU

Président LHJMQ

Les joueurs qui espèrent faire le saut dans la Ligue nationale de hockey doivent faire leurs classes dans différentes ligues mineures. Au Québec, nous avons notre ligue junior par excellence. La Ligue de hockey junior majeur du Québec est souvent un tremplin pour la LNH. Comme toute ligue mineure ou professionnelle, il est important d'y retrouver des hommes de qualité pour diriger les futurs espoirs. Gilles Courteau, président de la LHJMQ, détient l'un des postes les plus prestigieux du monde du hockey. Il est très exigeant, mais jamais il ne demande à l'un de ses employés d'exécuter une tâche impossible ou que lui-même n'a pas déjà accomplie.

Né le 7 octobre 1957 à Trois-Rivières, Courteau a toujours été un athlète. Dès sa jeunesse, il est clair qu'il veut travailler dans le domaine du sport. Il déclare à ses parents qu'il gagnera sa vie dans le sport même s'il ne sait pas encore lequel. Il possède un certain talent de hockeyeur, mais sait qu'il n'atteindra pas la Ligue nationale. À l'âge de 16 ans, une épaule fragile qui se disloque fréquemment l'oblige à accrocher ses patins. Il prend donc la décision, à défaut de faire carrière comme joueur, de se consacrer à l'administration et à la direction.

Courteau est parachuté dans le merveilleux monde du hockey un peu par hasard et par le chemin détourné du... baseball. Au départ, il est gérant d'une équipe de calibre pee-wee dans la région de Trois-Rivières. Son club prend part régulièrement aux tournois pee-wee au stade municipal de Trois-Rivières et pendant trois années consécutives, remporte les grands honneurs du tournoi sans même être inquiété par les autres équipes. À cette époque, Sylvain Cinq-Mars est le journaliste attitré à la couverture du tournoi; il apprécie beaucoup la façon de travailler de Courteau.

Le 1er août 1975, Courteau devient statisticien pour les Draveurs de Trois-Rivières, équipe de la LHJMQ, avec son bon ami Gaston Leblanc. Sylvain Cinq-Mars, alors directeur général des Draveurs, mentionne que Courteau devrait faire un bon travail au sein de son organisation. Pendant deux années, Courteau s'occupe à temps partiel des statistiques des Draveurs l'hiver tout en continuant ses études, puis dirige une équipe de baseball pee-wee l'été, dans la région de la Mauricie.

En août 1977, Courteau fait ses débuts à la centrale administrative de la Ligue de hockey junior majeur du Québec qui vient d'être fondée quelques mois auparavant. Il travaille à Québec pour la centrale, à un salaire de 150 $ par semaine. «Je ne travaillais pas pour l'argent, j'aimais tout simplement le sport et je voulais faire carrière dans ce domaine», me disait Courteau lors d'une entrevue.

Il devient l'homme à tout faire, car il faut préciser qu'à ses débuts à la centrale, tout est à bâtir. Le directeur administratif de la centrale, Paul Dumont, dirige la Ligue de main de maître et confie beaucoup de responsabilités à Courteau. Il l'implique dans tout, même les réunions avec les responsables des différentes équipes de la Ligue. Gilles se bâtit doucement une certaine crédibilité tout au long de son séjour de trois ans à la centrale administrative. Il rend aujourd'hui hommage à Paul Dumont: «Il a été mon premier élan dans le monde du hockey, je lui dois beaucoup», me disait Courteau.

En 1980, Martin Madden, directeur général des Remparts de Québec de la LHJMQ, quitte pour se joindre à la direction des Nordiques de Québec de la Ligue nationale de hockey à titre de directeur du recrutement et adjoint au directeur-gérant Maurice Filion. Le poste laissé vacant par Madden devient disponible et Gilles manifeste son intérêt. Quelques jours plus tard, il entreprend ses nouvelles fonctions.

De 1980 à 1985, Gilles s'affaire à ses tâches de responsable de l'équipe junior. Expérimenté et aguerri, Courteau travaille également pour l'organisation des Nordiques, propriétaire des Remparts durant les saisons 1983-84 et 1984-85, au bureau des communications et des relations publiques. Il apprend, entre autres, les volets marketing et mise en marché. Une décision administrative des Nordiques de Québec met fin aux activités des Remparts au terme de la saison 1984-85.

Deux semaines après la fin de la saison, soit en août 1985, Gilles retourne à la centrale administrative et devient le nouveau président de la Ligue de hockey junior majeur du Québec le 13 février 1986.

Après toutes ces années, Courteau considère qu'il reste encore beaucoup à faire du côté administratif et qu'il est toujours passionné par son travail. Être à la tête d'une ligue de hockey est une véritable passion pour lui: «La journée où je trouverai laborieux d'aller au bureau, je décrocherai», disait-il. Depuis qu'il est président, Courteau travaille fort pour que la LHJMQ soit crédible aux yeux des spécialistes du hockey. La crédibilité de la Ligue est telle que même certaines villes américaines manifestent leur intérêt de se joindre au hockey junior du Québec.

Gilles Courteau veut de toute évidence maintenir notre hockey junior au summum et il met tout en œuvre jour après jour avec son équipe pour s'assurer qu'elle soit la Ligue par excellence du hockey canadien. Bien qu'il soit satisfait du nombre de joueurs repêchés par les équipes de la Ligue nationale de hockey, il espère que sa ligue pourra en produire davantage dans les années à venir. De 20 à 30 joueurs chaque année font le grand saut chez les professionnels par l'entremise du repêchage amateur et presque autant son invités à participer au camp d'entraînement des différentes équipes de la LNH.

Son but ultime comme administrateur principal est de s'assurer que le marketing et la mise en marché soient adéquats. Il voit constamment à ce que sa clientèle cible demeure familiale et à ce que les billets pour les matchs de la Ligue junior majeur restent abordables. Il déclare: «La clientèle restera la priorité principale de la Ligue.»

Au début des années quatre-vingt-dix, Maurice Filion, directeur-gérant des Nordiques, l'approche pour lui offrir le poste de directeur adjoint. Malheureusement, le projet de création d'un poste d'assistant au directeur général ne voit jamais le jour et Courteau demeure par conséquent à son poste de président de la LHJMQ. Même s'il ne s'agit pas de son objectif à court terme, il est évident qu'il espère un jour joindre une équipe de la Ligue nationale de hockey.

Être président d'une organisation d'importance comme la LHJMQ demande beaucoup de minutie et de patience et le travail est extrêmement exigeant. Les récompenses sont toutefois nombreuses et il y a fréquemment des moments de bonheur, comme celui de la coupe Memorial en 1996, remportée par les Prédateurs de Granby. «C'est de loin le moment le plus intense que j'ai vécu depuis que je suis à la direction de la Ligue. Les experts se demandaient si un jour la LHJMQ allait gagner à nouveau la coupe Memorial», me disait Gilles. C'est également la première coupe depuis qu'il a été élu président, en 1986.

Malgré un horaire chargé, Courteau jouit d'une vie familiale enviable avec sa femme et ses deux enfants. «C'est très important de passer du temps avec eux, car ce n'est pas toujours facile d'avoir un père ou un mari qui est continuellement absent pour son travail. C'est plus facile aujourd'hui de passer du temps en famille comparativement au début de mon mandat.»

Amateur de golf et de vins, Gilles possède maintenant son propre cellier, gracieuseté de sa femme. Il souhaite un jour aller en Europe pour tout découvrir sur les vignobles et la fabrication des vins.

Si on apprécie chaque année les joueurs étoiles de la Ligue nationale de hockey, il faut savoir rendre à César ce qui est à César, et reconnaître l'apport de Courteau pour certains d'entre eux. Que d'éloges pour celui qui garde un mauvais souvenir de la disparition des Draveurs de Trois-Rivières et des Remparts de Québec, deux formations pour lesquelles il a travaillé, et qui a eu la chance de faire carrière dans le plus merveilleux sport au Québec: le hockey!

BILL COWLEY

(Bill «Cowboy» Cowley)

Centre

Né le 12 juin 1912 à Bristol, au Québec, William Cowley est le dernier d'une famille de cinq enfants. Il ne commence à patiner qu'à l'âge de 12 ans lorsqu'on lui fait cadeau d'une paire de patins. Il fait ses débuts dans le monde du hockey à titre de gardien de but, mais sa piètre performance lors du premier match l'incite à devenir un joueur d'avant.

En 1934, alors qu'il fait partie de l'organisation des Shamrocks d'Ottawa, Bill Cowley est invité à participer à une très longue tournée européenne. Sa présence impressionne suffisamment pour qu'il soit remarqué par les commentateurs locaux. Il n'a alors que 21 ans. Cowley est le premier joueur à être découvert en France. Au sein des Shamrocks, il est sans conteste le chef de file et il participe largement aux succès de son équipe. L'équipe d'Ottawa domine dans toutes les phases du jeu et obtient une fiche presque parfaite de 33 victoires, deux parties nulles et aucune défaite. L'avenir s'annonce des plus prometteurs.

Cowley possède un coup de patins à rendre jaloux ses coéquipiers, ainsi qu'une approche du jeu et des feintes dignes des plus grands. Il entreprend sa carrière dans la Ligue nationale de hockey en signant un contrat comme agent libre, le 22 octobre 1934, avec les Eagles de St. Louis (autrefois d'Ottawa). Il n'y joue qu'une seule saison, qui sera d'ailleurs la dernière de l'équipe, en 1934-35. Les joueurs de St. Louis sont alors soumis au repêchage intraligue. Les Bruins de Boston ont encore en tête les exploits de Cowley durant la tournée en France. Art Ross, le directeur général, et Frank Patrick, alors entraîneur, se mettent d'accord pour sélectionner Cowley, malgré une saison très difficile avec les Eagles. Les Bruins ne peuvent résister aux avantages qu'offre Cowley, un manieur de rondelle de premier ordre doté d'une maturité peu commune. Cowley s'installe donc à Boston, où il connaîtra une glorieuse carrière.

Lors du troisième match de la saison, le coéquipier de Cowley, le défenseur Babe Siebert, réussit à convaincre l'entraîneur Frank Patrick que Cowley serait plus productif au centre qu'à l'aile gauche. «Sa rapidité lui permettrait de compter davantage de buts», dit-il. En 1939, le brio de Cowley, qu'on surnomme le "Cowboy" pour la qualité de ses chapeaux et de son habillement, mène les Bruins tout droit vers la coupe Stanley. L'équipe parvient également à mener la ligue en séries éliminatoires avec 14 points, dont trois buts.

Pendant 13 ans, il est le plus grand fabricant de jeu de la Ligue nationale de hockey, se classant parmi les dix meilleurs compteurs à sept reprises et dominant la ligue pour les assistances par trois fois, en plus de remporter un championnat des marqueurs. Si l'on songe que Bill est blessé très souvent durant sa carrière, ses succès n'en sont que plus méritoires.

Malheureusement, Cowley joue dans l'ombre de la «Kraut Line» (Woody Dumart, Milt Schmidt et Bobby Bauer). Les exploits de la «K-Line» ont presque relégué aux oubliettes le brio du Cowboy. En 1938-39, Cowley a la chance de piloter le deuxième trio en attaque de l'équipe des Bruins avec Charlie Sands et Ray Getliffe. En quelques matchs, ce trio nouvellement formé permet d'éclipser la Kraut Line. On jette maintenant un regard nouveau sur les prouesses du Cowboy et il devient la coqueluche des amateurs et l'idole des jeunes.

En 1941, Cowley met la main sur le trophée Hart et récidive en 1943. En 1941, il remporte le trophée Art Ross remis au meilleur pointeur de la ligue, avec 62 points dont 45 assistances, le premier joueur à y parvenir. Sa performance magistrale lui permet d'inscrire son nom sur la première équipe d'étoiles en 1938, 1941, 1943 et 1944 et sur la deuxième équipe d'étoiles en 1945.

En 1941-42, il s'absente pour vingt matchs, en raison d'une quintuple fracture à la mâchoire, et prive du même coup les Bruins d'une deuxième coupe Stanley consécutive. En 1943-44, il s'attaque au record de points en une saison, mais une blessure au genou et une séparation de l'épaule l'obligent à rester inactif pour les six dernières semaines de la saison. Il termine avec 71 points en seulement 36 matchs. En ratant ainsi les 14 derniers matchs, il ne peut battre le record de 73 points détenu par Cooney Weiland et réalisé pendant la saison 1929-30.

Il revient en force l'année suivante avec 65 points et termine sa dernière saison complète sans blessure. En 1946, le malheur s'abat de nouveau: victime d'un coup violent, il se fracture le poignet gauche et ne peut disputer que 26 rencontres. Les blessures forcent le Cowboy à prendre sa retraite au terme la saison de 1946-47, pour se consacrer à une deuxième carrière comme entraîneur-chef à Renfrew, en Ontario et à Vancouver, avant d'ouvrir un hôtel à Ottawa.

Il est surprenant de constater que malgré une fiche de près d'un point par rencontre, il ne participe à aucun match d'étoiles de toute sa carrière. La raison en est fort simple: le premier match des étoiles a eu lieu le 13 octobre 1947 et Cowley avait pris sa retraite le printemps précédent. Alors qu'il est toujours actif, deux matchs commémoratifs sont organisés par la ligue: le 3 novembre 1937, le Howie Morenz Memorial Game, et le 29 octobre 1939, le Babe Siebert Memorial Game. Cependant, Cowley n'est pas invité.

Il a toujours su s'impliquer dans la communauté en invitant de jeunes amateurs de hockey à assister aux matchs des Bruins. Un jour, il mentionne à un journaliste de Boston: «J'essaie de faire en sorte que les jeunes développent le goût de jouer au hockey, le plus beau sport au monde; si j'ai réussi, les jeunes le peuvent également».

Malgré ses blessures fréquentes, le Cowboy réussit à maintenir presque un point par match (548 points en 549 matchs). Certains experts refusent de reconnaître son savoir-faire, mais ils le sous-estiment. Si plusieurs spécialistes doutent de son talent, les partisans, eux, apprécient match après match les prouesses de leur joueur de centre. Son intronisation au Temple de la renommée du hockey en 1968 viendra d'ailleurs le confirmer. Cowley est sans contredit l'un des meilleurs fabricants de jeu de l'histoire de la Ligue nationale de hockey. Il est décédé le 31 décembre 1993, à l'âge de 81 ans.

Quelques faits marquants de sa carrière:

➤ 4 saisons de plus de 40 assistances.

➤ Meneur de la LNH à 3 reprises pour les assistances en saison.

➤ Remporte, en 1941, le championnat des marqueurs.

➤ Remporte, en 1941 et 1943, le trophée Hart.

➤ 2 coupes Stanley en 3 participations à la grande finale.

➤ Intronisé au Temple de la renommée du hockey en 1968.

➤ Décédé le 31 décembre 1993.

COWLEY, Bill «Cowboy»   Source: LNH

Centre, gaucher 5'10", 165 lb
Né à Bristol, QC, le 12 juin 1912; décédé le 31 décembre 1993
Temple de la renommée: 1968
Dernier club amateur 1933-34: les Wolverines de Halifax

			Saison régulière								Séries éliminatoires						
Saison	Équipe	Ligue	PJ	B	A	Pts	Pun	AN	BG	+/-	PJ	B	A	Pts	Pun	AN	BG
1934-35	Eagles de St Louis	LNH	41	5	7	12	10				–	–	–	–	–		
1935-36	Bruins de Boston	LNH	48	11	10	21	17				2	2	1	3	2		
1936-37	Bruins de Boston	LNH	46	13	22	35	4				3	0	3	3	0		
1937-38	Bruins de Boston	LNH	48	17	22	39	8				3	2	0	2	0		
1938-39	Bruins de Boston	LNH	34	8	*34	42	2				12	3	*11	*14	2		
1939-40	Bruins de Boston	LNH	48	13	27	40	24				6	0	1	1	7		
1940-41	Bruins de Boston	LNH	46	17	*45	*62	16				2	0	0	0	0		
1941-42	Bruins de Boston	LNH	28	4	23	27	6				5	0	3	3	5		
1942-43	Bruins de Boston	LNH	48	27	*45	72	10				9	1	7	8	4		
1943-44	Bruins de Boston	LNH	36	30	41	71	12				–	–	–	–	–		
1944-45	Bruins de Boston	LNH	49	25	40	65	12				7	3	3	6	0		
1945-46	Bruins de Boston	LNH	26	12	12	24	6				10	1	3	4	2		
1946-47	Bruins de Boston	LNH	51	13	25	38	16				5	0	2	2	0		
	Totaux LNH	13 saisons	549	195	353	548	143				64	12	34	46	22		

VINCENT DAMPHOUSSE

(Vincent «Vinny» Damphousse)

Centre et ailier gauche

Le hockey a changé énormément depuis les trois dernières décennies et il est de plus en plus difficile d'être un chef de file comme l'étaient à l'époque les Jean Béliveau, Guy Lafleur et Wayne Gretzky. De nos jours, certains joueurs réussissent tout de même à exprimer leur talent sur les patinoires de la Ligue nationale, malgré le style de jeu très physique et la rapidité sans précédent des hockeyeurs actuels.

Il est exceptionnel qu'un joueur passe toute sa carrière avec la même équipe comme auparavant. Il ne faut plus maintenant juger le talent d'un joueur en fonction du nombre d'équipes pour lesquelles il aura joué. Aujourd'hui, les salaires viennent assurément déterminer avec quel club le joueur investira quelques années de sa carrière. Il y a encore heureusement des joueurs qui jouent pour la passion du sport et aident le plus possible leur équipe à remporter des victoires. L'un d'eux est Vincent Damphousse.

Né le 17 décembre 1967 à Montréal, Vincent Damphousse est le fils d'Yvon Damphousse et Suzanne Drapeau, tous deux d'ascendance française. Vincent sent très jeune le besoin de toujours faire du sport et ne reste jamais longtemps à rien faire ; le hockey prend rapidement une place importante dans sa vie. À l'âge de quatre ans, son père lui met des patins dans les pieds pour la première fois. Vers huit ou dix ans, il constate qu'il possède un certain talent pour le hockey et manifeste de l'intérêt pour jouer dans des ligues organisées.

Lorsqu'il joue pour la formation de Montréal-Bourassa de la Ligue de développement midget AAA, il continue à se démarquer de ses coéquipiers et c'est à ce moment qu'il commence à rêver d'une carrière professionnelle. Il impressionne suffisamment pour que les Voisins de Laval (Titan de Laval en 1985-86), de la Ligue de hockey junior majeur du Québec, lui fassent signer un contrat. Il jouera trois saisons complètes avec eux, de 1983 à 1986. Il est d'ailleurs le coéquipier de Mario Lemieux lors de sa première saison à Laval. Déjà, les qualités offensives de Vincent émergent et devant un rendement sans faille au niveau junior, les Maple Leafs de Toronto en font leur premier choix au repêchage de 1986, le sixième au total.

Plusieurs sont très impressionnés par le rendement de Vincent lors des séries éliminatoires de 1986, alors qu'il obtient 36 points en 14 rencontres avec Laval, dont 27 mentions d'assistance. On observe déjà qu'il est davantage un fabricant de jeux qu'un marqueur. Dès le camp d'entraînement de l'automne suivant,

Damphousse réussit à prendre sa place au sein des Maple Leafs et ne retournera jamais dans les ligues inférieures.

Les Maple Leafs de Toronto connaissent une saison très difficile en 1985-86, et la direction souhaite apporter plusieurs changements et laisser la chance à de jeunes joueurs de faire leurs preuves. Même si Vincent peut encore faire une année junior, les Leafs préfèrent l'avoir immédiatement dans leurs rangs.

Il connaît de bons moments avec les Leafs, mais c'est sa participation au match des étoiles le 19 janvier 1991 au Chicago Stadium qui lui procure le plus de plaisir. Cette première participation à un tel match est très énervante pour lui; côtoyer de grandes vedettes l'impressionne beaucoup. Ce qu'il faut retenir de ce match, c'est qu'avant la rencontre, Damphousse ne se doute pas une minute qu'il va accomplir un exploit hors du commun. Un match comme les autres, se dit-il sans doute après avoir marqué un but en deux périodes de jeu. Il a la chance de jouer avec les plus grands, mais à lui seul, il marque trois autres buts dans la troisième et dernière période. Il boucle sa soirée de travail – ou de plaisir! – avec quatre buts, et ce, à l'âge de 23 ans. Finalement, son club (la conférence Clarence Campbell) remporte la victoire 11-5 aux dépens de la conférence Prince de Galles. Évidemment, il est nommé le joueur par excellence de la rencontre.

Après cinq saisons dans la Ville Reine, Vincent est échangé aux Oilers d'Edmonton le 19 septembre 1991. Bien qu'il soit leur meilleur marqueur, les Maple Leafs ont besoin d'un gardien de but de premier plan. Pour acquérir les services du célèbre gardien Grant Fuhr, les Leafs sont obligés de se départir de Vincent.

Son arrivée à Edmonton lui permet d'acquérir une nouvelle attitude de gagnant. «À Toronto, j'avais toujours joué avec un club perdant. Lorsque je suis arrivé à Edmonton, Kevin Lowe et quelques autres joueurs m'ont vraiment montré comment gagner. Ce fut très bénéfique pour ma carrière», me disait Vincent lors d'une discussion.

Son passage à Edmonton est de très courte durée puisqu'après seulement une saison, il est échangé à nouveau, mais à Montréal cette fois. Les Oilers l'envoient aux Canadiens le 27 août 1992 en retour de plusieurs joueurs, dont Shane Corson. Damphousse devient membre d'une organisation bien établie dans la Ligue nationale et qui peut aspirer à la coupe Stanley.

Très heureux de se joindre à l'équipe qui l'a tant fait vibrer dans sa jeunesse, Vincent démontre aux partisans du Tricolore qu'il ne fait pas les choses à moitié. Le public constate avec joie qu'il possède de très belles qualités de hockeyeur. Avec l'expérience de quelques saisons en poche, il s'implique davantage, devenant un leader de premier plan pour l'organisation. Rapide, bon manieur de bâton avec une capacité d'anticipation très développée, Damphousse peut être explosif autour des filets adverses.

Damphousse se souvient: «Plus jeune, je regardais les matchs du Canadien à la télévision. Au fil des années, j'ai vu plusieurs joueurs contribuer aux conquêtes de la coupe Stanley et j'espérais faire un jour la même chose.»

Mais la flambée des salaires oblige la direction du Canadien à l'échanger aux Sharks de San José le 23 mars 1999. L'organisation n'a pas les moyens financiers pour garder Vincent dans ses rangs. Tous se rappellent que la transaction s'est concrétisée quelques minutes avant l'heure limite des échanges et que Vincent était impatient de savoir avec quelle équipe il allait poursuivre sa carrière.

Vincent me raconte: «La façon dont j'ai été échangé fut très spéciale. La date limite des transactions était le 23 mars et nous devions nous rendre à Edmonton pour notre prochain match. Réjean Houle m'avait avisé avant notre départ qu'il tentait de m'échanger, car il savait qu'il avait beaucoup de chance de me perdre à la fin de la saison étant donné que je devenais agent libre. L'avion quitte pour Edmonton à midi, je fais donc le voyage avec l'équipe. Toutes les demi-heures, je m'informe aux journalistes présents dans l'avion s'il y des développements. Toujours rien jusqu'à 14 h 55, soit cinq minutes avant l'heure fatidique. Le soigneur Gaétan Lefebvre se dirige vers l'arrière de l'avion et je ne sais pas si c'est moi qui viens d'être échangé ou Stéphane Quintal, qui est dans la même situation que moi. Lefebvre me pointe du doigt: je ne fais plus partie de l'équipe. Je suis appelé par l'entraîneur Alain Vigneault qui m'annonce que je suis échangé aux Sharks de San José.»

Le problème, c'est qu'il reste encore deux heures de vol avec le club. Rendu à Edmonton, Damphousse reste à bord de l'avion et revient à Montréal, pour ensuite repartir vers Toronto, puisque les Sharks jouent le lendemain contre les Maple Leafs. Après neuf heures d'avion et le stress de se joindre à une nouvelle équipe, Damphousse, visiblement fatigué, dispute tout de même son premier match avec les Sharks. Résultat? Il marque deux buts dans une victoire de 8-5 des Sharks.

Ses sommets personnels en carrière ont été de 40 buts en une saison avec les Canadiens de Montréal en 1993-94, de 61 mentions d'assistance avec les Maple Leafs de Toronto en 1989-90 et de 90 points avec le Bleu-blanc-rouge en 1992-93. Il aura tout de même remporté une coupe Stanley avec les Canadiens en 1993 et sa contribution offensive n'est pas étrangère aux succès de l'équipe. C'est lui, en compagnie de Guy Carbonneau, qui avait signalé à l'entraîneur Jacques Demers que le bâton utilisé par le défenseur des Kings de Los Angeles, Marty McSorley, était illégal... On connaît la suite: ce fut le tournant de cette série finale.

Aujourd'hui à l'apogée de sa carrière, Vincent Damphousse est en quête de son 1000e point dans la Ligue nationale. Avec 999 points derrière lui, il est certain qu'il inscrira son nom dans un club sélect réservé aux plus grands. Damphousse a démontré tout au long de sa carrière dans la Ligue nationale qu'il sait profiter de la situation en attaque, comme en témoignent ses 61 buts gagnants. Avec encore quelques années devant lui, il se prépare une place au panthéon du hockey.

Quelques faits marquants de sa carrière:

➤ Participation à 2 matchs d'étoiles.

➤ Capitaine des Canadiens de Montréal de 1996 à 1999.

➤ Une coupe Stanley en une participation à la grande finale.

➤ 61 buts gagnants en carrière.

➤ Joueur par excellence du match des étoiles en 1991

➤ A porté le numéro 25 avec les Canadiens.

DAMPHOUSSE, Vincent «Vinny»   Source: LNH

Centre et ailier gauche, gaucher 6'1", 195 lb
Né à Montréal, QC, le 17 décembre 1967
1ᵉʳ choix des Maple Leafs de Toronto, 6ᵉ choix au repêchage de 1986
Dernier club amateur 1985-86: les Voisins de Laval

Saison	Équipe	Ligue	PJ	B	A	Pts	Pun	AN	BG	+/-	PJ	B	A	Pts	Pun	AN	BG
1986-87	Maple Leafs de Toronto	LNH	80	21	25	46	26	4	1	-6	12	1	5	6	8	1	0
1987-88	Maple Leafs de Toronto	LNH	75	12	36	48	40	1	2	+2	6	0	1	1	10	0	0
1988-89	Maple Leafs de Toronto	LNH	80	26	42	68	75	6	4	-8	–	–	–	–	–	–	–
1989-90	Maple Leafs de Toronto	LNH	80	33	61	94	56	9	5	+2	5	0	2	2	2	0	0
1990-91	Maple Leafs de Toronto	LNH	79	26	47	73	65	10	4	-31	–	–	–	–	–	–	–
1991-92	Oilers d'Edmonton	LNH	80	38	51	89	53	12	8	+10	16	6	8	14	8	1	0
1992-93	Canadiens de Montréal	LNH	84	39	58	97	98	9	8	+5	20	11	12	23	16	5	3
1993-94	Canadiens de Montréal	LNH	84	40	51	91	75	13	10	=	7	1	2	3	8	0	0
1994-95	Canadiens de Montréal	LNH	48	10	30	40	42	4	4	+15	–	–	–	–	–	–	–
1995-96	Canadiens de Montréal	LNH	80	38	56	94	158	11	3	+5	6	4	4	8	0	0	2
1996-97	Canadiens de Montréal	LNH	82	27	54	81	82	7	3	-6	5	0	0	0	2	0	0
1997-98	Canadiens de Montréal	LNH	76	18	41	59	58	2	5	+14	10	3	6	9	22	1	0
1998-99	Canadiens de Montréal	LNH	65	12	24	36	46	3	2	-7	–	–	–	–	–	–	–
	Sharks de San José	LNH	12	7	6	13	4	3	1	+3	6	3	2	5	6	0	0
1999-00	Sharks de San José	LNH	82	21	49	70	58	3	1	+4	12	1	7	8	16	1	0
	Totaux LNH	14 saisons	1086	368	631	999	936	97	61		105	30	49	79	98	9	5

Réseau des sports

JACQUES DEMERS

Entraîneur

Pendant que Scotty Bowman accumule les succès et que Michel Bergeron mâche sa gomme et enguirlande les arbitres, Jacques Demers fait son petit bonhomme de chemin dans la Ligue nationale de hockey. Lentement mais sûrement, et malgré un passé difficile, il démontre que la détermination vient à bout de bien des choses. Demers a compris que la seule façon d'obtenir des résultats dans la jungle des joueurs millionnaires, c'est de travailler fort tous les jours, sans répit.

Né le 25 août 1944 à Montréal, Demers pratique son sport préféré, le hockey, lorsque, à seize ans, une fracture du fémur durant un match vient mettre fin à ses espoirs de faire carrière comme joueur professionnel. De toute façon, il ne possède pas le talent nécessaire pour évoluer avec des joueurs de haut calibre. Un jour, il rencontre Wilson Church, responsable à l'époque du hockey mineur à Saint-Léonard, dans l'est de Montréal. Demers lui manifeste son vif intérêt pour la direction d'une équipe de hockey. Church lui donne donc sa première chance à l'âge de vingt ans. Au milieu des années soixante, il devient l'instructeur des Cougars de Saint-Léonard de la Ligue Montréal junior, tout en conservant son emploi de camionneur chez Coca-Cola.

Les dirigeants des Cougars de Saint-Léonard le congédient sous prétexte qu'il est trop jeune pour diriger une formation junior. Par la suite, il déménage à Châteauguay pour diriger les Ailes de Châteauguay de la Ligue junior Richelieu. Derrière le banc, il observe avec un brin de nostalgie des jeunes en voie de réaliser leur rêve, autrefois le sien aussi. Demers goûte à ses premiers succès d'entraîneur en conduisant les Ailes au championnat de la Ligue et en finale provinciale. Malgré la qualité de son équipe, il doit s'incliner face à l'équipe de Thetford Mines et leur gardien de but, Mario Lessard.

Le regretté Jacques Beauchamp écrit fréquemment des textes sur les performances de l'équipe de Demers, ce qui manifestement l'aide à progresser dans le milieu du hockey. Beauchamp n'a que des éloges à formuler à l'endroit de Jacques et invite les gens à surveiller cet entraîneur au potentiel énorme.

Ayant perdu ses parents très jeune, Demers décide de s'investir à temps plein afin de subvenir aux besoins familiaux. Il se trouve un emploi stable chez Coca-Cola jusqu'en 1969, lorsque le lutteur professionnel Jean Rougeau et l'homme d'affaires Arthur Lessard, propriétaires d'une équipe de hockey à Laval, l'invitent à prendre les rênes de l'équipe.

Malheureusement, la compagnie Coca-Cola refuse de lui accorder un congé sans solde durant la saison de hockey pour lui permettre de diriger l'équipe de Laval. Demers doit donc décliner l'offre de Rougeau et Lessard.

Quelques années plus tard, soit en 1972, Demers commence une belle aventure dans l'Association mondiale de hockey lorsque Marcel Pronovost lui propose un poste de directeur du personnel des Cougars de Chicago. Son salaire passerait de 8 000 $ chez Coca-Cola à 25 000 $ à Chicago. Gilles Dumouchel, ami de longue date de Demers, le rassure: si l'aventure dans l'AMH s'avérait un échec, il pourrait l'engager comme gérant de son restaurant. Tranquillisé, Demers donne sa démission à la compagnie de boissons gazeuses et se rend à Chicago. Il est clair dans son esprit que son séjour dans l'AMH lui servira de tremplin pour la Ligue nationale de hockey. Il occupe le poste de directeur une saison avant de se voir confier le travail d'entraîneur adjoint pendant deux autres saisons.

Demers en est à sa troisième année à Chicago lorsque l'équipe cesse ses activités. Il se déniche donc un poste chez les Racers d'Indianapolis à titre d'entraîneur-chef. Il mène son club au premier rang de la section Est grâce à une fiche de 35 victoires, 39 défaites et six matchs nuls. Malgré une belle saison, les Racers sont battus en séries éliminatoires par les Whalers de la Nouvelle-Angleterre en sept rencontres. Après ce match décevant où son équipe est éliminée, Jacques vit un des très beaux moments de sa vie. À Indianapolis, il est de notoriété publique que Jacques est en pourparlers pour obtenir le poste d'entraîneur à Québec et que Maurice Filion attend sa réponse le lendemain. Lorsque Demers s'avance sur la glace pour aller féliciter l'entraîneur Harry Neele des Whalers, la foule commence à scander «Stay Jacques, stay». Très ému, il se met à pleurer à chaudes larmes. Une chaîne de télévision locale en profite pour réaliser une entrevue choc. Le lendemain, il signe un contrat de trois ans avec les Racers, au grand plaisir des partisans. Qui plus est, il est choisi l'homme de l'année à Indianapolis.

Les Racers cessent leurs activités en raison de problèmes financiers importants et Demers est encore une fois sans emploi. Loin de s'apitoyer sur son sort, il signe avec les Stingers de Cincinnati pour la saison 1976-77. Il est également courtisé par les Penguins de Pittsburgh de la Ligue nationale et le Canadien junior, mais le salaire offert à Cincinnati aura le dernier mot. Il n'y remporte pas beaucoup de succès, même si l'équipe compte des joueurs comme Robbie Ftorek et Rick Dudley.

En 1978-79, il devient l'entraîneur des Nordiques de Québec lors de la dernière saison de l'Association mondiale de hockey. Il réussit à mener le club de Québec au deuxième rang de la ligue, mais s'incline en demi-finale face aux Jets de Winnipeg. Il n'a jamais été congédié dans l'AMH, se retrouvant toujours avec des équipes qui avaient d'énormes difficultés financières et qui cessaient leurs activités. Sa détermination et son désir de vaincre sont ses principaux atouts pour arriver à ses fins. Son séjour dans la défunte Association mondiale de hockey lui sert effective-ment de tremplin pour accéder à la Ligue nationale.

En juin 1979, Maurice Filion des Nordiques de Québec maintient Demers à la barre de son club, qui vient de joindre les rangs de la Ligue nationale de hockey. Jacques n'y reste qu'un an puisqu'il est limogé par le président, Marcel Aubut, à cause d'une deuxième moitié de saison très difficile et d'une déclaration malheu-reuse faite à un journaliste québécois, qui l'a rendue publique.

Ce sont là des débuts difficiles dans la Ligue nationale, mais fidèle à lui-même, après une période de remise en question, Demers retrousse ses manches et travaille encore plus fort. Il croit toujours qu'il réussira un jour à se faire valoir au sein d'une équipe de premier plan.

Demers passe la saison 1980-81 à faire l'analyse des matchs des Nordiques à la radio. Il revient en grande forme l'année suivante comme entraîneur-chef de l'Express de Fredericton, club-école des Nordiques de Québec de la Ligue améri-caine de hockey. Son travail acharné porte fruit, puisqu'il conduit ses joueurs au premier rang de la section Nord lors de la saison 1981-82. Les séries éliminatoires prennent fin pour lui à la demi-finale lorsque son club est battu par les Mariners du Maine. Néanmoins, il remporte le trophée Louis A.R. Pieri Memorial, remis à l'en-traîneur de l'année dans la Ligue américaine.

Le 19 août 1983, Ronald Caron, qu'on surnomme «Le Prof», devient direc-teur-gérant des Blues de St. Louis. Caron obtient la permission de l'organisation des Nordiques de discuter avec Jacques dans le but d'en faire leur entraîneur-chef. Les Blues et les Nordiques en viennent à une entente et Demers fait ses débuts à St. Louis dès la saison 1983-84. En retour, les Nordiques obtiennent des Blues les joueurs Claude Julien et Gord Donnely.

Jacques travaille trois ans pour le propriétaire Harry Ornest, mais sans con-trat. À St.Louis, il est exploité par le propriétaire qui ne lui accorde ni le salaire mé-rité, ni la sécurité d'emploi. Demers ne se décourage pas et fait tout de même confiance au propriétaire des Blues. Au terme de la saison 1985-86, il est finaliste au trophée Jack Adams, remis à l'entraîneur de l'année dans la LNH. Cette même saison, son équipe baisse pavillon en finale de conférence contre les Flames de Calgary.

Le rendement des Blues est tel que Demers reçoit une offre de contrat des Red Wings de Détroit. Le propriétaire des Blues réagit en offrant à Demers d'égaler l'offre des Red Wings et de lui signer un contrat, mais Jacques refuse, lui rappelant qu'il avait eu trois ans pour le faire et n'avait manifestement pas respecté sa parole. Jacques quitte les Blues pour prendre le chemin de Détroit, avec en poche un contrat de cinq ans pour cent mille dollars par saison.

C'est à regret qu'il quitte St. Louis, car il a beaucoup de respect pour Ronald Caron, qui lui a donné la possibilité de revenir à la tête d'une équipe de la Ligue na-tionale. Demers est très heureux de voir que le propriétaire des Wings, Mike Ilitch, lui accorde un contrat à sa juste valeur. Il fait ses débuts avec une équipe minable et sans talent. La saison précédente les Red Wings avaient fait piètre figure avec une fiche de 17 victoires, 57 défaites et 6 matchs nuls.

Lorsqu'il arrive à Détroit, l'équipe est si peu performante qu'elle se trouve au dernier rang du classement; les partisans des Red Wings, ironiquement, surnomment leur équipe les «Dead Wings». Beaucoup de travail l'attend.

À sa première saison à Détroit en 1986-87, il réussit à obtenir une fiche de 78 points en 80 matchs, une nette amélioration par rapport à l'année précédente. Cette magnifique performance lui permet de remporter le titre d'entraîneur de l'année et du même coup, de s'approprier le trophée Jack Adams. Mais Demers ne s'en tient pas là puisqu'il le remporte à nouveau la saison suivante en terminant au premier rang de la division Norris. Il est le premier entraîneur à mettre la main sur cet honneur à deux reprises. Il est aujourd'hui le seul à avoir réussi l'exploit avec la même formation. Devant un tel rendement, le propriétaire Illich prolonge de deux ans son contrat.

Après quatre ans à Détroit, Jacques est congédié, car la direction des Wings est à la recherche de sang neuf. Jacques a davantage de mal à mettre sur pied des stratégies qui permettent aux joueurs d'offrir toujours le même rendement. Pour la première fois depuis son arrivée à Détroit, Jacques et ses joueurs sont exclus des séries de fin de saison.

Il partage les deux saisons suivantes entre la radio et la télévision comme analyste des matchs du Canadien. À la suite du départ de Pat Burns, l'entraîneur des Canadiens, à la fin de la saison 1991-92, il est embauché par la direction du Tricolore.

Accumulant 102 points dès sa première saison avec l'équipe montréalaise, Demers est optimiste à l'approche des séries éliminatoires. Cette saison 1992-93 est fertile en émotions puisque le Canadien remporte la coupe Stanley. L'équipe gagne dix parties en prolongation. Demers confie aux journalistes après la victoire de la coupe Stanley: «L'élément déclencheur est sans l'ombre d'un doute la victoire contre les Nordiques de Québec. Après deux revers consécutifs, nous avons gagné les quatre matchs suivants. Cette série a motivé tous les joueurs et nous avons vraiment cru en nos chances».

Par la suite, il ne cesse de connaître des difficultés en séries éliminatoires. Demers entreprend la saison 1995-96 avec optimisme, mais il est rapidement remplacé par Mario Tremblay après une série de cinq défaites consécutives. Toutefois, il demeure avec l'organisation comme adjoint au président Ronald Corey.

Il revient derrière le banc d'une équipe de la LNH pour la saison 1997-98, avec le Lightning de Tampa Bay. Jacques vit les moments les plus difficiles de sa carrière avec un club qui patauge au bas du classement. L'inévitable devait arriver et il est congédié durant l'été de 1999.

Il a reçu plusieurs honneurs individuels dans le monde du hockey. Il a été en poste pour plus de 1000 rencontres dans la Ligue nationale, étant l'un des cinq entraîneurs à avoir réalisé cet exploit, avec Scotty Bowman, Al Arbour, Dick Irvin père et Billy Reay.

De plus, il est l'un des quatre entraîneurs à avoir mérité le titre d'entraîneur de l'année dans la Ligue américaine et la Ligue nationale. Les trois autres sont Fred Shero, Don Cherry et Marc Crawford.

Sa persévérance, son attitude positive et sa détermination lui ont valu une belle carrière dans la Ligue nationale de hockey. Humble et affable, Jacques Demers est toujours considéré comme l'un des plus grands entraîneurs de l'histoire de la Ligue nationale de hockey.

Aujourd'hui, une nouvelle carrière s'offre à lui; il semble très heureux dans ses nouvelles fonctions d'analyste des matchs du Canadien à RDS et de chroniqueur à CKAC. Le hockey a toujours été sa passion, mais ses priorités dans la vie ont changé depuis que son épouse Debbie a été atteinte d'un cancer. Ses attentes ne sont plus les mêmes et sa famille devient sa principale raison de vivre. Il partage maintenant son temps entre sa femme, ses quatre enfants et ses deux petits-enfants.

En réalisant son plus grand rêve, soit de diriger les Canadiens et de gagner la coupe Stanley, Demers a réalisé que tout est possible à condition de bien le vouloir et d'y mettre le travail nécessaire. Impressionnant pour celui qui aurait tout sacrifié pour sa femme Debbie!

DEMERS, Jacques Source: LNH
Entraîneur, né à Montréal, QC, le 25 août 1944

Saison	Équipe	Ligue	Saison régulière					Séries éliminatoires				
			PJ	VIC	DÉF	NUL	%	PJ	VIC	DÉF	NUL	%
1979-80	Nordiques de Québec	LNH	80	25	44	11	.381	–	–	–	–	–
1983-84	Blues de St. Louis	LNH	80	32	41	7	.444	11	6	5	0	.545
1984-85	Blues de St. Louis	LNH	80	37	31	12	.538	3	0	3	0	.000
1985-86	Blues de St. Louis	LNH	80	37	34	9	.519	19	10	9	0	.526
1986-87	Red Wings de Détroit	LNH	80	34	36	10	.488	16	9	7	0	.563
1987-88	Red Wings de Détroit	LNH	80	41	28	11	.581	16	9	7	0	.563
1988-89	Red Wings de Détroit	LNH	80	34	34	12	.500	6	2	4	0	.333
1989-90	Red Wings de Détroit	LNH	80	28	38	14	.438	–	–	–	–	–
1992-93	Canadiens de Montréal	LNH	84	48	30	6	.607	20	16	4	0	.800
1993-94	Canadiens de Montréal	LNH	84	41	29	14	.571	7	3	4	0	.429
1994-95	Canadiens de Montréal	LNH	48	18	23	7	.448	–	–	–	–	–
1995-96	Canadiens de Montréal	LNH	5	0	5	0	.000	–	–	–	–	–
1997-98	Lightning de Tampa Bay	LNH	63	15	40	8	.302	–	–	–	–	–
1998-99	Lightning de Tampa Bay	LNH	82	19	54	9	.287	–	–	–	–	–
	Totaux LNH	14 saisons	1006	409	467	130	.471	98	55	43	0	.561

ÉRIC DESJARDINS

Défenseur

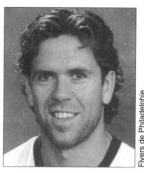

Né le 14 juin 1969 à Rouyn-Noranda, Desjardins commence à jouer au hockey à l'âge de quatre ans. Il porte les patins de son frère Mario qui, à cette époque, est âgé de huit ans. Évidemment, ils sont beaucoup trop grands, mais ses grands-parents y enfoncent des chaussettes. L'important pour lui est de jouer au hockey et l'équipement ne le dérange guère.

Grâce à de belles performances dans les ligues de niveaux inférieurs, Desjardins fait ses débuts dans la Ligue de hockey junior majeur du Québec avec les Bisons de Granby, en 1986-87. Desjardins vient à peine de fêter ses 18 ans lorsqu'il quitte la maison pour faire ses premiers coups... de patin dans le hockey junior majeur. Au terme de sa première saison junior, il se fait assez remarquer pour être sélectionné par les Canadiens en troisième ronde du repêchage en 1987.

Il doit traverser deux années de dur labeur avant d'être promu aux Canadiens de Sherbrooke de la Ligue américaine, club école du Canadien de Montréal. Il fait ses débuts avec le Tricolore pour la saison 1988-89. Il participe à seulement 36 matchs à sa première saison. Durant la période des fêtes, il prête main forte à l'équipe canadienne au championnat mondial de hockey junior. Sa tenue exceptionnelle lors de ces rencontres, ses 36 matchs en saison régulière et les quatorze parties en séries éliminatoires lui permettent d'espérer de meilleurs moments pour la saison 1989-90.

À sa deuxième saison dans la Ligue nationale, Desjardins s'aperçoit que ses adversaires le connaissaient déjà mieux et qu'il lui faut les déjouer en améliorant davantage la qualité de son jeu, ce qui n'est pas facile pour un jeune joueur, surtout un défenseur. «Tout est une question de confiance», dit-il. Conscient des efforts à déployer pour mériter un poste permanent au sein de l'alignement, Desjardins fait preuve de plus en plus de maturité. «Je connaissais les erreurs que je devais éviter et j'étais déterminé à tout pour évoluer régulièrement à la brigade défensive.» Desjardins n'est plus le défenseur offensif qu'il était chez les juniors, mais il sait quand appuyer l'attaque et ne craint pas le jeu physique. En travaillant avec l'entraîneur adjoint Jacques Laperrière, il parvient à modifier et améliorer certains aspects de son jeu.

Desjardins se joint aux Canadiens de manière définitive en début de saison 1990-91. La direction du Tricolore se rend vite compte des efforts qu'il déploie lorsqu'il se présente sur la patinoire pour les exercices ou les matchs préparatoires. Sa grande force de caractère lui permet de demeurer avec le grand club. En peu de temps, Éric devient un leader et joue comme un véritable vétéran malgré ses 21 ans.

Viennent ensuite quelques saisons à parfaire son jeu avant d'atteindre le sommet de son art lors de la saison 1992-93. Pilier de la défensive, il contribue largement aux succès de l'équipe en saison régulière, mais c'est en séries éliminatoires que la qualité de son jeu impressionne le plus. Son entraîneur Jacques Demers ne tarit pas d'éloges à son endroit: «Il a été un élément déclencheur pour l'équipe, tant en défensive qu'à l'attaque.»

Desjardins se distingue surtout lors de la série finale face aux Kings de Los Angeles. Le match du 3 juin 1993 est un match important pour le Canadien et pour Desjardins. Après avoir perdu le premier affrontement aux mains des Kings, les Canadiens entreprennent le deuxième match avec ardeur et détermination. Le Tricolore inscrit le premier but, alors que Desjardins fait scintiller la lumière rouge à 18 min 31 en première période. Los Angeles, Wayne Gretzky en tête, reprend les commandes en égalisant le pointage, puis en prenant les devants 2 à 1. Il est très difficile de traverser la défensive de l'équipe de Los Angeles et leur gardien est presque irréprochable. Avec moins de deux minutes avant la fin du match, Jacques Demers, l'entraîneur du Canadien, décide de faire mesurer le bâton du défenseur des Kings, Marty McSorley. Jugé illégal par l'arbitre, McSorley écope donc d'une pénalité mineure de deux minutes. Les Canadiens obtiennent ainsi une dernière chance de niveler le pointage. Le gardien du Tricolore, Patrick Roy, est rappelé au banc par son entraîneur. Demers envoie donc six joueurs sur la glace et joue le tout pour le tout. Le jeu de puissance est déployé en zone offensive et à 18 min 47, Desjardins enfile son deuxième but de la rencontre et la foule du Forum est euphorique.

Les trois périodes réglementaires sont terminées et tous les espoirs sont permis puisque l'équipe a déjà remporté sept parties consécutives en prolongation. Les joueurs font leur apparition sur la glace du Forum sous les applaudissements nourris des spectateurs. L'entraîneur Demers n'a même pas le temps de replacer son nœud de cravate, que Desjardins déjoue le gardien Kelly Hrudey à 51 secondes du début de la période de prolongation. Les Canadiens l'emportent 3 à 2 et la série finale est maintenant à égalité: une victoire de chaque côté. Desjardins vient d'insuffler l'élan nécessaire à l'équipe et les Canadiens remportent les trois rencontres suivantes et la 24e coupe Stanley de leur histoire. Avec cet exploit, Desjardins devient le premier défenseur de l'histoire de la Ligue nationale à marquer trois buts dans un match de finale de la coupe Stanley. Il détient toujours ce record aujourd'hui.

Le 9 février 1995 reste une journée bien sombre pour Éric. En effet, on l'échange aux Flyers de Philadelphie lors une transaction majeure. Il quitte Montréal en compagnie de Gilbert Dionne, le frère de Marcel, et John LeClair en retour de Mark Recchi et un choix de troisième ronde au repêchage de 1995. L'échange est bénéfique pour lui et il offrira ses plus belles prestations depuis quelques années.

C'est un défenseur solide mais peu spectaculaire et ce n'est qu'en 1998-99 qu'il est reconnu à sa juste valeur par les experts de la Ligue nationale de hockey. Il est élu à la deuxième équipe d'étoiles en 1998-99 et 1999-00, grâce principalement à des récoltes de 51 et 55 points.

À 31 ans, Desjardins est maintenant un atout important pour les Flyers, qui aspirent aux grands honneurs dans les années à venir. Éric est d'une nature calme; il affiche rarement ses émotions. C'est un modèle à suivre pour de jeunes joueurs qui commencent leur carrière professionnelle. S'il est humainement impossible de fournir un rendement sans faille pendant plus de 80 matchs, l'important est de travailler sans relâche. Sa mère lui disait: «Si tu ne fais pas d'efforts, tes chances de réussir sont nulles.»

Quelques faits marquants de sa carrière :

➤ 3 buts dans un match de finale de la coupe Stanley, le 3 juin 1993 (Record de la LNH).

➤ Élu sur la deuxième équipe d'étoiles en 1999 et en 2000.

➤ Participation à 3 matchs d'étoiles.

➤ Une coupe Stanley en 3 participations à la grande finale.

➤ A porté le numéro 28 avec les Canadiens.

DESJARDINS, Éric   Source: LNH

Défenseur, droitier 6'1", 200 lb
Né à Rouyn, QC, le 16 juin 1969
3ᵉ choix des Canadiens de Montréal, 38ᵉ choix au repêchage de 1987
Dernier club amateur 1987-88: les Bisons de Granby

						Saison régulière						Séries éliminatoires					
Saison	Équipe	Ligue	PJ	B	A	Pts	Pun	AN	BG	+/-	PJ	B	A	Pts	Pun	AN	BG
1988-89	Canadiens de Montréal	LNH	36	2	12	14	26	1	0	+9	14	1	1	2	6	1	0
1989-90	Canadiens de Montréal	LNH	55	3	13	16	51	1	0	+1	6	0	0	0	10	0	0
1990-91	Canadiens de Montréal	LNH	62	7	18	25	27	0	1	+7	13	1	4	5	8	1	0
1991-92	Canadiens de Montréal	LNH	77	6	32	38	50	4	2	+17	11	3	3	6	4	1	0
1992-93	Canadiens de Montréal	LNH	82	13	32	45	98	7	1	+20	20	4	10	14	23	1	1
1993-94	Canadiens de Montréal	LNH	84	12	23	35	97	6	3	-1	7	0	2	2	4	0	0
1994-95	Canadiens de Montréal	LNH	9	0	6	6	2	0	0	+2	–	–	–	–	–	–	–
	Flyers de Philadelphie	LNH	34	5	18	23	12	1	1	+10	15	4	4	8	10	1	2
1995-96	Flyers de Philadelphie	LNH	80	7	40	47	45	5	2	+19	12	0	6	6	2	0	0
1996-97	Flyers de Philadelphie	LNH	82	12	34	46	50	5	1	+25	19	2	8	10	12	0	0
1997-98	Flyers de Philadelphie	LNH	77	6	27	33	36	2	0	+11	5	0	1	1	0	0	0
1998-99	Flyers de Philadelphie	LNH	68	15	36	51	38	6	2	+18	6	2	2	4	4	1	1
1999-00	Flyers de Philadelphie	LNH	81	14	41	55	32	8	4	+20	18	2	10	12	2	1	1
	Totaux LNH	12 saisons	827	102	332	434	564	46	17	85	146	19	51	70	85	7	5

Club de hockey Canadien

CAMIL DESROCHES

Journaliste

Si vous deviez faire la rétrospective de l'histoire du club de hockey Canadien, vous devriez inclure, parmi les personnalités importantes, monsieur Camil Des-Roches, qui fait indéniablement partie de la structure de l'ancien Forum de Montréal. Il a été tout aussi important que Frank Selke, Tommy Gorman ou encore Maurice «Rocket» Richard, si l'on considère l'excellence de son travail. Mais si l'on parle de longévité, DesRoches est unique. Personne n'a été aussi longtemps que lui attaché à l'organisation du Tricolore sans pour autant avoir évolué dans la Ligue nationale de hockey en tant que joueur.

C'est un très grand visionnaire au sein de la plus prestigieuse organisation sportive de la planète. Il voit toujours au-delà des buts qu'il s'est fixés à court terme et cherche constamment à innover dans l'élaboration de ses différents projets. Il est apprécié de tous et lorsqu'on cherche un renseignement important, DesRoches est la source rêvée, que ce soit dans le domaine journalistique, artistique ou sportif. Il est en quelque sorte une encyclopédie vivante. Passer deux heures avec Camil, c'est lire une encyclopédie en 15 volumes!

Né le 29 novembre 1914 à Montréal, Camil DesRoches est le dernier d'une famille de 19 enfants, dix-huit garçons et une fille. Parce qu'il est le cadet, on lui permet d'aller à l'école un peu plus longtemps que ses frères et sa sœur. Il abandonne l'école en 1930 pour commencer à travailler dans une entreprise de textile, chez Finley-Smith, à Montréal. Il fait ses débuts dans le monde journalistique pour le *Progrès de Villeray*, quartier où il a résidé longtemps dans sa jeunesse. Il écrit pour le plaisir, car il ne reçoit aucun salaire à cette époque.

Comme il possède une certaine expérience de l'écriture, que le sport lui tient à cœur et qu'il parle de mieux en mieux l'anglais, il ne faut pas se surprendre si, en 1938, l'illustre Charles Mayer, responsable de la section des sports du *Petit Journal*, approche notre homme. Bourreau de travail, il commence sa journée dès 6 h le matin pour la terminer très souvent à minuit, sans prendre le temps de souffler à l'heure du dîner et du souper. Il trime au journal du vendredi soir au dimanche pour la faramineuse somme de 50 cents par fin de semaine! «C'était pour moi la seule façon d'entrer au Forum parce que je n'avais pas les moyens d'acheter des billets», disait-il.

À cette époque, les amateurs de hockey peuvent dès leur sortie du Forum se procurer le compte-rendu de la rencontre du samedi. Dès 22 h 30, il est possible d'obtenir un exemplaire tout frais de l'édition du *Petit Journal*. DesRoches est constamment harcelé par les responsables de la distribution du journal afin qu'il leur envoie les derniers résultats sportifs. «La section sportive était la pierre angulaire du journal», souligne DesRoches, en fouillant dans ses souvenirs.

Tommy Gorman, ancien directeur-gérant des Canadiens, constate rapidement que le jeune Camil possède beaucoup de talent et l'embauche, le 13 octobre 1938, pour la traduction de ses communiqués aux médias. DesRoches devient son homme de confiance comme relationniste, agent de publicité et organisateur de spectacles. Il ne compte ni son temps ni son énergie pour mener à terme les mandats de Gorman et ce, pour un salaire dérisoire. Il travaille à temps partiel pour le Canadien tout en gardant son travail au *Petit Journal*. Après quelques années sous la férule de Charles Mayer, DesRoches fait son entrée dans les pages sportives du journal *Le Canada*, sous la direction de Paul Parizeau, tout en conservant son emploi à mi-temps avec la Sainte Flanelle. Il devient également un collaborateur indispensable à l'émission radiophonique *La Parade Sportive*, qui s'est maintenue au sommet des cotes d'écoute de 1944 à 1952.

Lors du départ de Gorman en 1945, il est remplacé par Frank Selke. C'est un moindre mal, car la direction découvre ainsi à quel point elle avait besoin de lui. On lui fait signer un contrat. Camil, sans le savoir, vient de s'engager dans une carrière à vie. Il remplit bien son mandat en relevant défi après défi, que ce soit dans le monde du spectacle ou du sport. Dès 1936, il commence à s'occuper des *Ices Follies*, puis des *Ices Capades*, qui sont demeurés des spectacles de très grande envergure pendant plus de 50 ans.

Les spectacles de ces troupes de patineurs artistiques n'attirent pas les foules entre 1936 et 1939, mais DesRoches renverse la vapeur et en fait rapidement une activité courue par les Québécois et Québécoises. Il mise beaucoup sur la publicité et, comme on disait à l'époque, «Ça passe ou ça casse». Évidemment, c'est une réussite éclatante, signée Camil DesRoches.

Camil est vite devenu l'ami de Frank Selke. Les deux sont très religieux et se vouent un respect mutuel; ils deviennent inséparables. DesRoches a été très affecté lorsque Selke a quitté le Tricolore au terme de la saison 1963-64.

Camil réussit en 1949 à entasser dans le vieux Forum 16 300 personnes pour l'affrontement de tennis entre Jack Kramer et Ken Rosewall. En 1942, le chanteur populaire Frank Sinatra attire une foule record au Forum pour son spectacle avec la chanteuse Frankie Laine et l'orchestre de Tommy Dorsey. Rien ne pouvait arrêter Camil dans l'organisation d'événements de toutes sortes.

DesRoches est un excellent ambassadeur pour l'organisation et très rapidement, sa compétence est reconnue partout à travers la Ligue nationale de hockey. Il est de plus grandement apprécié du monde sportif et du «show-biz». À titre de directeur des relations publiques du Forum, il côtoie fréquemment des artistes comme le chanteur Nat King Cole et reçoit des athlètes comme les Harlem Globe-trotters.

Camil est même allé jusqu'à présenter à la célèbre patineuse artistique Barbara Ann Scott celui qui allait devenir son époux. Que penser de sa promenade en calèche avec Gene Autrey, ou de sa rencontre avec les Beatles, le 8 septembre 1964, à Montréal? À une certaine époque de sa vie, il recevait au-delà de 500 cartes de Noël chaque année.

Louise Richer, ancienne collègue de travail, se rappelle: «Camil m'avait fait part d'une anecdote survenue dans un hôtel de San Francisco et qui l'avait marqué. Il décide d'amener sa femme Fernande dans la grande salle de réception pour assister au spectacle de la vedette de la soirée, Nat King Cole, son chanteur préféré. Celui-ci a déjà commencé à chanter au moment où Camil et sa femme prennent place à leur table. En l'apercevant, le chanteur s'arrête et le salue avant d'entreprendre une série de chansons françaises.»

DesRoches s'intéresse à tout ce qui se passe dans la Ligue nationale et lit entre 10 et 15 journaux chaque jour afin d'être au courant de tout ce qui se passe autour de lui. Il s'occupe de l'équipe très longtemps, à titre de secrétaire de route, voyant aux besoins de tous et chacun, y compris tous les journalistes accompagnant le club. Lui-même ne manque aucune partie du Canadien pendant plus de vingt ans. Ses fonctions professionnelles l'empêcheront par la suite d'être aussi assidu.

Grand voyageur international pour le travail ou le plaisir, DesRoches voyage toute sa vie sans jamais conduire une automobile, mais combien de milles aura-t-il ainsi parcourus! Il aura toujours été heureux dans la vie. Il marie d'abord Fernande, la sœur de Cécile, et leur union durera 49 ans. Cécile, de son côté, connaît 45 ans de mariage avec le même époux. Les deux furent heureux en ménage. Quand ils se retrouvent veufs tous les deux, ils s'épousent en moins de six mois et la lune de miel dure toujours.

Le 5 novembre 1988, DesRoches est honoré par quelques anciens joueurs de l'équipe et Jean Béliveau lui remet un plateau d'argent signé de tous les joueurs des Canadiens. Une soirée inoubliable pour Camil, qui avoue ne pas comprendre qu'on lui rende un tel hommage, lui qui n'a marqué aucun but pour l'équipe.

Qui ne se souvient pas de Camil DesRoches? Vous êtes de la génération d'avant-guerre? Camil était là! De la génération du Rocket? Camil était là! De celle de Jean Béliveau? Camil était là! Peut-être êtes-vous de la génération de Guy Lafleur? Camil était là! De toute évidence, Camil DesRoches a toujours été là, autant pour un journaliste désirant compléter un article que pour un écrivain cherchant un renseignement, une date précise.

«Il a toujours possédé une mémoire d'ordinateur», me disait Louise Richer, anciennement des Canadiens. Il a été témoin de 19 coupes Stanley. Eh oui! 19 sur les 24 remportées au fil de leur histoire par les différentes équipes des Canadiens de Montréal. Quelle source de renseignements que cette figure légendaire! Il mérite d'emblée de faire partie des plus grands du hockey et du monde journalistique; il est de la trempe de Jacques Beauchamp. Celui qui, tour à tour, a occupé les fonctions de directeur des relations publiques, secrétaire de route et directeur des événements spéciaux aura connu plus de cinquante années de gloire à travers tout le Québec.

MARCEL DIONNE

(Marcel «Le Petit Castor» Dionne)

Centre

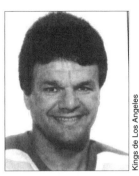

Kings de Los Angeles

Premier choix des Red Wings de Détroit au repêchage de 1971, deuxième derrière Guy Lafleur, Dionne connaîtra dix-huit saisons fulgurantes au sein de la Ligue nationale de hockey. Malheureusement, il joue toujours dans l'ombre des autres joueurs vedettes. La raison est d'une simplicité désolante: bien qu'il ait fait preuve dès ses débuts d'un coup de patin exceptionnel, il a toujours évolué avec des joueurs et des équipes médiocres. Il mérite tout de même plusieurs honneurs à titre personnel et a démontré de fortes qualités de leader partout où il a joué.

Né à Drummondville le 3 août 1951, Dionne met une paire de patins pour la première fois à l'âge de deux ans sur une patinoire artisanale derrière la maison familiale. Ses parents l'encouragent et même le poussent à faire carrière dans le monde du hockey. Son père ne veut pas voir son fils travailler comme lui de dix à douze heures par jour pour un salaire minable. À l'adolescence, Marcel constate rapidement qu'il possède le talent nécessaire pour faire une brillante carrière. C'est à dix-sept ans qu'il débute chez le junior. Il arrive en Ontario avec quelques dollars et une seule langue, le français.

Surnommé «Le Petit Castor», Marcel arrive à Détroit avec un contrat très lucratif en poche, négocié durement par le procureur Allan Eagleson. Ce dernier déclare à la presse de Détroit: «Les négociations ont été difficiles et la direction des Wings a finalement accepté les termes d'une entente. Le montant ne sera pas dévoilé, mais je peux affirmer que le contrat de Dionne est plus avantageux que celui que j'avais négocié pour Bobby Orr, des Bruins de Boston».

Déjà, le petit Québécois est reconnu, sans même avoir disputé un seul match dans le grand circuit. Dès qu'il endosse l'uniforme des Wings, une énorme pression se fait sentir: le voilà condamné à réussir. Étant donné sa fiche tout à fait remarquable chez le junior, personne ne s'étonne d'un tel contrat. En effet, avec les Blackhawks de St.Catharines de la Ligue junior de l'Ontario. Dionne totalise en trois saisons 154 buts et 221 passes pour un total impressionnant de 375 points en seulement 148 rencontres. Il remporte ainsi à deux reprises le trophée Eddie Powers (1970 et 1971), remis annuellement au meilleur marqueur de la Ligue de l'Ontario.

Sa première saison avec Détroit en 1971-72 est tout à fait digne de mention, surtout pour un joueur recrue: 77 points, dont 28 buts. Avec une telle saison, on peut s'étonner qu'il ne soit pas élu la meilleure recrue de l'année et que le trophée Calder lui échappe. Il est devancé par le récipiendaire Ken Dryden, gardien du Canadien de Montréal, et par l'ailier gauche des Sabres de Buffalo, Richard Martin. Dionne est très déçu et n'est pas le seul, tout particulièrement à Détroit où s'élève un tollé de protestations.

Non seulement Dionne s'impose-t-il sur les surfaces glacées de la LNH, mais il exprime également haut et fort ses opinions, au grand dam de son entraîneur Ted Garvin. Ce dernier est reconnu pour son caractère exécrable et malgré son jeune âge, Dionne ne s'en laisse pas imposer. Malgré une saison de 90 points, dont quarante buts, Dionne subit sans cesse les reproches de Garvin et demande à la direction de l'équipe de l'échanger. On lui répond qu'il est trop lent et on lui demande de s'ajuster à la vitesse de jeu de la LNH. La saison suivante, soit 1973-74, un Dionne déconcerté et malheureux ne marque que 24 buts.

À sa quatrième saison, en 1974-75, cherchant à garder Dionne heureux et surtout, à le garder à Détroit, la direction confie le poste d'entraîneur à l'ex-vedette de la LNH, Alex Delvecchio. Les résultats sont fulgurants: Dionne connaît sa meilleure saison et dépasse pour la première fois le plateau des cent points, pour atteindre 121 points. Il remporte également le trophée Lady Bing pour la première fois, puis encore en 1977. Malgré les succès de Marcel, son agent Allan Eagleson informe la direction des Red Wings que leur joueur vedette compte quitter au terme de la saison.

Selon Delvecchio, les Red Wings lui offrent alors un contrat de quatre ans d'une valeur d'un million de dollars. Dionne cherche toutefois à quitter Détroit et il sait que plusieurs équipes cherchent à s'approprier ses services. Parmi les clubs qui manifestent de l'intérêt, on retrouve, entre autres, les Canadiens de Montréal, les Kings de Los Angeles et les Sabres de Buffalo. Dionne est un joueur autonome avec compensation, ce qui signifie que les Red Wings de Détroit doivent être dédommagés à la suite du départ de Marcel.

Le propriétaire des Kings, Jack Kent Cooke, avait fait l'acquisition du célèbre joueur Kareem Abdul-Jabbar pour son équipe de basketball, les Lakers. Cooke voulait que ses deux clubs de Los Angeles atteignent des niveaux de performance élevés. Finalement, les Kings de Los Angeles offrent à Marcel un contrat de deux millions de dollars pour cinq ans. De plus, les Kings se montrent très généreux envers Détroit et offrent les défenseurs Terry Harper et Bart Crashley, l'ailier gauche Dan Maloney et un choix de deuxième ronde au repêchage de 1976. Marcel devient donc le premier joueur vedette à signer un contrat comme agent libre avec compensation, le 23 juin 1975.

Son arrivée à Los Angeles provoque certaines craintes chez l'entraîneur de l'équipe, Bob Pulford. En effet, ce dernier vient de perdre son meilleur défenseur, Harper, et Maloney, un joueur capable d'allier production et robustesse. Dionne ne tarde cependant pas à faire ses preuves à Los Angeles et atteint les cinquante buts pour la première fois durant la saison 1976-77. Pendant cinq ans, Dionne compose un trio surnommé la « Triple Couronne », avec Charlie Simmer et Dave Taylor. Ses deux compagnons de trio lui doivent d'ailleurs, en partie du moins, leur carrière très respectable dans la LNH.

Durant ses douze saisons avec les Kings, Dionne ne remporte le championnat des marqueurs qu'une seule fois, soit en 1979-80 avec 137 points, ce qui lui vaut le trophée Art Ross. On parle toutefois très peu de la carrière de Dionne, qui joue toujours dans l'ombre de Guy Lafleur. Pourtant, au fil des saisons avec les Kings de Los Angeles, il s'illustre en devenant le meilleur marqueur de l'histoire de l'équipe. Ses 550 buts, 757 passes et ses 1307 points représentent autant de sommets.

Après avoir fait la pluie et le beau temps avec l'équipe californienne, il est échangé aux Rangers de New York le 10 mars 1987 en compagnie de Jeff Crossman et en retour de Bobby Carpenter et de Tom Laidlaw. Le 6 octobre 1988 est une date importante pour les Québécois, car Dionne a enfin la chance d'évoluer au sein de la même formation que la super vedette, Guy Lafleur.

Le Petit Castor termine sa glorieuse carrière à la fin de la saison 1988-89 sans avoir réalisé son plus grand rêve, celui de remporter la coupe Stanley. Joueur expert au sein d'équipes médiocres, Dionne n'a jamais disputé un seul match en grande finale de la coupe Stanley, ni même en demi-finale.

Bien qu'il ait évolué avec des équipes inférieures, Dionne possède l'une des meilleures fiches de toute l'histoire de la Ligue nationale de hockey et est élu au Temple de la renommée du hockey en 1992. Le Petit Castor se situe aujourd'hui au troisième rang des marqueurs de tous les temps derrière Wayne Gretzky et Gordie Howe. Malgré qu'il ait décroché un contrat stupéfiant en début de carrière, le plus grand rêve de Marcel, celui de mener son équipe à la conquête de la coupe Stanley, lui aura échappé. Réussir à inscrire 731 buts durant sa carrière est toutefois plus qu'il n'en faut pour démontrer qu'au sein d'une organisation de premier plan, il aurait pu inscrire son nom sur le trophée le plus prestigieux du sport professionnel: la coupe Stanley.

Quelques faits marquants de sa carrière:

➢ 28 tours du chapeau en saison régulière et un en séries éliminatoires.

➢ 3 matchs de 4 buts.

➢ 17 saisons de plus de 20 buts et 14 saisons de plus de 30 buts.

➢ 10 saisons de plus de 40 buts et 6 saisons de plus de 50 buts.

➢ 8 saisons de plus de 100 points.

➢ Participation à 8 matchs d'étoiles.

➢ Capitaine des Red Wings de Détroit en 1974-75.

➢ Remporte, en 1975 et 1977, le trophée Lady Bing.

➢ Remporte, en 1979 et 1980, le trophée Lester B. Pearson.

➢ Remporte, en 1980, le trophée Art Ross.

➢ Son chandail numéro 16 est retiré par les Kings de Los Angeles.

➢ Intronisé au Temple de la renommée du hockey en 1992.

DIONNE, Marcel «Le Petit Castor»   Source: LNH

Centre, droitier 5'9'', 190 lb
Né à Drummondville, QC, le 3 août 1951
1er choix des Red Wings de Détroit, 2e choix au repêchage de 1971
Temple de la renommée: 1992
Dernier club amateur 1970-71: les Blackhawks de St. Catharines

Saison	Équipe	Ligue	Saison régulière								Séries éliminatoires						
			PJ	B	A	Pts	Pun	AN	BG	+/-	PJ	B	A	Pts	Pun	AN	BG
1971-72	Red Wings de Détroit	LNH	78	28	49	77	14	7	2	=	–	–	–	–	–	–	–
1972-73	Red Wings de Détroit	LNH	77	40	50	90	21	10	6	-4	–	–	–	–	–	–	–
1973-74	Red Wings de Détroit	LNH	74	24	54	78	10	3	1	-31	–	–	–	–	–	–	–
1974-75	Red Wings de Détroit	LNH	80	47	74	121	14	15	2	-15	–	–	–	–	–	–	–
1975-76	Kings de Los Angeles	LNH	80	40	54	94	38	7	6	+2	9	6	1	7	0	3	0
1976-77	Kings de Los Angeles	LNH	80	53	69	122	12	14	5	+10	9	5	9	14	2	1	1
1977-78	Kings de Los Angeles	LNH	70	36	43	79	37	9	4	-8	2	0	0	0	0	0	0
1978-79	Kings de Los Angeles	LNH	80	59	71	130	30	19	7	+23	2	0	1	1	0	0	0
1979-80	Kings de Los Angeles	LNH	80	53	84	*137	32	17	6	+35	4	0	3	3	4	0	0
1980-81	Kings de Los Angeles	LNH	80	58	77	135	70	23	9	+55	4	1	3	4	7	1	0
1981-82	Kings de Los Angeles	LNH	78	50	67	117	50	17	5	-10	10	7	4	11	0	4	0
1982-83	Kings de Los Angeles	LNH	80	56	51	107	22	17	7	+10	–	–	–	–	–	–	–
1983-84	Kings de Los Angeles	LNH	66	39	53	92	28	13	2	+8	–	–	–	–	–	–	–
1984-85	Kings de Los Angeles	LNH	80	46	80	126	46	16	2	+11	3	1	2	3	2	1	0
1985-86	Kings de Los Angeles	LNH	80	36	58	94	42	11	4	-22	–	–	–	–	–	–	–
1986-87	Kings de Los Angeles	LNH	67	24	50	74	54	9	2	-8	–	–	–	–	–	–	–
	Rangers de New York	LNH	14	4	6	10	6	1	0	-8	6	1	1	2	2	1	0
1987-88	Rangers de New York	LNH	67	31	34	65	54	22	4	-14	–	–	–	–	–	–	–
1988-89	Rangers de New York	LNH	37	7	16	23	20	4	0	-6	–	–	–	–	–	–	–
	Totaux LNH	18 saisons	1348	731	1040	1771	600	234	74		49	21	24	45	17	11	1

STEVE DUCHESNE

Défenseur

Lorsqu'un joueur aborde une 15e saison dans la Ligue nationale, c'est qu'il a fait preuve d'un certain talent et d'une endurance peu commune. On l'oublie souvent à l'époque où les Chris Pronger, Al MacInnis, Raymond Bourque et Phil Housley dominent les rangs de la Ligue nationale de hockey à titre de défenseurs offensifs, mais Steve Duchesne mérite à coup sûr sa place parmi eux. Personnage extrêmement sympathique, Duchesne ne passe jamais inaperçu sur une patinoire.

Même si son talent en défensive est limité, Steve démontre match après match son talent de marqueur et son esprit d'équipe. Il réussit à accomplir sa besogne de défenseur, même s'il ne possède pas le talent d'un Bobby Orr, Brad Park, Raymond Bourque ou Doug Harvey.

Né le 30 juin 1965 à Sept-Îles, Duchesne commence à jouer au hockey assez jeune, mais les éclaireurs de la Ligue nationale ne semblent pas vouloir le recommander à leurs directeurs-gérants respectifs. Certains disent qu'il ne possède pas assez de talent pour jouer dans la Ligue nationale de hockey et que ses lacunes en défense sont nombreuses. Steve n'est certes pas le plus grand défenseur, mais les éclaireurs négligent les qualités offensives dont il fait preuve depuis qu'il joue au hockey.

À ce jour, Steve compte trois participations à des matchs des étoiles, soit en 1989 et 1990 dans l'uniforme des Kings de Los Angeles et en 1993 dans celui des Nordiques de Québec. Malgré son grand talent de marqueur, Duchesne s'est beaucoup... promené dans la Ligue nationale tout au long de sa carrière. Jamais repêché par une équipe, Steve signe un contrat comme joueur autonome avec les Kings de Los Angeles le 1er octobre 1984. Les Kings le retournent tout de suite à la Ligue de hockey junior majeur du Québec afin qu'il puisse terminer son stage junior avec les Voltigeurs de Drummondville.

Il n'avait marqué qu'un seul but à sa première saison avec les Voltigeurs, ce qui semblait justifier les craintes de diverses organisations en vue du repêchage amateur. Le contrat professionnel conclu avec les Kings le stimule suffisamment pour qu'au terme de la saison 1984-85, il se retrouve sur la première équipe d'étoiles de la Ligue de hockey junior majeur du Québec, grâce à une récolte de 76 points en 65 rencontres contre 35 points l'année précédente.

Duchesne passe la saison 1985-86 avec l'équipe des Nighthawks de New Haven, de la Ligue américaine de hockey. C'est pour lui une dernière étape avant le grand saut dans la Ligue nationale en 1986-87. Il connaît du succès sous le chaud soleil de la Californie, en cumulant 38, 55, 75, 62 et 62 points à ses cinq saisons avec les Kings, sans oublier qu'il réussit à trois reprises à marquer plus de vingt buts. Au terme de sa première saison, il est nommé au sein de l'équipe d'étoiles des recrues de la Ligue nationale.

Après cinq années complètes avec les Kings de Los Angeles, où tout semblait bien se dérouler, il fait ensuite partie d'une série de transactions. D'abord échangé aux Flyers de Philadelphie le 30 mai 1991 dans une transaction impliquant plusieurs joueurs, dont le célèbre Jari Kurri, il n'y passe qu'une seule saison puisqu'il doit encore une fois faire ses valises, pour Québec cette fois, à la suite de la méga transaction impliquant Éric Lindros le 30 juin 1992. C'est avec les Nordiques de Québec qu'il connaît sa meilleure saison en carrière, avec 82 points, dont vingt buts, mais des problèmes contractuels obligent la direction des Nordiques à l'échanger. Encore une fois, Duchesne ne joue qu'une saison avant de se retrouver avec les Blues de St. Louis, le 23 janvier 1994.

Le plus remarquable, c'est qu'il ne soit jamais repêché par une équipe de la Ligue nationale de hockey, certains le jugeant trop petit pour un défenseur, avec ses cinq pieds onze pouces. De plus, il aura évolué dans les rangs juniors plus tard que la majorité des joueurs. Il a 18 ans à ses débuts dans la Ligue de hockey junior majeur du Québec. Il est difficile d'être remarqué lorsqu'on termine chez les juniors à l'âge de 20 ans; on sait que les clubs repêchent les joueurs à 16 ou 17 ans, dans le but de les former eux-mêmes.

Duchesne a su gravir les échelons, malgré les obstacles et les préjugés. «Lorsqu'on est ignoré par toutes les équipes de la Ligue et qu'une chance s'offre de démontrer lors d'un camp d'entraînement qu'on possède un certain talent, on ne doit pas rater son coup», disait-il. Pour s'en convaincre, il suffit de regarder ses statistiques en carrière pour s'apercevoir qu'il possède du talent à l'offensive. Il s'adapte aux situations au fur et à mesure qu'elles se présentent.

Il réussit au cours de sa carrière un exploit peu commun pour un défenseur. Il a enregistré trois tours du chapeau en carrière, avec trois équipes différentes, soit Los Angeles le 2 mars 1989, Philadelphie le 19 décembre 1991 et St. Louis le 7 mars 1994.

Deux objectifs sont à sa portée pour la saison 2000-2001: le plateau des 1000 matchs dans la Ligue nationale et celui des 500 mentions d'assistance. Ses 709 points en 995 matchs dans la Ligue nationale sont suffisants pour faire taire ses dénigreurs qui ne croyaient pas en ses chances d'évoluer un jour parmi les meilleurs au monde.

Quelques faits marquants de sa carrière:

➤ 4 saisons de plus de 20 buts.
➤ Participation à 3 matchs d'étoiles.

➢ A fait partie de la transaction impliquant Éric Lindros.
➢ N'a jamais été repêché par une équipe de la Ligue nationale de hockey.

DUCHESNE, Steve   Source: LNH

Défenseur, gaucher 5'11", 195 lb
Né à Sept-Îles, QC, le 30 juin 1965
Signé comme agent libre par les Kings de Los Angeles 1er octobre 1984
Dernier club amateur 1984-85: les Voltigeurs de Drummondville

			Saison régulière								Séries éliminatoires						
Saison	Équipe	Ligue	PJ	B	A	Pts	Pun	AN	BG	+/-	PJ	B	A	Pts	Pun	AN	BG
1986-87	Kings de Los Angeles	LNH	75	13	25	38	74	5	2	+8	5	2	2	4	4	1	0
1987-88	Kings de Los Angeles	LNH	71	16	39	55	109	5	4	=	5	1	3	4	14	1	0
1988-89	Kings de Los Angeles	LNH	79	25	50	75	92	8	2	+31	11	4	4	8	12	2	0
1989-90	Kings de Los Angeles	LNH	79	20	42	62	36	6	1	-3	10	2	9	11	6	1	0
1990-91	Kings de Los Angeles	LNH	78	21	41	62	66	8	3	+19	12	4	8	12	8	1	0
1991-92	Flyers de Philadelphie	LNH	78	18	38	56	86	7	3	-7	–	–	–	–	–	–	–
1992-93	Nordiques de Québec	LNH	82	20	62	82	57	8	2	+15	6	0	5	5	6	0	0
1993-94	Blues de St. Louis	LNH	36	12	19	31	14	8	1	+1	4	0	2	2	2	0	0
1994-95	Blues de St. Louis	LNH	47	12	26	38	36	1	1	+29	7	0	4	4	2	0	0
1995-96	Sénateurs d'Ottawa	LNH	62	12	24	36	42	7	2	-23	–	–	–	–	–	–	–
1996-97	Sénateurs d'Ottawa	LNH	78	19	28	47	38	10	3	-9	7	1	4	5	0	1	1
1997-98	Blues de St. Louis	LNH	80	14	42	56	32	5	1	+9	10	0	4	4	6	0	0
1998-99	Kings de Los Angeles	LNH	60	4	19	23	22	1	1	-6	–	–	–	–	–	–	–
	Flyers de Philadelphie	LNH	11	2	5	7	2	1	1	=	6	0	2	2	2	0	0
1999-00	Red Wings de Détroit	LNH	79	10	31	41	42	1	1	+12	9	0	4	4	10	0	0
	Totaux LNH	14 saisons	995	218	491	709	748	81	28		92	14	51	65	72	7	1

LIONEL DUVAL

Commentateur

Qui ne connaît pas Richard Garneau, Gilles Tremblay et René Lecavalier? Ils ont touché le cœur des Québécois par leur façon d'entrer dans nos salons pour nous faire vivre les exploits de nos joueurs de hockey préférés. Lionel Duval fait partie intégrante de l'équipe, tant par sa description colorée des parties de hockey que par ses commentaires judicieux lors des entractes. Il fut longtemps celui qu'on regardait et écoutait avec attention. Les mousquetaires du hockey nous auront fait vibrer pendant de nombreuses années.

Né le 11 février 1933 à Bromptonville, Lionel Duval, à l'âge de huit ou neuf ans, faisait déjà la description des matchs de hockey, bien installé dans des boîtes de carton. Il écoutait la retransmission des matchs du Canadien par Michel Normandin à la radio. Dans sa jeunesse, trois ambitions l'habitent: devenir avocat, pilote d'avion ou travailler à la radio. Son goût pour le hockey date de l'époque où il avait le mandat de nettoyer la patinoire pour permettre aux plus grands de jouer. Il avait même un certain talent pour le hockey puisqu'il a joué jusqu'à junior B comme défenseur gauche.

Il n'a jamais eu l'ambition de devenir joueur professionnel; jumeler hockey et patinage est pour lui une forme de détente et d'amusement. Encore aux études, il travaille comme nouvelliste de soir à CKCH à Hull, et c'est un peu par ricochet qu'il devient descripteur pour les matchs de hockey. Son patron lui demande de prendre un magnétophone et d'aller faire la description d'un match de hockey à l'auditorium d'Ottawa pour la rencontre des Sénateurs d'Ottawa de la Ligue senior. Évidemment, le match n'est pas retransmis en ondes, mais son patron veut voir s'il possède les aptitudes nécessaires pour ce travail.

Son patron trouve très bien le travail accompli par Lionel et l'aventure se poursuit lorsqu'il commence à décrire les matchs du Canadien junior à Hull et Ottawa. Il décrit 135 matchs lors d'une seule saison pour les équipes de Sault Sainte-Marie, Sudbury, Trois-Rivières, Québec, North Bay, Kingston et Montréal. Il voyage parfois jusqu'à 700 miles pour faire la description de ces rencontres. Lionel se souvient: « Il fallait vraiment aimer ça, car nous n'étions pas toujours dans les meilleures conditions pour travailler, il n'y avait pas de technicien, nous faisions tout nous-mêmes. »

Il se fait remarquer par une agence affiliée à Radio-Canada lors d'un match au Forum entre le Royal de Montréal et le Canadien junior. Il y a sur place trois membres de l'agence qui apprécient le travail effectué par Lionel. On lui demande en 1963 de faire un match de la série finale de la coupe Stanley entre les Red Wings de Détroit et les Maple Leafs de Toronto, en remplacement d'un René Lecavalier absent. «Ce fut tout un baptême et je n'ai pas dormi de la nuit tellement j'étais nerveux de faire mon premier match de la Ligue nationale», se souvient Lionel.

Ses débuts officiels ont lieu la saison suivante, celle de 1963-64. Lionel Duval fait partie de l'équipe de Radio-Canada pendant plus de quarante ans. Il a l'avantage de travailler autant à la radio qu'à la télévision. «Lorsque tu décris un match à la radio, il faut prendre en considération que personne ne te voit et il faut sans cesse décrire les moindres détails de la rencontre pour permettre aux gens de visualiser la partie. Une ou deux secondes sans parole semblent une éternité pour l'auditeur», me raconte Lionel avec passion. Il reçoit même beaucoup de lettres de remerciement des aveugles, tellement il fait un bon travail à la radio. «C'est une très belle récompense lorsque tu reçois ce genre de lettre, tu te sens très utile», ajoute Lionel.

Il voit à 12 reprises le Canadien de Montréal gagner la coupe Stanley, une de plus qu'Henri Richard! Aucune coupe Stanley n'est plus mémorable que les autres selon lui, mais par contre, un joueur le fait bondir de son siège plus souvent qu'à son tour: «Guy Lafleur m'a procuré beaucoup de plaisir tout au long de ma carrière, par ses montées à l'emporte-pièce et ses feintes incroyables. Il était flamboyant sur une glace et toujours disponible pour des entrevues», me disait-il. De plus, Lionel mentionne qu'il y a eu beaucoup d'autres joueurs dont il a admiré le talent: «J'ai possiblement travaillé dans les meilleures années du hockey, car ils ne pensaient qu'au sport et beaucoup moins au salaire. Serge Savard fut sensationnel comme joueur et affable en entrevue. Il était notre police d'assurance lorsque nous devions remplir les entractes, il nous dépannait souvent», raconte Lionel.

Tout au long de sa carrière, il voyage autour de la planète. En plus de couvrir les activités des Canadiens, Lionel est régulièrement affecté à la couverture des Jeux olympiques, des Jeux du Commonwealth et de différents tournois ou championnats mondiaux. Outre le hockey, les spécialités de Lionel dans le sport sont le cyclisme, le canoë kayak et l'aviron. D'ailleurs, le meilleur moment de toute sa carrière reste la couverture du Championnat du monde de cyclisme à Montréal en 1974. Il est tout feu tout flamme et l'événement lui fait découvrir le talent exceptionnel de ces athlètes de haut niveau.

À Radio-Canada, Lionel couvre plusieurs autres sports, dont le baseball, le golf et le football américain. Il est toujours dévoué et prêt à relever les défis qui se présentent à lui. Celui qui a toujours jumelé travail et humour croit qu'un jour, nous aurons notre propre ligue canadienne de hockey, en raison des problèmes financiers rencontrés par les équipes à travers le Canada. Il compte suffisamment de décennies dans la Ligue nationale pour qu'on prenne en considération ses réflexions et il n'est pas tout à fait impossible que l'avenir lui donne raison.

Tous se souviennent de la fameuse publicité de Pepsi avec Claude Meunier déguisé en joueur de hockey qui l'appelait *Linel* plutôt que Lionel. L'origine de ce surnom est fort simple: *Linel* vient de Sammy Pollock, directeur-gérant des Canadiens. Étant anglophone, il était absolument incapable de prononcer son nom adéquatement.

Lorsqu'on est commentateur, on vit beaucoup de situations cocasses et Lionel n'y échappe pas. Lorsque arrive le temps de faire une entrevue ou de décrire une rencontre, il peut survenir des situations très embarrassantes en ondes, comme en témoigne Lionel: «Nous étions en ondes pour le match des Canadiens contre Chicago. Glenn Hall, le gardien des Hawks, utilisait un style papillon. Je demande donc à mon analyste ce qu'il pense du style de Hall. Il répond sans hésiter qu'il a une faiblesse entre les deux jambes. Il a été très difficile évidemment de ne pas rire puisque nous étions en direct.» Le professionnalisme de Duval est sans faille malgré le fait que certains joueurs soient moins faciles d'approche que d'autres.

Aujourd'hui, son travail lui manque. Il regarde encore des matchs, mais pas du même œil et il assiste à très peu de rencontres au Centre Molson. Il garde encore un goût amer de la façon dont il a été mis à la retraite; il n'accepte pas d'avoir été remplacé alors qu'il avait encore quelques bonnes saisons devant lui. De toute évidence, Lionel peut partir la tête haute, car encore aujourd'hui, plusieurs voient en lui l'un des meilleurs descripteurs du hockey au Québec.

Amateur de films historiques, passionné de tennis et de vélo, il passe maintenant la majeure partie de sa vie à s'occuper de sa petite famille et à se garder en très bonne forme physique. Lionel Duval nous aura fait vibrer pendant les séries éliminatoires de la coupe Stanley, au moment où le Canadien connaissait une des plus belles époques de son histoire. Il rejoint donc, dans mon club sélect des plus grands Québécois du hockey, les Maurice Richard, René Lecavalier et Claude Mouton, pour ne nommer que ceux-là.

MAURICE FILION

Entraîneur et directeur-gérant

L'un des postes les plus importants d'un club de hockey est de toute évidence celui de directeur-gérant. Que ce soit dans l'Association mondiale ou dans la Ligue nationale, le rôle reste le même: mettre sur la glace la meilleure équipe possible pour rivaliser avec les autres formations du circuit. Très peu de Québécois ont accédé à ce poste dans la Ligue nationale. L'un d'eux est Maurice Filion.

Il aura connu de nombreux succès avec les Nordiques de Québec. Qui ne se souvient pas de la rivalité entre son club et celui des Canadiens de Montréal? Depuis le départ des Nordiques pour le Colorado, le hockey au Québec ne semble plus le même. À l'époque, la ferveur pour le hockey était pleinement justifiée: chaque joueur disputait chaque match comme s'il s'agissait d'une finale de la coupe Stanley.

«Tu as besoin d'une rivalité entre deux clubs pour le bien d'un sport et c'est décevant que cette rivalité n'existe plus aujourd'hui», me disait-il. C'était difficile pour les joueurs, les entraîneurs et même les membres de la direction lorsque les deux équipes croisaient le fer au Colisée ou au Forum.

Né le 12 février 1932 à Montréal, Maurice Filion commence à jouer au hockey dans la rue et par la suite, sur les patinoires extérieures. De fil en aiguille, il dispute quelques matchs dans différentes catégories jusqu'au jour où il se joint à titre de joueur de centre aux Reds de Trois-Rivières, propriété de Jack Toupin. Il a comme coéquipier le futur défenseur du Canadien, Jean-Guy Talbot, lors de sa dernière année avec l'équipe. Très rapidement, Maurice s'aperçoit que son talent de hockeyeur le limite aux matchs entre amateurs. Il ne perd cependant pas courage et décide de rester très près du monde du hockey en empruntant d'autres avenues. C'est à ce moment qu'un coéquipier de Filion lui demande de prendre en main la destinée de l'équipe senior pour laquelle il joue.

Le succès est immédiat: en 1962, il mène l'Olympique de Montréal de la Ligue senior A du Québec à la finale de la coupe Allan, face aux Smoke Eaters de Trail. Devant cette réussite, il entrevoit avec optimisme une carrière d'entraîneur dans le hockey, visant même des ligues de niveau supérieur. Il se joint par la suite à une équipe de la Ligue junior A de Montréal, qui avait des joueurs de la trempe des gardiens de but Ron Fournier et Michel Plasse et de Michel Parizeau, joueur d'avant, anciennement des Nordiques.

Il quitte son emploi chez Bell Canada pour diriger l'équipe de Drummond-ville de la même ligue. Son travail d'entraîneur prend finalement un virage à la saison 1969-70, alors qu'il devient le tout premier entraîneur de l'histoire des Remparts de Québec, de la Ligue de hockey junior majeur du Québec. Avec Guy Lafleur comme chef d'équipe, Filion connaît la victoire à 130 reprises contre seulement 46 défaites, entre 1969 et 1972. Il remporte d'ailleurs la coupe Memorial en 1971 et se rend en finale en 1972.

«Lors de la coupe Memorial de 1971, tous les experts nous mettaient perdants. Nous n'étions pas capables de vaincre l'Ontario, disait-on. C'est vrai que nous étions les négligés, mais ça travaille mieux dans cette situation et la pression est sur l'équipe favorite. C'est évidemment un très beau souvenir pour moi, car c'est toujours le but visé dans les rangs juniors», me racontait Filion, fier de son séjour auprès des Remparts.

En raison de ses succès, les Nordiques de Québec de l'Association mondiale de hockey lui font de l'œil et lui offrent de devenir éclaireur pour l'organisation. Mais à la suite de la démission de l'entraîneur Maurice Richard après seulement deux rencontres, le 13 octobre 1972, Filion devient l'entraîneur par intérim et le demeure jusqu'à la fin de la saison 1972-73.

Il devient le directeur-gérant de l'équipe lors de la saison 1973-74, alors que Jacques Plante remet sa démission. L'un de ses premiers gestes est de convaincre Réjean Houle de se joindre aux Nordiques en juillet 1973. En décembre 1974, c'était au tour de Marc Tardif de porter l'uniforme québécois. Bien que plusieurs équipes de la ligue cessent leurs activités, la direction des Nordiques demeure à la hauteur des attentes jusqu'à leur entrée dans la Ligue nationale de hockey.

Malgré une mauvaise saison en 1972-73, les Nordiques présentent des dossiers victorieux à chacune des six saisons suivantes dans l'Association mondiale de hockey. Le premier grand succès pour Filion à la direction de l'équipe se produit lors de la saison 1974-75, alors que son club atteint la finale de la coupe Avco, s'inclinant en quatre rencontres face aux Aeros de Houston et la famille Howe: Gordie, le père, et ses deux fils, Mark et Marty.

En 1975-76, les Nordiques sont éliminés dès le premier tour, en cinq rencontres, par les Cowboys de Calgary. Mais en 1976-77, l'équipe alors dirigée par Marc Boileau remporte la fameuse coupe Avco, triomphant en sept matchs contre les Jets de Winnipeg. Deux ans plus tard, Filion embauche Jacques Demers dans l'espoir de retrouver un niveau de performance suffisant pour figurer parmi les meilleurs. Un changement majeur survient en 1979, puisque les Nordiques de Québec font officiellement leur entrée dans la Ligue nationale. Voilà que Filion réalise un rêve qu'il caresse depuis plusieurs années. «La satisfaction fut incroyable et le soupir était profond, car on réalisait qu'on ferait partie du plus grand circuit au monde.»

Après la première saison dans la Ligue nationale en 1979-80, Filion prend place derrière le banc en 1980-81, mais après seulement six rencontres, il cède son poste à Michel Bergeron. «Je voulais un gagnant derrière le banc, quelqu'un qui se battait jour après jour pour l'équipe. Si c'était à refaire, je n'hésiterais pas un instant à recommencer et mon choix serait le même. De toute façon, je préférais me consacrer à mon poste de directeur-gérant et laisser quelqu'un diriger l'équipe à temps plein.»

Les Nordiques ne mettent pas beaucoup de temps avant de démontrer à leurs rivaux de Montréal qu'il faudra les surveiller au cours des années à venir. Avec des joueurs comme Peter Stastny, Michel Goulet, Dale Hunter et Daniel Bouchard, tous les espoirs sont permis. Le Canadien n'a qu'à bien se tenir! Maurice passe par toute la gamme des émotions avec les Nordiques, particulièrement lors des deux victoires de l'équipe face aux Canadiens de Montréal en 1982 et 1985. «La victoire de 1982 demeure l'un de mes plus beaux souvenirs. Nous étions une équipe toute nouvelle dans la Ligue nationale et, à cette époque, il fallait jouer du très bon hockey pour vaincre les Canadiens. Nous en étions seulement à notre troisième année dans la Ligue nationale et encore une fois, j'avais entre les mains une équipe qui était négligée par les experts.»

Bien qu'il dirige de très bonnes équipes dans les années quatre-vingt, Filion est victime de mauvais *timing* puisqu'il affronte la dynastie des Islanders de New York, qui remportent la coupe de 1980 à 1983, puis celle des Oilers d'Edmonton, qui l'accaparent en 1984, 1985, 1987 et 1988. Durant cette décennie, seules les années 1986 et 1989 échappent à la mainmise de ces deux puissantes formations. Lors de la victoire des Canadiens en 1986, les Nordiques sont déjà sur leur déclin, tandis qu'en 1989, lors de la victoire des Flames de Calgary, le club de Filion est en reconstruction et patauge au fond du classement.

Comme un malheur n'arrive jamais seul, Filion et les Nordiques sont victimes à nouveau d'un mauvais *timing*, puisque les stratèges de la direction de l'équipe optent pour la reconstruction par la base et le sacrifice de quelques saisons dans l'espoir de revenir avec force et de constituer une menace pour les autres aspirants à la coupe Stanley. Alors que le plan de Filion et de ses éclaireurs fonctionne à merveille, qu'on trouve des joueurs talentueux en développement dans les rangs mineurs et qu'on peut espérer de meilleurs jours avec des joueurs de la trempe de Joe Sakic et Peter Forsberg, l'équipe est soudainement vendue et part pour le Colorado. L'Avalanche remporte la coupe Stanley dès sa première année. Que de malchance pour Filion et ses collaborateurs!

«C'est difficile de voir qu'on investit beaucoup de temps pour mettre sur pied une équipe championne et lorsqu'on s'attend à rivaliser pour les grands honneurs, l'équipe est vendue. Ça fait mal au cœur de constater que ce n'est pas nos partisans qui en ont profité, surtout qu'ils le méritaient grandement pour nous avoir supportés pendant les cinq années de reconstruction de l'équipe.»

Le 19 avril 1988, après quatorze saisons en tant que directeur-gérant, il est nommé vice-président des opérations hockey. Martin Madden prend la relève au poste de directeur-gérant. Une fois terminée son association avec les Nordiques de Québec, Filion est devenu, depuis la saison 1992-93, le vice-président et préfet de discipline pour la Ligue de hockey junior majeur du Québec. Il se plaît beaucoup dans ce rôle, totalement nouveau pour lui à l'époque. Il voit à la sécurité dans différents arénas de la Ligue, mais son rôle premier est de protéger les joueurs et de faire respecter les règlements pour éviter des blessures graves ou des gestes disgracieux.

Celui qui a toujours aimé travailler dans l'ombre de ses hommes de hockey aura apporté énormément à ce sport au Québec et sa contribution est sans conteste appréciée par tous les experts. Le rôle du directeur-gérant est très exigeant et les prises de décisions ne tournent pas toujours en sa faveur. Chaque directeur-gérant essaie de respecter le statut des joueurs au sein de l'équipe et malgré ses efforts, apporter des changements n'est jamais une garantie de victoire. Maurice Filion a fait bien du chemin depuis son club senior en 1961. Le hockey a considérablement changé depuis plusieurs décennies et il s'est toujours adapté facilement, quels que soient les changements. Plus de quarante ans plus tard, il est encore associé au hockey et l'usure du temps ne semble pas l'atteindre.

CLIFF FLETCHER

Directeur-gérant

Il arrive que le cheminement vers le poste de directeur-gérant soit long et sinueux, mais encore une fois, le travail et une bonne prise de décision viennent souvent récompenser les efforts. Comme Bill Torrey, anciennement des Islanders de New York, Cliff Fletcher aura laissé sa marque dans la Ligue nationale de hockey. Plusieurs Québécois ont eu la chance de jouer pour des équipes dirigées par Fletcher.

Le parcours de Cliff Fletcher ressemble à celui de Bill Torrey. Ils sont nés à Montréal, ont appris de Sammy Pollock, ont réussi à faire leur entrée dans la Ligue nationale lors de la même saison, en 1972-73, et ont vu leurs équipes remporter la coupe Stanley. Fletcher est maintenant associé au hockey depuis près de 50 ans.

Né le 16 août 1935 à Montréal, Cliff Fletcher n'a jamais joué au hockey dans la Ligue nationale, mais fut l'un des très grands bâtisseurs de l'histoire de la Ligue. Sa carrière commence en 1956, alors qu'à 21 ans, il se joint à l'organisation des Canadiens de Montréal, à titre de gérant des Blues de Verdun, une formation junior B. Lors des dix saisons suivantes, Fletcher travaille avec Sammy Pollock, dans différentes tâches, incluant la gérance du Canadien junior et le travail d'éclaireur pour la formation de la Ligue nationale.

En mai 1966, il se joint aux Blues de St. Louis, à titre d'éclaireur en chef pour l'est du Canada et il occupe cette fonction jusqu'en 1969, alors qu'il est nommé assistant au directeur-gérant de cette formation et ce, jusqu'à la fin de la saison 1970-71. Durant ses quatre saisons avec St. Louis, ces derniers ont toujours participé aux séries éliminatoires et ont atteint la grande finale dans chacune de leurs trois premières campagnes, de 1967-68 à 1969-70.

Son ascension se poursuit et, le 10 janvier 1972, il devient le premier directeur-gérant de l'histoire de Flames d'Atlanta, qui font leur entrée dans la Ligue nationale de hockey à l'automne de 1972. C'est à cette époque qu'il embauche Bernard Geoffrion au poste d'entraîneur-chef et les Flames connaissent un départ supérieur à celui des Islanders de New York, qui font également leur entrée dans la Ligue. Même si les Flames ratent les séries éliminatoires à leur première saison, ils récoltent tout de même 65 points en 78 rencontres, contre 30 points pour les Islanders.

En 1973-74, les Flames réussissent à participer aux séries éliminatoires, subissant l'élimination en quart de finales, 4-0 face aux Flyers de Philadelphie. Ce sont d'ailleurs ces derniers qui remportent la coupe Stanley. Toutefois, en 1974-75, malgré une belle récolte de 83 points au classement, les Flames sont exclus des séries de fin de saison. Ce sera d'ailleurs la dernière fois durant le séjour de Fletcher, qui quittera à la fin de la saison 1990-91. Au terme de la saison 1979-80, les Flames ne parviennent plus à faire leurs frais et connaissent de graves problèmes financiers, ce qui oblige l'équipe à déménager la franchise à Calgary.

Quant à Fletcher, son talent est tel qu'en 1981, on lui demande d'être le directeur général de l'équipe canadienne, au tournoi de la coupe Canada. Cliff accepte d'emblée cette nomination et ajoute du même coup une corde de plus à son arc. Une chose tout à fait exceptionnelle se produit dans la carrière de Cliff: il devient le premier directeur-gérant à faire signer un contrat de la Ligue nationale à un joueur soviétique. En effet, en 1988, il obtient la signature du joueur Sergei Priakin et, avec la permission de la Ligue nationale, il met tout en œuvre pour l'amener en Amérique du Nord, ce qui n'est pas tâche facile puisque les Russes à cette époque ne peuvent quitter leur pays.

Les Flames de Calgary connaissent beaucoup de succès. Fletcher fait quelques changements dans l'alignement et, en 1988-89, le rêve devient réalité puisque le club remporte sa première coupe Stanley. L'équipe de Fletcher réussit à vaincre la puissante machine des Canadiens de Montréal en six rencontres, la dernière étant jouée sur la glace du Forum. Le passé n'est pas toujours garant de l'avenir et les Flames sont éliminés dès le premier tour lors des deux saisons suivantes. C'est la fin pour Fletcher avec les Flames.

Il n'est pas longtemps sans emploi puisque le 1er juillet 1991, il signe un nouveau contrat avec les Maple Leafs de Toronto à titre de président et directeur-gérant. Il s'impose des méthodes de travail rigoureuses pour mettre sur la patinoire le meilleur club possible. En 1991-92, les Leafs ratent les séries éliminatoires par seulement trois points. Fletcher réalise toutefois une transaction majeure qui transforme l'équipe. Le 2 janvier 1992, dans un échange impliquant dix joueurs avec son ancienne organisation, les Flames, il réussit à mettre la main sur le prolifique joueur de centre Doug Gilmour.

Fletcher met également la main sur Pat Burns, l'ancien entraîneur des Canadiens. Les bénéfices ne se font pas attendre, car en 1992-93, les Maple Leafs affichent un nouveau record d'équipe de 99 points. Grâce à la performance de son club, Fletcher est honoré par le *Hockey News* qui le nomme l'homme et le cadre de l'année dans le domaine du hockey. En 1993-94, il connaît une autre excellente saison, les Maple Leafs totalisant 98 points, mais pour une deuxième saison de suite, ils subissent l'élimination lors de la finale de l'Association de l'Ouest – en 1993, en sept matchs contre les Kings de Los Angeles, et en 1994, en cinq rencontres contre les Canucks de Vancouver.

Comme toutes les équipes, les Leafs connaissent un creux de vague et, de 1994 à 1997, ils perdent un peu de leur lustre; c'est fatal, Fletcher est remplacé à la fin de la saison 1996-97. Il se joint aux Lightning de Tampa Bay en 1998 comme adjoint au directeur-gérant et signe à l'été 2000 avec les Coyotes de Phoenix en tant qu'adjoint à Wayne Gretzky. Son fils Chuck suit les traces du paternel puisqu'il est l'adjoint du directeur-gérant des Panthers de la Floride.

Peu importe l'opinion, le travail de directeur-gérant est souvent de courte durée et les performances de l'équipe sont directement liées à ces hommes de hockey. Lorsque l'équipe gagne, c'est un héros, mais quand les équipes connaissent des difficultés majeures, il est souvent le premier sacrifié après l'entraîneur. De toute évidence, Fletcher a su prendre sa place dans la jungle du hockey et mettre sur pied des équipes très compétitives. Il a démontré à sa manière qu'il a sa place parmi les plus grands Québécois du hockey.

CKAC

RON FOURNIER

Arbitre et analyste

Depuis le début de l'histoire du hockey, bien des aspects de ce sport ont changé: des règlements et du style du jeu jusqu'à l'approche psychologique. Une chose demeure encore bien en place, toutefois: le rôle de l'officiel, d'importance capitale pour le bon déroulement des matchs. Au fil des années, très peu de Québécois ont accédé au poste d'arbitre dans la Ligue nationale de hockey. L'un d'eux est Ron Fournier, qui a œuvré également dans l'Association mondiale de hockey.

Il est toujours difficile d'exercer une profession où la pression est si forte. Les arbitres prennent des décisions qui changent parfois le déroulement d'une rencontre. Trop souvent, les hommes en chandails rayés et dossards orangés doivent subir sans broncher les huées de la foule. «Il faut faire abstraction des comportements autour de soi et personne n'a le pouvoir de faire changer les décisions de l'arbitre de toute façon», affirmait Fournier.

Né le 3 août 1949 à Montréal, au 5e étage de l'hôpital Saint-Luc, comme s'amuse à le préciser Ron Fournier, il manifeste dès son jeune âge un intérêt marqué pour le sport. Il possède beaucoup de talent comme gardien de but, mais son parcours chez le junior est assez ardu en raison de circonstances difficiles qui mettent fin à son rêve. Il n'y a que six clubs à l'époque dans la Ligue nationale et réussir à percer les rangs professionnels n'est pas une mince tâche.

À l'âge de seize ans, il se joint à l'équipe de Montréal-Est de la Ligue junior B du Québec, avec Maurice Filion en tête. Fournier partage le travail de gardien avec son coéquipier Michel Plasse, qui jouera dans la Ligue nationale avec les Canadiens et les Nordiques, entre autres. La saison suivante, Fournier devient le gardien numéro 1 pour la nouvelle franchise de Drummondville, tandis que Plasse doit encore terminer son stage. Il signe un contrat de quatre ans avec une clause de non-échange; il étudie dans la région et ne veut pas déménager pendant ses études. De plus, la direction de l'équipe règle ses frais de scolarité et de pension.

Il passe des moments agréables, quoique très difficiles, comme c'est le cas dans la majorité des équipes d'expansion. La troisième année de l'entente de Fournier avec la direction prend une tournure différente. La direction veut faire monter Plasse en grade et décide donc d'échanger Ron au club de Rosemont de la Ligue métropolitaine. Ron s'oppose à sa mutation, en vertu de la clause interdisant à l'équipe de procéder ainsi. Finalement, Ron se concentre principalement sur ses études et se contente de jouer dans une ligue de garage. Il devient donc le coéquipier d'Yvon Lambert, pendant que Drummondville continue à défrayer les coûts de ses études et ses frais de subsistance.

En décembre, il reçoit un appel de l'équipe de Trois-Rivières, qui réclame un gardien de but de toute urgence. Leur gardien régulier, Gilles Gilbert, offre un rendement en dents de scie et l'équipe souhaite remporter la saison. Ron réussit à s'entendre avec l'équipe, qui s'engage à le transporter de Drummondville à Trois-Rivières pour les matchs et les exercices. Un an plus tard, Ron abandonne définitivement le hockey pour se consacrer à temps plein à ses études, avec en tête une carrière éventuelle d'arbitre au hockey.

En 1967, il fait ses débuts comme arbitre au Parc Jarry sur des patinoires extérieures lors des rencontres de ligues pour jeunes. Rapidement, il gravit les échelons pour se retrouver, à 19 ans, à des niveaux plus élevés. En 1969, il accède à la Ligue de hockey junior du Québec comme juge de lignes pendant deux ans et comme arbitre lors de la troisième année. Son but est maintenant clair: il veut endosser un jour le chandail de la Ligue nationale de hockey.

Il s'inscrit à l'école d'arbitres de Bruce Hood, officiel de la LNH à l'époque. Voilà qu'il remplit le formulaire d'adhésion et est invité à se rendre à Toronto en compagnie d'une centaine de candidats – il est le seul Québécois sur place. Scotty Morrison, arbitre en chef de la LNH à ce moment, l'invite à retourner dans le junior et à prendre un peu de poids; il mesure 6 pieds et pèse environ 175 livres, ce qui est trop peu aux yeux de la Ligue nationale. Il possède plusieurs qualités recherchées à l'époque par la Ligue: il est premier au chapitre de l'agilité, de la course, du coup de patin et de la connaissance des règlements. Seuls les poids et haltères lui causent certaines difficultés.

On lui offre un contrat de la LNH en 1972, mais les places disponibles dans la LNH étaient très rares et on lui demande d'officier des matchs dans la Ligue américaine, la Ligue internationale, la Ligue centrale et plusieurs autres ligues de différents circuits amateurs et professionnels. Il passe trois longues années sans savoir s'il aura une chance d'accéder à la Ligue nationale. Un jour, il s'informe auprès de Scotty Morrison pour savoir s'il doit attendre encore longtemps avant de faire le saut. «Scotty me répond: "Encore quatre ou cinq ans"», se souvient Fournier comme si c'était hier. Il ajoute: «Écoute Scotty, je viens de recevoir un appel de l'arbitre en chef Bob Frampton de l'Association mondiale de hockey.» Morrison me répond: «Vas-y!»

Il poursuit sa carrière dans l'Association mondiale de hockey à un salaire de 36 000 $ par année, contre les 19 000 $ qu'il recevait dans les rangs juniors. Il arbitre quatre ans dans ce nouveau circuit professionnel, soit jusqu'à la fin des activités de la Ligue en 1976. Quelque temps après la dissolution de l'Association mondiale, Scotty Morisson lui confie que la Ligue nationale a l'intention de prendre deux des seize arbitres de l'AMH et trois juges de ligne. Ron est donc retenu et réalise son objectif de travailler dans le plus prestigieux circuit professionnel au monde.

Bien installé dans la Ligue nationale, Fournier aura connu une belle carrière jusqu'à sa retraite active en 1987. En raison de son passé assez impressionnant à titre d'officiel, je ne pouvais me retenir de lui demander si l'arbitrage avait beaucoup changé depuis trente ans. Il s'empresse de me répondre avec un large sourire: «Il y a très peu de différence dans la façon de décerner les pénalités. Anciennement, les matchs n'étaient pas télévisés et les erreurs des arbitres étaient moins analysées qu'aujourd'hui. Maintenant que toutes les rencontres sont vues par les téléspectateurs, il est évident qu'on a l'impression que l'arbitrage fait défaut. De toute façon, il y a toujours place à l'amélioration. De nos jours, les joueurs sont plus gros, plus forts et plus rapides, ce qui complique un peu le travail des officiels, qui souvent manquent d'expérience.»

La tâche d'un officiel n'est pas toujours facile et Ron se souvient de plusieurs situations qui démontrent bien le caractère de certains joueurs de la Ligue nationale ou de l'Association mondiale. Lors d'un match où il agissait à titre de juge de lignes dans l'Association mondiale, un incident pour le moins bizarre s'est produit.

Ron me raconte: «À un moment donné durant le match, le joueur Mark Howe est hors jeu à la ligne bleue adverse, je fais retentir mon sifflet. Immédiatement, il vient me voir pour me signaler que j'avais fait erreur et qu'il n'y avait pas hors-jeu. Marty, son frère, discute aussi avec moi jusqu'à l'arrivée du père, Gordie, qui fait entendre son mécontentement. Je leur dis qu'on doit reprendre le jeu et qu'il était bel et bien hors jeu. Deux mises en jeu plus tard, je dépose la rondelle et tout à coup, le bâton de Gordie m'atteint directement à l'œil.» Ron se voit obligé d'appliquer de la glace et d'attendre la fin de la période pour aller à l'infirmerie. En sortant de la patinoire, le vieux Gordie s'approche de Ron sans doute pour s'excuser et lui dit: «Ron, je te l'avais dit qu'il n'y avait pas de hors-jeu.» Fournier a été quitte pour quatre points de suture à l'œil.

Si aujourd'hui, on a la chance d'apprécier le travail de certains Québécois dans la Ligue nationale, on le doit en grande partie à Ron Fournier et à son école d'arbitres. Ce fut très difficile au début avec seulement quelques inscriptions, mais chaque année, le nombre d'élèves augmentait. Il n'a pas été facile de convaincre la Ligue nationale d'inviter de jeunes Québécois au camp d'entraînement des arbitres. Fournier a dû s'impliquer à fond et démontrer qu'il y a de bons officiels au Québec. «C'est en prenant un café au Minnesota que je me suis aperçu que j'étais entouré d'anglophones seulement et je me suis demandé pourquoi il n'y avait pas plus de Québécois», me raconte Ron pour justifier la mise en place de son école.

Aujourd'hui, de trois à cinq candidats du Québec sont invités chaque année à se joindre au camp d'entraînement. On peut remarquer dans la Ligue nationale des officiels et des juges de ligne comme Jean Morin, Dave Jackson, Bernard DeGrace et François Gagnon. Sans l'école de Ron Fournier, il est certain qu'il n'y aurait pas autant de Québécois ou de Canadiens français. Si Claude Béchard, ancien juge de lignes, leur a ouvert les portes, Fournier s'est assuré d'en augmenter le nombre. Son école est la seule au monde actuellement, les autres ayant fait faillite ou fermé leurs portes.

Après sa retraite en tant qu'arbitre, il accepte l'offre de Réal Brière de se joindre à CJMS pour animer une ligne ouverte. Depuis quelques années, Ron se fait un plaisir de travailler comme analyste des matchs du Canadien à CKAC et il possède également son émission de radio, *Bonsoir les sportifs*, tous les soirs en semaine. Tout un cheminement pour celui qui a même enseigné l'arbitrage en Italie!

Club de hockey Canadiens

RICHARD GARNEAU

Commentateur

Né le 15 juillet 1930 à Québec, Richard Garneau possède un baccalauréat de l'université Laval. En novembre 1953, il fait ses débuts à la station radiophonique CHRC à Québec. Il y restera six mois avant de commencer une carrière à la télévision en 1954. Il est la première personne vue à la télévision locale et, en janvier 1957, il fait son entrée à Radio-Canada où il passera 33 ans. De 1967 à 1990, il travaille à la *Soirée du Hockey* à Radio-Canada comme commentateur avant de se joindre au réseau TVA pour exercer les mêmes fonctions.

Il quitte Radio-Canada pour travailler avec son bon ami Serge Arsenault à la production de documents télévisés, notamment pour TVA. Leur entreprise, Servidéo, réalise de nombreuses émissions culturelles et sportives, et Richard participe activement à l'élaboration et à la mise sur pied de ces émissions, tout spécialement lors des Olympiques de Barcelone et de Lillehammer. Il anime et produit depuis sept ans diverses émissions reliées au monde du sport et plus particulièrement sur le patinage artistique.

L'écriture est depuis un bon moment une passion pour Richard et lorsqu'il quitte Radio-Canada, il s'y consacre en rédigeant cinq livres en cinq ans. Tout d'abord, il écrit un premier livre autobiographique qui s'intitule *À toi, Richard*, puis un recueil de nouvelles qui a pour titre *vie, rage... dangereux*, avant de mettre sur papier un conte pour enfants: *Les patins d'André*. Par la suite, suivent un roman clé, *Train de nuit pour la gloire* et son dernier livre autobiographique sur sa vie à Munich en Allemagne. Il a vécu un certain temps en Allemagne – son épouse est d'ailleurs allemande – et encore aujourd'hui, il y possède une maison.

Lorsqu'il arrive à la télévision en 1957, il est en quelque sorte un généraliste. Il peut présenter le téléjournal un jour, présenter le lendemain un concert ou même présenter ciné-club. Ce n'est que plus tard qu'il est affecté au sport. Le service des sports a commencé à prendre de l'importance en 1961. Richard a donc été obligé de faire un choix. Pourquoi a-t-il choisi le sport au détriment d'un autre service? Tout simplement parce qu'il aime voyager, qu'il a l'occasion de couvrir les plus grands événements mondiaux et que, financièrement, il est bien rémunéré. Travailler dans le monde du sport apporte au commentateur une très grande visibilité, ce qui n'est pas négligeable lorsqu'on est approché par un commanditaire.

Trois événements marquent Richard Garneau durant sa carrière, le premier étant les Jeux olympiques, qui ont toujours été importants pour lui, mais plus particulièrement ceux de Montréal en 1976. Il est d'ailleurs à Rome en 1966 avec le maire Jean Drapeau, lorsque celui-ci pose la candidature de Montréal comme ville hôtesse des Jeux de 1970. Malheureusement, c'est Munich qui les obtient. Par la suite, il est encore avec lui lorsque Drapeau soumet pour une deuxième fois la candidature de Montréal, cette fois pour les Jeux de 1976. La candidature est acceptée par le Comité olympique en 1972 et Montréal l'emporte devant Moscou et Los Angeles. Pendant dix ans, la télévision réalise de nombreuses émissions spéciales sur les sports et les Olympiques, et Richard participe activement à l'élaboration et à la mise sur pied de ces émissions. Il couvre huit Jeux olympiques d'été et huit d'hiver. De plus, il couvre les Jeux de Sydney à l'automne 2000.

Il faut aussi parler de la Série du siècle de 1972 entre les meilleurs joueurs de la Ligue nationale de hockey et les joueurs soviétiques. Quelle expérience extraordinaire que d'assister à ces huit rencontres! Le Canada devait l'emporter avec quatre victoires, trois défaites et un verdict nul. Vient ensuite le Tour de France, autre événement majeur dans la vie de Richard. Garneau avait réussi à faire tout ce qu'il voulait dans le monde du sport à l'exception du Tour de France et lorsqu'il quitte Radio-Canada, il confie à son confrère Serge Arsenault qu'il a toujours rêvé de couvrir un tel événement.

Richard se considère très chanceux d'avoir participé à tant de faits marquants du monde du sport et d'avoir réalisé son rêve de voyager et de couvrir les événements majeurs de la planète. Il a travaillé dans les meilleures années du hockey pendant plus de quinze ans, faisant la description des matchs. Aujourd'hui, ce sport ne l'intéresse plus, surtout à cause de la façon dont le hockey est joué. En somme, le hockey ne lui manque pas.

S'il fait ce métier, c'est grâce à l'influence de René Lecavalier, qui est devenu par la suite un collègue de travail. Il fut pour lui un modèle d'inspiration et un grand ami. Il a vécu plusieurs décennies à la couverture du hockey. Il a vu ou décrit les prouesses des plus grands joueurs, sans compter qu'il a interviewé des athlètes comme Guy Lafleur, Wayne Gretzky, Jean Béliveau et même Maurice Richard.

À l'heure des bilans, on peut dire que sa carrière fut glorieuse; les nombreux prix remportés au fil de sa vie sont là pour en témoigner. Le Canadien l'a honoré lorsqu'il fut admis au Temple de la renommée du hockey. En 1955, il est proclamé l'artiste le plus populaire de Québec et il reçoit le trophée Radiomonde. Quatre ans plus tard, jugé annonceur le plus populaire de Montréal, il reçoit un deuxième trophée Radiomonde. Il remporte le trophée Gémeaux en 1986 et 1989, pour *la Soirée du Hockey*, et en 1987, pour *Le Marathon de Montréal.*

Après 47 ans de métier, dont une quinzaine d'années à suivre les activités du Canadien, Richard Garneau restera à jamais dans ma mémoire puisqu'il a haussé encore plus l'intérêt du public pour le hockey. Il a marqué ma tendre jeunesse et pendant quelque temps, j'ai même rêvé de faire comme lui tellement il semblait passionné par son travail. Il est évident que je pourrais parler pendant des heures de celui qui nous faisait vivre des moments magiques devant notre petit écran, mais l'important pour moi est de souligner son apport remarquable au sport québécois. Je suis convaincu que sans lui, beaucoup de jeunes n'auraient pas manifesté autant d'intérêt pour le hockey. Il fut à sa façon aussi important pour le hockey qu'un Jean Béliveau ou un Mario Lemieux.

GÉRARD GAUTHIER

Juge de lignes

On sait que lors d'un match de hockey, les joueurs sur la patinoire constituent le point de mire de la foule, mais on oublie souvent les officiels qui font respecter les règles du jeu. On parle très peu de ces gens tout aussi importants pour le sport que les athlètes. Les partisans mécontents pointent souvent du doigt les arbitres, mais sans eux, à quoi ressemblerait un match de hockey?

Mis à part les arbitres, on trouve également les juges de lignes, qui ont pour principal rôle d'appeler les hors-jeu lorsqu'une étape du jeu ne se déroule pas selon les règles déjà établies. Ils doivent constamment intervenir dans une bagarre, siffler à la ligne bleue, déterminer s'il y a ou non un dégagement illégal, etc.

Gérard Gauthier, juge de lignes depuis près de trente ans dans la Ligue nationale, applique chaque saison, match après match, les règles du hockey. Il n'est pas toujours évident de s'interposer entre deux pugilistes qui en viennent aux coups. La détermination et l'endurance sont des qualités essentielles pour prolonger une carrière aussi longtemps; il est aussi recommandé de ne pas être rancunier...

Plusieurs croient encore aujourd'hui qu'un juge de lignes peut signaler une infraction que l'arbitre n'aurait pas vue et du même coup, venir en aide à l'homme au dossard orangé. Eh bien, non! Les seules pénalités qu'un juge de lignes peut imposer sont les punitions majeures et les punitions de banc pour avoir trop de joueurs sur la glace, même s'il a vu une infraction qui a échappé à l'arbitre.

Né le 5 septembre 1948 à Montréal, Gérard Gauthier, comme la majorité des jeunes Québécois, caresse à l'âge de cinq ans le rêve de jouer un jour dans la Ligue nationale. À l'époque où la télévision n'existe pas, il écoute les matchs du Canadien à la radio. Il ne manque aucune occasion de s'informer des performances du Tricolore. Il a le hockey dans le sang et ne vit que pour son sport favori. Dès sa jeunesse, il joue dans des ligues organisées à Outremont. Il profite amplement de la patinoire, puisqu'il travaille à la déneiger et à l'entretenir.

Talentueux et doté d'un coup de patin à rendre jaloux certains joueurs de la Ligue nationale, Gauthier est invité à se joindre au junior A, pour l'équipe de Rosemont dirigée par Ghislain Delage. Il se présente donc à 18 ans au camp d'entraînement du junior, mais après la première journée du camp, Gauthier abandonne définitivement son rêve de faire carrière comme joueur et décide qu'il deviendra arbitre. Il vient de se découvrir une deuxième passion, qui bientôt sera la seule.

Il fait ses premières armes à Montréal-Nord, le samedi matin; afin d'apprendre son nouveau métier, il arbitre les matchs de 7 h à midi, pour des ligues de calibre inférieur. De fil en aiguille, il réussit à monter en grade pour arbitrer lors des matchs de calibre midget AAA, puis pour les rencontres juniors. À cette époque, il n'y a que deux officiels sur la patinoire; Gauthier assume les fonctions de juge de lignes et d'arbitre simultanément, ce qui lui donne une très grande expérience.

Après avoir travaillé pendant deux ans à Montréal-Nord, il envoie un formulaire d'inscription à la CAHA (Canadian Hockey Association), située à l'université de Montréal, pour offrir ses services à titre d'arbitre. André Langevin, arbitre en chef, lui fait passer tous les tests nécessaires en vue de vérifier s'il répond aux exigences du poste.

En 1968-69, il commence sa carrière avec le junior B. Sa tenue est tellement exceptionnelle qu'il se retrouve dès janvier 1969 dans la Ligue de hockey senior et dans la Ligue junior majeur du Québec. On le voit de temps à autre au Forum de Montréal pour arbitrer des matchs de la Ligue de hockey junior de l'Ontario, devant des foules de 14 000 à 15 000 spectateurs. À cette époque, lors des matchs du samedi soir du Canadien de Montréal, le superviseur en chef de la Ligue nationale, Scotty Morisson, est souvent présent pour juger le travail de ses officiels. Il en profite pour assister aux rencontres du junior le lendemain après-midi au Forum. Il a donc la possibilité d'observer et d'analyser le travail de Gauthier.

Louis Primeau, responsable des horaires de travail des arbitres et des juges de lignes dans le junior, avertit Gauthier que Morrison est souvent présent dans l'assistance et qu'il cherche de nouvelles recrues. Peu de temps après, Gauthier apprend qu'il a été recommandé à la Ligue nationale. Au mois d'août suivant, Gérard reçoit un télégramme de la Ligue nationale pour l'inviter au stage annuel qui a lieu à Toronto.

Plusieurs officiels de toute l'Amérique du Nord se rendent à ce stage avec un seul objectif en tête: se joindre un jour à la Ligue nationale. Comme pour beaucoup de métiers ou de professions, il y a beaucoup d'appelés, mais très peu d'élus. Une centaine de personnes se présentent au stage avec l'espoir de faire partie de la sélection finale. Les dirigeants du stage n'en retiennent que dix et les invitent à participer au camp d'entraînement de la Ligue nationale.

De plus, les officiels retenus rencontrent Scotty Morrison individuellement, car ce dernier doit encore réduire leur nombre à cinq. On devine facilement la satisfaction de Gauthier quand il constate qu'il est parmi les cinq finalistes. Seul Québécois repêché par le grand circuit en même temps que Ron Hoggarth, Swede Knox, Andy van Hellemond et Ray Scapinello, il sera longtemps le seul Québécois parmi tous les officiels de la Ligue, après le départ du juge de lignes Claude Béchard.

Juge de lignes, Gérard veut avant tout devenir arbitre. Il obtient donc de la Ligue nationale de hockey d'être envoyé dans la Ligue américaine afin de compléter son stage. Il a déjà reçu son gilet et le calendrier des matchs de la Ligue américaine, lorsque la LNH lui demande de rester en raison d'une pénurie de juges de lignes. En effet, un grand nombre d'entre eux souffrent de blessures et ne peuvent travailler. Gauthier se dit que ce n'est que partie remise, mais voyant que la Ligue congédie plusieurs arbitres, il opte pour la sécurité d'emploi et décide d'abandonner l'idée d'être arbitre pour se consacrer à son poste de juge de lignes.

La différence de salaire entre les juges de lignes et les arbitres n'est pas suffisante pour accepter d'écourter une carrière et de se faire huer match après match. «La carrière d'un juge de lignes est beaucoup plus longue que celle d'un arbitre et de toute façon, la différence salariale est comblée par la longévité des juges de lignes», me dit-il lors d'une entrevue.

La saison 2000-2001 est sa 30e dans la Ligue nationale, puisqu'il officie son premier match le 16 octobre 1971. Au cours de cette saison de 1971-72, Gérard travaille quarante matchs dans la Ligue nationale et autant dans la Ligue américaine de hockey, avant d'entrer définitivement dans la Ligue nationale pour la saison 1972-73. Il a l'expérience d'au-delà de 2000 matchs et se place au second rang de l'histoire de la Ligue nationale de hockey derrière Ray Scapinello, encore actif. Gérard possède une forme physique incroyable pour ses 51 ans et tant que la santé sera de son côté, il continuera d'exercer sa plus grande passion. Il ne se fixe aucune date de retraite, mais analyse la situation d'année en année.

La tâche la plus ingrate pour un juge de lignes est de toute évidence l'obligation de séparer les adversaires lors d'une bagarre. Mesurant cinq pieds neuf pouces, Gauthier doit régulièrement intervenir au beau milieu d'une altercation entre géants. «Lorsque tu dois séparer deux gros joueurs de six pieds et trois pouces qui se battent, tu espères ne pas recevoir de coup», me disait Gérard, qui a effectivement subi quelques blessures en carrière.

Il se souvient du premier match de Bob Probert des Blackhawks de Chicago, de retour au jeu après avoir purgé une peine d'emprisonnement pour possession de drogue: «Il était très excité, car il n'avait pas joué depuis longtemps, et il avait entrepris un combat contre un joueur des Red Wings de Détroit. Les coups de poings pleuvaient de tous les côtés, et lorsque je suis intervenu pour les séparer, j'ai malheureusement servi de cible et reçu les jointures de Probert en plein visage. Mon gilet était couvert de sang et j'ai écopé d'une fracture du nez», dit Gauthier.

«C'est plus facile aujourd'hui puisqu'il n'y a presque plus de bagarres, mais au début de ma carrière, il y avait trois ou quatre bagarres par match, rappelle Gauthier. Lors des matchs entre les Bruins de Boston et les Flyers de Philadelphie dans les années soixante-dix, les juges de lignes en avaient plein les bras», ajoute-t-il avec un grand sourire, lui qui doit séparer à l'époque des joueurs comme Stan Jonathan et John Wensink du côté des Bruins, ou Bob Kelly et Dave Schultz du côté des Flyers.

Plusieurs situations cocasses ou bizarres sont survenues au cours de ses trente années d'expérience dans la Ligue nationale. Lors d'un match entre les Rangers de New York et les Whalers de Hartford, Chris Nilan, anciennement des Canadiens – mais chez les Rangers à l'époque –, joue ce soir-là avec une fracture à l'avant-bras.

Durant la période de réchauffement, il demande à Gauthier d'intervenir rapidement s'il engageait un combat, afin de ne pas aggraver sa blessure et voir sa saison se terminer soudainement.

Plus tard au cours de la rencontre, un fier-à-bras des Whalers invite Nilan au combat et aussitôt, les gants tombent sur la patinoire et Gauthier se faufile entre les deux hommes, ne laissant aucune chance au joueur des Whalers de donner le moindre coup. Escorté au banc des pénalités par Gauthier, Nilan le remercie d'être intervenu aussi rapidement et d'avoir peut-être sauvé sa saison.

C'est ce même Nilan que Gauthier expulsera lors d'un match au Forum alors qu'il porte les couleurs du Canadien. Nilan brisera même la lumière «exit» avec son bâton en se dirigeant au vestiaire. Ce soir-là, Gérard est arbitre par intérim; à la suite d'une erreur dans le calendrier des arbitres, aucun arbitre ne s'était présenté au Forum pour le match.

Sa compétence lui vaut plusieurs honneurs individuels. Évidemment, ce ne sont pas des trophées, mais plutôt des invitations à travailler lors d'événements spéciaux. Il officie aux Jeux Olympiques de Nagano en 1998, ainsi qu'aux matchs des étoiles de 1981 à Los Angeles, 1984 à Calgary et de février 2000 à Toronto.

Avec sa très vaste expérience, Gauthier investit beaucoup de son temps tout au long de la saison pour aider les nouveaux juges de lignes inexpérimentés. Il aime les conseiller et les protéger des joueurs qui les critiquent. «Au début de ma carrière, on m'a aidé à devenir un bon officiel, alors c'est normal que j'en fasse autant avec les nouveaux venus», se plaît à me dire Gérard, fier de ce qu'il a accompli depuis trente ans.

Il n'oubliera jamais son premier match au Forum en octobre 1971. Les Canadiens accueillent les Bruins de Boston pour un match présaison. Gauthier en est à ses débuts et son père fait partie de la foule nombreuse. Malheureusement, son père décède en novembre et n'aura assisté qu'à un seul match de son fils. «C'était très émouvant de voir mon père qui assistait à mon premier match. J'en garde un souvenir impérissable», dit Gauthier, encore ému.

Il dit avoir jusqu'à maintenant apprécié chacune de ses saisons dans la Ligue nationale. Il a eu l'occasion de voir des joueurs comme Bobby Hull, Bobby Orr, Guy Lafleur et Phil Esposito, pour ne nommer que ceux-là. Par contre, il avoue que le meilleur joueur de centre pour les mises au jeu est Stan Mikita, anciennement des Blackhawks de Chicago. «Il ne trichait jamais et il était extrêmement rapide pour balayer la rondelle derrière lui», affirme Gauthier, en ajoutant que Guy Carbonneau fut aussi l'un des meilleurs dans cette facette du jeu. Par contre, Bobby Orr est selon Gérard le plus grand joueur de tous les temps. «Il contrôlait la rencontre, il était robuste et a réinventé le hockey», me disait Gérard.

En analysant l'ensemble d'un match de hockey, on doit porter une attention particulière aux officiels qui jouent un rôle effacé par rapport aux joueurs. C'est un métier souvent ingrat et l'officiel doit faire face continuellement à la critique des joueurs, des entraîneurs et des partisans de l'équipe locale.

Lorsque je parle des 100 plus grands Québécois du hockey, je me dois d'inclure un homme tel que Gérard Gauthier, puisqu'il exerce avec compétence et depuis trente ans, une profession que beaucoup de gens s'imaginent pouvoir accomplir eux-mêmes sans difficulté. Malheureusement, on parle trop peu de ces professionnels qui contribuent à leur façon au monde du hockey et qui font partie intégrante d'un match. Ils sont souvent critiqués, mais jamais adulés.

BERNARD GEOFFRION

(Bernard «Boum Boum» Geoffrion)

Ailier droit

Bernard Geoffrion, qui s'est mérité le surnom de «Boum Boum», se joint aux Canadiens de Montréal à la fin de la saison 1950-51. Il s'impose d'emblée à l'offensive, laissant présager un avenir extrêmement prometteur. Sa personnalité électrisante est tout à fait à l'image de son tir foudroyant, un tir qui allait imposer de nouvelles normes d'attaques chez les joueurs professionnels. En jouant à la pointe lors du jeu de puissance, il perfectionne et popularise son célèbre lancer frappé, utilisé aujourd'hui par la plupart des joueurs de hockey.

Le lancer de Geoffrion atteint plus de cent milles à l'heure et inspire aux gardiens de but adverses une crainte toute nouvelle. Geoffrion joue aux côtés de Jean Béliveau et de Maurice Richard, mais plus fréquemment en compagnie du magicien Béliveau et du tenace Bert Olmstead, formant ainsi l'un des meilleurs trios de la Ligue nationale de hockey.

Né le 14 février 1931 à Montréal, Bernard Geoffrion apprend à jouer au hockey sur les patinoires extérieures de la ville. Il fait ses premières armes avec l'équipe de l'école Saint-François-Xavier et, un jour, est remarqué par l'ancien défenseur des Canadiens, Sylvio Mantha. Au début des années cinquante, Geoffrion est considéré comme l'un des joueurs les plus populaires et prometteurs; il devient du même coup un rouage important dans l'organisation montréalaise.

Geoffrion est reconnu pour son franc-parler et son sens de l'humour. On voudrait bien qu'il rejoigne le rang des professionnels pour la saison 1950-51, mais le «Boomer» sait qu'il ne doit pas jouer plus de vingt matchs pour être éligible, la saison suivante, au titre de recrue de l'année et au trophée Calder. Comme il souhaiterait bien se les mériter, il décide d'attendre le moment opportun pour se joindre aux Canadiens. Lorsque Frank Selke l'approche, Geoffrion lui avoue: «La saison est trop avancée pour que je puisse rejoindre les autres joueurs et je préfère attendre un peu avant de me joindre à l'équipe.»

Durant sa première saison complète, en 1951-52, lors d'un match à New York, Jimmy Powers, journaliste au *New York Daily News*, demande à Geoffrion qui, selon lui, se méritera le trophée Calder à la fin de la saison. Le «Boomer» lui répond sans hésiter: «Moi!» C'était bien plus qu'une simple boutade: Geoffrion remporte effectivement le trophée Calder remis à la meilleure recrue de l'année. Grandement motivé par ses propos au journaliste américain, il termine au premier rang chez les Canadiens avec trente buts, ce qui lui vaut le trophée tant convoité par tous les jeunes joueurs lors de leur première saison dans la Ligue nationale.

Dès ses débuts, les experts comparent déjà Geoffrion aux plus grands ailiers droits de la Ligue nationale: Gordie Howe et Maurice Richard. Il se bute à de nombreuses difficultés au cours de sa deuxième saison mais se reprend lors des séries éliminatoires en comptant six buts, aidant ainsi son équipe à remporter ce précieux trophée qu'est la coupe Stanley.

Geoffrion n'oubliera jamais la saison 1954-55. Tous se souviendront que le «Rocket» Richard est alors en tête des compteurs de la LNH et qu'il ne reste que quelques matchs à disputer pour terminer la saison. C'est à ce moment que Richard est suspendu pour avoir frappé un juge de lignes. L'absence du «Rocket» permet au «Boomer» d'accumuler un point de plus, de le devancer et de remporter son premier championnat des marqueurs. Geoffrion est hué par ses propres partisans qui ne lui pardonnent pas d'avoir ravi cet honneur au «Rocket». La foule exprime clairement que seule son idole de toujours, Maurice Richard, a droit au premier rang. Geoffrion en paie le prix et il en restera malheureusement marqué à jamais. Durant la même saison, le «Boomer» remporte le trophée Art Ross pour la première fois.

Au cours des cinq années suivantes, il est le joueur clé des Canadiens à l'offensive, permettant ainsi à son équipe de gagner la coupe Stanley cinq fois de suite, un record encore en vigueur aujourd'hui. Durant ces années victorieuses, il connaît sa meilleure saison en 1959-60, alors qu'il est choisi pour jouer avec la deuxième équipe d'étoiles et participer à la classique annuelle du match des étoiles. Il prendra part à cette classique onze fois en tout.

La saison 1960-61 est sans contredit la plus fructueuse de sa carrière, alors qu'il accumule 50 buts et 95 points. Il devient le deuxième joueur de l'histoire à réussir l'exploit de marquer 50 buts durant une saison. Il remporte une deuxième fois le trophée Art Ross, puis le trophée Hart, en plus d'être choisi pour jouer avec la première équipe d'étoiles. Il faut souligner qu'en remportant à deux reprises le trophée Art Ross, il a dominé la Ligue nationale pour le nombre de buts comptés, soit trente-huit en 1954-55 et cinquante en 1960-61, les deux seules saisons où il est premier à ce chapitre.

En plus d'avoir remporté la coupe Stanley à six reprises, il détient encore aujourd'hui un record de la LNH lors d'une finale, ayant disputé cinquante-trois matchs consécutifs. À deux reprises, il termine en tête des marqueurs durant les séries éliminatoires, en marquant dix-huit points en 1957 et douze points en 1960, et participe dix fois à la grande finale des séries éliminatoires.

Le 7 avril 1955, durant le troisième match de la finale, il marque les deux buts les plus rapides de l'histoire, à douze secondes d'intervalle, donnant une victoire de 5-2 aux Canadiens contre les Red Wings de Détroit au Forum de Montréal.

Tout au long de sa carrière, Bernard Geoffrion fait preuve d'une persévérance peu commune malgré ses multiples blessures. Un incident survenu en 1961, lors d'un match de championnat entre les Canadiens et les Blackhawks de Chicago, en témoigne de façon éloquente. Geoffrion broie du noir dans son compartiment, alors que le train amène l'équipe à Chicago pour le sixième match de la demi-finale des séries éliminatoires de la coupe Stanley. Il s'est blessé gravement au genou quelques jours plus tôt. En examinant le plâtre qui le stabilise, il décide d'appeler le capitaine de l'équipe, Doug Harvey. «Si nous perdons ce match, nous sommes éliminés. J'ai donc l'intention d'enlever mon plâtre et de jouer.» Avec l'aide de Harvey, il prend un couteau et, à l'insu de tous, découpe discrètement le plâtre. «Mon genou me faisait tellement mal que je ne pouvais dormir la nuit, mais je voulais jouer.» Il obtient finalement la permission de l'entraîneur Toe Blake de prendre part à la rencontre.

Quelques minutes avant le début du match, le médecin de l'équipe insensibilise son genou. Dès sa première présence sur la patinoire, Geoffrion est frappé durement et s'écroule sur la glace. Son genou refuse de le supporter et il est incapable de se relever. Son match vient de prendre fin malgré sa ferme intention de retourner au jeu pour aider ses coéquipiers à se rendre en finale. En l'absence de Geoffrion, les Blackhawks vainquent les Canadiens et, pour la première fois en onze ans, le Tricolore ne participe pas à la finale de la coupe Stanley.

Geoffrion prend sa retraite à la fin de la saison 1963-64 et devient entraîneur-chef des Aces de Québec, club école des Canadiens dans la Ligue américaine de hockey. Il quitte ce poste après deux saisons pour effectuer un retour au jeu dans la Ligue nationale avec les Rangers de New York, en 1966.

Il joue deux saisons avec les Rangers mais, constatant qu'il n'est plus à son sommet, il décide de se retirer définitivement au terme de la saison 1967-68. Il demeure toutefois avec l'organisation des Rangers à titre d'éclaireur pendant trois ans, avant de se joindre, à titre d'entraîneur-chef, à l'équipe d'expansion des Flames d'Atlanta en 1972-73. Il connaît trois ans de succès mitigés à Atlanta, puis est congédié vers la fin de la saison 1974-75. En 1979, une chance unique s'offre à lui lorsqu'on lui propose de diriger les Canadiens, son club d'antan. Après le départ de Scotty Bowman, les Canadiens font confiance à «Boum Boum», mais des problèmes de santé l'obligent à céder sa place à Claude Ruel le 11 décembre 1979, après seulement trente matchs.

Au moment de sa retraite, Geoffrion a cumulé 393 buts, ce qui le place au cinquième rang au palmarès des meilleurs marqueurs de tous les temps, après Gordie Howe, Maurice Richard, Bobby Hull et Jean Béliveau.

Sans le savoir, Geoffrion a, d'une certaine façon, révolutionné le hockey. Plutôt que d'utiliser le traditionnel lancer du poignet ou de s'en remettre à son revers, il soulevait son bâton loin derrière lui, tel un golfeur, et frappait la rondelle de toutes ses forces. Geoffrion a connu une carrière bien remplie mais n'a jamais reçu les honneurs qu'il aurait mérités. Son grand sens de l'humour et son ironie après une défaite ne plaisaient pas tellement à Sam Pollock et ce dernier est un peu responsable du fait que le chandail numéro 5 du «Boomer» n'ait pas été retiré. De plus, Geoffrion avait la tâche ingrate d'évoluer à l'aile droite lors du règne de Gordie Howe et de Maurice Richard à cette position.

Celui qui a épousé Marlene Morenz, la fille de feu Howie Morenz, le légendaire joueur des Canadiens, a connu une très brillante carrière. L'inventeur du lancer frappé a été intronisé au Temple de la renommée du hockey en 1972. Il a révolutionné le hockey avec son tir et sa grande détermination a fait de lui l'un des plus grands joueurs à avoir évolué devant le public québécois. Bien que le chandail numéro 5 ne soit pas encore retiré aujourd'hui, Geoffrion mérite d'être considéré parmi les 100 plus grands Québécois du hockey.

Quelques faits marquants de sa carrière:

➤ 14 tours du chapeau en saison régulière et 3 pendant les séries éliminatoires.

➤ 5 buts marqués dans un match.

➤ 12 saisons de plus de 20 buts, 4 saisons de 30 buts et une saison de 50 buts.

➤ Participation à 11 matchs d'étoiles.

➤ Remporte, en 1952, le trophée Calder.

➤ Remporte, en 1955 et 1961, le trophée Art Ross.

➤ Remporte, en 1961, le trophée Hart.

➤ 6 coupes Stanley en 10 participations à la grande finale.

➤ Intronisé au Temple de la renommée du hockey en 1972.

➤ A porté le chandail numéro 5 avec les Canadiens.

GEOFFRION, Bernard «Boum Boum» Source: LNH

Ailier droit, droitier 5'9", 166 lb
Né à Montréal, QC, le 14 février 1931
Temple de la renommée: 1972
Dernier club amateur 1950-51: le National de Montréal

| | | | Saison régulière | | | | | | | | Séries éliminatoires | | | | | | |
Saison	Équipe	Ligue	PJ	B	A	Pts	Pun	AN	BG	+/-	PJ	B	A	Pts	Pun	AN	BG
1950-51	Canadiens de Montréal	LNH	18	8	6	14	9				11	1	1	2	6		
1951-52	Canadiens de Montréal	LNH	67	30	24	54	66				11	3	1	4	6		
1952-53	Canadiens de Montréal	LNH	65	22	17	39	37				12	*6	4	10	12		
1953-54	Canadiens de Montréal	LNH	54	29	25	54	87				11	6	5	11	18		
1954-55	Canadiens de Montréal	LNH	70	*38	37	*75	57				12	8	5	13	8		
1955-56	Canadiens de Montréal	LNH	59	29	33	62	66				10	5	9	14	6		
1956-57	Canadiens de Montréal	LNH	41	19	21	40	18				10	*11	7	*18	2		
1957-58	Canadiens de Montréal	LNH	42	27	23	50	51				10	6	5	11	2		
1958-59	Canadiens de Montréal	LNH	59	22	44	66	30				11	5	8	13	10		
1959-60	Canadiens de Montréal	LNH	59	30	41	71	36				8	2	*10	*12	4		
1960-61	Canadiens de Montréal	LNH	64	*50	45	*95	29				4	2	1	3	0		
1961-62	Canadiens de Montréal	LNH	62	23	36	59	36				5	0	1	1	6		
1962-63	Canadiens de Montréal	LNH	51	23	18	41	73				5	0	1	1	4		
1963-64	Canadiens de Montréal	LNH	55	21	18	39	41				7	1	1	2	4		
1966-67	Rangers de New York	LNH	58	17	25	42	42				4	2	0	2	0		
1967-68	Rangers de New York	LNH	59	5	16	21	11	4	0	-1	4	0	+1	1	0	0	0
	Totaux LNH	16 saisons	883	393	429	822	689				132	58	60	118	88		

Entraîneur Source: LNH

| | | | Saison régulière | | | | | Séries éliminatoires | | | | |
Saison	Équipe	Ligue	PJ	VIC	DÉF	NUL	%	PJ	VIC	DÉF	NUL	%
1968-69	Rangers de New York	LNH	43	22	18	3	.547	–	–	–	–	–
1972-73	Flames d'Atlanta	LNH	78	25	38	15	.417	–	–	–	–	–
1973-74	Flames d'Atlanta	LNH	78	30	34	14	.474	4	0	4	0	.000
1974-75	Flames d'Atlanta	LNH	52	22	20	10	.519	–	–	–	–	–
1979-80	Canadiens de Montréal	LNH	30	15	9	6	.600	–	–	–	–	–
	Totaux LNH	5 saisons	281	114	119	48	.491	4	0	4	0	.000

Rangers de New York

RODRIGUE GILBERT

(Rodrigue «Hot Rod» Gilbert)

Ailier droit

Durant les années cinquante et soixante, peu de Québécois ont la chance de jouer pour des équipes américaines. Il y en a, certes, mais ce n'est que plus tard que le talent des francophones sera reconnu à sa juste valeur. De plus, le Canadien accapare la plupart des jeunes joueurs québécois avant même que les autres équipes aient la possibilité de le faire. Même si la plupart des jeunes Québécois rêvent de jouer pour le Canadien, c'est dans les rangs d'autres équipes que certains atteignent la Ligue nationale. C'est le cas de Rodrigue Gilbert, qui a connu toute une carrière dans la Ligue nationale avec les *Blueshirts*.

Il est pendant plusieurs années membre du célèbre trio *Gag Line* (Goal a Game Line). En compagnie de Jean Ratelle, au centre, et de Vic Hadfield, à l'aile gauche, Gilbert est devenu l'un des meilleurs joueurs de l'histoire des Rangers. Avec ses dix-huit saisons, il détient le record de longévité avec l'équipe, lui qui a joué de 1960 à 1978, endossant le numéro 16 en début de carrière, puis le 7, qui reste associé à son nom. Même s'il a pris sa retraite depuis plus de vingt ans, il détient toujours les records de son équipe pour le nombre de buts, avec 406, de mentions d'assistance, avec 615, et de points, avec 1021.

Né le 1er juillet 1941 à Montréal, Rodrigue Gilbert est un miraculé du sport. Lors d'un match junior, il passe à deux doigts de perdre la vie, lors de la saison 1961-62. Alors que tout se déroule bien pendant la rencontre, Gilbert, patinant à vive allure, met malencontreusement son patin sur un objet qui traîne sur la patinoire. Il chute et se blesse très gravement en se fracturant le dos; on craint même pour sa vie. La blessure est assez grave pour nécessiter deux interventions chirurgicales dans le but de réparer une vertèbre sectionnée. Il perd presque la jambe gauche lors de l'une de ces deux opérations.

«J'étais impressionné par la maturité dont il faisait preuve dans ses remarques et au fur et à mesure du déroulement de sa réadaptation. Je me rappelle avoir affirmé à mon entraîneur, Phil Watson, que j'avais l'impression que nous avions entre les mains une future vedette, si toutefois la détermination de Rodrigue était suffisante pour qu'il joue à nouveau.» Celui qui a prononcé ces paroles est Muzz Patrick, directeur-gérant des Rangers de New York. Il était certain de revoir son ailier droit chausser les patins un jour pas si lointain.

Après une longue période de convalescence, bien que les médecins lui avaient annoncé qu'il ne pourrait peut-être pas rejouer au hockey et contre toute attente, Gilbert amorce un retour au jeu. Il entreprend un programme de réadaptation et à la grande surprise de tous, il réussit à démontrer un niveau de performance telle-ment élevé qu'il finit, à force de persévérance, par atteindre la Ligue nationale. «C'est incroyable de voir quel courage il a démontré pour réaliser son rêve de jeu-nesse. Il aurait abandonné que personne ne lui en aurait voulu tellement il revient de loin», affirmait Patrick lors d'une conférence de presse.

Il a fait son junior principalement avec les Biltmores de Guelph de la Ligue de hockey junior de l'Ontario, de 1957 à 1961. Il est invité à participer à un match de la Ligue nationale à deux reprises, soit une rencontre dans chacune des saisons 1960-61 et 1961-62. Ses exploits en séries éliminatoires de 1962, avec cinq points en six rencontres, l'amènent à envisager de faire partie de la formation partante lors de la saison suivante.

Il fait ses débuts officiels avec les Rangers à la saison 1962-63 et, très rapide-ment, il s'affirme comme le joueur le plus rapide de la Ligue nationale de hockey. Sa progression est constante jusqu'à la saison 1965-66, où une blessure au dos lui fait rater 36 rencontres. Il reprend dès la saison suivante en affichant le même ni-veau d'excellence que deux ans auparavant, avec des résultats éblouissants. Sa meilleure saison au chapitre des buts est celle de 1971-72, alors qu'il enregistre 43 filets en plus de participer à six rencontres contre les Soviétiques lors de la Série du siècle.

Il n'a pas récolté beaucoup d'honneurs individuels durant sa carrière, si ce n'est en 1976, année où il se voit décerner le trophée Bill Masterton. Il devient alors le deuxième joueur des Rangers à mériter pareil honneur, après son ancien coéqui-pier, Jean Ratelle, en 1971. Depuis, le seul autre joueur des Rangers de New York à avoir décroché ce trophée est Anders Hedberg, en 1985. Gilbert remporte égale-ment le trophée Lester Patrick en 1991. Il est un peu insolite qu'un Québécois re-çoive un trophée en raison de son apport au hockey... aux États-Unis.

Celui qui participe à huit rencontres d'étoiles dans la Ligue nationale est éga-lement responsable de la célébrité des trios «Gag Line» et «Tag Line». La rapidité de ces joueurs (Gilbert, Ratelle et Hadfield) fait du «Gag Line» l'un des trios les plus prestigieux de l'histoire de la Ligue nationale. Au milieu des années soixante-dix, un nouveau trio est formé par l'entraîneur des Rangers, Émile Francis, qui réunit Steve Vickers, Gilbert et Ratelle pour former la *Two a Game Line (TAG Line)*.

Bon patineur et travailleur acharné, Rodrigue était une source de motivation pour ses coéquipiers. Malgré sa performance incroyable lors des séries éliminatoires en 1972 et plus particulièrement lors de la finale contre les Bruins de Boston, les Rangers s'inclinent devant le brio de Bobby Orr. Gilbert n'est jamais passé aussi près de gagner la coupe Stanley.

Un fait de plus en plus rare aujourd'hui, il passe toute sa carrière avec la même équipe. Le 19 février 1977, en marquant un but dans un revers de 5-2 à Uniondale, il devient le 11e joueur de l'histoire de la Ligue nationale à atteindre le plateau des 1000 points. Parmi ses faits d'armes, il faut mentionner qu'il est l'un des rares joueurs à avoir déjoué Terry Sawchuk sur un lancer de pénalité. Il a réalisé cet exploit peu commun le 27 novembre 1963 à New York, dans une victoire des siens 3-2 face au Red Wings de Détroit.

Après avoir disputé 19 rencontres en 1977-78, Gilbert décide de prendre sa retraite. Il travaille par la suite pour l'organisation des Rangers à titre d'éclaireur.

Même si la coupe Stanley est le but de tout joueur de hockey, seul un groupe sélect réussit à goûter au champagne de cette coupe. Rodrigue ne devait jamais la remporter, ce qui ne diminue en rien sa contribution au hockey de la Ligue nationale. Lorsqu'il prend sa retraite lors de la saison 1977-78, Gilbert a égalé ou battu au-delà d'une vingtaine de records d'équipe. Il est intronisé au Temple de la renommée du hockey en 1982. Depuis plusieurs années, un aréna porte son nom à Pointe-aux-Trembles.

Muzz Patrick avait vu juste et Gilbert s'est avéré l'un des joueurs les plus courageux de l'histoire de la Ligue nationale. Malgré une douleur constamment présente, il nous a démontré que l'amour du hockey était pour lui la seule source de motivation et ses performances sont dignes des plus grands. Rodrigue Gilbert s'est toujours distingué de ses pairs, tout d'abord à son adolescence, puis lorsqu'il revient au jeu après sa convalescence et enfin, chez les professionnels. Pour tout dire, il fut un atout incontestable pour le hockey de la Ligue nationale et un modèle pour plusieurs Québécois.

Quelques faits marquants de sa carrière:

➢ A fait partie du célèbre trio «Gag Line» avec Vic Hadfield et Jean Ratelle.

➢ Participation à 8 matchs d'étoiles.

➢ 3 matchs de 4 buts, un record d'équipe chez les Rangers de New York.

➢ Remporte, en 1976, le trophée Bill Masterton.

➢ Remporte, en 1991, le trophée Lester Patrick.

➢ Aucune coupe Stanley en une participation à la grande finale.

➢ Son chandail numéro 7 est retiré par les Rangers de New York.

➢ Intronisé au Temple de la renommée du hockey en 1982.

GILBERT, Rodrigue «Hot Rod»   Source: LNH
Ailier droit, droitier 5'9", 180 lb
Né à Montréal, QC, le 1er juillet 1941
Temple de la renommée: 1982
Dernier club amateur 1960-61: les Royals de Guelph

Saison	Équipe	Ligue	Saison régulière								Séries éliminatoires						
			PJ	B	A	Pts	Pun	AN	BG	+/-	PJ	B	A	Pts	Pun	AN	BG
1960-61	Rangers de New York	LNH	1	0	1	1	2				–	–	–	–	–		
1961-62	Rangers de New York	LNH	1	0	0	0	0				4	2	3	5	4		
1962-63	Rangers de New York	LNH	70	11	20	31	20				–	–	–	–	–		
1963-64	Rangers de New York	LNH	70	24	40	64	62				–	–	–	–	–		
1964-65	Rangers de New York	LNH	70	25	36	61	52				–	–	–	–	–		
1965-66	Rangers de New York	LNH	34	10	15	25	20				–	–	–	–	–		
1966-67	Rangers de New York	LNH	64	28	18	46	12				4	2	2	4	6		
1967-68	Rangers de New York	LNH	73	29	48	77	12	8	6	+13	6	5	0	5	4	0	0
1968-69	Rangers de New York	LNH	66	28	49	77	22	8	5	+12	4	1	0	1	2	0	0
1969-70	Rangers de New York	LNH	72	16	37	53	22	3	1	+2	6	4	5	9	0	3	0
1970-71	Rangers de New York	LNH	78	30	31	61	65	8	5	+22	13	4	6	10	8	1	1
1971-72	Rangers de New York	LNH	73	43	54	97	64	6	4	+51	16	7	8	15	11	4	2
1972-73	Rangers de New York	LNH	76	25	59	84	25	6	4	+12	10	5	1	6	2	0	1
1973-74	Rangers de New York	LNH	75	36	41	77	20	16	8	+11	13	3	5	8	4	1	1
1974-75	Rangers de New York	LNH	76	36	61	97	22	11	1	+1	3	1	3	4	2	0	0
1975-76	Rangers de New York	LNH	70	36	50	86	32	9	4	-8	–	–	–	–	–	–	–
1976-77	Rangers de New York	LNH	77	27	48	75	50	7	2	-17	–	–	–	–	–	–	–
1977-78	Rangers de New York	LNH	19	2	7	9	6	1	0	-10	–	–	–	–	–	–	–
	Totaux LNH	18 saisons	1065	406	615	1021	508				79	34	33	67	43		

MICHEL GOULET

Ailier gauche

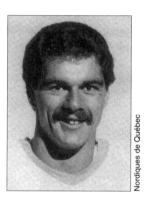

Véritable modèle du hockeyeur gentilhomme, l'ailier gauche Michel Goulet démontre une endurance et une habileté qui pourraient faire l'envie de plusieurs membres potentiels du Temple de la renommée du hockey. En fait, on pourrait dire sans crainte d'exagérer qu'il est l'un des trois ou quatre meilleurs ailiers gauches québécois de l'histoire. Non seulement Goulet est-il un bon joueur, mais il reste un as jusque dans sa façon d'agir sur la patinoire ou dans le vestiaire.

En compagnie de Dale Hunter et Peter Stastny, il procure beaucoup de plaisir à l'entraîneur Michel Bergeron et aux partisans des Nordiques de Québec. Goulet sait toujours imposer son grand talent contre les Canadiens de Montréal, tant au Colisée de Québec qu'au Forum de Montréal. «Il fut l'un des éléments les plus importants de notre équipe dans les années quatre-vingt», me dit Bergeron en entrevue. Michel Goulet est sans l'ombre d'un doute l'ailier gauche le plus constant et le plus productif en attaque de la Ligue nationale de hockey durant les années quatre-vingt.

Il n'a pas reçu d'honneur individuel, mais participe tout de même au match d'étoiles à cinq reprises, de 1983 à 1986 et en 1988. Il est difficile de déloger des joueurs comme Mario Lemieux et Wayne Gretzky, qui s'approprient une bonne part des honneurs individuels. Goulet réussit également 18 tours du chapeau en carrière, dont deux en séries éliminatoires.

Né le 21 avril 1960 à Péribonka, Goulet gravit les échelons du hockey amateur assez rapidement pour atteindre, à l'âge de 16 ans, les rangs de la Ligue de hockey junior majeur du Québec. Il joue deux saisons avec les Remparts de Québec, où il s'avère un grand marqueur. Lors de sa première saison junior, il se distingue surtout en deuxième moitié de saison, aidant son club à remporter le trophée Jean Rougeau, remis à l'équipe qui termine première au classement. À sa deuxième année junior, sa première saison complète, il mène son équipe avec 73 buts et 135 points, en 72 rencontres.

Après son incroyable succès chez le junior, Goulet se permet de laisser tomber ses deux dernières années juniors pour se joindre aux Bulls de Birmingham de l'Association mondiale de hockey. Il marque 28 buts durant sa seule saison avec les «Baby Bulls». Cette expérience professionnelle permet à Michel de rehausser l'aspect défensif de son jeu, ce qu'il n'avait pas encore maîtrisé dans la LHJMQ. Il doit cette amélioration à son entraîneur à Birmingham, John Brophy.

Lorsque l'Association mondiale de hockey cesse ses activités, Goulet devient du même coup le premier choix des Nordiques de Québec et le 20e du repêchage de 1979. Cette séance de repêchage de 1979 est considérée par les experts comme la plus difficile de l'histoire de la Ligue nationale. Conséquence de la disparition de l'Association mondiale, le talent disponible est abondant, qu'il provienne de la défunte Ligue ou des rangs juniors. Il est possible de faire l'acquisition de joueurs d'envergure comme Raymond Bourque, Mike Gartner, Mark Messier, Glenn Anderson et Mike Ramsey.

Goulet commence dans la Ligue nationale de hockey en 1979-80, dans l'uniforme des Nordiques de Québec. Ses débuts dans la LNH sont difficiles, mais l'organisation affiche une grande confiance en lui. Il se concentre à jouer de façon impeccable en défense et à aider ses coéquipiers en attaque. Par contre, il démontre sans attendre son talent de manieur de rondelle; l'efficacité et la précision de son tir du poignet demeurent ses forces tout au long de ses quinze années dans la Ligue nationale.

En 1982-83, il inscrit 57 buts, pour un total de 105 points. Après une ascension graduelle, son talent ne fait plus aucun doute et il menace constamment le territoire adverse. La saison suivante, il atteint un sommet de 121 points, dont 56 filets. Lors de cette saison, il compte 16 buts victorieux, égalant le record de la Ligue nationale détenu par Phil Esposito, des Bruins de Boston, qui l'a réalisé à deux reprises en 1970-71 et 1971-72. La constance de Goulet est impressionnante puisqu'il marque 55, 53, 48 et 48 buts lors des quatre saisons suivantes.

Goulet et Peter Stastny forment un très bon duo. Ils se retrouvent assez facilement sur la patinoire et se complètent bien. Ensemble, ils atteignent, lors des supériorités numériques, des niveaux de productivité comparables aux meilleurs de la Ligue nationale. En carrière, Goulet marquera un nombre impressionnant de 192 buts lorsque son club bénéficie d'un joueur de plus sur la glace, dont 14 en séries éliminatoires. Pendant sept saisons, le joueur de centre attitré de Goulet est Dale Hunter, qui apporte vitesse et robustesse.

On peut imaginer facilement les sommets qu'aurait pu atteindre Goulet s'il avait joué une saison complète aux côtés de Wayne Gretzky, au moment où ce dernier savait contrôler une rencontre à lui seul. Gretzky n'a pas d'ailier gauche régulier avant l'arrivée d'Esa Tikkanen. Mais au tournoi de coupe Canada, Goulet est attitré au côté gauche de Gretzky et Rick Middleton à sa droite. Ils disputent ensemble les huit rencontres du tournoi de 1984 et Goulet réussit à amasser onze points, dont cinq buts. À Rendez-Vous 87, il joue dans l'ombre de ses compagnons de trio, Wayne Gretzky et Mario Lemieux.

La direction des Nordiques l'échange le 5 mars 1990 aux Blackhawks de Chicago, au cours d'une transaction comportant plusieurs joueurs. Goulet se retrouve avec deux grands joueurs des Hawks, Jeremy Roenick et Steve Larmer. Avec eux, Michel guide les Blackhawks jusqu'à la finale de la coupe Stanley en 1992, mais le club subit l'élimination en quatre rencontres face à Mario Lemieux et aux Penguins de Pittsburgh.

Tout au long de sa carrière, Goulet démontre une constance sans faille en maintenant une moyenne d'environ 35 buts par saison. Le 16 mars 1994, les Blackhawks de Chicago jouent un match contre le Canadien au Forum de Montréal, un endroit où il a connu beaucoup de succès en carrière. Goulet fait une entrée à vive allure dans le territoire du Canadien lorsque soudainement, il perd pied et fait une vilaine chute. Sa tête frappe violemment la bande dans le coin de la patinoire, à la droite du gardien de but des Canadiens. Le silence règne dans le Forum tandis que les médecins et les thérapeutes de l'équipe s'affairent autour de lui. Plusieurs joueurs du Chicago et des Canadiens sont tout près de lui pour voir s'il reprend conscience. On peut voir l'inquiétude de Darryl Sutter, l'entraîneur des Blackhawks, debout sur le banc. Après de longues minutes, les médecins demandent qu'on apporte la civière pour transporter Goulet à l'hôpital.

Les résultats sont très inquiétants: il souffre d'une forte commotion cérébrale. Malheureusement, des séquelles seront toujours présentes: maux de tête et étourdissements. Il ne s'en remettra jamais et sa carrière vient de prendre fin.

Michel Goulet continue d'être actif dans la Ligue nationale de hockey. Il a travaillé avec son ancienne équipe, les Nordiques de Québec, à titre de directeur du personnel hockey et il occupe maintenant le même poste avec l'Avalanche du Colorado.

Goulet annonce officiellement sa retraite le 26 janvier 1995, après avoir marqué 548 buts, 604 assistances et 1152 points, en 15 saisons dans la Ligue nationale de hockey. Il est admis au Temple de la renommée du hockey en 1998 en compagnie de son ancien coéquipier à Québec, Peter Stastny.

Quelques faits marquants de sa carrière:

➢ 16 tours du chapeau en saison régulière et 2 en séries éliminatoires.

➢ 14 saisons de plus de 20 buts, 7 saisons de plus de 40 buts.

➢ 4 saisons de plus de 50 buts.

➢ 7 tirs de pénalité en carrière (deuxième dans l'histoire de LNH).

➢ Participation à 5 matchs d'étoiles.

➢ Aucune coupe Stanley en une participation à la grande finale.

➢ Son chandail numéro 16 est retiré par les Nordiques de Québec.

➢ Intronisé au Temple de la renommée du hockey en 1998.

GOULET, Michel   Source: LNH

Ailier gauche, gaucher 6'1", 195 lb
Né à Péribonka, QC, le 21 avril 1960
1er choix des Nordiques de Québec, 20e choix au repêchage de 1979
Temple de la renommée: 1998
Dernier club amateur 1977-78: les Remparts de Québec

Saison	Équipe	Ligue	PJ	B	A	Pts	Pun	AN	BG	+/-	PJ	B	A	Pts	Pun	AN	BG
						Saison régulière								Séries éliminatoires			
1978-79	Bulls de Birmingham	AMH	78	28	30	58	65	–	–	–	–	–	–	–	–	–	–
1979-80	Nordiques de Québec	LNH	77	22	32	54	48	5	1	-10	–	–	–	–	–	–	–
1980-81	Nordiques de Québec	LNH	76	32	39	71	45	3	3	=	4	3	4	7	7	0	1
1981-82	Nordiques de Québec	LNH	80	42	42	84	48	7	3	+35	16	8	5	13	6	2	0
1982-83	Nordiques de Québec	LNH	80	57	48	105	51	10	4	+31	4	0	0	0	6	0	0
1983-84	Nordiques de Québec	LNH	75	56	65	121	76	11	16	+62	9	2	4	6	17	0	0
1984-85	Nordiques de Québec	LNH	69	55	40	95	55	17	6	+10	17	11	10	21	17	7	0
1985-86	Nordiques de Québec	LNH	75	53	51	104	64	28	3	+6	3	1	2	3	10	1	0
1986-87	Nordiques de Québec	LNH	75	49	47	96	61	17	6	-12	13	9	5	14	35	4	2
1987-88	Nordiques de Québec	LNH	80	48	58	106	56	29	4	-31	–	–	–	–	–	–	–
1988-89	Nordiques de Québec	LNH	69	26	38	64	67	11	2	-20	–	–	–	–	–	–	–
1989-90	Nordiques de Québec	LNH	57	16	29	45	42	8	0	-33	–	–	–	–	–	–	–
	Blackhawks de Chicago	LNH	8	4	1	5	9	1	0	+1	14	2	4	6	6	0	0
1990-91	Blackhawks de Chicago	LNH	74	27	38	65	65	9	1	+27	–	–	–	–	–	–	–
1991-92	Blackhawks de Chicago	LNH	75	22	41	63	69	9	4	+20	9	3	4	7	6	0	1
1992-93	Blackhawks de Chicago	LNH	63	23	21	44	43	10	5	+10	3	0	1	1	0	0	0
1993-94	Blackhawks de Chicago	LNH	56	16	14	30	26	3	6	+1	–	–	–	–	–	–	–
	Totaux LNH	15 saisons	1089	548	604	1152	825	178	64		92	39	39	78	110	14	4
	Totaux AMH	1 saison	78	28	30	58	65	–	–		–	–	–	–	–	–	–

DOUG HARVEY

Défenseur

Lorsqu'on est entraîneur dans la Ligue nationale de hockey, il est important de consacrer une partie de son temps à parfaire certaines stratégies de défense. Entre autres, le jeu de passes et les sorties de zone sont d'une importance capitale. Doug Harvey maîtrisait tous ces aspects du jeu et ses passes d'une foudroyante précision permettaient aux Canadiens de conserver une approche du jeu qui leur était propre. Sortir rapidement la rondelle de son territoire et relancer l'attaque était la plus grande force de Harvey, sans doute le meilleur défenseur de son époque, de même calibre que Bobby Orr ou Eddie Shore. Il pouvait adopter un style physique, arrêter des lancers et manier la rondelle, et il savait anticiper le jeu avec habileté. Par sa vitesse et son apport en attaque, il pouvait facilement dominer un match.

Né le 19 décembre 1924 à Montréal, Doug Harvey, comme plusieurs jeunes de son âge, fait preuve de beaucoup de talent pour les sports et excelle tant au football qu'au baseball. Il évolue d'ailleurs durant deux saisons dans la Border Baseball League d'Ottawa. Il s'est même trouvé en tête des frappeurs de la ligue avec une moyenne au bâton de .351. Son talent au baseball est tel que les Braves de Boston de la Ligue nationale de baseball lui font une offre de contrat. Harvey décline l'offre des Braves, préférant faire carrière dans le hockey.

De 1947 à 1961, Doug Harvey, un athlète dont le jeu est basé sur la finesse et la précision, s'impose comme le leader de la brigade défensive des Canadiens. Encore aujourd'hui, ceux qui ont vu ce phénomène en plein match se rappellent les exploits incontestés du légendaire défenseur. Il est intronisé au Temple de la renommée du hockey en 1973.

Doug apprend à fignoler ses techniques de hockeyeur avec le Royal de Montréal de la Ligue senior de hockey du Québec. Il fait officiellement ses débuts avec les Canadiens en 1947-48, après une longue carrière d'amateur dans la région métropolitaine. En cours de carrière, il est choisi pour l'équipe d'étoiles pour la première fois en 1951-52. Il sera en fait choisi durant onze années consécutives, dix fois pour la première équipe et une fois pour la deuxième.

Doug Harvey, un joueur au calme exemplaire, ne semble jamais s'emporter au cours de plus de deux décennies à la défensive. Il est d'un naturel incroyable sur la patinoire. Toe Blake, l'entraîneur des Canadiens et possiblement son plus grand admirateur, affirme: «Il a été sans conteste le meilleur défenseur de l'histoire. Les défenseurs se découvrent une spécialité qui justifie leur réputation, mais Doug excellait en tout.»

Harvey remporte le trophée Norris sept fois en huit ans, entre 1955 et 1962. En 1959, il voit cependant Tom Johnson, son coéquipier avec le Canadien, lui ravir le trophée. Il remporte une première coupe Stanley en 1953, puis à chacune des saisons de 1956 à 1960. Durant cette période de cinq ans, il est pour l'équipe le joueur clé à l'offensive. Harvey est un superbe défenseur et subtiliser la rondelle à l'adversaire est pour lui un jeu d'enfant. À l'occasion, il se permet même quelques fioritures.

Si Toe Blake se réjouit souvent de voir son défenseur tirer son équipe de l'embarras, les entraîneurs adverses, eux, voient plus d'une fois le talent de Doug leur voler une victoire. Une passe précise menant à un but victorieux, un parfait contrôle de la rondelle dans son territoire: Harvey est tout simplement un cran au-dessus de la mêlée.

Au début de la saison de 1960, il devient le nouveau capitaine des Canadiens, succédant au légendaire Maurice Richard, qui vient d'annoncer sa retraite. Cependant, il ne le sera que pour une seule campagne puisque, la saison suivante, Doug se retrouve avec les Rangers de New York à titre de joueur et entraîneur.

Il y reste pendant trois ans, pour ensuite poursuivre sa carrière d'entraîneur dans les mineures. Après deux ans dans la Ligue américaine, il revient brièvement dans la Ligue nationale de hockey pour disputer deux matchs avec les Red Wings de Détroit. Avec l'expansion de 1967, il signe avec les Blues de St. Louis juste à temps pour les séries éliminatoires de 1967-68. Les Blues prolongent son contrat pour la saison suivante et il prendra définitivement sa retraite en 1969.

Lorsqu'il met un terme à une carrière bien remplie au cours de la saison 1968-69, le phénoménal Bobby Orr en est à ses débuts. Plusieurs journalistes qui n'ont pas assisté aux exploits de Harvey affirment que Bobby Orr est le meilleur défenseur de tous les temps. C'est discutable: Orr n'a pas résisté à l'usure du temps. De plus, même à la fin de sa carrière, Harvey reste un meilleur joueur défensif que Orr. Il peut s'adapter facilement au style d'une rencontre. Lorsque le match est rapide, il patine mieux que quiconque. Par contre, si le match devient physique, il rehausse son jeu par de bonnes mises en échec.

En 1972, lorsque l'Association mondiale de hockey fait ses débuts au hockey professionnel, les deux ligues s'arrachent les joueurs les plus talentueux. Mark Howe, le fils de l'immortel Gordie Howe, est l'un des meilleurs espoirs. Harvey, nommé directeur général adjoint des Aeros de Houston de l'AMH, recommande aux dirigeants de l'équipe de repêcher Mark et son frère Marty Howe. Les Aeros se montrent d'accord et décident de plus de signer Gordie à titre de joueur autonome, réussissant un des meilleurs coups de l'histoire du hockey professionnel. Harvey avait vu juste. Mark Howe devait connaître une très brillante carrière et Harvey est donc à l'origine de la venue d'une famille complète au sein de la même équipe.

On le sait aujourd'hui, Harvey a toujours considéré le hockey comme un jeu. Lors d'une entrevue en 1982, il déclare: «Le hockey, c'est un jeu. Ça me permettait de garder mon côté enfant et je me suis toujours amusé, car ce n'était pas un travail.» Harvey aime s'amuser, probablement trop. Ses excès d'alcool tout au long de ces années l'ont conduit directement à la cirrhose du foie, une maladie incurable, que l'on soit athlète ou non. Le 26 décembre 1989, tout le Québec est touché à l'annonce du décès du plus grand défenseur de l'histoire du hockey.

Harvey mérite haut la main une place parmi les plus grands du hockey, toutes nationalités confondues, et son inclusion au sein des 100 plus grands Québécois du hockey s'impose sans réserve aucune. Ceux qui ont été témoins des nombreux exploits de sa jeunesse savent qu'il a influencé le hockey à sa manière. Mission accomplie pour celui qui aimait prendre une bière avec «les boys».

Quelques faits marquants de sa carrière:

➤ Participation à 13 matchs d'étoiles.

➤ Remporte, en 1955, 1956, 1957, 1958, 1960, 1961 et 1962, le trophée Norris.

➤ Capitaine des Canadiens de Montréal en 1960-61.

➤ 6 coupes Stanley en 11 participations à la grande finale.

➤ Intronisé au Temple de la renommée du hockey en 1973.

➤ Son chandail numéro 2 est retiré par les Canadiens de Montréal.

➤ A porté le numéro 2 avec les Canadiens.

➤ Décédé le 26 décembre 1989.

HARVEY, Doug   Source: LNH

Défenseur, gaucher 5'11", 187 lb
Né à Montréal, QC, le 19 décembre 1924; décédé le 26 décembre 1989
Temple de la renommée: 1973
Dernier club amateur 1946-47: le Royal de Montréal

			Saison régulière							Séries éliminatoires						
Saison	Équipe	Ligue	PJ	B	A	Pts	Pun	AN	BG	+/-	PJ	B	A	Pts	Pun	AN	BG
1947-48	Canadiens de Montréal	LNH	35	4	4	8	32				–	–	–	–	–	–	–
1948-49	Canadiens de Montréal	LNH	55	3	13	16	87				7	0	1	1	10		
1949-50	Canadiens de Montréal	LNH	70	4	20	24	76				5	0	2	2	10		
1950-51	Canadiens de Montréal	LNH	70	5	24	29	93				11	0	5	5	12		
1951-52	Canadiens de Montréal	LNH	68	6	23	29	82				11	0	3	3	8		
1952-53	Canadiens de Montréal	LNH	69	4	30	34	67				12	0	5	5	8		
1953-54	Canadiens de Montréal	LNH	68	8	29	37	110				10	0	2	2	12		
1954-55	Canadiens de Montréal	LNH	70	6	43	49	58				12	0	8	8	6		
1955-56	Canadiens de Montréal	LNH	62	5	39	44	60				10	2	5	7	10		
1956-57	Canadiens de Montréal	LNH	70	6	44	50	92				10	0	7	7	10		
1957-58	Canadiens de Montréal	LNH	68	9	32	41	131				10	2	9	11	16		
1958-59	Canadiens de Montréal	LNH	61	4	16	20	61				11	1	11	12	22		
1959-60	Canadiens de Montréal	LNH	66	6	21	27	45				8	3	0	3	6		
1960-61	Canadiens de Montréal	LNH	58	6	33	39	48				6	0	1	1	8		
1961-62	Rangers de New York	LNH	69	6	24	30	42				6	0	1	1	2		
1962-63	Rangers de New York	LNH	68	4	35	39	92				–	–	–	–	–		
1963-64	Rangers de New York	LNH	14	0	2	2	10				–	–	–	–	–		
1966-67	Red Wings de Détroit	LNH	2	0	0	0	0				–	–	–	–	–		
1967-68	Blues de St. Louis	LNH	0	0	0	0	0				8	0	4	4	12		
1968-69	Blues de St. Louis	LNH	70	2	20	22	30	1	0	+11	–	–	–	–	–	–	–
	Totaux LNH	20 saisons	1113	88	452	540	1216				137	8	64	72	152		

Entraîneur   Source: **LNH**

			Saison régulière					Séries éliminatoires				
Saison	Équipe	Ligue	PJ	VIC	DÉF	NUL	%	PJ	VIC	DÉF	NUL	%
1961-62	Rangers de New York	LNH	70	26	32	12	.457	6	2	4	0	.333
	Totaux LNH	1 saison	70	26	32	12	.457	6	2	4	0	.333

Club de hockey Canadien

CHARLIE HODGE

Gardien de but

Qu'il faille posséder beaucoup de talent pour faire partie de la Ligue nationale de hockey ne laisse aucun doute. Mais il fut un temps où il fallait également savoir se trouver au bon endroit, au bon moment. Charlie Hodge, gardien de but très talentueux, est victime de son époque. En effet, il n'y avait alors qu'un seul gardien par équipe dans la Ligue nationale de hockey, qui comptait six équipes. Pour Hodge, il s'agissait donc de déloger des gardiens comme Jacques Plante, Lorne Worsley et Rogatien Vachon.

En 1987, Hodge déclare au journaliste Jean-Paul Sarault: «J'ai toujours été pris en sandwich. J'ai toujours été utilisé dans l'attente d'un meilleur gardien. À Montréal, il y avait Plante et Vachon, et à Oakland, il y avait Gary Smith». Reste que Hodge aura été sans conteste l'un des meilleurs gardiens réservistes de l'histoire de la Ligue nationale de hockey.

Né le 28 juillet 1933 à Lachine, Hodge passe plusieurs saisons dans les ligues mineures. Il évolue principalement pour le Canadien junior de Montréal de la Ligue de hockey junior du Québec. Il y fait ses débuts en 1950 et y passera les trois années suivantes. Après avoir récolté 35 victoires avec le Canadien junior, un sommet dans la ligue junior du Québec, il se retrouve la saison suivante avec les Mohawks de Cincinnati de la Ligue de hockey internationale. Sa tenue est exceptionnelle et il domine la ligue avec 10 blanchissages et une moyenne de 2.34 en saison régulière. Il fait encore mieux en séries éliminatoires avec huit victoires et une moyenne de 1.73, dont deux blanchissages.

Il a finalement une chance de démontrer son savoir-faire avec le grand club des Canadiens en 1954-55. Malheureusement, il ne dispute que 14 matchs cette saison-là, 12 en 1957-58, deux en 1958-59 et un seul en 1959-60, pour un total de 29 parties. Avec un coéquipier d'expérience comme Jacques Plante, il devient impossible pour Hodge de participer aux matchs de façon régulière. Plante est trop performant pour n'être utilisé qu'en alternance.

En 1960-61, Hodge participe à trente rencontres, inscrivant la deuxième meilleure moyenne de la Ligue nationale de hockey. Croyant avoir mérité un poste permanent au sein du Tricolore, Hodge doit se diriger vers Québec, pour y disputer les deux saisons suivantes avec les As, de la Ligue américaine de hockey.

Au début de la saison 1963-64, Worsley (acquis en échange de Plante) est le gardien attitré, mais il subit une blessure grave lors de la huitième rencontre. Jean-Guy Morissette prend sa place et se blesse pendant un exercice. C'est alors qu'on demanda à Hodge de revenir à Montréal prendre place devant le filet des Canadiens. Il dispute cette saison-là 62 matchs et réussit 8 blanchissages, un sommet dans la Ligue nationale. Il remporte également le trophée Vézina devant Glenn Hall, des Blackhawks de Chicago.

La saison suivante, les prestations de Hodge sont si étonnantes que Worsley est relégué au deuxième rang. Toutefois, Lorne Worsley revient devant le filet au cours de la saison 1965-66. Encore une fois, Hodge doit se contenter d'user les bancs et de regarder les prouesses de Worsley. Les efforts combinés des deux gardiens aident l'équipe à remporter la coupe Stanley et ils se partagent finalement le trophée Vézina, le deuxième pour Charlie.

Une chance s'offre à lui lors du premier élargissement des cadres de la Ligue nationale en 1967, alors qu'il devient le premier gardien à signer un contrat avec les Seals d'Oakland. Sous le chaud soleil de la Californie, Hodge a la chance de démontrer à son nouvel entraîneur, Bert Olmstead, que ses réflexes sont toujours prompts. Lors de sa première saison avec les Seals, il fait très bonne figure, surtout en regard de la situation. Il est toujours difficile pour une équipe qui débute dans la Ligue nationale d'espérer remporter régulièrement la victoire. Hodge en paie d'ailleurs le prix, puisqu'il ne gagne que 20 matchs en trois saisons et n'est utilisé que sporadiquement lors des deux dernières saisons.

Après trois saisons aux États-Unis, il revient au Canada lors du deuxième élargissement de la LNH. Il est encore une fois le premier gardien à signer un contrat avec une équipe de l'expansion, alors que les Canucks de Vancouver le sélectionnent lors de la séance de repêchage de 1970. Il ne joue qu'une seule campagne pour les Canucks et annonce sa retraite une fois la saison terminée. Le jeune gardien Dunc Wilson attendait sa chance avec impatience et à 38 ans, Hodge n'a plus le goût de se battre pour un poste permanent. Il remporte néanmoins quinze victoires en 35 matchs avec l'équipe de la côte du Pacifique.

Il connaît ses heures de gloire de 1963 à 1967, soit entre le départ de Jacques Plante et l'arrivée de Rogatien Vachon. Malgré une carrière en dents de scie, Hodge est longtemps resté insatisfait. Il avait beau épater ses entraîneurs lors des séances d'entraînement, on ne lui aura jamais rendu justice. Comment ignorer un gardien qui remporte quatre coupes Stanley et deux trophées Vézina en disputant seulement 237 matchs avec les Canadiens en saison régulière et 16 matchs en séries éliminatoires?

Quelques faits marquants de sa carrière:

➢ Participation à 3 matchs d'étoiles.
➢ 4 coupes Stanley et 4 participations à la grande finale.
➢ Domine la LNH en 1963-64 avec 8 blanchissages.

➤ Remporte, en 1964 et 1966, le trophée Vézina.

➤ Premier gardien de but à signer avec les Seals d'Oakland en 1967.

➤ Premier gardien de but à signer avec les Canucks de Vancouver en 1970.

➤ A porté le numéro 1 avec les Canadiens.

HODGE, Charlie   Source: LNH

Gardien, gaucher 5'6", 150 lb
Né à Lachine, QC, le 28 juillet 1933
Dernier club amateur 1960-61: le Royal de Montréal

					Saison régulière					Séries éliminatoires					
Saison	Équipe	Ligue	PJ	VIC	D	N	Mins	BA	Bl.	Moy	PJ	VIC	D	Mins	BA	Bl.	Moy
1954-55	Canadiens de Montréal	LNH	14	7	3	4	840	31	1	2.21	4	1	1	83	6	0	4.34
1957-58	Canadiens de Montréal	LNH	12	8	2	2	720	31	1	2.58	–	–	–	–	–	–	–
1958-59	Canadiens de Montréal	LNH	2	1	1	0	120	6	0	3.00	–	–	–	–	–	–	–
1959-60	Canadiens de Montréal	LNH	1	0	1	0	60	3	0	3.00	–	–	–	–	–	–	–
1960-61	Canadiens de Montréal	LNH	30	19	8	3	1800	76	4	2.53	–	–	–	–	–	–	–
1963-64	Canadiens de Montréal	LNH	62	33	18	11	3720	140	*8	2.26	7	3	4	420	16	1	2.29
1964-65	Canadiens de Montréal	LNH	53	26	16	10	3180	135	3	2.55	5	3	2	300	10	1	2.00
1965-66	Canadiens de Montréal	LNH	26	12	7	2	1301	56	1	2.58	–	–	–	–	–	–	–
1966-67	Canadiens de Montréal	LNH	37	11	15	7	2055	88	3	2.57	–	–	–	–	–	–	–
1967-68	Seals d'Oakland	LNH	58	13	29	13	3311	158	3	2.86	–	–	–	–	–	–	–
1968-69	Seals d'Oakland	LNH	14	4	6	1	781	48	0	3.69	–	–	–	–	–	–	–
1969-70	Seals d'Oakland	LNH	14	3	5	2	738	43	0	3.50	–	–	–	–	–	–	–
1970-71	Canucks de Vancouver	LNH	35	15	13	5	1967	112	0	3.42	–	–	–	–	–	–	–
	Totaux LNH	13 saisons	358	152	124	60	20593	927	24	2.70	16	7	7	803	32	2	2.39

EDDIE JOHNSTON

Gardien de but

Même s'il ne fut pas un aussi grand gardien que Jacques Plante ou Terry Sawchuk, Eddie Johnston a néanmoins démontré de belles qualités tout au long de sa carrière de 16 ans au sein de la Ligue nationale de hockey. Assumant un rôle exigeant, à la merci des joueurs adverses, Eddie semblait résister à l'usure du temps. Âgé de plus de quarante ans, il continuait à se présenter devant son filet et à faire rempart contre une avalanche de lancers.

Né le 24 novembre 1935 à Montréal, Johnston met beaucoup de temps à se joindre à la Ligue nationale. De 1953 à 1962, il joue pour plusieurs équipes de différentes ligues à travers le Canada. Il démontre déjà beaucoup d'endurance et se blesse rarement. Il dispute pas moins de 456 matchs avant d'avoir l'occasion d'en jouer un premier dans la Ligue nationale. Il est nommé à trois reprises meilleur gardien de but dans les ligues inférieures pour le nombre de parties jouées, de victoires et de blanchissages.

Johnston se donne donc entièrement au jeu. À vrai dire, le hockey prend toute la place. Quand il aura tout donné au hockey, il admettra volontiers en avoir été suffisamment récompensé. Ceci lui vaudra la réputation d'être un homme courageux et toujours prêt à relever les défis, peu importe la qualité de l'équipe à laquelle il appartient.

En juin 1962, à 27 ans, il signe enfin un contrat avec les Bruins de Boston. En 1962-63, il participe à cinquante matchs. Il connaît des débuts difficiles; les Bruins, à l'époque, ne sont tout simplement pas à la hauteur. Les séries éliminatoires leur ont déjà échappé cinq fois lorsque Johnston se joint à l'équipe. Sans leader et sans talent, les Bruins faisaient uniquement acte de présence sur la patinoire.

Sans se décourager, Eddie aide du mieux qu'il peut une équipe sans âme. Sa carrière se divise en deux: de 1962 à 1967, il présente une fiche de 58 victoires, 139 défaites et 31 matchs nuls; puis, de 1967 à 1978, 176 victoires, 118 défaites et 50 matchs nuls.

Johnston est le dernier gardien de but de l'histoire de la Ligue nationale à disputer tous les matchs de son club. En effet, en 1963-64, il prend part aux 70 rencontres et joue les 4200 minutes. Malgré la faiblesse de l'équipe, il réussit à maintenir une excellente moyenne de 3.01 et ses six blanchissages représentent des sommets dans sa carrière.

À partir de 1967, les Bruins forment une bien meilleure équipe et les performances de Johnston sont éblouissantes. Il remporte sa première coupe Stanley au terme de la saison 1969-70 comme gardien substitut de Gerry Cheevers. Dès la saison suivante, l'entraîneur des Bruins, Tom Johnson, accorde davantage de confiance à Eddie et les résultats sont immédiats: avec lui devant le filet, l'équipe inscrit 30 victoires en 38 matchs.

Le 8 avril 1971, les Bruins disputent un match dont le gardien se souviendra probablement toute sa vie, lors du deuxième match de la série quart de finales contre le Canadien de Montréal. Les Bruins remportent la première rencontre 3 à 1, avec Gerry Cheevers comme gardien. L'entraîneur Tom Johnson décide alors de faire appel à Eddie pour la deuxième rencontre. Le choix est logique, après une saison de 30 victoires.

Boston domine le jeu et mène 5 à 1 en fin de deuxième période. Une erreur défensive permet à Henri Richard de marquer vers la fin de la période, ce qui ravive les espoirs du Tricolore. Les joueurs de Boston ne semblent pas souffrir outre mesure du but du «Pocket Rocket.» Le dernier engagement s'annonce fertile en émotions et la tension dans les gradins est presque palpable. Montréal inscrit 5 buts sans riposte au troisième vingt et vole le match 7 à 5. Les Bruins, grands favoris pour remporter la coupe Stanley avec 121 points au classement en fin de saison, doivent finalement s'incliner en sept parties. Johnston est par la suite victime des invectives des spectateurs au Garden de Boston.

Johnston s'en souvient comme si c'était hier: «Les Canadiens ne jouaient pas bien durant les quarante premières minutes et nous dominions à tous les points de vue. Le but de Richard nous a fait très mal, puisqu'il a stimulé le Canadien à revenir avec force. En troisième période, nous avons joué notre pire hockey de la saison et plus rien ne fonctionnait, je n'arrivais plus à anticiper les passes des Canadiens et ma concentration s'amenuisait de plus en plus. Je n'ai aucune excuse pour ma contre-performance, mais je vais me souvenir très longtemps de ce match, croyez-moi!»

En 1971-72, Johnston se surpasse tant en saison qu'en séries éliminatoires. Il boucle la saison régulière avec 27 victoires en 38 matchs. En séries de fin de saison, Eddie se distingue avec six gains en sept rencontres, dominant la Ligue à ce chapitre et affichant une moyenne de 1.36, un autre sommet. Sa tenue permet aux Bruins de gagner une deuxième coupe Stanley en trois ans. Il est cette fois au cœur de la victoire de son équipe.

Lorsque Jacques Plante arrive à Boston le 22 mai 1973, Eddie est envoyé à Toronto. Il n'y passe qu'une seule saison avant que les Maple Leafs l'expédient à St. Louis le 27 mai 1974 en retour de Gary Sabourin. Johnston termine sa carrière avec les Blackhawks de Chicago où il ne dispute que quatre rencontres avant d'annoncer officiellement sa retraite, à l'âge de 43 ans.

Par la suite, il est entraîneur avec les Blackhawks de Chicago et les Penguins de Pittsburgh, avant d'être nommé directeur-gérant des Penguins et des défunts Whalers de Hartford.

Toujours considéré comme un très bon second, il aura joué toute sa carrière dans l'ombre de plusieurs grands gardiens de but comme Bernard Parent et Gerry Cheevers à Boston, Doug Favell à Toronto, John Davidson à St. Louis et Tony Esposito à Chicago. Il est sans doute l'un des meilleurs gardiens substituts de l'histoire de la Ligue nationale de hockey.

Quelques faits marquants de sa carrière:

➢ Dernier gardien de la LNH à avoir disputé tous les matchs d'une saison (70 matchs en 1963-64).

➢ 30 victoires en 38 matchs en 1970-71.

➢ Meilleur gardien en séries éliminatoires de 1972 avec une moyenne de 1.86.

➢ 32 blanchissages en carrière dans la LNH.

➢ 2 coupes Stanley en 2 participations à la grande finale.

JOHNSTON, Eddie Source: **LNH**

Gardien, gaucher 6'0", 190 lb
Né à Montréal, QC, le 24 novembre 1935
Dernier club amateur 1959-60: les Jets de Johnstown

						Saison régulière							Séries éliminatoires				
Saison	Équipe	Ligue	PJ	VIC	D	N	Mins	BA	BL	Moy	PJ	VIC	D	Mins	BA	BL	Moy
1962-63	Bruins de Boston	LNH	50	11	27	11	2913	196	1	4.04	–	–	–	–	–	–	–
1963-64	Bruins de Boston	LNH	*70	18	40	12	*4200	211	6	3.01	–	–	–	–	–	–	–
1964-65	Bruins de Boston	LNH	47	11	32	4	2820	163	3	3.47	–	–	–	–	–	–	–
1965-66	Bruins de Boston	LNH	33	10	19	2	1744	108	1	3.72	–	–	–	–	–	–	–
1966-67	Bruins de Boston	LNH	34	8	21	2	1880	116	0	3.70	–	–	–	–	–	–	–
1967-68	Bruins de Boston	LNH	28	11	8	5	1524	73	0	2.87	–	–	–	–	–	–	–
1968-69	Bruins de Boston	LNH	24	14	6	4	1440	74	2	3.08	1	0	1	65	4	0	3.69
1969-70	Bruins de Boston	LNH	37	16	9	11	2176	108	3	2.98	1	0	1	60	4	0	4.00
1970-71	Bruins de Boston	LNH	38	30	6	2	2280	96	4	2.53	1	0	1	60	7	0	7.00
1971-72	Bruins de Boston	LNH	38	27	8	3	2260	102	2	2.71	7	*6	1	420	13	1	*1.86
1972-73	Bruins de Boston	LNH	45	24	17	1	2510	137	5	3.27	3	1	2	160	9	0	3.38
1973-74	Maple Leafs de Toronto	LNH	26	12	9	4	1516	78	1	3.09	1	0	1	60	6	0	6.00
1974-75	Blues de St. Louis	LNH	30	12	13	5	1800	93	2	3.10	1	0	1	60	5	0	5.00
1975-76	Blues de St. Louis	LNH	38	11	17	9	2152	130	1	3.62	–	–	–	–	–	–	–
1976-77	Blues de St. Louis	LNH	38	13	16	5	2111	108	1	3.07	3	0	2	138	9	0	3.91
1977-78	Blues de St. Louis	LNH	12	5	6	1	650	45	0	4.15	–	–	–	–	–	–	–
	Blackhawks de Chicago	LNH	4	1	3	0	240	17	0	4.25	–	–	–	–	–	–	–
	Totaux LNH	16 saisons	592	234	257	81	34216	1855	32	3.25	18	7	10	1023	57	1	3.34

Entraîneur Source: **LNH**

			Saison régulière				Séries éliminatoires			
Saison	Équipe	Ligue	PJ	VIC	DÉF	NUL	%	PJ	VIC	DÉF	NUL	%
1979-80	Blackhawks de Chicago	LNH	80	34	27	19	.544	7	3	4	0	.429
1980-81	Penguins de Pittsburgh	LNH	80	30	37	13	.456	5	2	3	0	.400
1981-82	Penguins de Pittsburgh	LNH	80	31	36	13	.469	5	2	3	0	.400
1982-83	Penguins de Pittsburgh	LNH	80	18	53	9	.281	–	–	–	–	–
1993-94	Penguins de Pittsburgh	LNH	84	44	27	13	.601	6	2	4	0	.333
1994-95	Penguins de Pittsburgh	LNH	48	29	16	3	.635	12	5	7	0	.417
1995-96	Penguins de Pittsburgh	LNH	82	49	29	4	.622	18	11	7	0	.611
1996-97	Penguins de Pittsburgh	LNH	62	31	26	5	.540	–	–	–	–	–
	Totaux LNH	8 saisons	596	266	251	79	.513	53	25	28	0	.472

Whalers de Hartford

DAVE KEON

Centre

Certains se demanderont sans doute pourquoi inclure Dave Keon dans ce survol des 100 plus grands Québécois du hockey. Il est vrai qu'il a passé une bonne partie de sa jeunesse et de sa carrière de joueur à Toronto. Il reste cependant que Keon est né le 22 mars 1940 dans le village minier de Noranda, dans le nord-ouest du Québec. Voyant ses pairs travailler d'arrache-pied dans les mines, il se met rapidement à jouer au hockey en espérant éviter de travailler sous la terre, douze heures par jour, comme la plupart des gens de son village. À l'adolescence, il y travaille pendant trois ans à temps partiel, question de se faire un peu d'argent, et continue à pratiquer le sport qu'il affectionne le plus: le hockey.

Le hasard fait parfois bien les choses. Un géologue de l'endroit, Vince Thompson, également éclaireur pour les Maple Leafs de Toronto, est emballé par le talent et le charisme de ce timide petit joueur. Il fait parvenir un message express aux dirigeants des Maple Leafs, les incitant à recruter Keon dès que possible, avant qu'une autre équipe ne le remarque. Quelques jours plus tard, on aperçoit dans l'aréna une personnalité inconnue de la région, Bob Davidson des Leafs, et la carrière de Keon amorce un nouveau tournant.

Il fait ses études au St. Michael's College de Toronto grâce à une bourse d'études que lui accordent les Maple Leafs. C'est le père David Bauer qui lui sert d'entraîneur pendant cette période et qui l'aide à développer le style qu'on lui connaîtra plus tard. Dave est déjà l'idole des Torontois au collège, mais ce n'est que le début d'une étonnante carrière. Beaucoup se demandent s'il survivra à la rudesse des joueurs de la ligue. Un journaliste de Toronto avance même que malgré son talent, Keon sera anéanti par la robustesse des joueurs établis.

Il fait donc son entrée au Maple Leaf Gardens pour la saison 1960-61, sous les ordres de l'entraîneur Punch Imlach. Des débuts fracassants chez les professionnels pour le petit joueur de centre, puisqu'il décroche le trophée Calder, remis à la meilleure recrue de l'année dans la Ligue nationale de hockey, grâce à ses 20 buts et 45 points, devant son coéquipier des Leafs, Bob Nevin. Très bon patineur et excellent manieur de rondelle, Keon aime le jeu rude en échec avant, mais il évite la violence. Il excelle tant à l'offensive qu'à la défensive et ce, tout au long de sa carrière dans la Ligue nationale et l'Association mondiale de hockey.

En 1961-62, il ajoute à sa collection le trophée Lady Bing, devant le finaliste Claude Provost des Canadiens, et il est choisi pour la deuxième équipe d'étoiles. Continuant sur sa lancée, Keon remporte également la coupe Stanley. Il récolte d'ailleurs les mêmes honneurs lors de la saison 1962-63. Keon a toujours été reconnu pour son jeu pacifique, comme en témoignent ses 137 minutes de pénalités en 1597 parties dans les ligues majeures. Il a su tout au long de ces années s'investir à fond et faire profiter ses coéquipiers de ses prouesses en attaque.

Après de telles performances, Keon inscrit à nouveau son nom sur la coupe à la fin de la saison 1963-64. Toujours à l'affût d'ouvertures lors de rencontres importantes, il réussit le 9 avril 1964, dans le septième et dernier match de la demi-finale disputé au Forum de Montréal, à inscrire les trois buts de son équipe, pour mener celle-ci en grande finale contre Détroit grâce à une victoire de 3-1.

Son nom est gravé sur la coupe pour une quatrième fois en 1966-67. Il remporte du même coup le trophée Conn Smythe, remis au joueur par excellence des séries. Les Canadiens sont alors les grands favoris en raison d'une bonne saison, mais surtout grâce à l'Exposition universelle de Montréal. Tous les experts croient que 1967 sera l'année des Montréalais dans tous les domaines. Keon, en trouble-fête expert, permet cependant aux Maple Leafs de déjouer l'adversaire et de vaincre les Canadiens en six matchs en finale de la coupe Stanley. Sa meilleure saison en attaque est réalisée en 1970-71, avec 38 buts et 38 assistances, pour un total de 76 points.

Je me souviens d'un match au Forum de Montréal au printemps de 1974. Keon avait maintenant acquis la maturité nécessaire pour dominer totalement le match et il avait véritablement remporté la victoire à lui seul. J'étais un partisan des Canadiens et rien ne pouvait m'empêcher de croire à la victoire des miens, mais Dave en avait décidé autrement. Mon club menait 1-0 à la fin de la deuxième période lorsque Keon, posté derrière le filet de son gardien de but, a jeté un petit coup d'œil à ses coéquipiers, pour ensuite effectuer une longue passe en territoire neutre à Ron Ellis, qui était déjà en mouvement vers la zone adverse. J'ai retenu mon souffle, car je le voyais très clairement accélérer pour rejoindre ses coéquipiers en zone adverse. Son coup de patin magistral lui a permis de rejoindre son ailier droit. Ellis l'aperçoit, laisse la rondelle sur place et sans perdre de temps, Keon décoche un lancer frappé qui s'est dirigé exactement entre les jambières du gardien des Canadiens, Wayne Thomas. J'étais consterné et le silence régnait dans le Forum. Le compte était maintenant de 1-1.

Il n'avait pas fini de m'impressionner. Quelques minutes plus tard, une bourde du défenseur des Canadiens, Jim Roberts, à la ligne bleue du Tricolore, permettait à Keon de s'échapper seul devant Thomas, avec Roberts sur le dos. Avec un calme déconcertant, il a enfilé la rondelle dans la partie supérieure du filet. Le joueur de 34 ans venait de voler le match à lui seul. J'avais onze ans, mais le souvenir est si clair dans ma mémoire qu'il me semble que c'était hier. C'était ma première visite dans le Temple du hockey et Keon m'avait volé le rêve que je caressais depuis longtemps, celui de voir de mes yeux d'enfants gagner mes idoles.

Après 15 saisons à Toronto, Keon fait le saut dans le nouveau circuit professionnel, l'Association mondiale de hockey, pendant quatre ans. À compter de la saison 1975-76, il signe avec le Fighting Saints du Minnesota pour un montant de 300 000 $. Il quitte les Maple Leafs de Toronto à regret, mais il est évident que l'équipe compte se départir de plusieurs joueurs et il doit se résigner et entreprendre une nouvelle vie. Les Leafs décident de se rajeunir et Dave sait très bien qu'il n'y échappera pas.

Keon joue également pour les Racers d'Indianapolis et les Whalers de la Nouvelle-Angleterre. Toutefois, il revient à la Ligue nationale en 1979 avec les Whalers de Hartford lorsque ces derniers font leur entrée dans la LNH, en compagnie des Nordiques de Québec, des Oilers d'Edmonton et des Jets de Winnipeg. Il donne ses trois dernières saisons à Hartford avant de tirer sa révérence.

Il prend officiellement sa retraite au terme de la saison 1981-82, à l'âge de 42 ans. Il est intronisé au Temple de la renommée du hockey en 1986. Dave Keon a souffert pendant des années pour arriver à la Ligue nationale, mais sa détermination et son sens du leadership lui permettent sans l'ombre d'un doute de figurer à une place de choix dans les 100 plus grands Québécois du hockey.

Quelques faits marquants de sa carrière:

➢ 11 saisons de plus de 20 buts et 3 saisons de plus de 30 buts.

➢ Participation à 8 matchs d'étoiles.

➢ Remporte, en 1961, le trophée Calder.

➢ Remporte, en 1962 et 1963, le trophée Lady Bing.

➢ Remporte, en 1967, le trophée Conn Smythe.

➢ Capitaine des Maple Leafs de Toronto de 1969 à 1975.

➢ Capitaine des Whalers de Hartford en 1981-82.

➢ 4 coupes Stanley en 4 participations à la grande finale.

➢ Intronisé au Temple de la renommée du hockey en 1986.

KEON, Dave   Source: LNH

Centre, gaucher 5'9", 165 lb
Né à Noranda, QC, le 22 mars 1940
Temple de la renommée: 1986
Dernier club amateur 1959-60: les Majors de St. Michael's

Saison	Équipe	Ligue	PJ	B	A	Pts	Pun	AN	BG	+/-	PJ	B	A	Pts	Pun	AN	BG
			Saison régulière								Séries éliminatoires						
1960-61	Maple Leafs de Toronto	LNH	70	20	25	45	6				5	1	1	2	0		
1961-62	Maple Leafs de Toronto	LNH	64	26	35	61	2				12	5	3	8	0		
1962-63	Maple Leafs de Toronto	LNH	68	28	28	56	2				10	7	5	12	0		
1963-64	Maple Leafs de Toronto	LNH	70	23	37	60	6				14	7	2	9	2		
1964-65	Maple Leafs de Toronto	LNH	65	21	29	50	10				6	2	2	4	2		
1965-66	Maple Leafs de Toronto	LNH	69	24	30	54	4				4	0	2	2	0		
1966-67	Maple Leafs de Toronto	LNH	66	19	33	52	2				12	3	5	8	0		
1967-68	Maple Leafs de Toronto	LNH	67	11	37	48	4	1	3	+16	–	–	–	–	–	–	–
1968-69	Maple Leafs de Toronto	LNH	75	27	34	61	12	3	6	+17	4	1	3	4	2	0	1
1969-70	Maple Leafs de Toronto	LNH	72	32	30	62	6	9	4	-15	–	–	–	–	–	–	–
1970-71	Maple Leafs de Toronto	LNH	76	38	38	76	4	5	9	+24	6	3	2	5	0	0	0
1971-72	Maple Leafs de Toronto	LNH	72	18	30	48	4	2	5	+1	5	2	3	5	0	0	0
1972-73	Maple Leafs de Toronto	LNH	76	37	36	73	2	8	6	+4	–	–	–	–	–	–	–
1973-74	Maple Leafs de Toronto	LNH	74	25	28	53	7	1	3	+13	4	1	2	3	0	0	0
1974-75	Maple Leafs de Toronto	LNH	78	16	43	59	4	1	2	+3	7	0	5	5	0	0	0
1975-76	Fighting Sts. du Minnesota	AMH	57	26	38	64	4				–	–	–	–	–		
	Racers de Indianapolis	AMH	12	3	7	10	2				7	2	2	4	2		
1976-77	Fighting Sts. du Minnesota	AMH	42	13	38	51	2				–	–	–	–	–		
	Whalers de Nouvelle-Angl.	AMH	34	14	25	39	8				5	3	1	4	0		
1977-78	Whalers de Nouvelle-Angl.	AMH	77	24	38	62	2				14	5	11	16	4		
1978-79	Whalers de Nouvelle-Angl.	AMH	79	22	43	65	2				10	3	9	12	2		
1979-80	Whalers de Hartford	LNH	76	10	52	62	10	0	0	-13	3	0	1	1	0	0	0
1980-81	Whalers de Hartford	LNH	80	13	34	47	26	2	1	-31	–	–	–	–	–	–	–
1981-82	Whalers de Hartford	LNH	78	8	11	19	6	0	1	-31	–	–	–	–	–	–	–
	Totaux LNH	18 saisons	1296	396	590	986	117				92	32	36	68	6		
	Totaux AMH	4 saisons	301	102	189	291	20	–	–	–	36	13	23	36	8	–	–

MARC LACHAPELLE

(Marc « le Kid » Lachapelle)

Journaliste

S'il y a un sport qu'il est difficile de couvrir saison après saison, c'est bien le hockey junior. En effet, beaucoup de joueurs changent de ligue et restent très peu de temps dans les différentes ligues juniors à travers le Canada. Lorsqu'on est journaliste spécialement assigné à suivre les péripéties d'une équipe junior, on ne doit pas oublier que les joueurs ou les entraîneurs ne seront pas là aussi longtemps que les joueurs de la Ligue nationale. Au bout de deux, trois ou quatre ans, la majorité des hockeyeurs quittent les ligues mineures pour différentes raisons. Certains se retrouvent dans des équipes de la Ligue nationale, d'autres se retirent complètement, d'autres encore poursuivent leur carrière en Europe. Il y a peu de journalistes au Québec qui se spécialisent dans la couverture du hockey junior et l'un des plus expérimentés est sans contredit Marc Lachapelle.

Il met tout en œuvre pour nous faire apprécier le hockey junior au Québec. Il est le précurseur de la publicité des joueurs juniors du pays. Il est bien évidemment plus facile d'écrire un article sur un joueur vedette ou un athlète de la Ligue nationale, mais Lachapelle nous a démontré tout au long de sa carrière qu'il pouvait être intéressant de s'attarder aux exploits d'une future vedette.

Né le 17 septembre 1951 à Montréal, Marc Lachapelle est engagé par Jacques Beauchamp du *Journal de Montréal*, le 8 août 1971. Il met cinq ans à perfectionner une méthode de travail adéquate. Il faut être très bon pour qu'un journal accorde de plus en plus d'espace au hockey junior. Lachapelle prend les choses en main et sa crédibilité auprès des dirigeants du hockey junior canadien est acquise depuis longtemps. Travaillant plusieurs années sous la férule de Jacques Beauchamp, il ne compte jamais ses heures et est toujours disponible pour faire un reportage.

Ancien joueur de baseball, il commence en 1971 à écrire des communiqués pour les journaux locaux et, de fil en aiguille, il devient pigiste à CKVL pour une chronique quotidienne afin de présenter les résultats des matchs de baseball. Jean-Pierre Sanche, collègue au journal, lui donne le surnom « le Kid » parce qu'il est le plus jeune journaliste de la salle de rédaction. Encore aujourd'hui, le surnom lui est resté collé à la peau. Il estime qu'il doit beaucoup à Beauchamp car sans lui, il n'aurait pas réussi la carrière dont il jouit maintenant.

Alors qu'il est joueur de hockey, il lui arrive de jouer contre Pierre Pagé, futur entraîneur des Nordiques de Québec. Reconnu pour son talent pugilistique,

Lachapelle amorce un combat contre Pagé, qui est à l'époque le joueur clé de son club. Rapidement, Lachapelle a quatre autres joueurs sur le dos pour lui faire comprendre qu'il ne faut pas s'en prendre à leur joueur étoile. Quelque temps après, Lachapelle se retire, constatant qu'il n'a pas le calibre nécessaire à une carrière chez les professionnels. Ayant donc joué quelque peu au hockey, Lachapelle flaire l'occasion de mettre à profit son talent pour l'écriture.

Visiblement intéressé par une carrière dans le domaine du sport et des communications, il offre ses services au jeune quotidien de Montréal: «J'ai envoyé une lettre à monsieur Beauchamp un lundi, lui disant que je voulais me joindre à son équipe... Il la reçoit le jeudi. Le vendredi, je passe une entrevue avec lui et le samedi je commence ma carrière», me raconte Lachapelle, qui a toujours voué beaucoup de respect à Jacques Beauchamp. «Il m'a montré le métier, il m'a fait découvrir certaines facettes de la vie et je lui voue énormément d'admiration», ajoute-t-il. Lachapelle, qui considère Beauchamp comme un deuxième père, remarque qu'il n'y a pas de hasard dans la vie. Beauchamp est la personne qui l'a le plus aidé de toute sa vie et il est décédé la journée de son anniversaire.

Il ne faut jamais rater une nouvelle et Marc se souvient d'avoir reçu une note de son patron Beauchamp. C'est en début de carrière et Marc se rappelle: «Le Kid, tu as été surclassé par ton adversaire, où est passée ta fierté?» Lachapelle en garde un souvenir très vif. C'est la seule et unique fois qu'il reçoit ce genre de missive et jamais par la suite il ne rate une nouvelle importante. C'était tout simplement dû à son manque d'expérience.

La possibilité de couvrir le hockey professionnel se présente tôt dans la vie de Lachapelle, mais les offres ne sont pas concrètes. Chose certaine, il préfère de beaucoup le hockey junior, fort de l'expérience qu'il possède maintenant. Certains joueurs lui procurent beaucoup de plaisir. Pat Lafontaine, un Américain qui a fait son junior dans la Ligue de hockey junior majeur du Québec, habite à l'époque en pension à Montréal et Lachapelle a régulièrement la chance de lui faire visiter la ville et de l'initier au mode de vie montréalais. Les exploits fabuleux de Mario Lemieux lorsqu'il joue pour Laval resteront toujours gravés dans sa mémoire.

La plus belle surprise selon lui reste sans l'ombre d'un doute Luc Robitaille, un joueur qui n'impressionne personne dans le junior, mais qui réussit par la suite une carrière incroyable dans la Ligue nationale. Lachappelle aura vu bien des joueurs partout dans la province pendant 30 ans, mais il trouve toujours une façon de connaître son monde et d'en savoir le plus possible sur chacun des joueurs, afin d'être en mesure de nous transmettre le plus d'information possible. Il est si compétent en matière de hockey junior que, depuis quelques années, il fait sa chronique au journal, un reportage tous les soirs à CKAC et des apparitions régulières à la télévision. Il est passé maître dans l'art de nous intéresser au hockey junior.

Avec Lachapelle, il n'y a pas de zones grises: tout est blanc ou noir. Lorsqu'arrive le temps de donner ses commentaires ou d'analyser une situation, les lecteurs sont assurés d'avoir l'heure juste, n'en déplaise à certains. Reconnu pour son franc-parler, il ne se gêne pas pour écrire ou affirmer qu'un joueur est en train de rater sa chance.

Il a vécu intensément la conquête des cinq médailles d'or consécutives au championnat du monde du hockey junior de 1993 à 1997. C'est de loin l'événement le plus prestigieux de la carrière de Marc Lachapelle. «Pour nous, dans le hockey junior, ce furent des moments assez incroyables à vivre durant toutes ces années. Ça nous permettait d'apprécier le talent de plusieurs joueurs qui auraient un jour à s'aligner avec des équipes professionnelles. La médaille d'or est pour le Canada ce que la coupe Stanley est pour le club Les Canadiens», mentionnait Lachapelle lors d'une entrevue.

Il voyage partout à travers le monde, que ce soit pour le repêchage de la Ligue nationale, les championnats mondiaux ou les différentes coupes Memorial. Il affirme sans détour être choyé par le monde journalistique et se sentir privilégié. Ne possédant aucun diplôme, il a dû travailler très fort pour arriver à un tel niveau de performance. Sa notoriété est telle qu'il a maintenant la collaboration de tous les entraîneurs et directeurs-gérants des équipes. Il n'est pas toujours facile de plaire à tout ce beau monde. Mais il possède tout un avantage: si un entraîneur refuse de lui accorder une entrevue, il peut se tourner vers une autre équipe de la Ligue pour arriver à ses fins, contrairement à celui qui couvre les activités d'une seule équipe, comme c'est principalement le cas dans la Ligue nationale.

Être attitré à un seul sport pendant 29 ans démontre de toute évidence qu'il a su se démarquer par rapport à beaucoup de ses collègues. La passion est toujours présente et la retraite n'est pas pour demain. Quoi qu'il en soit, la relève devra travailler très fort pour lui succéder lorsqu'il rangera son crayon. Lachapelle aime encourager la relève du monde journalistique et, chaque année, il prend sous son aile un étudiant stagiaire pendant une journée afin de lui montrer les rudiments du métier.

Le couronnement de sa carrière demeure son intronisation au Temple de la renommée de la Ligue de hockey junior majeur du Québec, le 15 mars 1999. Il devait être intronisé en 1998, mais les dirigeants ont préféré l'accueillir la même année que Mario Lemieux, Pierre Larouche et Rodrigue LeMoyne. Son talent et son dévouement sont tellement reconnus dans la Ligue de hockey junior majeur du Québec qu'il a été immortalisé avant même de prendre sa retraite.

PIERRE LADOUCEUR

Journaliste et analyste

De nos jours, il est assez rare de lire un journaliste qui excelle autant dans l'analyse d'un match de hockey que de baseball. Le phénomène est doublement méritoire, puisqu'il nous permet d'apprécier encore plus ces disciplines sportives. Un de nos journalistes sportifs qui réussit ce tour de force est Pierre Ladouceur, dont l'étendue des connaissances en matière de stratégies sportives est peu commune. Que ce soit au baseball ou au hockey, Ladouceur n'hésite pas à nous faire partager son expérience. Pour nous, les non-initiés, cela nous permet d'en apprendre encore davantage sur les arcanes du sport et ses fins stratèges.

Né le 3 octobre 1947 à Montréal, Pierre Ladouceur devient hockeyeur en 1957 avec l'équipe de l'école. À l'âge de 14 ans, il se joint au Canadien junior, ce qui lui permet de jouer avec le prolifique marqueur Yvan Cournoyer. Au secondaire, il joue aussi pour l'équipe de football collégial. Ladouceur excelle également au baseball. Il est évident qu'il possède beaucoup de talent pour les sports.

Pierre a toujours détesté perdre, mais très jeune, il apprend à tirer des leçons positives d'une défaite. Il démontre dès lors des qualités qui sont à la base d'un bon travail d'entraîneur ou d'analyste. Pendant quelques années, il agit à titre d'entraîneur de clubs de hockey mineur. Il a le plaisir d'enseigner à des joueurs comme Luc Robitaille, Vincent Damphousse, Raymond Bourque, Denis Savard et Mario Lemieux. Belle brochette, si l'on songe à ce qu'ils ont accompli par la suite!

Il fait son cours classique à Outremont dans le but d'obtenir un diplôme et d'apprendre à bien écrire, sans pour autant avoir en tête de devenir journaliste. En 1969, il fait ses débuts au *Journal de Montréal*, mais non satisfait, il se joint à l'équipe du *Dimanche-Matin* de 1969 à 1972. Il travaille ensuite à Radio-Canada, à *Sport Illustré* et devient directeur des pages du *Nouvelle Illustrée*. Vers la fin de 1971, Jacques Doucet quitte *La Presse* pour devenir la voix officielle des Expos de Montréal sur les ondes de CKAC. Avant son départ, il prend soin de recommander Pierre Ladouceur pour lui succéder à la couverture journalistique des Expos. Après huit ans à commenter les hauts et les bas de cette équipe, Ladouceur a acquis une grande connaissance du baseball. Cette expertise s'ajoute à son expérience approfondie du hockey et cet amalgame lui donne une profondeur accrue lors de ses analyses.

À l'époque où il joue au hockey, Ladouceur ne comprend pas encore très bien les stratégies des matchs. C'est un joueur au style agressif qui ne déteste pas la bagarre. Mais chez le senior, la maturité vient à notre hockeyeur, qui adopte un style de jeu plus défensif et plus intelligent. Malheureusement, il n'a pas le talent requis pour aller plus loin. Il réussit toutefois assez bien, si l'on songe aux milliers de joueurs qui ont tenté leur chance.

Le poste d'entraîneur l'a toujours intéressé et, comme on l'a vu, il connaît un certain succès dans cette fonction. Il reçoit même des offres de la Ligue de hockey junior majeur du Québec, mais Pierre préfère le journalisme, pour la stabilité de l'emploi. Il aime analyser des matchs de hockey et s'inspire de différents joueurs et entraîneurs pour établir ses stratégies. Par exemple, s'il doit donner un atelier sur le hockey, il prend comme modèle Denis Potvin pour démontrer son style de jeu. Sa technique est plus facile à enseigner que celle de Bobby Orr qui, lui, est un joueur «naturel». C'est le genre d'exemple que Ladouceur aime souligner pour nous faire comprendre que le hockey n'est pas un sport si simple.

Selon lui, il est clair que la qualité du spectacle n'est pas du tout reliée au résultat du match. L'entraîneur se doit de gagner même si les spectateurs n'apprécient pas la rencontre. Il faut que chaque entraîneur s'adapte en fonction du talent qu'il possède et des joueurs à sa disposition. «J'apprends encore aujourd'hui à observer les entraîneurs à l'œuvre. La façon dont les joueurs se comportent sur la patinoire dans certaines phases du jeu me porte à comparer les choix de jeux de l'entraîneur», me disait-il.

Ladouceur préfère le hockey au baseball parce qu'il y a des gens qui nous font progresser dans le hockey, ce qui n'est pas le cas au baseball. Pendant 20 ans, il fait l'analyse des matchs de baseball et de hockey, tant au niveau amateur que professionnel, sans oublier les championnats du monde. Malheureusement, un problème majeur aux cordes vocales l'empêche maintenant de continuer ses analyses télévisées. Les grands perdants sont les amateurs de hockey et les jeunes entraîneurs, qui avaient la possibilité d'en apprendre chaque fois.

À quoi peut bien ressembler une journée de travail de Pierre Ladouceur? Il assiste le matin à l'exercice du Canadien de Montréal et fait quelques entrevues au vestiaire avant d'aller s'entraîner lui-même. En fin d'après-midi, il écrit ses textes et en soirée, lorsque le Canadien joue, il suit attentivement le match.

Il possède toujours le feu sacré de *la game* et songe à retourner un jour derrière le banc d'une équipe de hockey. Pierre adore discuter de stratégies et de tactiques; s'il n'avait pas été journaliste sportif, il aurait malgré tout travaillé dans le domaine du sport. Sa passion est avant tout le sport plutôt que la nouvelle. Il est en quelque sorte davantage un analyste qu'un journaliste.

Il a pris soin de comparer les différents types d'entraîneurs lorsqu'il dirigeait des équipes mineures. «Les entraîneurs du futur seront ceux qui trouveront des stratégies pour marquer des buts. Anciennement, c'était le contraire, l'objectif était de contrer les adversaires et du même coup, trouver de nouvelles méthodes défensives», me disait-il.

Certains me demanderont pourquoi Pierre Ladouceur fait partie de ce livre. Il est impossible de ne pas apprécier ses analyses. J'ai personnellement mis à l'épreuve les précieux conseils de Pierre et croyez-moi, ça fonctionne! Comment passer sous silence un journaliste qui possède la double qualité d'être à la fois un bon reporter et un fin stratège? Dans les deux cas, on apprend quelque chose.

GUY LAFLEUR

(Guy « Le Démon blond » Lafleur)

Ailier droit

Plusieurs joueurs québécois ont marqué l'histoire de la Ligue nationale de hockey depuis le début du siècle. Parmi eux, Georges Vézina, Joe Malone, Maurice Richard, Jean Béliveau, Marcel Dionne et Patrick Roy ont particulièrement attiré l'attention. Être considéré parmi ces grands du hockey est tout à l'honneur de Guy Lafleur. Ses six saisons consécutives de 50 buts ou plus, ses cinq coupes Stanley et son trophée Conn Smythe en 1977 sont suffisants pour s'en convaincre. Entre 1974 et 1980, les patinoires de la LNH lui appartenaient comme s'il y était chez lui et il maîtrisait tellement le jeu qu'on se demandait jusqu'où il pouvait aller.

Guy Lafleur était une légende avant même d'accéder à la Ligue nationale. C'est une très grande étoile dans la Ligue de hockey junior majeur du Québec, où il est réputé pour sa vitesse, ses tirs d'une précision déconcertante et son habileté à marquer des buts importants. Le rédacteur de *Hockey News*, Bob McKenzie, déclare en 1984: «Il a dominé son époque et a marqué le jeu à tout jamais. Au plus fort de sa carrière, Guy Lafleur a brillé plus que tout autre joueur.» Après ses trois premières saisons plus difficiles, Lafleur s'avère à la hauteur des attentes de la direction des Canadiens de Montréal.

Né le 20 septembre 1951 à Thurso, Guy Lafleur, qu'on surnomme «Le Démon blond», impressionne dès sa tendre jeunesse en brûlant toutes les étapes du hockey mineur au Québec. Il est de loin le meilleur joueur de chacune des catégories. Depuis sa jeunesse, alors qu'il est un des préposés au nettoyage de la patinoire de l'aréna de Thurso, il ne vit que pour le hockey. C'est en patins que Lafleur enlève la neige qui recouvre la glace lorsque tous les matchs sont terminés. Il doit par la suite la transporter à l'extérieur de l'aréna par la porte arrière. Puis, son travail terminé, il doit verrouiller la porte, ce qu'il ne fait jamais pour être le premier sur la patinoire le lendemain, avant même l'arrivée du gérant de l'aréna. Le gérant n'est pas dupe du petit manège de Guy, mais ne dit rien puisqu'il est son entraîneur.

Sa détermination lui vaut d'être remarqué au tournoi pee-wee de Québec. Son premier exploit date de 1962, alors qu'il marque 30 buts avec le club de Rockland durant le tournoi. Il n'a que neuf ans! L'année suivante, avec l'équipe de Thurso, il marque sept buts dans un seul match. Seul garçon d'une famille de cinq enfants, Lafleur quitte Thurso à quinze ans pour s'établir à Québec chez Mme Baribeau, sa deuxième mère, pour parfaire son apprentissage de hockeyeur. De nature timide et introvertie, il s'occupe sans créer de vagues autour de lui. C'est un adolescent modèle et toujours disponible pour rendre service aux gens de son entourage.

Au niveau junior, il joue avec les As de Québec durant trois saisons, de 1966 à 1969, et fait partie de la nouvelle Ligue de hockey junior majeur du Québec en endossant le gilet des Remparts de Québec durant les saisons 1969-70 et 1970-71. Il atteint un niveau de jeu phénoménal, marquant respectivement 103 et 130 buts. Ce total ne sera dépassé que par Mario Lemieux, avec 133 buts, dans toute l'histoire du hockey junior canadien. Lafleur est un artisan de la victoire de la coupe Memorial en 1971, tout juste avant de faire son entrée dans la Ligue nationale de hockey. Depuis, il est intronisé au Temple de la renommée de la LHJMQ et aujourd'hui, un trophée portant son nom est remis au joueur le plus utile en séries éliminatoires dans la Ligue de hockey junior majeur du Québec.

Le rusé Sammy Pollock avait fait un tour de passe-passe lui permettant de mettre la main sur le premier choix au repêchage de 1971. Cette année-là, Lafleur est à la fois le premier choix du Canadien et le tout premier choix de la Ligue nationale. Il faut se souvenir que l'illustre Jean Béliveau avait décidé de prendre sa retraite à la fin de la saison 1970-71 et que Lafleur devenait le candidat tout désigné pour lui succéder.

Quelle n'est pas la déception des partisans montréalais lorsque Lafleur accumule aussi peu que 29, 28 et 21 buts à ses trois premières saisons dans l'uniforme du Bleu-blanc-rouge! Selon Lafleur: «C'est facile à comprendre, je venais de compter 130 buts dans ma dernière année junior et tout le monde croyait que j'étais un surhomme et me demandait de marquer sans cesse. Mes nerfs ont cédé et la confiance en a pris un coup.» Mais ce n'était que partie remise pour les partisans, comme en témoigne chacune des six saisons suivantes au cours desquelles il enregistre pas moins de 50 buts.

En 1972, déprimé de sa performance avec le Canadien, il est tenté de retourner devant ses anciens partisans de Québec et envisage la possibilité de se joindre à l'Association mondiale de hockey. Il décide finalement d'oublier les difficultés qu'il a vécues et signe un nouveau contrat avec le Canadien. C'est sans doute l'une de ses meilleures décisions, puisqu'il est devenu l'un des plus grands de toute l'histoire du hockey.

Lafleur doit faire preuve de patience au début de sa carrière, puisque son entraîneur Scotty Bowman l'utilise sporadiquement. Il est malheureux de ne pas bénéficier du temps de glace qu'il avait avec les Remparts de Québec. Scotty ne le croit pas assez mûr pour l'envoyer dans la fosse aux lions. Mais au début de la saison 1974-75, Bowman décide qu'il est temps de lui faire confiance et les résultats ne se font pas attendre. À partir de ce moment, il enregistre des saisons de 53, 56, 56, 60, 52 et 50 buts, bâtissant la légende.

Avec un tel rendement, «Flower», comme le surnomment les anglophones, est élu six fois de suite à la première équipe d'étoiles, de 1974-75 à 1979-80, et participe aux matchs des étoiles en autant d'occasions: 1975, 1976, 1977, 1978, 1980 et 1991. Ses 111 buts victorieux en saison régulière et en séries éliminatoires illustrent bien son talent.

De 1975 à 1979, Lafleur est un atout majeur qui permet aux Canadiens de Montréal de dominer complètement la Ligue nationale, méritant quatre coupes Stanley consécutives. Lorsque la situation devient critique lors d'un match, l'entraîneur n'a qu'à lui mettre la main sur l'épaule pour que Lafleur prenne les choses en main et renverse la vapeur. Il est constamment mis en échec par les adversaires, ce qui ne l'empêche pas de contrôler régulièrement un match à lui seul.

Il devient, lors de la saison 1974-75, le premier joueur de l'histoire de la Ligue nationale à marquer plus de 50 buts et récolter 100 points lors de la même saison. Il répète l'exploit six fois de suite, de 1974 à 1980. Cette marque sera égalée par Mike Bossy des Islanders de New York et par la suite, éclipsée par Wayne Gretzky, qui réussit l'exploit huit fois de suite.

À l'époque, les Canadiens ont beau être une puissance dans la Ligue nationale, leurs adversaires en viennent à se dire que s'ils pouvaient maîtriser Lafleur, ils obtiendraient beaucoup de succès contre le Tricolore. À en juger par les succès que les Canadiens remportent durant ces quatre saisons, il est évident qu'ils n'ont pas eu la tâche facile.

Comment ralentir un joueur qui monopolise certains trophées pendant des années? S'il avait été ralenti par l'adversaire, il n'aurait certes pas remporté les trophées Art Ross et Lester B. Pearson en 1976, 1977 et 1978, et le trophée Hart en 1977 et 1978. Que dire de ses 60 buts en 1977-78, constituant un record d'équipe pour un ailier droit? De toute évidence, il était presque impossible de l'arrêter ou même de le ralentir.

Lafleur termine au premier rang des marqueurs en séries éliminatoires à trois reprises et de façon consécutive, soit de 1977 à 1979. Le 16 mai 1976, il compte le but qui devait donner la victoire de la coupe Stanley à son équipe contre les Flyers de Philadelphie et mettre fin au règne de terreur de cette équipe.

Aussi performant en séries éliminatoires qu'en saison régulière, Lafleur vit toutes sortes d'émotions lors de la série finale de la coupe Stanley en 1977, contre les Bruins de Boston. Il vient de connaître une troisième saison consécutive de 50 buts et un nouveau record d'équipe avec 132 points. Mais les séries du printemps sont une démonstration fulgurante de son talent, comme en font foi ses 26 points, dont neuf buts en 14 rencontres.

L'un des plus grands matchs de l'histoire des séries éliminatoires reste celui du 12 mai 1977. J'avais quatorze ans et le souvenir en est encore très vif. Lafleur étant mon idole de jeunesse, je ne peux m'empêcher de revoir ce match dans ma tête. Au cours de la rencontre précédente au Forum de Montréal, le 10 mai 1977, Lafleur est victime des sarcasmes de joueurs des Bruins de Boston. Rappelons que la tension est omniprésente. Les Bruins ont connu un certain succès contre le Tricolore durant la saison et ils croient en leurs chances de remporter la coupe Stanley.

Lors de ce match du 10 mai, John Wensink, le dur à cuire des Bruins, déclare après la défaite au Forum que Guy Lafleur ne sortira pas vivant du Garden de Boston lors du prochain match. On ne pardonne pas à Lafleur d'avoir lancé en direction de Gerry Cheevers, le gardien des Bruins, une rondelle qui a atteint le défenseur Mike Milbury au moment même où le sifflet se faisait entendre. Les Bruins interprètent l'attitude de Lafleur comme un geste provocateur.

Écrasé sous la pression quelques heures avant le match au Garden de Boston, Lafleur fait les cent pas dans le lobby de l'hôtel et tente de chasser de son esprit les menaces formulées à son endroit deux jours auparavant. Comme tout grand joueur, Lafleur saute sur la patinoire gonflé à bloc avec une seule idée en tête: aider son équipe à battre les Bruins. Dans l'enfer du Garden de Boston, sous le nez du colosse John Wensink menaçant de le décapiter, le héros montréalais va chercher à lui seul la victoire en récoltant deux buts et deux mentions d'assistance, dans une victoire de 4-2 des Canadiens. Il avait grandement mérité le trophée Conn Smythe au terme de la victoire de la coupe Stanley.

Le 20 décembre 1983, sur la patinoire des Devils du New Jersey, Guy Lafleur entre dans un club sélect en marquant son 500e but dans la Ligue nationale en déjouant d'un tir précis le gardien Glenn «Chico» Resch. Le Démon blond en est à son 918e match, devenant également le premier joueur de l'histoire des Canadiens de Montréal à réussir pareil exploit sur une patinoire autre que celle du Forum. Ses prédécesseurs Richard, Béliveau et Mahovlich avaient réussi l'exploit sur la glace du Tricolore.

Lorsque Lafleur prend sa retraite, il n'a que 32 ans. Même s'il ne produit plus avec la même régularité, il a assez de vitesse dans les jambes, ses réflexes sont encore présents et ses feintes en territoire adverse font toujours l'envie de nombreux joueurs de la LNH. Mais Guy n'a plus le temps de glace qu'il désire. Il ne s'entend plus avec son entraîneur, Jacques Lemaire, et ne peut accepter d'être un joueur moyen. Tous les partisans de la province et le monde journalistique sont pris par surprise à l'annonce de la nouvelle choc du départ de Lafleur.

On a vécu les adieux de grands joueurs au fil des années, mais l'un des plus émouvants fut celui de Guy Lafleur le 26 novembre 1984. «Je pars parce que je ne suis plus capable de gâter mon public», confiait Lafleur au journaliste Ghislain Luneau du *Journal de Montréal*. «Je me sens soulagé parce que le dernier mois a été très difficile. J'ai toujours été un gars très fier et orgueilleux. Malheureusement, ça ne fonctionnait plus.» Il lui est difficile d'accepter d'être moins flamboyant et électrisant, bien que les partisans continuent de scander «Guy! Guy! Guy!»

De toute évidence, sa décision n'a pas été mûrie et le doute s'est installé. Ne sachant pas ce qu'il aurait pu accomplir s'il ne s'était pas retiré du hockey, Lafleur décide de tenter un retour au jeu presque quatre ans plus tard. Lafleur se souvient: «Lorsque j'ai pris ma retraite, j'étais tout mélangé et je n'acceptais pas de marquer 30 buts après en avoir marqué régulièrement 50. Je croyais être encore capable d'accomplir des choses sur la patinoire sans pour autant me fixer des objectifs de production.» Quel retour au jeu! Dans une forme splendide, il réussit à aider les

Rangers en apportant une contribution certaine à l'attaque et en aidant les plus jeunes par son sens du leadership.

Michel Bergeron, qui a grandement favorisé son retour au jeu avec les Rangers de New York le 26 septembre 1988, parle de ce phénomène: «C'est un athlète fier et généreux. Il est à ma connaissance l'un des rares joueurs à n'avoir jamais été hués. Il est un modèle à suivre. Au camp d'entraînement des Rangers qui avait lieu à Trois-Rivières, Lafleur avait été le meilleur malgré une retraite de près de quatre ans. Il est exceptionnellement bon.» Ce qui est inusité, c'est qu'il effectue un retour au jeu après avoir été admis au Temple de la renommée du hockey quelques mois auparavant.

Lors du match inaugural de la saison des Rangers de New York, le 6 octobre 1988, Guy Lafleur et Marcel Dionne, qui avaient été des rivaux depuis leurs années dans les rangs juniors, sont enfin réunis au sein de la même formation. Lors de son premier match à Montréal dans l'uniforme des Rangers, «Flower» en met plein la vue aux partisans présents dans l'amphithéâtre. Le 4 février 1989, il marque deux buts et récolte une mention d'assistance contre le gardien Patrick Roy, mais le Canadien gagne 7-5. Les partisans sont doublement heureux: Lafleur a marqué et le Canadien a gagné!

Après une saison à New York, il signe comme joueur autonome le 14 juillet 1989, avec les Nordiques de Québec. Il est par la suite réclamé par les North Stars du Minnesota le 30 mai 1991, lors du repêchage de l'expansion, et il retourne à Québec en retour de l'attaquant Alan Haworth le lendemain. Il aura joué deux saisons avec les fleurdelisés, juste le temps de faire vibrer encore une fois le Colisée de Québec, avant de prendre sa retraite pour de bon au terme de la saison 1990-91.

Reconnu pour son franc-parler, Lafleur n'a jamais déçu son public et sa popularité est encore très forte dix ans après sa deuxième retraite. Même les jeunes joueurs de hockey qui ne l'ont pas vu jouer s'identifient à lui et réclament son autographe. Amateur de moto et pilote d'hélicoptère, il travaille maintenant pour l'organisation du Canadien et jouit d'une semi-retraite paisible auprès de sa famille.

Le hockey a toujours été au centre des préoccupations de Lafleur, qui prend très tôt l'habitude d'arriver au Forum longtemps avant les autres pour n'en repartir que très longtemps après la rencontre. La rapidité et les feintes magistrales de ti-Guy resteront gravées à jamais dans la mémoire des gardiens de but qui ont dû l'affronter. Il y a peut-être eu de meilleurs joueurs qui ont inscrit davantage de buts, mais chose certaine, c'est le numéro 10 qui m'a procuré le plus de plaisir.

Quelques faits marquants de sa carrière:

➢ Remporte, en 1971, la coupe Memorial.
➢ Participation à 6 matchs d'étoiles.
➢ Remporte, en 1976, 1977 et 1978, le trophée Art Ross.
➢ Remporte, en 1976, 1977 et 1978, le trophée Lester B. Pearson.
➢ Remporte, en 1977 et 1978, le trophée Hart.

➤ Remporte, en 1977, le trophée Conn Smythe.

➤ 5 coupes Stanley en 5 participations à la grande finale.

➤ Intronisé au Temple de la renommée de la LHJMQ.

➤ Intronisé au Temple de la renommée du hockey en 1988.

➤ Un trophée porte son nom dans la LHJMQ.

➤ Son chandail numéro 10 est retiré par les Canadiens de Montréal.

➤ A porté le numéro 10 avec les Canadiens.

LAFLEUR, Guy «Le Démon blond»   Source: LNH

Ailier droit, droitier 6'0", 185 lb
Né à Thurso, QC, le 20 septembre 1951
1er choix des Canadiens de Montréal, 1er choix au repêchage de 1971
Temple de la renommée: 1988
Dernier club amateur 1970-71: les Remparts de Québec

Saison	Équipe	Ligue	Saison régulière							Séries éliminatoires						
			PJ	B	A	Pts	Pun	AN	BG	+/-	PJ	B	A	Pts	Pun	AN	BG
1971-72	Canadiens de Montréal	LNH	73	29	35	64	48	5	5	+27	6	1	4	5	2	0	0
1972-73	Canadiens de Montréal	LNH	69	28	27	55	51	9	7	+16	17	3	5	8	9	2	1
1973-74	Canadiens de Montréal	LNH	73	21	35	56	29	3	2	+10	6	0	1	1	4	0	0
1974-75	Canadiens de Montréal	LNH	70	53	66	119	37	15	11	+52	11	12	7	19	15	4	4
1975-76	Canadiens de Montréal	LNH	80	56	69	*125	36	18	12	+68	13	7	10	17	2	0	3
1976-77	Canadiens de Montréal	LNH	80	56	*80	*136	20	14	8	+89	14	9	*17	*26	6	1	2
1977-78	Canadiens de Montréal	LNH	78	*60	72	*132	26	15	12	+73	15	*10	11	*21	16	3	2
1978-79	Canadiens de Montréal	LNH	80	52	77	129	28	13	12	+56	16	10	*13	*23	0	2	2
1979-80	Canadiens de Montréal	LNH	74	50	75	125	12	15	7	+40	3	3	1	4	0	0	0
1980-81	Canadiens de Montréal	LNH	51	27	43	70	29	7	7	+24	3	0	1	1	2	0	0
1981-82	Canadiens de Montréal	LNH	66	27	57	84	24	9	3	+33	5	2	1	3	4	2	0
1982-83	Canadiens de Montréal	LNH	68	27	49	76	12	9	1	+6	3	0	2	2	2	0	0
1983-84	Canadiens de Montréal	LNH	80	30	40	70	19	6	6	-14	12	0	3	3	5	0	0
1984-85	Canadiens de Montréal	LNH	19	2	3	5	10	0	0	-3	–	–	–	–	–	–	–
1988-89	Rangers de New York	LNH	67	18	27	45	12	6	2	+1	4	1	0	1	0	1	0
1989-90	Nordiques de Québec	LNH	39	12	22	34	4	6	2	-15	–	–	–	–	–	–	–
1990-91	Nordiques de Québec	LNH	59	12	16	28	2	3	0	-10	–	–	–	–	–	–	–
	Totaux LNH	17 saisons	1126	560	793	1353	399	153	97		128	58	76	134	67	15	14

JACQUES LAPERRIÈRE

(Jacques «Lappy» Laperrière)

Défenseur

La Ligue nationale de hockey compte peu de défenseurs possédant l'endurance et l'intelligence de Jacques Laperrière. Même s'il travaille dans l'ombre du légendaire Doug Harvey et du grand Serge Savard pour la majeure partie de sa carrière dans la LNH, Laperrière est un véritable maître de la défense. Il suffit pour s'en convaincre d'apprécier son rendement au cours de ses douze saisons avec le Tricolore.

Durant son séjour dans la Ligue nationale, Jacques remporte six coupes Stanley et participe à cinq rencontres d'étoiles. Il est doué d'un talent sans équivoque, comme en témoignent ses trophées Calder et Norris. Bien qu'il soit souvent blessé, il fait toujours preuve d'une détermination sans faille. Il est ce qu'on peut appeler «un vrai de vrai» et Lappy, comme le surnomment ses coéquipiers, a répondu avec bonheur aux attentes que son talent avait suscitées.

Né le 22 novembre 1941 à Rouyn, Jacques Laperrière commence à patiner à l'âge de quatre ans et à jouer au hockey à l'âge de cinq ans. Il ne joue que sur des patinoires extérieures. À Rouyn, il fait partie de la ligue de l'école, mais ce n'est que dans les rangs midget qu'il appartient à une équipe organisée. Une comparaison ne serait pas ici équitable, mais sans la petite ligue de l'école, il n'aurait peut-être pas eu d'engouement pour le hockey.

Jacques a 14 ans lorsque Sam Pollock, éclaireur pour l'organisation des Canadiens, se présente chez lui en 1955. Il lui fait signer un formulaire C accompagné d'un boni de 100 $, comme le veut la tradition chez le Canadien. Jacques appartient désormais au Tricolore. Comme tous les jeunes Québécois qui partagent son sort, Jacques est d'ailleurs très fier d'avoir été choisi par cette prestigieuse organisation.

Il donne ses premiers coups de patin dans le hockey junior à l'âge de 15 ans. Le Canadien l'avait prêté aux Jets de Saint-Laurent de la Ligue métropolitaine. Par la suite, il se retrouve avec le Canadien junior de Hull-Ottawa pour la saison 1958-59. Après un peu plus de quatre années d'apprentissage, il se joint aux Canadiens de Montréal en 1963. Il ne participe qu'à six rencontres, passant la majeure partie de la saison à Ottawa. Sa tenue est si remarquable au camp d'entraînement de 1963 qu'il décroche un poste permanent pour la saison 1963-64.

Ses succès ne s'arrêtent pas là puisqu'au terme de la saison, il mérite le trophée Calder. Il est le seul défenseur de l'histoire des Canadiens de Montréal à avoir remporté ce trophée. Laperrière confie: «Le trophée Calder est l'objectif convoité par tout nouveau venu dans la ligue.» Le trophée était de toute évidence destiné à un membre du Canadien puisque son coéquipier John Ferguson était deuxième au scrutin. Une récolte de 30 points à sa première saison démontre le potentiel et le talent du jeune défenseur. Laperrière est un défenseur complet, capable d'appuyer ses coéquipiers en attaque et d'exceller en défense. Il est plus efficace sur le plan défensif que la majorité des défenseurs de la Ligue nationale.

Après le départ de Tom Johnson pour les Bruins de Boston en 1963, Lappy le remplace. L'entraîneur Toe Blake déclare: «Nous pensons que Jacques pourra remplacer Johnson. Il possède le talent nécessaire et nous avons entièrement confiance en lui. Il est aussi bon défensivement que Tom. Nous pouvons compter sur Jacques pour plusieurs saisons.»

Une blessure grave à un genou lors de sa deuxième saison nécessite une intervention chirurgicale qui permet, contre toute attente, un retour au jeu. La détermination de Lappy est sans équivoque et la qualité de son jeu n'est en aucun temps altérée. «J'ai été très chanceux, car ma carrière aurait pu se terminer à plusieurs occasions. J'ai été opéré à deux autres reprises par la suite», affirme Lappy au journaliste Jacques Beauchamp en 1975.

Lorsque Laperrière gagne le trophée Norris en 1966, il l'enlève à un autre Québécois, Pierre Pilote, des Blackhawks de Chicago, qui le détenait depuis trois ans. Jacques affirmera plus tard que les deux faits saillants de sa carrière sont l'attribution du trophée Norris et sa première coupe Stanley en 1965. «Ma première coupe est un peu spéciale, je ne savais pas ce que ça allait être et j'étais loin de penser que la sensation était aussi forte», dit-il. Après avoir goûté à sa première victoire, Jacques souhaite ardemment récidiver et boire à nouveau le champagne de la coupe Stanley, ce qu'il fit en cinq autres occasions, soit en 1966, 1968, 1969, 1971 et 1973.

Il est très difficile à l'époque de remporter le trophée Norris en raison de la qualité des défenseurs de la Ligue. Il suffit de penser aux Pierre Pilote, Tim Horton, Carl Brewer ou Bobby Orr. Ce dernier devait plus tard monopoliser le trophée pour huit saisons consécutives, un record de tous les temps.

Laperrière doit malheureusement tirer sa révérence en 1974 à cause de blessures accumulées au genou. Néanmoins, il laisse sa marque de belle façon. Après les trophées Calder et Norris, Jacques est élu sur la première équipe d'étoiles en 1965 et 1966 et sur la deuxième équipe en 1964 et 1970. De plus, il participe aux matchs des étoiles en 1964, 1965, 1967, 1968 et 1970.

En 1975, il devient l'entraîneur du Canadien junior de Montréal de la Ligue junior majeur du Québec. Mais le match du 5 novembre 1976, au Forum de Montréal, change le cours de sa carrière d'entraîneur, alors que son club s'incline 6-3 devant les Éperviers de Sorel, dirigés par Rodrigue Lemoyne. La violence est omniprésente à l'époque dans la LHJMQ, mais le match du 5 novembre devient si violent que Laperrière est dégoûté. Il remet sa démission au terme de la rencontre.

Il devient l'adjoint de Bob Berry, entraîneur des Canadiens en 1980-81. Laperrière demeure en poste chez le Tricolore jusqu'à la fin de la saison 1996-97. Il collabore avec six entraîneurs-chefs durant son séjour à Montréal. En plus de Berry, il est l'adjoint de Jacques Lemaire, Jean Perron, Pat Burns, Jacques Demers et Mario Tremblay. Le 24 juin 1997, il devient pour la deuxième fois l'adjoint de Pat Burns, mais avec les Bruins de Boston cette fois.

Il n'a jamais rêvé de diriger une équipe de la Ligue nationale, mais préfère enseigner aux jeunes les rudiments du hockey. Il est élu au Temple de la renommée du hockey en 1987. On ne peut contester l'extraordinaire talent en défense et l'esprit sportif de Laperrière. À l'instar des Marcel Pronovost, Pierre Pilote et Carl Brewer, Lappy aura largement contribué aux succès de son équipe tout au long de sa carrière.

Quelques faits marquants de sa carrière:

➢ Participation à 5 matchs d'étoiles.

➢ Remporte, en 1964, le trophée Calder.

➢ Remporte, en 1966, le trophée Norris.

➢ Différentiel de +78 en 1972-73 (meilleure fiche de +/- dans la LNH).

➢ 6 coupes Stanley en 5 participations à la grande finale.

➢ Intronisé au Temple de la renommée du hockey en 1987.

➢ A porté le numéro 2 avec les Canadiens.

LAPERRIÈRE, Jacques «Lappy»   Source: LNH

Défenseur, gaucher 6'2", 180 lb
Né à Rouyn, QC, le 22 novembre 1941
Temple de la renommée: 1987
Dernier club amateur 1961-62: le Canadien junior de Montréal

			Saison régulière								Séries éliminatoires					
Saison	Équipe	Ligue	PJ	B	A	Pts	Pun	AN	BG	+/-	PJ	B	A	Pts	Pun	AN	BG
1962-63	Canadiens de Montréal	LNH	6	0	2	2	2				5	0	1	1	4	
1963-64	Canadiens de Montréal	LNH	65	2	28	30	102				7	1	1	2	8	
1964-65	Canadiens de Montréal	LNH	67	5	22	27	92				6	1	1	2	16	
1965-66	Canadiens de Montréal	LNH	57	6	25	31	85				–	–	–	–	–	
1966-67	Canadiens de Montréal	LNH	61	0	20	20	48				9	0	1	1	9	
1967-68	Canadiens de Montréal	LNH	72	4	21	25	84	1	0	+23	13	1	3	4	20	0	0
1968-69	Canadiens de Montréal	LNH	69	5	26	31	45	0	1	+37	14	1	3	4	28	1	0
1969-70	Canadiens de Montréal	LNH	73	6	31	37	98	2	1	+28	–	–	–	–	–	
1970-71	Canadiens de Montréal	LNH	49	0	16	16	20	0	0	+24	20	4	9	13	12	1	1
1971-72	Canadiens de Montréal	LNH	73	3	25	28	50	2	0	+36	4	0	0	0	2	0	0
1972-73	Canadiens de Montréal	LNH	57	7	16	23	34	2	0	+78	10	1	3	4	2	0	0
1973-74	Canadiens de Montréal	LNH	42	2	10	12	14	0	0	+15	–	–	–	–	–	
	Totaux LNH	12 saisons	691	40	242	282	674				88	9	22	31	101	

Club de hockey Canadien

GUY LAPOINTE

(Guy «Pointu» Lapointe)

Défenseur

Grand, costaud, rapide et excellent dans toutes les facettes du jeu, Guy Lapointe, surnommé «Pointu» à cause de son nez, contribue de façon importante aux succès du club des Canadiens de Montréal dans les années soixante-dix. Avec Larry Robinson et Serge Savard, il contrôle totalement le jeu partout où l'équipe se présente. Le «Big Three», comme on surnomme le trio, domine les matchs à lui seul.

Au cours de sa carrière, de 1968 à 1984, Lapointe remporte pas moins de six coupes Stanley et participe à quatre matchs d'étoiles. Le trophée Norris lui échappe en 1973, au profit de Bobby Orr. Habile manieur de bâton, excellent en avantage numérique et ne craignant pas le jeu robuste, Lapointe accumule en cours de route 171 buts et 622 points en 884 matchs dans la Ligue nationale. Son bilan en séries éliminatoires est remarquable, totalisant 70 points en 123 matchs, dont 26 buts.

Né le 18 mars 1948 à Montréal, Lapointe se destine d'abord à une carrière de policier. Il remplit même le formulaire de demande d'emploi en vue de se joindre au Service de la police de Montréal. Son père insiste et lui fait comprendre que bien qu'il ait plus de chance de faire carrière dans la police, il doit d'abord aller au bout de ses capacités dans le hockey. Lapointe se souvient: «Je me considérais comme un joueur moyen, mais Gérard, mon père, m'a fait comprendre que la persévérance et la détermination sont la base de n'importe quelle carrière. J'ai donc persévéré.»

Après avoir joué pour les Maple Leafs de Verdun en 1965-66 et 1966-67, Pointu se retrouve avec le Canadien junior de Montréal de l'Association de hockey de l'Ontario en 1967. Il ne dispute qu'un seul match avec les Canadiens de Montréal durant la saison 1968-69, jouant la presque totalité de la saison avec les Apollos de Houston de la Ligue centrale, club école des Canadiens.

«Ç'a été une année très difficile. Je ne parlais pas un mot d'anglais et j'ai eu de la difficulté à m'acclimater au langage un peu spécial des Texans.» De plus, sa carrière est menacée par une pneumonie, qu'il surmonte avec difficulté. Heureusement, la saison suivante, le club école des Canadiens, les Voyageurs de Montréal (Ligue américaine), déménage au Forum.

Lapointe n'a que 15 ans lorsqu'il est découvert et recommandé par Claude Ruel de l'organisation des Canadiens. «Ce jeune homme ira très loin dans la Ligue nationale, il a le sens du hockey», déclarait Ruel lors d'une entrevue au *Montréal-Matin* en 1968.

Il est difficile à l'époque de percer dans une organisation aussi équilibrée que les Canadiens, qui compte Serge Savard, Jacques Laperrière, Jean-Claude Tremblay et Terry Harper dans ses rangs. En arrivant au camp d'entraînement, il est hanté par le doute: «En apercevant toutes ces vedettes, je me suis demandé ce que je faisais là. Je ne pouvais imaginer jouer un jour avec ces grands hockeyeurs et j'étais très impressionné.»

Il fait ses débuts officiels avec les Canadiens en 1970-71 et s'impose tant à l'attaque qu'à la défensive en inscrivant 15 filets. On l'utilise lors des avantages numériques et l'apport de ses coéquipiers lui permet de s'imposer. Repêché par les Nordiques de Québec, de l'Association mondiale de hockey, en 1972, Lapointe demeure fidèle à l'organisation du Tricolore. Toujours en 1972, il participe à sept rencontres avec les Canadiens lors de la Série du siècle et à sept autres matchs lors de la coupe Canada en 1976. Déjà, son talent de hockeyeur est reconnu à travers l'Amérique.

La saison 1974-75 est marquante. Il compte 28 buts, devenant le premier défenseur de l'histoire des Canadiens à réaliser l'exploit. Il détient toujours ce record d'équipe pour un défenseur. Le 13 novembre 1974 est une journée particulièrement mémorable pour Guy. Au cours d'un match contre les Sabres de Buffalo au Forum de Montréal, il marque trois buts et récolte deux assistances, pour un record personnel de cinq points. Il établit du même coup un record d'équipe pour un défenseur et ses cinq points constituent toujours un sommet dans l'histoire des Canadiens, même s'il fut égalé par d'autres joueurs. Ce fut son seul tour du chapeau en carrière.

Après quelques saisons difficiles marquées par des blessures, Lapointe demande à la direction de l'échanger. Jouant de moins en moins, se sentant sur son déclin, il préfère quitter l'équipe. «C'était très difficile de partir de Montréal après tous ces beaux moments. Je suis quand même content d'être parti parce que je ne voulais pas que mes partisans assistent à mon déclin.»

On accède à la requête de Pointu: il est échangé le 9 mars 1982 aux Blues de St. Louis contre un deuxième choix au repêchage de 1983: le joueur Claude Lemieux. Après une saison et demie avec les Blues, Guy signe comme joueur autonome avec les Bruins de Boston le 15 août 1983, pour un an, et prend sa retraite au terme de la saison 1983-84. Le monde du hockey reste toutefois toujours présent à son esprit et en 1985, il devient entraîneur-chef et directeur-gérant des Chevaliers de Longueuil de la Ligue de hockey junior majeur du Québec. Il est par la suite entraîneur adjoint de Michel Bergeron pour les Nordiques de Québec.

Aujourd'hui membre de l'organisation des Flames de Calgary, Lapointe remercie son père d'avoir insisté pour qu'il n'abandonne pas le hockey plus jeune. Il est intronisé au Temple de la renommée du hockey en 1993. Lors de cette cérémonie spéciale en son honneur, Guy tient à remercier Claude Ruel, qui a passé des heures interminables sur la patinoire à lui enseigner son métier. «Je n'ai pas assez de mots pour le remercier.» Il parle également de son père et de son frère, tous deux décédés. «Leur absence a été le côté triste de la fête, mais je suis certain qu'ils sont fiers de moi!»

Bon vivant et plein d'humour, il arrivait facilement à dérider ses coéquipiers. Lui seul savait comment détendre l'atmosphère dans le vestiaire du Canadien. Il pouvait s'en prendre à n'importe qui et ses tours ne laissaient personne indifférent. Jacques Laperrière disait: «Pointu savait créer et cimenter un esprit de famille.» Même l'ex-premier ministre du Canada, Pierre Elliot Trudeau, fait partie de ses victimes. Alors qu'il serre la main des joueurs, Lapointe lui présente une main enduite de Vaseline. Lorsque Trudeau s'en aperçoit, il est déjà trop tard!

Pointu s'est imposé comme l'un des plus grands joueurs de défense de son temps. Par sa très grande mobilité et son efficacité en attaque, en défensive et dans les mises en échec, il contribua de façon magistrale aux succès de l'équipe. Depuis son départ en 1982, les Canadiens n'ont jamais eu dans leurs rangs un défenseur de la trempe de Guy Lapointe.

Quand Lapointe s'est retiré en 1984, il avait l'assurance que l'on n'oublierait jamais son apport précieux à l'une des plus belles dynasties de l'histoire des Canadiens de Montréal.

Quelques faits marquants de sa carrière:

➢ Fut membre d'un célèbre trio, avec Larry Robinson et Serge Savard («The Big Three»)

➢ Détient toujours le record de buts pour un défenseur des Canadiens avec 28, en 1974-75.

➢ 3 saisons de plus de 20 buts.

➢ Participation à 4 matchs d'étoiles.

➢ 6 coupes Stanley en 6 participations à la grande finale.

➢ Intronisé au Temple de la renommée du hockey en 1993.

➢ A porté les numéros 17 et 5 avec les Canadiens.

LAPOINTE, Guy «Pointu»   Source: LNH

Défenseur, gaucher 6'0", 205 lb
Né à Montréal, QC, le 18 mars 1948
Temple de la renommée: 1993
Dernier club amateur 1967-68: le Canadien junior de Montréal

Saison	Équipe	Ligue	PJ	B	A	Pts	Pun	AN	BG	+/-	PJ	B	A	Pts	Pun	AN	BG
										Saison régulière				Séries éliminatoires			
1968-69	Canadiens de Montréal	LNH	1	0	0	0	2	0	0	0	–	–	–	–	–	–	–
1969-70	Canadiens de Montréal	LNH	5	0	0	0	4	0	0	0	–	–	–	–	–	–	–
1970-71	Canadiens de Montréal	LNH	78	15	29	44	107	5	1	+28	20	4	5	9	34	1	2
1971-72	Canadiens de Montréal	LNH	69	11	38	49	58	4	4	+15	6	0	1	1	0	0	0
1972-73	Canadiens de Montréal	LNH	76	19	35	54	117	3	2	+51	17	6	7	13	20	2	1
1973-74	Canadiens de Montréal	LNH	71	13	40	53	63	5	2	+12	6	0	2	2	4	0	0
1974-75	Canadiens de Montréal	LNH	80	28	47	75	88	11	0	+46	11	6	4	10	4	3	0
1975-76	Canadiens de Montréal	LNH	77	21	47	68	78	8	1	+64	13	3	3	6	12	1	1
1976-77	Canadiens de Montréal	LNH	77	25	51	76	53	10	6	+69	12	3	9	12	4	1	0
1977-78	Canadiens de Montréal	LNH	49	13	29	42	19	4	2	+46	14	1	6	7	16	1	0
1978-79	Canadiens de Montréal	LNH	69	13	42	55	43	6	1	+27	10	2	6	8	10	1	0
1979-80	Canadiens de Montréal	LNH	45	6	20	26	29	0	0	-2	2	0	0	0	0	0	0
1980-81	Canadiens de Montréal	LNH	33	1	9	10	79	1	1	-6	1	0	0	0	17	0	0
1981-82	Canadiens de Montréal	LNH	47	1	19	20	72	0	0	-3	–	–	–	–	–	–	–
	Blues de St. Louis	LNH	8	0	6	6	4	0	0	-3	7	1	0	1	8	1	1
1982-83	Blues de St. Louis	LNH	54	3	23	26	43	1	1	-12	4	0	1	1	9	0	0
1983-84	Bruins de Boston	LNH	45	2	16	18	34	1	1	-3	–	–	–	–	–	–	–
	Totaux LNH	16 saisons	884	171	451	622	893	59	22		123	26	44	70	138	11	5

CLAUDE LAROCHELLE

Journaliste

Lorsqu'on parle de grandes vedettes qui sont issues de la région de Québec, on pense aussitôt à des joueurs comme Jean Béliveau, Guy Lafleur, Jean-Claude Tremblay et Michel Goulet. Michel Bergeron a également fait beaucoup pour le hockey dans cette ville. Il ne faut pas oublier un homme comme Marius Fortier, grandement responsable lui aussi de la venue d'un club de hockey professionnel à Québec. À l'instar de Montréal, Québec a ses grands journalistes. Claude Bédard a fait sa marque dans cette région et le journal *Le Soleil* a aussi eu sa part de grands noms.

Claude Larochelle, qui a plus de quarante ans de journalisme derrière lui, s'est distingué dans le monde du sport, principalement au hockey. Lui-même joueur, il connaît tous les angles de ce sport comme personne dans la région de la vieille capitale. Et il en aura vu passer, des joueurs, en quarante ans! Il a même joué avec certains hockeyeurs qui lui donnaient des entrevues une fois dans la Ligue nationale de hockey.

Né le 6 mai 1931 à Black Lake, Claude Larochelle rêve de devenir journaliste sportif. Il en parle à ses parents, mais ces derniers croient qu'il n'est pas sérieux et que sa folie ne sera que passagère. Larochelle s'acharne jusqu'à ce que ses parents s'aperçoivent qu'il est véritablement sérieux. Il possède également un certain talent de hockeyeur. Il a même joué pour les Citadelles de Québec avec nul autre que Jean Béliveau. «Il m'a fait marquer quelques buts au Forum de Montréal en sortant le gardien de ses filets et en mettant la rondelle sur ma palette. J'avais juste à la pousser, Béliveau avait fait tout le jeu», se rappelle Claude.

Les chances d'atteindre la Ligue nationale sont très minces puisqu'à cette époque, il n'y a que six équipes. Il faut donc posséder un talent incroyable pour percer. Il joue deux saisons avec les Citadelles de Québec à la fin des années quarante. Lorsqu'il est étudiant au collège des Jésuites, les frères doivent sans cesse le poursuivre, car il s'absente souvent pour aller disputer des matchs de hockey aux quatre coins de la province. Il s'amuse à écrire des chroniques de sport, même si les dirigeants du collège lui saisissent ses chroniques.

Les ouvertures dans le domaine journalistique étant très rares, Claude pense se diriger à l'université pour étudier en pharmacie. À cette époque, il est possible d'obtenir un brevet en deux ans pour ensuite entrer en pharmacie. Claude se met à l'étude et réussit à obtenir ce brevet. En 1951, il joue pour le Rouge et Or de l'Université Laval, de la Ligue universitaire du Québec. C'est à ce moment qu'il se fait connaître par Dick Irvin père, alors entraîneur des Canadiens de Montréal. Il joue donc certains matchs contre l'Université McGill à Montréal et fait la rencontre de Jean Pouliot et René Collard, qui travaillent à la station radiophonique CKCV à Québec, spécialisée dans le sport.

Collard veut également écrire et c'est à ce moment que Claude discute des possibilités de mettre sur le marché un magazine sportif. Finalement, le magazine *Sport Revue* voit le jour en 1951 et sera publié jusqu'en 1964. Ce mensuel est encore disponible dans certains marchés aux puces à travers le Québec, même quarante ans plus tard. C'était beaucoup de travail et très peu lucratif pour l'époque. En 1963, il reçoit une offre pour travailler au journal *Le Soleil* de Québec comme *columnist*.

Larochelle a vu beaucoup de joueurs vedettes depuis les années quarante. Il est aujourd'hui l'un des journalistes du Québec qui possède encore beaucoup de souvenirs de joueurs comme Maurice Richard, Camille Henry, ex-mari de la comédienne Dominique Michel, Bernard Geoffrion, mais aussi Guy Lafleur et Patrick Roy. Dans la région de Québec, il était très en demande, les propositions fusaient de partout et très rapidement, son nom n'était plus à faire. Il est l'un des premiers à promouvoir les Nordiques de Québec dans le hockey professionnel. En 1972, il assiste à un beau moment pour un journaliste: la naissance d'un club de hockey professionnel. Il est de la réunion à Chicago lorsque six hommes d'affaires discutent de la possibilité d'acheter le club de San Francisco. Bill Hunter, ancien propriétaire des Oilers d'Edmonton, se lève et mentionne qu'il se porte garant en avançant l'argent sans être propriétaire; Hunter veut tout simplement permettre à la ville de Québec d'avoir le temps nécessaire pour amasser l'argent. L'ancien premier ministre du Québec, Jean Lesage, a même travaillé à récolter les fonds nécessaires. Claude Bédard et Larochelle se sont mis à écrire une série d'articles afin d'alerter l'opinion publique et de trouver par tous les moyens les sommes exigées pour faire l'acquisition d'un club majeur. Au bout de quelque temps, l'argent est réuni et les Nordiques font leur entrée dans l'Association mondiale de hockey.

Claude vit difficilement le départ des Nordiques de Québec lorsque ces derniers quittent la ville pour le Colorado. «Ça fait mal au cœur de voir qu'on construit quelque chose qui est vendu. Après cinq années de vaches maigres, les Nordiques commençaient tranquillement à être une équipe respectable. Mais le pire dans l'affaire, c'est de voir que dès la première année au Colorado, l'Avalanche remporte la coupe Stanley», se souvient-il avec tristesse. D'ailleurs, encore aujourd'hui, les gens de la vieille capitale en parlent avec nostalgie.

Malgré qu'il considère Mario Lemieux comme le meilleur joueur de tous les temps, il admire Maurice Richard pour son désir de vaincre et sa passion du hockey. «Il est une espèce de Napoléon, dont le nom ne pourra jamais s'éteindre. Il possédait et possède encore un charisme incroyable» disait-il.

Toujours considéré comme un fonceur, Larochelle se fait souvent demander qui il compte déboulonner dans son prochain article au journal. Il n'a pas de demi-mesure et dit ce qu'il pense; c'est d'ailleurs cette qualité qui lui a donné toute la crédibilité dont il jouit aujourd'hui. «Il était difficile dans le temps d'avoir de bonnes entrevues, les gars ne parlaient pas beaucoup et ne possédaient pas l'éducation d'aujourd'hui, mais heureusement, ç'a changé avec les années. Je me souviens qu'à cette époque, je me rendais chez la personne, on jasait pendant une ou deux heures. On parlait de tout et de rien et doucement, je glissais mes questions de hockey, se souvient Claude.

«J'avais déjà passé plusieurs entrevues avec le Rocket et j'avais écrit un article élogieux sur Gordie Howe en comparant son rendement à celui de Maurice Richard. Maurice lisait tout ce qui pouvait s'écrire sur le hockey et n'avait pas apprécié mon article. Nous avions un rendez-vous le lendemain. J'arrive chez lui à l'heure prévue et je sonne à la porte. Il s'approche de la porte lentement et je vois très bien dans ses yeux la colère qui pouvait se dégager. Avec des yeux brillants comme des éclairs et une voix dure, il me dit qu'il ne me donne pas d'entrevue. Je venais de faire Québec-Montréal en voiture et je lui fais savoir. Maurice ne voulait rien entendre. Je suis parti penaud et lorsque je suis entré dans ma voiture, il est venu me chercher pour me dire qu'il avait changé d'idée. Ce fut la meilleure entrevue de ma vie et du même coup, il est devenu le meilleur *chum* de tous les athlètes que je côtoyais», se souvient Claude avec nostalgie.

Claude Larochelle n'a jamais cessé d'écrire et conjointement à sa carrière de journaliste, il a écrit plusieurs bouquins, dont un sur Guy Lafleur et deux sur les Nordiques. Il est même à préparer ses mémoires. Depuis 1999, il est à la retraite, mais continue malgré tout à collectionner les renseignements et les anecdotes. Il est encore intéressé par tout ce qui se passe sur une patinoire de hockey. Pour couronner une brillante carrière dans le monde journalistique, Francis Rosa du *Boston Globe* et Red Fisher de *The Gazette* ont proposé qu'il soit admis au Temple de la renommée du hockey. En effet, il est admis en 1989 dans ce magnifique groupe sélect. Lorsqu'un journaliste est admis au panthéon, c'est qu'il est au journalisme ce qu'un joueur exceptionnel est au hockey. Il devenait le quatrième Québécois à l'époque à réaliser pareil exploit.

Club de hockey Canadien

PIERRE LAROUCHE

(Pierre «Lucky Pierre» Larouche)

Centre

Né le 16 novembre 1955 à Taschereau, Pierre fait son hockey mineur dans la Ligue de hockey junior majeur du Québec. À sa première saison en 1972-73, il participe à vingt matchs avec les Remparts de Québec. Ces derniers comptent déjà sur des joueurs de centre de la trempe de Jacques Locas et Guy Chouinard et choisissent ainsi d'échanger Larouche aux Blackhawks de Sorel. Sa fiche combinée de 53 buts et 61 assistances pour 114 points fait de lui la recrue de l'année dans la Ligue de hockey junior majeur du Québec.

Vient ensuite une véritable saison de rêve. Le trio qu'il forme avec Jacques Cossette et Michel Déziel enregistre des records au niveau junior canadien qui attendent encore d'être battus. Les trois joueurs totalisent 692 points en saison régulière. Les 251 points de Larouche attirent l'attention des éclaireurs de la Ligue nationale de hockey. Il sera choisi par les Penguins de Pittsburgh au huitième rang, en première ronde du repêchage de 1974.

Son talent est à la hauteur des attentes de l'organisation des Penguins, puisque Larouche obtient 68 points en 79 matchs à sa première saison dans la Ligue nationale. Au terme de la saison 1974-75, il termine deuxième dans la course au trophée Calder derrière le récipiendaire, Éric Vail des Flames d'Atlanta. Alors que plusieurs joueurs connaissent la guigne d'une deuxième saison, Larouche quant à lui connaît sa meilleure saison en carrière avec 53 buts, 58 assistances et 111 points, trois sommets pour lui.

Le 15 décembre 1977, les Penguins l'échangent aux Canadiens de Montréal en retour de Peter Mahovlich et de Peter Lee. C'est avec cette nouvelle équipe que Larouche offre ses plus belles prestations en inscrivant 50 buts pour une deuxième fois. Le 25 mars 1980, il écrit une nouvelle page d'histoire dans la LNH, en marquant contre Tony Esposito des Blackhawks de Chicago, au Forum, et en devenant le premier joueur à marquer 50 buts avec deux équipes différentes. De plus, il aide les Canadiens à gagner deux fois la coupe Stanley, en 1978 et 1979. Mais son attitude (il est direct...) entraînera son départ de Montréal. Par la suite, il joue deux ans avec les Whalers de Hartford et termine sa carrière avec les Rangers de New York.

Reconnu pour son franc-parler et son manque de discipline, Larouche ne s'attire pas que les éloges de ses entraîneurs et de ses coéquipiers. Lorsque les Canadiens l'obtiennent de Pittsburgh, Scotty Bowman est très heureux de voir un joueur de talent joindre les rangs du club. Bowman déclare: «J'étais favorable à son acquisition et je savais que nous venions d'acquérir un joueur de grande qualité». Pierre Larouche, qu'on surnomme «Lucky Pierre», a le sentiment de ne pas être accepté par son entraîneur, ni par quelques-uns de ses coéquipiers. D'ailleurs, deux semaines plus tard, Bowman visite Sam Pollock à son bureau pour lui déclarer qu'il ne veut plus de Larouche au sein de l'équipe. Pollock refuse de l'échanger, sur les conseils d'Irving Grundman. La situation s'explique facilement: Bowman n'a jamais accepté que quiconque résiste à son autorité et Larouche n'a jamais accepté sans maugréer d'être relégué au rang de joueur de service.

Il est clair que Larouche a toujours eu de la difficulté à s'adapter à ses entraîneurs. On lui reproche, entre autres, de sacrifier son jeu défensif au profit de l'offensive. Pour Bowman, la victoire passe d'abord par le jeu défensif et il n'accepte pas les initiatives de Pierre. Celui-ci voit son temps sur la patinoire diminuer et les prises de bec entre les deux hommes sont de plus en plus fréquentes. C'est Bowman qui, finalement, quitte l'équipe.

«C'était lui ou moi, reconnaît Larouche au cours de la saison. Ce n'est pas que je voulais partir, mais je savais que Scotty n'accepterait pas diriger l'équipe une autre année avec moi dans les jambes. Je m'attendais à être échangé.»

Il est en quelque sorte le protégé de Grundman, ce dernier ayant beaucoup insisté auprès de Pollock pour faire son acquisition. «Je savais que Larouche possédait tous les atouts pour devenir une grande vedette à Montréal et c'est pour cela que nous sommes allés le chercher à Pittsburgh» déclare Grundman à un journaliste de la métropole.

C'est connu, Larouche a très mauvaise réputation dans le milieu du hockey. Il est la cause du renvoi d'un instructeur des Penguins, Ken Schinkel, dont il a publiquement critiqué l'incompétence. L'arrivée de Larouche rend Pollock craintif; il n'a nul besoin d'un fauteur de trouble dans ses rangs, car l'harmonie avec l'entraîneur Bowman est quasi parfaite.

Bowman est remplacé au terme de la saison 1978-79 par Bernard Geoffrion, puis par Claude Ruel. La nomination de Geoffrion amorce un changement d'attitude chez Larouche. Les deux hommes se découvrent une certaine chimie et le joueur de centre des Canadiens se met à modifier sa façon de travailler. Sa détermination s'intensifie, au grand plaisir de l'organisation montréalaise.

L'arrivée de Ruel derrière le banc est un véritable catalyseur pour Larouche. On l'aperçoit quelques jours plus tard entre Steve Shutt et Guy Lafleur. Claude Ruel parvient à faire de Larouche ce que bien des entraîneurs n'ont jamais réussi. La confiance lui revient petit à petit et son sens du leadership sur la patinoire s'affirme de plus en plus.

Curieusement, Lucky Pierre se met à aimer le jeu défensif. Il devient aussi fier d'un beau repli que d'une belle attaque. «Il est devenu un joueur plus complet lorsqu'il a compris que jouer défensivement ne nuirait pas à son style offensif, à ses qualités de marqueur», déclare Claude Ruel aux journalistes après une rencontre au Forum de Montréal, contre les Bruins de Boston.

À l'instar de Ruel, certains joueurs tentent de venir en aide à Larouche, mais seul Guy Lafleur obtient des résultats. Au début de la saison 1979-80, malgré les échecs successifs des autres, Lafleur prend Larouche sous son aile et met tout en œuvre pour aider son joueur de centre. «Guy est patient et il comprend beaucoup de choses. Avec son statut de joueur vedette, il pourrait très bien ne pas s'occuper de nous. Mais au contraire, il est très sensible à tous ceux qui l'entourent», mentionne Larouche.

Même si Larouche se fait lui-même du tort à plusieurs reprises au cours de ses 14 saisons dans la Ligue nationale, il est sans contredit un joueur de très grand talent. Il le démontre partout où il joue. Il lui aurait suffi d'à peine deux buts de plus pour devenir le seul joueur de l'histoire du hockey à marquer 50 buts avec trois équipes différentes, lorsqu'il en inscrit 48 avec les Rangers de New York durant la saison 1983-84. Il nous aura procuré de merveilleux moments, tant sur la glace que dans ses relations avec les médias.

Quelques faits marquants de sa carrière:

➤ Recrue de l'année en 1973 dans la Ligue de hockey junior majeur du Québec.

➤ 157 mentions d'assistance dans la LHJMQ; record du hockey canadien.

➤ 251 points en 1973-74 avec les Éperviers de Sorel (LHJMQ).

➤ Remporte, en 1973, le trophée Jean Béliveau dans la LHJMQ.

➤ 2 saisons de plus de 50 buts et 4 saisons de plus de 40 buts.

➤ Participation à 2 matchs d'étoiles.

➤ Premier joueur de l'histoire de la LNH à marquer 50 buts avec 2 équipes différentes.

➤ 2 coupes Stanley en 2 participations à la grande finale.

➤ A porté le numéro 28 avec les Canadiens.

LAROUCHE, Pierre «Lucky Pierre»　　　　　　　　　　　　　　　　　　Source: LNH

Centre, droitier 5'11", 175 lb
Né à Taschereau, QC, le 16 novembre 1955
1er choix des Penguins de Pittsburgh, 8e choix au repêchage de 1974
Dernier club amateur 1973-74: les Blackhawks de Sorel

Saison	Équipe	Ligue	PJ	B	A	Pts	Pun	AN	BG	+/-	PJ	B	A	Pts	Pun	AN	BG
						Saison régulière							Séries éliminatoires				
1974-75	Penguins de Pittsburgh	LNH	79	31	37	68	52	5	4	+2	9	2	5	7	2	0	1
1975-76	Penguins de Pittsburgh	LNH	76	53	58	111	33	18	3	+4	3	0	1	1	0	0	0
1976-77	Penguins de Pittsburgh	LNH	65	29	34	63	14	8	6	-10	3	0	3	3	0	0	0
1977-78	Penguins de Pittsburgh	LNH	20	6	5	11	0	0	0	-13	–	–	–	–	–	–	–
	Canadiens de Montréal	LNH	44	17	32	49	11	3	1	+32	5	2	1	3	4	1	1
1978-79	Canadiens de Montréal	LNH	36	9	13	22	4	4	0	+3	6	1	3	4	0	0	1
1979-80	Canadiens de Montréal	LNH	73	50	41	91	16	12	7	+36	9	1	7	8	2	0	0
1980-81	Canadiens de Montréal	LNH	61	25	28	53	28	5	2	+13	2	0	2	2	0	0	0
1981-82	Canadiens de Montréal	LNH	22	9	12	21	0	3	0	-3	–	–	–	–	–	–	–
	Whalers de Hartford	LNH	45	25	25	50	12	11	1	-17	–	–	–	–	–	–	–
1982-83	Whalers de Hartford	LNH	38	18	22	40	8	4	0	-24	–	–	–	–	–	–	–
1983-84	Rangers de New York	LNH	77	48	33	81	22	19	4	-15	5	3	1	4	2	2	0
1984-85	Rangers de New York	LNH	65	24	36	60	8	5	3	-17	–	–	–	–	–	–	–
1985-86	Rangers de New York	LNH	28	20	7	27	4	7	2	-6	16	8	9	17	2	4	1
1986-87	Rangers de New York	LNH	73	28	35	63	12	8	3	-7	6	3	2	5	4	0	1
1987-88	Rangers de New York	LNH	10	3	9	12	13	2	0	-3	–	–	–	–	–	–	–
	Totaux LNH	14 saisons	812	395	427	822	237	114	36		64	20	34	54	16	7	5

ROGER LEBLOND

Statisticien

Le sport fait partie intégrante de nos vies. On le pratique pour le plaisir, on en fait un métier et pour certains, c'est une passion. Ce sont les athlètes professionnels qui attirent le plus de monde, peu importe la discipline. Pour améliorer les spectacles, il y a les joueurs, les entraîneurs, les arbitres et les journalistes qui assouvissent notre soif de sports. Par contre, sans statistiques, il n'y aurait pas de sport intéressant. Malheureusement, les statisticiens travaillent toujours dans l'ombre des athlètes ou des journalistes.

Si, aujourd'hui, vous pouvez consulter toutes sortes de données dans les différents quotidiens et sur les réseaux de télévision, c'est qu'il y a quelqu'un derrière tout ça. Vous aimez suivre le classement des équipes? Vous aimez décortiquer la liste des marqueurs? Vous aimez analyser les sommaires des matchs? Eh bien, sachez qu'il faut beaucoup de gens pour compiler, analyser et transmettre ces informations. L'un d'eux est Roger Leblond. Il fait un travail méconnu, mais combien important pour les amateurs de sport et aussi, les professionnels du monde journalistique. Il touche à presque tous les sports.

Né le 2 septembre 1957 à Rouyn Noranda, Roger Leblond déménage en 1963 à Matagami. Il joue trois années pee-wee dans cette petite région. Vers l'âge de douze ans, il excelle à l'école tant en français qu'en mathématiques. Il a une grande passion pour les chiffres et très jeune, il est déjà fasciné par les exploits des joueurs de la Ligue nationale. La voie est tracée: il caresse le rêve de devenir statisticien pour le club de hockey Les Canadiens. Comme la ville de Matagami n'a pas d'école de niveau supérieur, Roger déménage donc ses pénates à Montréal en 1975, pour poursuivre ses études et aussi pour se rapprocher du club de hockey. Avant de partir pour la région métropolitaine, il demande à la direction des Canadiens de Montréal de lui envoyer de la documentation sur l'équipe. Finalement, Claude Mouton lui envoie un guide de presse et différentes photos. Mais en feuilletant le guide de presse, notre statisticien en herbe y découvre plusieurs erreurs.

Il est clair dans sa tête que lorsqu'il sera installé dans la région métropolitaine pour y poursuivre ses études au cégep de Valleyfield, il fera une petite visite au bureau de la LNH à Montréal pour faire corriger les erreurs trouvées. Déjà, il commence à effectuer certaines modifications en préparant des données qui n'étaient pas incluses dans le guide de presse initial. La passion est déjà très présente, sans compter qu'il assiste régulièrement aux matchs du Tricolore.

Au milieu de l'année scolaire, il abandonne ses études en techniques administratives pour se consacrer uniquement à son projet. En novembre 1978, son manuscrit terminé, il contacte la secrétaire de Claude Mouton pour prendre rendez-vous avec lui. Claude Mouton est à la fois inquiet et curieux d'apprendre comment des erreurs aussi importantes ont pu se glisser dans les documents de l'équipe. Quelques jours plus tard, Roger se présente au bureau de Claude Mouton afin de discuter de ses découvertes. Une fois sur place, il se voit accorder une entrevue avec Mouton et Camil DesRoches, tous deux de la direction du Canadien de Montréal.

Roger a pris soin de préparer un manuscrit d'environ 300 pages avec de nouvelles données, incluant les corrections. Mouton, très impressionné, lui mentionne en quittant qu'il veut l'avoir dans ses rangs pour la saison suivante. Son rêve vient de se concrétiser et a bien hâte de se retrouver au prochain camp d'entraînement du Canadien. Entre temps, il travaille pour la brasserie Labatt. Il quitte son travail pour commencer sa nouvelle aventure avec le Tricolore, comme prévu, au camp d'entraînement de 1979. Le Canadien prend intégralement le manuscrit de Roger et le publie pour la saison 1979-80.

Il voit désormais à la compilation des statistiques, sert d'adjoint à Claude Mouton et travaille sur la galerie de la presse pour venir en aide aux journalistes, au besoin. Chaque année, il fignole le guide de presse de l'équipe et très rapidement, la crédibilité de Roger est établie. Il devient une très bonne source pour les journalistes, qui le sollicitent de plus en plus souvent.

Lorsqu'il travaille pour le Canadien, Roger est embauché à faible revenu. On lui dit que s'il fait un excellent travail, son salaire sera révisé à Noël. Malheureusement, les budgets étant dépassés, la direction n'apporte aucune modification à ses conditions de travail. En professionnel et par passion pour son métier, Leblond complète malgré tout son mandat avec ardeur et professionnalisme. Jean Béliveau, alors avec le Canadien, est très déçu de voir que le travail de Roger n'est pas récompensé à sa juste valeur. «Il m'avait dit de terminer la saison et qu'avec le talent que je possédais, quelqu'un quelque part me ferait signe à un moment donné et de quitter le Canadien si j'en avais la chance», se souvient Roger.

En avril 1980, un poste de statisticien s'ouvre au bureau de la Ligue nationale. Ron Andrews lui demande s'il est intéressé. Brian O'Neil, de la Ligue nationale, sait que Roger s'est démarqué plus que tout autre. Roger accepte de passer une entrevue et réussit à décrocher le poste en question, bien que quelques personnes du milieu des médias aient aussi manifesté de l'intérêt pour ce poste. Il annonce à Claude Mouton que son départ est inévitable et celui-ci, très heureux pour Roger, lui déclare qu'il mérite amplement cette promotion à la Ligue nationale.

Il passe un an à la Ligue nationale avant de joindre l'équipe des sports du *Journal de Montréal*. À la demande de Bertrand Raymond, il commence une nouvelle carrière avec de meilleures conditions de travail. Andrews lui déclare: «Le *Journal de Montréal* vient de mettre la main sur un très bon statisticien et également sur un homme très dévoué pour le sport et c'est la Ligue nationale qui vient d'en perdre un.»

Bertrand Raymond devient donc son nouveau patron en mai 1981. Mais comme son talent est sans conteste et la qualité de son travail, exceptionnelle, Claude Mouton des Canadiens se manifeste à nouveau. Il lui demande s'il veut revenir avec le Canadien à temps partiel. Après en avoir discuté avec son employeur, Roger conserve son travail au journal tout en effectuant des tâches pour le Tricolore. Ayant trop de travail, il abandonne son poste à temps partiel lors de la saison 1985-86.

Il travaille également pour les réseaux de télévision pendant cinq ans, pour leur fournir les statistiques nécessaires afin que le réalisateur puisse passer à l'écran les différentes notes de presse. Un samedi soir, lors d'un match contre les Flyers de Philadelphie durant la saison 1979-80, la personne responsable de la diffusion les statistiques à l'écran est absente. Claude Mouton suggère à François Carignan, le grand manitou de la *Soirée du Hockey*, de prendre Roger comme remplaçant. Roger constate rapidement que les notes de presse qui doivent passer à l'écran sont erronées. Il décide donc de présenter à François Carignan les corrections des notes de presse préalablement préparées. Dès lors, il est retenu pour faire ce travail tous les samedis soir lors des matchs locaux et ce, pendant cinq ans.

On peut dire sans se tromper qu'il a connu une merveilleuse carrière car chaque année, les chiffres doivent être mis à jour. Depuis 1979, Roger travaille tous les jours, ne serait-ce qu'une heure. Même en vacances sur la plage, il se documente ou compile des statistiques. J'ai connu beaucoup de gens dans ma vie, mais c'est la toute première fois que je vois une telle passion chez quelqu'un. Après presque vingt ans de carrière, il a encore le feu sacré pour un travail... de moine.

En plus de tout le travail auquel il doit faire face jour après jour, il trouve le temps de collaborer activement à différents ouvrages sur le sport. Il a à son actif des participations à des ouvrages comme *Le Canadien de Montréal, une dynastie*, de Claude Mouton, *L'histoire des gardiens de but au hockey* de Richard Chartrand et *Les 100 plus grands Québécois du hockey* de votre humble serviteur. Il présente tous les jours une chronique dans le *Journal de Montréal* intitulée *Le sport déchiffré*.

Ce que je retiens de Roger Leblond, c'est qu'il est aux statistiques ce qu'un grand musicien est à son piano: inséparable! Sa passion et ses connaissances du monde du sport font de lui un statisticien de grande envergure et s'il y avait un Temple de la renommée pour les statisticiens, il y serait le premier admis.

Collection famille Claude Mouton

RENÉ LECAVALIER

Commentateur

Aujourd'hui, on peut suivre sans difficulté un match de hockey à la télévision: les caméras captent constamment le déroulement du jeu et ce, de différents angles. Grâce aux technologies modernes, il est également possible d'écouter un match à la radio sans perdre une seule seconde d'action, comme si on était sur place, même lorsque la partie se déroule à l'autre bout de l'Amérique. Malheureusement, il n'en a pas toujours été ainsi. À une époque pas si lointaine, la télévision n'existe pas et les amateurs doivent se contenter de la retransmission radiophonique des exploits de leurs joueurs préférés.

Lorsque la télévision arrive dans nos foyers en 1952, la grille horaire ne ressemble en rien à ce que nous connaissons de nos jours. La qualité du son laisse à désirer et souffre beaucoup de parasites sonores; l'image en noir et blanc est souvent à peine perceptible, mais elle a le mérite d'exister... Toutes les familles québécoises sont rivées à l'invention du siècle!

Avant 1952, la seule façon de suivre les péripéties des joueurs des Canadiens de Montréal est d'écouter la retransmission des matchs à la radio avec Michel Normandin ou de s'informer par les journaux. Mais les habitudes des Québécois changent radicalement dès le premier match télévisé sur les ondes de Radio-Canada avec René Lecavalier au micro. Les mœurs des Québécois en matière de hockey viennent de prendre un tournant irréversible.

Son sens inébranlable de la mesure jumelé à son amour de la langue française font de lui non seulement un commentateur unique, mais un innovateur dans sa profession. Lecavalier est un véritable pionnier de la description des matchs au petit écran. Il est à ce point populaire qu'encore aujourd'hui, personne n'est parvenu à le remplacer adéquatement; on lui a succédé, tout au plus. Grâce à son excellente connaissance du français, il crée presque à lui seul un tout nouveau vocabulaire servant autant à décrire un match alors qu'il se déroule, qu'à en faire l'analyse par la suite. Gilles Tremblay, qui a travaillé de longues années à ses côtés, se souvient: «Il avait un livre rempli d'expressions adaptées à chaque situation de jeu sur la patinoire et jamais il n'était piégé par un anglicisme ou une expression inadéquate.»

De toute évidence, lorsque Tremblay se joint à lui pour l'analyse des parties du Canadien, il est à la fois très nerveux et impressionné. Tremblay n'a pour toute expérience que quelques entrevues à titre de joueur pour le Canadien. «Je lui ai demandé si je devais m'inscrire à des cours de français dans le but d'être à la hauteur tant à la radio qu'à la télévision, me dit Tremblay en entrevue. Il m'a répondu: "Ce n'est pas nécessaire si tu suis mes conseils et si tu fais les exercices que je te donnerai à faire." Il était d'un commerce agréable et se faisait un plaisir d'aider quiconque sollicitait ses conseils», ajoute Tremblay.

Né le 5 juillet 1918 à Montréal, René Lecavalier marque l'histoire du Québec par la qualité de son français et son habileté à rendre vivants différents reportages sportifs tout au long de sa carrière. Lecavalier fait ses études à l'Académie Saint-Léon de Westmount, où il décroche un diplôme en 1935. Il s'inscrit l'année suivante aux études classiques du Mont Saint-Louis pendant deux ans. Il est donc diplômé en 1937, l'année de son arrivée à la Société Radio-Canada au service de la comptabilité.

En 1941, il est promu au service des annonceurs. Il part ensuite trois ans en Afrique du Nord en tant que correspondant de guerre pour la radio des Nations Unies. Durant ces trois longues années, René a comme tâche première de réaliser des reportages directement sur le terrain. Il revient au Québec en 1944 pour prendre la responsabilité de différentes émissions sur la musique et de plusieurs feuilletons radiophoniques durant sept ans à la radio de Radio-Canada.

Animateur chevronné, son expérience du domaine du sport l'amène à décrire le tout premier match de hockey télévisé en 1952 à la télévision de Radio-Canada. La liste des émissions auxquelles il travaille est impressionnante: il anime des émissions sur le golf, le tennis et le basketball, sans compter les nombreux Jeux olympiques d'hiver et d'été. Une chose est certaine: il a la faculté de s'adapter à n'importe quelle situation qui se présente à lui.

Si sa renommée est aujourd'hui à ce point établie partout en Amérique du Nord, c'est que dès le début de sa longue carrière, sa compétence et son professionnalisme ont été reconnus. En 1959, il reçoit un premier honneur, le Prix de journalisme de la Société Saint-Jean-Baptiste pour la francisation et l'ennoblissement du langage sportif. L'année suivante, il mérite le trophée Laflèche remis au meilleur commentateur sportif. En 1966, il est récipiendaire du trophée Foster-Hewitt remis au meilleur commentateur sportif au Canada pour l'excellence de son travail dans le domaine des sports à la radio et à la télévision.

Mais Lecavalier ne fait pas que briller: il innove. Si, de nos jours, les partisans de sports ont la chance de suivre quotidiennement toute une gamme d'émissions sportives à la télévision ou à la radio, ils le doivent à René Lecavalier. Son curriculum vitæ est prestigieux et impressionnant, surtout si l'on songe qu'il a lancé avec le regretté Jean-Maurice Bailly les chroniques de fin de soirée qui devaient plus tard conduire à la création d'un service des sports à Radio-Canada et aux bulletins de nouvelles sportives.

Au cours de sa carrière, il décrit la majorité des matchs télévisés des Canadiens de Montréal et participe à la retransmission télévisée de tous les Jeux olympiques d'hiver et d'été, à l'exception de ceux de Munich en 1972 et de Moscou en 1980. De plus, il est présent lors des Jeux du Commonwealth et des Jeux panaméricains, ainsi qu'à l'Omnium de golf du Canada de 1960 à 1980. Il a toutefois un faible pour les Jeux olympiques de Montréal de 1976. Il est chef d'antenne et suit les exploits des athlètes sur 15 écrans témoins. En voyant de plus en plus de médaillés québécois, il ne peut oublier les Jeux de Montréal. «Les Jeux de 1976 furent un tremplin pour plusieurs jeunes. Ils peuvent maintenant s'identifier à quelqu'un», disait-il.

De plus, René Lecavalier réalise plusieurs grands reportages qui font encore aujourd'hui l'envie des experts du monde du sport. Il se distingue, entre autres, par ses reportages aux Jeux olympiques d'été de Tokyo en 1964, la Série mondiale de baseball en 1967 et la coupe du monde d'athlétisme au Stade olympique de Montréal en 1978.

Aucun commentateur n'a reçu autant d'honneurs individuels que René Lecavalier. Mais pour lui, qui est décoré du Mérite franco-ontarien en 1967, de l'Ordre du Canada en 1970, de l'Ordre de la fidélité française en 1973 et à qui l'Université du Québec décerne un doctorat honorifique, la plus grande joie demeure celle de voir progresser la profession. «C'est le plus bel honneur de ma carrière», mentionnait Lecavalier à un journaliste il y a quelques années.

Ses plus grandes satisfactions, il les éprouve à décrire la série du siècle de 1972 et les matchs de la coupe Stanley des Canadiens de Montréal. À cette époque, il fait vibrer le Québec tout entier; c'est la première fois que les joueurs de la Ligue nationale de hockey disputent des matchs contre une équipe soviétique.

Il a su élaborer un vocabulaire bien à lui pour décrire un match de hockey. Il suffit de penser aux expressions suivantes: «Une montée à l'emporte-pièce», les Canadiens auront «l'avantage numérique» pour les deux prochaines minutes, «le filet est sorti de ses amarres» plutôt que sorti de ses gonds, sans oublier... «Et c'est le but!» Le couronnement de sa carrière a lieu en 1984, lorsqu'il est intronisé au Temple de la renommée. Il est décédé le 6 septembre 1999.

Affecté pendant plus de 33 ans à la description des matchs de hockey à la télévision, il avait une façon bien à lui d'entrer en ondes: je l'entends encore nous dire: «BONSOIR mesdames et messieurs, ici RENÉ LECAVALIER...»

JACQUES LEMAIRE

(Jacques «Coco» Lemaire)

Centre et entraîneur

Doté d'un esprit fort combatif, Lemaire est l'un des plus habiles joueurs de centre à avoir appartenu aux Canadiens de Montréal. Il possède un bon coup de patin et sa vision du jeu force l'admiration. Il s'adapte facilement à différents co-équipiers, la marque d'un grand joueur de centre. Il est d'un très grand secours lors-qu'un coéquipier éprouve des difficultés en attaque et l'aide à se sortir du marasme.

Lemaire était un homme persuasif, tant sur la patinoire que dans le vestiaire. Bowman se rappelle: «Il ne parle pas beaucoup, mais il est très influent auprès des joueurs de l'équipe. Il suffit qu'il regarde un joueur pour que celui-ci comprenne. Il donne toujours l'exemple sur la patinoire et ne demande jamais à un coéquipier de faire des choses qu'il n'est pas lui-même en mesure d'accomplir.» Lemaire est un élément fondamental de la troupe d'élite des Canadiens qui régna tout au long des années 70 et 80. On s'en souvient, il fait littéralement la pluie et le beau temps sur les patinoires de la Ligue nationale dans les années soixante-dix, en compagnie de Steve Shutt à l'aile gauche et de Guy Lafleur à l'aile droite. Au cours de ses douze saisons chez le Canadien, Jacques fait partie de huit équipes de première position et d'autant d'équipes gagnantes de la coupe Stanley.

Le numéro 25 du Tricolore a récolté 835 points en 853 matchs en saison ré-gulière et il présente un dossier tout aussi reluisant en séries de fin de saison, avec 139 points en 145 rencontres. Avec de tels chiffres, il n'est pas surprenant que Le-maire ait franchi le cap des 30 buts à cinq reprises et le plateau des quarante buts en une occasion, atteignant son sommet personnel de 44 en 1972-73.

Il joue toujours dans l'ombre de Guy Lafleur, Steve Shutt et Peter Mahovlich. C'est un modèle de régularité, enregistrant 20 buts ou plus à chacune de ses 12 sai-sons dans la Ligue nationale. Il ne reçoit pas beaucoup d'honneurs individuels, outre ses deux élections au match des étoiles en 1970 et 1973. Il est toutefois parmi les finalistes au trophée Calder en 1968, derrière le joueur des Bruins de Boston et gagnant, Derek Sanderson.

Né le 7 septembre 1945 à LaSalle, Lemaire commence ses activités de hockeyeur dans des ligues organisées de calibre junior en 1962, avec les Maroons de Lachine, où il est champion marqueur avec une récolte de 104 points en seulement 42 rencontres. Après deux saisons avec le Canadien junior de Montréal de la Ligue de hockey junior de l'Ontario, il ne joue qu'une seule saison avec les Apollos de Houston de la Ligue centrale de hockey professionnelle.

Après la défaite des Canadiens en finale contre les Maple Leafs de Toronto en 1967, la direction décide de promouvoir quelques jeunes joueurs, dont Lemaire. Ce dernier ne déçoit pas son entraîneur Toe Blake, qui en est à sa dernière saison derrière le banc, et Jacques démontre dès son arrivée qu'il est un gagnant de nature.

Les exploits de Lemaire, qui contribuent aux saisons de soixante buts de Steve Shutt et de Guy Lafleur, sont éloquents. Lorsque Guy Lafleur parvient à compter au moins un point par match au cours de 28 matchs consécutifs en 1977, l'apport de Lemaire n'est certes pas négligeable.

Ses exploits en séries éliminatoires illustrent bien sa volonté de réussir à tout prix. Il est d'ailleurs au deuxième rang de l'histoire des Canadiens avec 139 points, derrière Jean Béliveau, qui en totalise 176. « Pour remporter la coupe Stanley, il faut que tous les joueurs donnent leur plein rendement. Le succès de l'équipe doit toujours passer avant les performances individuelles » dit-il, après une victoire de la coupe Stanley.

Lemaire parvient presque à remporter le trophée Conn Smythe durant les séries éliminatoires de 1979, avec un total de 23 points dont onze buts, deux sommets dans la LNH, cette saison-là. Mais Bob Gainey le devance et remporte le trophée tant convoité.

Toujours à l'affût, Lemaire réussit 58 buts victorieux en saison régulière et onze autres en séries éliminatoires, dont trois en prolongation. Le plus important de ses buts gagnants est sans contredit celui du 14 mai 1977, qui permet à son équipe de remporter le match 2-1 contre les Bruins de Boston, en prolongation. Malgré sa position au sein d'un trio offensif, vers le milieu des années 70, il devient plus attentif à la défensive et il termine sa carrière avec un différentiel de +349, dont un sommet de +70 en 1976-77.

À la grande surprise de tous, il annonce sa retraite au terme de la saison 1978-79, pour se joindre à la formation du HC de Sierre, en Suisse. Plusieurs hommes d'affaires de la région l'ont convaincu de quitter l'organisation du Canadien en lui présentant un contrat alléchant de trois ans avec beaucoup de conditions avantageuses, c'est-à-dire une maison à la campagne, une voiture luxueuse, mais surtout un contrat de joueur, entraîneur et directeur-gérant.

Lemaire déclare en conférence de presse: « Je pars pour la Suisse pour trois ans tout simplement par goût de l'aventure. J'ai vécu douze merveilleuses saisons avec la meilleure organisation de hockey que je connaisse. » Malgré une offre de l'organisation montréalaise, Lemaire maintient sa décision de tenter l'expérience en Europe.

Après deux années à se perfectionner et à parfaire ses connaissances, il revient pour la saison 1981-82, à titre d'entraîneur adjoint avec la formation de l'Université de Plattsburgh. On peut déjà entrevoir, avec un tel cheminement, qu'il est voué à demeurer dans le monde du hockey. Il revient au Québec pour diriger les

Chevaliers de Longueuil de la Ligue de hockey junior majeur du Québec, pour la saison 1982-83.

Il réussit de véritables prouesses avec sa nouvelle formation. Dès sa première saison, l'équipe présente en effet un dossier de 37 victoires, 29 défaites et 4 parties nulles. Ce dossier est le meilleur de l'histoire de la Ligue de hockey junior majeur du Québec pour une équipe de première saison. De plus, Lemaire conduit cette équipe méconnue jusqu'à la finale, contre la formation de Verdun et son joueur étoile Pat LaFontaine, qui l'emportent en cinq matchs.

Grâce à la tenue remarquable de son club junior et à ses méthodes de travail, Lemaire se voit offrir un poste dans l'organisation des Canadiens. Il effectue son retour comme adjoint à l'entraîneur Bob Berry, qu'il remplacera le 24 février 1984 à titre d'entraîneur-chef jusqu'à la fin de la saison. Il dirige l'équipe la saison suivante également. De 1985-86 à 1992-93, il agit à titre d'adjoint au directeur-gérant Serge Savard et de directeur du personnel hockey. C'est ainsi qu'il s'initie à l'aspect administratif du sport.

Il est engagé comme entraîneur des Devils du New Jersey en 1993. Son apprentissage comme adjoint, ainsi que sa formation à Sierre, en Suisse, lui valent beaucoup de succès derrière le banc des Devils. Il est le récipiendaire du trophée Jack Adams en 1994 et remporte la coupe Stanley en 1995. Il devient, en juin 2000, le premier entraîneur-chef de l'histoire du Wild du Minnesota, un nouveau club qui entreprend sa première saison dans la Ligue nationale de hockey à l'automne 2000.

Lemaire a connu un passé glorieux au sein de l'organisation du Canadien, tout d'abord comme joueur, puis comme entraîneur méthodique et respecté. Lemaire est intronisé au Temple de la renommée du hockey en 1984. Les connaissances de Lemaire en matière de hockey sont incontestables. Il est selon moi un joueur complet, excellant tant en offensive qu'en défensive; il est regrettable qu'il n'ait pas toujours reçu la reconnaissance qu'il mérite.

Doué d'un sens remarquable du hockey, Guy Lafleur, lui-même membre du Temple de la renommée, vantait les talents de fabricant de jeux de Jacques Lemaire et l'ardeur qu'il mettait à la tâche. Lemaire ne mit pas beaucoup de temps à se tailler une réputation de joueur d'équipe et c'est la première chose qu'il enseigne aux jeunes joueurs sous sa férule. On peut dire à juste titre que l'entraîneur Jacques Lemaire était tout aussi talentueux que le joueur et qu'il aura excellé dans chacune de ses tâches.

Quelques faits marquants de sa carrière:

➢ 7 tours du chapeau en saison régulière et une pendant les séries éliminatoires.

➢ 12 saisons de plus de 20 buts, 5 saisons de 30 buts et une saison de 40 buts.

➢ Participation à deux matchs d'étoiles.

➢ Finaliste au trophée Calder en 1968.

➢ 8 coupes Stanley en 8 participations à la grande finale comme joueur.

➤ Une coupe Stanley comme entraîneur.

➤ Remporte, en 1994, le trophée Jack Adams.

➤ Premier entraîneur de la franchise du Wild du Minnesota (2000-2001).

➤ Intronisé au Temple de la renommée du hockey en 1984.

➤ A porté le numéro 25 avec les Canadiens.

LEMAIRE, Jacques «Coco»   Source: LNH

Centre, gaucher 5'10", 180 lb
Né à LaSalle, QC, le 7 septembre 1945
Temple de la renommée: 1984
Dernier club amateur 1965-66: le Canadien junior de Montréal

			Saison régulière								Séries éliminatoires					
Saison	Équipe	Ligue	PJ	B	A	Pts	Pun	AN	BG	+/-	PJ	B	A	Pts	Pun	AN	BG
1967-68	Canadiens de Montréal	LNH	69	22	20	42	16	3	3	+15	13	7	6	13	6	2	2
1968-69	Canadiens de Montréal	LNH	75	29	34	63	29	5	4	+31	14	4	2	6	6	1	0
1969-70	Canadiens de Montréal	LNH	69	32	28	60	16	13	5	+19	–	–	–	–	–	–	–
1970-71	Canadiens de Montréal	LNH	78	28	28	56	18	6	3	=	20	9	10	19	17	4	1
1971-72	Canadiens de Montréal	LNH	77	32	49	81	26	8	7	+37	6	2	1	3	2	0	0
1972-73	Canadiens de Montréal	LNH	77	44	51	95	16	9	5	+59	17	7	13	20	2	3	1
1973-74	Canadiens de Montréal	LNH	66	29	38	67	10	10	7	+4	6	0	4	4	2	0	0
1974-75	Canadiens de Montréal	LNH	80	36	56	92	20	12	8	+25	11	5	7	12	4	1	0
1975-76	Canadiens de Montréal	LNH	61	20	32	52	20	6	3	+26	13	3	3	6	2	1	1
1976-77	Canadiens de Montréal	LNH	75	34	41	75	22	5	4	+70	14	7	12	19	6	1	3
1977-78	Canadiens de Montréal	LNH	76	36	61	97	14	6	5	+54	15	6	8	14	10	0	1
1978-79	Canadiens de Montréal	LNH	50	24	31	55	10	6	4	+9	16	*11	12	*23	6	6	2
	Totaux LNH	12 saisons	853	366	469	835	217	89	58		145	61	78	139	63	19	11

Entraîneur   Source: LNH

			Saison régulière					Séries éliminatoires			
Saison	Équipe	Ligue	PJ	VIC	DÉF	NUL	%	PJ	VIC	DÉF	NUL	%
1983-84	Canadiens de Montréal	LNH	17	7	10	0	.412	15	9	6	0	.600
1984-85	Canadiens de Montréal	LNH	80	41	27	12	.588	12	6	6	0	.500
1993-94	Devils du New Jersey	LNH	84	47	25	12	.631	20	11	9	0	.550
1994-95	Devils du New Jersey	LNH	48	22	18	8	.542	20	16	4	0	.800
1995-96	Devils du New Jersey	LNH	82	37	33	12	.524	–	–	–	–	–
1996-97	Devils du New Jersey	LNH	82	45	23	14	.634	10	5	5	0	.500
1997-98	Devils du New Jersey	LNH	82	48	23	11	.652	6	2	4	0	.333
	Totaux LNH	7 saisons	475	247	159	69	.593	83	49	34	0	.590

RÉJEAN LEMELIN

(Réjean «Reggie» Lemelin)

Gardien de but

Flames de Pittsburgh

Pour bien des joueurs, l'ascension vers une équipe professionnelle est des plus rapides, mais pour Lemelin, il fallait faire preuve de patience. Il doit jouer long-temps dans les ligues mineures avant de faire partie d'une équipe de la Ligue natio-nale de hockey. Si Lemelin n'a pas remporté beaucoup d'honneurs individuels, il s'est toujours montré d'une très grande stabilité. Il préconisait un style misant principalement sur ses réflexes.

N'eut été du mystérieux Daniel Bouchard ou de l'excentrique Andy Moog, Lemelin aurait peut-être mérité un peu plus d'attention, mais il n'avait rien de flamboyant, sauf peut-être lors des grandes séries. Beaucoup se rappellent ses efforts pour accéder à la Ligue nationale. Sa grande volonté et son désir de vaincre l'ont poussé à atteindre son unique but: jouer un jour avec les meilleurs au monde.

Né le 19 décembre 1954 à Québec, Réjean Lemelin fait ses premières armes dans le hockey mineur avec les Castors de Sherbrooke de la Ligue de hockey junior majeur du Québec en 1972-73. Ses succès des deux premières saisons lui permet-tent de jouer avec les Firebirds de Philadelphie de la North American Hockey League. Il y passera trois saisons tout en effectuant quelques séjours auprès des In-diens de Springfield de la Ligue américaine de hockey.

Repêché au sixième tour par les Flyers de Philadelphie en 1974, Lemelin ne joue aucun match avec eux. Devenu joueur autonome, il signe un premier contrat de la Ligue nationale avec les défunts Flames d'Atlanta, le 17 août 1978. En 1980, l'équipe est mutée à Calgary. Obligé de partager le filet avec Daniel Bouchard, Réjean ronge son frein jusqu'au départ de celui-ci pour Québec, au début de la saison 1980-81. Dès lors, Réjean est de plus en plus utilisé par son entraîneur Al MacNeil. Il remporte beaucoup de succès à Calgary et participe à de nombreuses saisons gagnantes. Il est le premier de la lignée de gardiens vedettes des Flames (Atlanta et Calgary).

Ses prouesses servent à distraire les partisans de Calgary, qui par ailleurs n'ont aucune raison de se réjouir des faibles performances des Flames, surtout en séries éliminatoires. Lemelin est grandement apprécié dans cette ville de l'Ouest cana-dien. Il est impossible d'imaginer le succès qu'aurait pu connaître Réjean Lemelin s'il avait eu la chance de jouer pour une équipe de hockey de premier plan, comme les Oilers d'Edmonton ou les Islanders de New York.

Le 13 août 1987, Lemelin signe en tant que joueur autonome avec les Bruins de Boston. Il y connaît de bonnes saisons, mais de toute évidence, c'est en séries éliminatoires qu'il se distingue le plus. Durant ces séries, il élimine les Canadiens de Montréal presque à lui seul. Sa tenue devant le filet contribue largement aux succès des Bruins.

Après avoir perdu un premier match à Montréal, il revient en force, n'accordant aux Canadiens que cinq buts lors des quatre matchs suivants. Lors du quatrième match à Boston, le 24 avril 1988, Lemelin ne se contente pas de l'excellence: il domine tellement le jeu que les joueurs des Canadiens ne parviennent pas à franchir le rempart qu'il semble former à lui seul. Il repousse coup sur coup des échappées de Mats Naslund et de Bobby Smith. Les Canadiens accumulent les tirs au but, mais Lemelin et les Bruins blanchissent le Tricolore 2 à 0. Deux jours plus tard, les Canadiens s'inclinent 4 à 1. Lemelin a encore une fois vaincu l'équipe montréalaise.

Stéphane Richer, qui a fait bonne figure en séries, précise à l'analyste de la *Soirée du hockey:* «Nous avons eu nos chances de marquer, mais Bourque et Lemelin ont fait la différence, il était difficile de marquer contre Reggie.» Ryan Walter est encore plus catégorique et cinglant dans ses propos: «Sans Lemelin, les Bruins n'auraient pas gagné cette série.»

Les experts du hockey commencent à le comparer aux meilleurs cerbères de la Ligue nationale. Cette victoire surprise stimule les Bruins qui l'emportent sur les Devils du New Jersey en sept matchs, pour ensuite s'incliner en quatre rencontres devant les puissants Oilers d'Edmonton en finale de la coupe Stanley.

Ajoutons qu'un tel exploit tient presque du miracle et qu'il est dû vraisemblablement à la performance exceptionnelle de Lemelin dans les filets. En 17 matchs éliminatoires, il obtient une moyenne de 2.63 buts alloués, la meilleure de la Ligue. Il se révèle à son meilleur lors de ces séries éliminatoires en signant 11 victoires en 17 matchs.

Lemelin connaît une autre bonne saison en 1989-90, avec 22 victoires en saison, alors qu'il partage le travail avec Andy Moog. Les deux gardiens remportent d'ailleurs le trophée William Jennings pour avoir alloué le moins de buts de toutes les équipes de la Ligue nationale en saison régulière. Malheureusement, la tenue d'Andy Moog en fin de saison ne permet pas à Lemelin de disputer plus de trois rencontres en séries éliminatoires.

Il a souvent joué dans l'ombre d'un autre gardien ou évolué au sein de formations au talent limité. Par contre, il réussit à inscrire à son dossier personnel 236 victoires, 162 défaites et 63 matchs nuls. À douze reprises, il réussit à blanchir ses adversaires.

Lors de ses deux dernières saisons, il est souvent blessé et, après n'avoir disputé que huit matchs en 1991-92 et dix en 1992-93, il annonce sa retraite. Depuis 1996, il est entraîneur des gardiens de but dans l'organisation des Flyers de Philadelphie.

Lemelin ne fut sans doute pas le plus grand gardien de but de l'histoire, mais il a su imposer un certain respect aux attaquants adverses. Terminer ainsi sa carrière avec 236 victoires alors qu'on partage le travail avec un autre gardien suffit largement à lui mériter une place dans les 100 plus grands Québécois du hockey.

Quelques faits marquants de sa carrière:

➤ Participation à un match d'étoiles.

➤ Aucune coupe Stanley en trois participations à la grande finale.

➤ Remporte, en 1990, le trophée William Jennings.

➤ N'a jamais été échangé durant sa carrière.

➤ 11 saisons victorieuses consécutives (1982 à 1993).

LEMELIN, Réjean «Reggie»   Source: LNH

Gardien, gaucher 5'11", 170 lb
Né à Québec, QC, le 19 novembre 1954
6e choix des Flyers de Philadelphie, 125e choix au repêchage de 1974
Dernier club amateur 1973-74: les Castors de Sherbrooke

					Saison régulière					Séries éliminatoires					
Saison	Équipe	Ligue	PJ	VIC	D	N	Mins	BA	Bl.	Moy	PJ	VIC	D	Mins	BA	Bl.	Moy
1978-79	Flames d'Atlanta	LNH	18	8	8	1	994	55	0	3.32	1	0	0	20	0	0	0.00
1979-80	Flames d'Atlanta	LNH	3	0	2	0	150	15	0	6.00	–	–	–	–	–	–	–
1980-81	Flames de Calgary	LNH	29	14	6	7	1629	88	2	3.24	6	3	3	366	22	0	3.61
1981-82	Flames de Calgary	LNH	34	10	15	6	1866	135	0	4.34	–	–	–	–	–	–	–
1982-83	Flames de Calgary	LNH	39	16	12	8	2211	133	0	3.61	7	3	3	327	27	0	4.95
1983-84	Flames de Calgary	LNH	51	21	12	9	2568	150	0	3.50	8	4	4	448	32	0	4.29
1984-85	Flames de Calgary	LNH	56	30	12	10	3176	183	1	3.46	4	1	3	248	15	1	3.63
1985-86	Flames de Calgary	LNH	60	29	24	4	3369	229	1	4.08	3	0	1	109	7	0	3.85
1986-87	Flames de Calgary	LNH	34	16	9	1	1735	94	2	3.25	2	0	1	101	6	0	3.56
1987-88	Bruins de Boston	LNH	49	24	17	6	2828	138	3	2.93	17	11	6	1027	45	*1	*2.63
1988-89	Bruins de Boston	LNH	40	19	15	6	2392	120	0	3.01	4	1	3	252	16	0	3.81
1989-90	Bruins de Boston	LNH	43	22	15	2	2310	108	2	2.81	3	0	1	135	13	0	5.78
1990-91	Bruins de Boston	LNH	33	17	10	3	1829	111	0	3.64	2	0	0	32	0	0	0.00
1991-92	Bruins de Boston	LNH	8	5	1	0	407	23	0	3.39	2	0	0	54	3	0	4.34
1992-93	Bruins de Boston	LNH	10	5	4	0	542	31	0	3.43	–	–	–	–	–	–	–
	Totaux LNH	15 saisons	507	236	162	63	28006	1613	12	3.46	59	23	25	3119	186	2	3.58

CLAUDE LEMIEUX

(Claude «Pépé» Lemieux)

Ailier droit

«Ambitieux, déterminé et arrogant» sont des qualités que tout entraîneur aimerait retrouver chez ses joueurs. Lemieux les acquiert en s'impliquant jour après jour dans la jungle du hockey junior et de la Ligue nationale de hockey. Il exaspère les joueurs des équipes adverses, il est d'une arrogance à faire frémir et, question d'en rajouter un peu, il a une grande gueule. Finalement, il possède toutes les qualités nécessaires pour se faire détester pendant des années. Il est du genre à se mettre tous ses adversaires à dos, mais que tous voudraient avoir comme coéquipier!

Il aime donner des coups et provoquer les autres joueurs du circuit. «Quand t'as pas de talent, tu travailles fort et tu tentes de t'imposer d'une manière ou d'une autre», disait Lemieux à son arrivée avec le Canadien. Son style fougueux et déterminé lui vaut quand même une certaine reconnaissance à travers la ligue; s'il ne fait pas l'unanimité, il est néanmoins respecté par ses pairs. Pour les autres équipes, c'est l'homme à abattre et c'est à qui réussira à lui... rabattre le caquet une fois pour toutes. Dès ses débuts dans la Ligue nationale, son sens du leadership lui vaut d'être sélectionné pour faire partie de l'équipe de Rendez-Vous 87 et de l'équipe Canada en 1988.

En plus de se servir de ses épaules, il se sert de sa langue pour enguirlander ses adversaires. Mike Bossy, ancien joueur étoile des Islanders de New York, se souvient: «C'était ma dernière visite au Forum et mes problèmes de dos me faisaient souffrir énormément, j'avais beaucoup ralenti. Lemieux me lance: "Tu en arraches, mon vieux!" Je lui ai répondu sur un ton sarcastique qu'il ne ferait pas plus de cinq ans dans la Ligue nationale.» C'était du Lemieux à son meilleur.

Né le 16 juillet 1965 à Buckingham, Claude Lemieux a appris son hockey mineur à Mont-Laurier où l'aréna lui était familier, puisque sa mère était la gérante du restaurant. À l'âge de seize ans, il s'amène à Montréal pour jouer dans le calibre midget AAA avec le Richelieu. Repêché par les Draveurs de Trois-Rivières de la Ligue de hockey junior majeur du Québec, il entame sa carrière junior à la saison 1982-83. Après avoir offert des performances intéressantes en attaque avec l'équipe de la Mauricie, Lemieux se retrouve ensuite deux ans au sein du junior de Verdun, où il connaît d'éclatants succès et participe à la coupe Memorial.

La direction du Canadien décèle en lui beaucoup de potentiel. Il possède déjà plusieurs atouts: il est bon en attaque et préconise un style robuste. Le Canadien le sélectionne en deuxième choix, le 26e au total du repêchage de 1983. Il dispute huit rencontres durant la saison 1983-84 et un match en 1984-85. Au camp d'entraînement d'octobre 1985, Lemieux est fin prêt et se voit déjà avec le Tricolore pour des années à venir.

Serge Savard, le directeur-gérant des Canadiens, juge que Claude manque beaucoup trop de maturité et le renvoie dans la Ligue américaine avec les Canadiens de Sherbrooke. Lemieux n'accepte pas du tout son renvoi dans les mineures et a beaucoup de mal à avaler cette rétrogradation. «C'est comme si mon rêve de faire la Ligue nationale s'envolait», dit Lemieux quelques instants après la nouvelle de son renvoi.

Son séjour en Estrie ne va pas sans heurts et Claude avoue avoir été grandement aidé par sa famille et par la famille Filion. En effet, le 21 juin 1986, Claude épouse Carole Filion, la nièce de l'ancien directeur-gérant des Nordiques de Québec, Maurice Filion. Claude Lemieux doit beaucoup au soutien de sa femme: «Elle mérite beaucoup de crédit pour mes succès en carrière», dit-il.

Si Lemieux jouit aujourd'hui d'un statut de joueur vedette, il le doit en partie à son ancien entraîneur avec les Canadiens de Sherbrooke, Pierre Creamer. «Claude veut constamment s'améliorer et les efforts ne lui font pas peur. Il espère un jour devenir un joueur étoile à travers la Ligue nationale. S'il continue sur cette voie, il sera sans doute un très bon joueur», déclare Creamer à un journaliste de Montréal en 1985.

Creamer n'est pas tendre avec Lemieux. Il le suspend même pour un match lorsqu'il joue pour Sherbrooke. Claude s'est repris en main et tout s'est remis en place. On peut en voir aujourd'hui les résultats. Claude est comme le bon vin: plus les années passent, plus il s'améliore. L'expérience acquise au fil des ans lui permet maintenant d'être un élément important de son club et d'apporter un second souffle lors des séries éliminatoires.

Vers la fin de la saison 1985-86, Lemieux participe aux dix derniers matchs des Canadiens de Montréal et s'avère l'élément clé en séries éliminatoires. Il connaît des séries du tonnerre avec 16 points en 20 matchs, dont dix buts. Il est considéré comme un joueur de séries de fin de saison, ce qui lui vaut le surnom de «Mr. Spring». Il se sera toujours distingué dans les moments importants et la preuve en est faite lors des séries de 1986.

Il marque quatre buts victorieux, dont deux en prolongation, pour mener le Canadien à la victoire de la coupe Stanley. On se souvient tous de son but très important dans la série finale de la section Adams contre les Whalers de Hartford. Sorti de derrière le filet des Whalers, Lemieux, d'un lancer du revers, dirige la rondelle dans l'espace compris entre l'épaule de Mike Liut, le gardien des Whalers, et la barre horizontale; il marque ainsi le but vainqueur en prolongation. Par la suite, plus rien n'arrête les élans de Lemieux et du Tricolore.

Il manifeste une très grande maturité lors du tournoi de Rendez-Vous 87 à Québec. Côtoyer et s'aligner avec des joueurs de la trempe de Wayne Gretzky, Mark Messier, Raymond Bourque et Mario Lemieux ne peut qu'aider ce jeune de 21 ans à acquérir beaucoup de confiance dans ce merveilleux sport.

Il connaît tout de même de bonnes saisons avec le Canadien jusqu'à son départ pour le New Jersey, le 4 septembre 1990, en retour de Sylvain Turgeon, le frère de Pierre. Il rend de précieux services aux Devils en contribuant à leur première coupe Stanley, au printemps de 1995. Son efficacité lui mérite son seul honneur individuel en carrière: le trophée Conn Smythe. Après n'avoir marqué que six buts en saison régulière, il en enfile 13 lors des séries éliminatoires, un sommet dans la Ligue nationale cette saison-là. En marquant deux fois 30 buts et une fois 41 buts avec les Devils, il s'avère un rouage important dans la reconstruction de l'équipe.

Le 3 octobre 1995, il est échangé aux Islanders de New York en retour de l'attaquant Steve Thomas. Les Islanders le cèdent immédiatement à l'Avalanche du Colorado en retour du vétéran Wendel Clark. Encore une fois, il devient le porte-bonheur d'une équipe, car dès sa première campagne en 1995-96 avec l'équipe du Colorado, il les aide à remporter la coupe Stanley. Il devient donc le septième joueur à remporter la coupe Stanley avec trois formations différentes.

Sa performance en séries éliminatoires est telle que Lemieux compte 19 buts victorieux au cours de sa carrière et seuls Wayne Gretzky, avec 24, et Brett Hull, avec 21, parviennent à le surpasser. Le 3 novembre 1995, Claude, qu'on surnomme également «Pépé», prend à nouveau le chemin du New Jersey en retour de Brian Rolston et de choix de repêchage. Encore une fois, comme il en a pris l'habitude, dès son arrivée, il prend les choses en main et aide son équipe à gagner à nouveau la coupe Stanley, au printemps 2000 cette fois.

Lemieux excelle particulièrement lorsque la pression augmente et on ne peut demander mieux pour une équipe qui aspire à remporter les grands honneurs. Lui qui répète sans cesse en début de carrière qu'il n'a aucun talent, on pourrait aujourd'hui le surnommer le «plombier de luxe» le plus détesté de la Ligue nationale. Il n'a pas le talent d'un Mike Modano ou d'un Pavel Bure, mais il est certainement de la trempe que Ken Linseman, ancienne peste de la Ligue nationale.

Lors d'un match à Boston en 1989, Lemieux et Linseman se provoquent tout au long de la partie et vers la fin du match, le joueur des Bruins passe près de Claude en lui disant: «Hey, Lemieux, tu essaies de me voler mon style, tu ne feras pas long feu si tu ne te fermes pas la gueule. Tu vas te faire ramasser par l'un de nous, un de ces jours.» Claude réplique comme suit: «Hey, le vieux, c'est quand la retraite, tu n'arrives même plus à avancer sur tes patins et tu devrais jouer sur le cinquième trio.» Et vlan! La bagarre éclate et les deux adversaires se retrouvent sur le banc des punitions, où leur grand silence surprend. Linseman avait réussi à faire sortir Lemieux de ses gonds. «Bienvenue dans la Ligue nationale», devait se dire le robuste joueur des Bruins.

Lorsqu'on demande aux jeunes d'aujourd'hui de s'impliquer dans tout ce qu'ils entreprennent, c'est pour leur faire comprendre que même avec un talent limité, il est possible, à force de détermination, de réussir. Claude ne sera probablement jamais introniClaude au Temple de la renommée du hockey, mais si certains joueurs de la Ligue nationale avaient la moitié du cœur de Lemieux, ils seraient de très grandes vedettes.

Quelques faits marquants de sa carrière:

➤ 10 saisons de plus de 20 buts, 5 saisons de plus de 30 buts et 1 saison de plus de 40 buts.

➤ Remporte, en 1995, le trophée Conn Smythe.

➤ 4 coupes Stanley en 5 participations à la grande finale.

➤ L'un des 7 joueurs à avoir remporté la coupe Stanley avec 3 équipes différentes.

➤ A porté le numéro 31 avec les Canadiens.

LEMIEUX, Claude «Pépé»   Source: LNH

Ailier droit, droitier 6'1'', 215 lb
Né à Buckingham, QC, le 16 juillet 1965
2ᵉ choix des Canadiens de Montréal, 26ᵉ choix au repêchage de 1983
Dernier club amateur 1984-85: le Canadien junior de Verdun

Saison	Équipe	Ligue	PJ	B	A	Pts	Pun	AN	BG	+/-	PJ	B	A	Pts	Pun	AN	BG
1983-84	Canadiens de Montréal	LNH	8	1	1	2	12	0	0	-2	—	—	—	—	—	—	—
1984-85	Canadiens de Montréal	LNH	1	0	1	1	7	0	0	+1	—	—	—	—	—	—	—
1985-86	Canadiens de Montréal	LNH	10	1	2	3	22	1	0	-6	20	10	6	16	68	4	4
1986-87	Canadiens de Montréal	LNH	76	27	26	53	156	5	1	=	17	4	9	13	41	2	0
1987-88	Canadiens de Montréal	LNH	78	31	30	61	137	6	3	+16	11	3	2	5	20	0	2
1988-89	Canadiens de Montréal	LNH	69	29	22	51	136	7	3	+14	18	4	3	7	58	0	0
1989-90	Canadiens de Montréal	LNH	39	8	10	18	106	3	1	-8	11	1	3	4	38	0	1
1990-91	Devils du New Jersey	LNH	78	30	17	47	105	10	2	-8	7	4	0	4	34	2	1
1991-92	Devils du New Jersey	LNH	74	41	27	68	109	13	8	+9	7	4	3	7	26	1	0
1992-93	Devils du New Jersey	LNH	77	30	51	81	155	13	3	+3	5	2	0	2	19	1	0
1993-94	Devils du New Jersey	LNH	79	18	26	44	86	5	5	+13	20	7	11	18	44	0	2
1994-95	Devils du New Jersey	LNH	45	6	13	19	86	1	1	+2	20	*13	3	16	20	0	3
1995-96	Avalanche du Colorado	LNH	79	39	32	71	117	9	10	+14	19	5	7	12	55	3	0
1996-97	Avalanche du Colorado	LNH	45	11	17	28	43	5	4	-4	17	*13	10	23	32	4	4
1997-98	Avalanche du Colorado	LNH	78	26	27	53	115	11	1	-7	7	3	3	6	8	1	1
1998-99	Avalanche du Colorado	LNH	82	27	24	51	102	11	8	=	19	3	11	14	26	1	0
1999-00	Avalanche du Colorado	LNH	13	3	6	9	4	0	0	=	—	—	—	—	—	—	—
	Devils du New Jersey	LNH	70	17	21	38	86	7	3	-3	*23	4	6	10	28	1	0
	Totaux LNH	17 saisons	1001	345	353	698	1584	107	53		221	80	77	157	517	20	18

MARIO LEMIEUX

(Mario « Le Magnifique » Lemieux)

Centre

À la liste des grands joueurs comme Joe Malone, Howie Morenz, Maurice Richard, Gordie Howe, Guy Lafleur et Wayne Gretzky, on se doit d'inclure un joueur de la trempe de Mario Lemieux. Il a incontestablement marqué l'histoire de la Ligue nationale de hockey pendant les années quatre-vingt et quatre-vingt-dix. Seul Gretzky peut se vanter d'avoir obtenu plus d'honneurs individuels que lui.

Mario Lemieux est sans l'ombre d'un doute l'un des trois ou quatre meilleurs joueurs de l'histoire du hockey professionnel. Certains disent même qu'il est le plus grand. Mais au-delà des opinions et des statistiques, il demeure fascinant d'observer Mario accomplir sur la patinoire des jeux hors de la portée de la plupart des joueurs. Il est très difficile pour un seul défenseur de l'arrêter en raison de sa vitesse d'exécution et de sa dextérité. Et que dire de son lancer? Il rate rarement le filet et possède une vision du jeu incroyable. À l'observer, on pourrait croire que pour lui, toute l'action se déroule au ralenti.

Si on m'avait dit il y a vingt ans qu'un joueur gagnerait un jour autant de trophées, je ne l'aurais tout simplement pas cru et pourtant, voilà trente ans que j'observe les plus grands joueurs. La série des trophées débute lors de la saison 1987-88. Il y remporte son premier championnat des marqueurs et son premier trophée Art Ross. Il récidive en 1989, 1992, 1993, 1996 et 1997. Comme s'il était besoin d'en rajouter, on lui octroie aussi le trophée Hart. Il l'ajoute à nouveau à sa collection en 1993 et 1996. Il effectue en tout huit tirs de pénalité en carrière et marque à six reprises, deux records de la Ligue nationale.

Mario ne joue que 745 parties dans la Ligue nationale et doit s'absenter de plusieurs rencontres pour cause de blessures et de maladie. Il accomplit tout de même des merveilles, comme en témoignent ses 613 buts, 881 mentions d'assistance et 1494 points.

Né le 5 octobre 1965 à Montréal, Mario Lemieux, surnommé «Le Magnifique», fait son junior dans la Ligue de hockey junior majeur du Québec avec les Voisins de Laval pendant trois ans, de 1981 à 1984. Comme il le fera plus tard dans la Ligue nationale, il laisse sa trace lors de son passage dans la LHJMQ. Sa dernière saison est sans conteste sa meilleure, avec 133 buts, 149 assistances et 282 points, établissant des records de l'histoire du hockey junior canadien pour les buts et les points en une saison. Il fait partie de l'équipe qui remporte la coupe du Président en

1983 et 1984 et il participe à la coupe Memorial en 1984. Toujours lors de la saison 1983-84, il remporte le trophée Jean Béliveau, le trophée Michael Bossy, le trophée Michel Brière et le trophée Guy Lafleur.

Il devient par la suite le premier choix au repêchage des Penguins de Pittsburgh en 1984. Tous se souviennent qu'il refuse de revêtir le chandail de l'équipe lors de la séance de photographies, à cause de problèmes survenus lors de la négociation de son contrat. Quelques semaines plus tard, Lemieux signe finalement un contrat avec les Penguins. Il était temps: les assistances sont fortement à la baisse et l'équipe manque de talent.

Lors de son tout premier match dans la Ligue nationale, Mario est visiblement très nerveux et il sait qu'il est le joueur que visent les adversaires. À cette époque, il n'y a pas de joueur pour le protéger chez les Penguins. Lorsqu'il fait son apparition sur la patinoire avec ses coéquipiers, l'arbitre de la rencontre, Ron Fournier, s'approche et lui dit: «Écoute Mario, joue ton match et ne te préoccupe pas des joueurs adverses, c'est moi qui te protégerai», me raconte Fournier lors d'une discussion animée. Mario joue donc avec confiance et marque son premier but à sa première présence sur la glace. Ayant connu beaucoup de succès chez les juniors, il continue sa route vers le trophée Calder, avec une récolte de 100 points, dont 43 buts. Il démontre avec brio qu'il est digne de la Ligue nationale, ce dont personne ne doute.

À la fin de ses deux premières saisons, il a l'occasion de faire partie de l'équipe Canada et de jouer avec son grand rival Wayne Gretzky. Durant les 9 matchs de coupe Canada, Mario inscrit 18 points, dont 11 buts. Il marque le but gagnant du dernier match du tournoi sur une passe parfaite de Wayne, en glissant la rondelle derrière le gardien soviétique Sergei Mylnikov. À partir de ce moment, plus rien n'est pareil. La maturité acquise se fait d'ailleurs sentir dès la saison 1987-88.

Mario regarde maintenant vers l'avant et prend les choses en mains. Il connaît deux saisons consécutives tout à fait exceptionnelles, en 1987-88 et 1988-89, avec 168 et 199 points, respectivement. Malheureusement, la saison suivante ne se déroule pas tout à fait comme prévu, puisque de graves problèmes de dos lui font rater plusieurs rencontres de fin de saison et la plus grande partie de la saison 1990-91. Toutefois, il revient avec vigueur au cours des dernières semaines pour aider les Penguins à gagner leur première coupe Stanley. Malgré la douleur, il termine premier marqueur des séries éliminatoires avec 44 points, dont 28 mentions d'aide, deux sommets.

Il remporte du même coup son premier trophée Conn Smythe. Il boit à nouveau du champagne dans la coupe Stanley en 1992 et gagne encore une fois le trophée Conn Smythe. La saison 1992-93 démontre bien la détermination et le courage de Mario, puisqu'on lui apprend au cours de la saison qu'il est atteint de la maladie de Hodgkin, une forme de cancer. Mario convoque une conférence de presse et annonce publiquement son état de santé. Il déclare: «Depuis mon enfance, j'ai dû livrer de nombreuses batailles, mais j'en suis toujours sorti victorieux. Dès que je serai prêt, je reviendrai.» C'est la consternation générale partout à travers la Ligue nationale. Il reçoit de multiples messages d'encouragement de tous les coins de l'Amérique.

Lemieux est obligé de suivre des traitements de radiothérapie pendant deux mois dans l'espoir de guérir rapidement et d'effectuer un retour au jeu. Traité à l'hôpital d'Allegheny, Mario voit sa forme physique anéantie par ses 22 traitements. La bouche asséchée, il souffre de fatigue constante et perd ses cheveux. Il doit se rendre à l'évidence: le cancer fait maintenant partie de sa vie. «Dès que je me suis présenté à mon premier traitement, j'ai constaté que ma vie commençait à changer, mais je gardais espoir de guérir», mentionne Lemieux lors d'une entrevue en 1993.

Il fait miraculeusement un retour au jeu en fin de saison et remporte le titre du joueur le plus utile à son équipe et le championnat des marqueurs. Qui dit mieux? Alors qu'il est difficile de réussir tous les exploits de Lemieux au sein de la Ligue nationale même lorsqu'on est en bonne santé, imaginez ce qu'il lui en a coûté, lui qui était si malade...

En raison de ses blessures et de son cancer, Lemieux préfère prendre une année sabbatique en 1994-95, l'année du lock-out, mais revient avec force à nouveau pour les saisons 1995-96 et 1996-97, avec ses cinquième et sixième championnats des marqueurs. Mario est une étoile toute catégorie: un champion, un leader et le héros de millions de fanatiques de hockey. Personne ne peut marquer autant de buts et de façon aussi diverses que lui.

Le 31 décembre 1988, lors d'une victoire de 8-6 contre les Devils du New Jersey, il réussit un exploit unique. Il marque cinq buts, mais de cinq façons différentes: à force égale, en désavantage numérique, en avantage numérique, sur un tir de pénalité et dans un filet désert. Il récolte trois passes en sus, pour un superbe total de huit points. Un exploit qui ne sera jamais battu, croyez-moi! Les deux pauvres victimes de ces tours de magie sont les gardiens de but Robert Sauvé et Chris Terreri.

Du 31 octobre 1989 au 11 février 1990, Lemieux connaît une séquence de 46 rencontres consécutives avec au moins un point par rencontre. Cette séquence prend fin de façon abrupte le 14 février 1990, alors que des problèmes de dos forcent Mario à quitter la rencontre très tôt dans le match contre les Rangers de New York. Il s'est approché à seulement cinq matchs du record de 51 qui appartient toujours aujourd'hui à Wayne Gretzky.

Si Mario s'est retiré du hockey beaucoup trop tôt, selon certains, les blessures et la maladie ne sont pas en cause, mais plutôt la façon dont se joue maintenant le hockey dans la Ligue nationale. «Il y a trop d'accrochages et de coups vicieux, et je suis fatigué de recevoir match après match des coups de bâton dans le dos de la part des défenseurs, sous prétexte d'arrêter un adversaire pour l'empêcher de marquer, déclare Lemieux sur les ondes de Radio-Canada. Il y a trop d'accrochages, de cinglages et d'obstructions. On dirait que la Ligue nationale de hockey est maintenant une ligue de garage», ajoute Lemieux, visiblement épuisé.

Doté d'un talent extraordinaire, Lemieux a accompli des exploits peu communs qui ne seront peut-être jamais battus. Il est un modèle de courage et de détermination tout au long de son séjour de 12 saisons dans la Ligue nationale. Malgré les blessures et la maladie, Mario sauve la franchise des Penguins de Pittsburgh de la faillite... à deux reprises. Les Penguins n'allaient nulle part avant son arrivée en 1984. Il leur redonne un deuxième souffle et les partisans se mettent alors à faire la queue au guichet pour assister aux matchs.

En 1999, les Penguins éprouvent à nouveau des difficultés financières majeures. On parle de vendre ou de déménager l'équipe dans une autre ville américaine. À cause de la très mauvaise administration des Penguins, le club se retrouve à deux doigts de la faillite et plusieurs experts croient que la fin de l'équipe est proche. Mais Mario Le Magnifique sauve l'équipe du marasme en se portant acquéreur de la franchise. Évidemment, les millions de dollars que lui doivent les Penguins l'incitent à prendre les destinées de l'équipe en main! Il devient donc le premier ancien joueur à acheter une franchise de la Ligue nationale de hockey.

Celui qui a participé à huit matchs des étoiles, remporté quatre trophées Lester B. Pearson et un trophée Bill Masterton est intronisé au Temple de la renommée du hockey en 1997. C'est sans aucun doute le joueur le plus talentueux que la Ligue nationale ait connu; lorsqu'il se présente en zone adverse à un contre un, il n'a pas son égal. Raymond Bourque se souvient: «Il est le plus difficile à arrêter à un contre un, il peut vous déjouer avec la rondelle, la passer entre vos patins ou tout simplement prendre un bon lancer en direction du filet.»

Sa seule faiblesse reconnue, c'est de ne pas avoir été l'ambassadeur qu'on espérait. Mario est une très grande vedette qui préfère se faire discret et on lui reproche souvent de ne pas s'impliquer et de ne pas participer aux activités de promotion du hockey auprès du public. Encore aujourd'hui, il est presque impossible d'obtenir une entrevue avec lui, car dès que sa journée de travail est terminée, il disparaît.

Jamais on ne reverra un joueur aussi complet que lui. Il pouvait changer l'allure d'une rencontre en quelques minutes seulement. S'il n'avait pas été éprouvé par des problèmes de dos et la maladie de Hodgkin, on se demande aujourd'hui si un seul record lui aurait résisté.

Tous les qualificatifs ont été employés afin de résumer la carrière de Lemieux, mais si quelqu'un devait un jour inventer un nouveau superlatif, il faudrait sans hésiter le rajouter à sa fiche. Lemieux a lui-même prouvé qu'il est non seulement un athlète magnifique, mais l'un des plus courageux qui soient. Certains disent que Wayne Gretzky est supérieur à Lemieux et placent «Super Mario» au deuxième rang derrière «La Merveille». Quoi qu'il en soit, peu importe l'ordre que vous choisissez, il est impossible d'avoir tort. Par contre, selon moi, statistiques mises à part, un seul joueur a démontré un talent aussi marqué que Mario Lemieux: Bobby Orr.

Quelques faits marquants de sa carrière:

➤ 39 tours du chapeau en carrière.
➤ 10 matchs de 4 buts et 3 matchs de 5 buts.
➤ Participation à 8 matchs d'étoiles.

➤ Remporte, en 1985, le trophée Calder.

➤ Remporte, en 1986, 1988, 1993 et 1996, le trophée Lester B. Pearson.

➤ Remporte, en 1988, 1993 et 1996, le trophée Hart.

➤ Remporte, en 1988, 1989, 1992, 1993, 1996 et 1997, le trophée Art Ross.

➤ Remporte, en 1991 et 1992, le trophée Conn Smythe.

➤ Remporte, en 1993, le trophée Bill Masterton.

➤ 2 coupes Stanley en 2 participations à la grande finale.

➤ Son chandail numéro 66 est retiré par les Penguins de Pittsburgh

➤ Intronisé au Temple de la renommée du hockey en 1997.

➤ Intronisée au Temple de la renommée de la LHJMQ en 1999.

LEMIEUX, Mario «Le Magnifique» Source: LNH

Centre, droitier 6'4", 225 lb
Né à Montréal, QC, le 5 octobre 1965
1er choix des Penguins de Pittsburgh, 1er choix au repêchage de 1984
Temple de la Renommée: 1997
Dernier club amateur 1983-84: le Titan de Laval

			Saison régulière								Séries éliminatoires						
Saison	Équipe	Ligue	PJ	B	A	Pts	Pun	AN	BG	+/-	PJ	B	A	Pts	Pun	AN	BG
1984-85	Penguins de Pittsburgh	LNH	73	43	57	100	54	11	2	-35	–	–	–	–	–	–	–
1985-86	Penguins de Pittsburgh	LNH	79	48	93	141	43	17	4	-6	–	–	–	–	–	–	–
1986-87	Penguins de Pittsburgh	LNH	63	54	53	107	57	19	4	+13	–	–	–	–	–	–	–
1987-88	Penguins de Pittsburgh	LNH	77	*70	98	*168	92	22	7	+23	–	–	–	–	–	–	–
1988-89	Penguins de Pittsburgh	LNH	76	*85	*114	*199	100	31	8	+41	11	12	7	19	16	7	0
1989-90	Penguins de Pittsburgh	LNH	59	45	78	123	78	14	4	-18	–	–	–	–	–	–	–
1990-91	Penguins de Pittsburgh	LNH	26	19	26	45	30	6	2	+8	23	16	*28	*44	16	6	0
1991-92	Penguins de Pittsburgh	LNH	64	44	87	*131	94	12	5	+27	15	*16	18	*34	2	8	5
1992-93	Penguins de Pittsburgh	LNH	60	69	91	*160	38	16	10	+55	11	8	10	18	10	3	1
1993-94	Penguins de Pittsburgh	LNH	22	17	20	37	32	7	4	-2	6	4	3	7	2	1	0
1995-96	Penguins de Pittsburgh	LNH	70	*69	*92	*161	54	31	8	+10	18	11	16	27	33	3	2
1996-97	Penguins de Pittsburgh	LNH	76	50	*72	*122	65	15	7	+27	5	3	3	6	4	0	0
	Totaux LNH	12 saisons	745	613	881	1494	737	201	65		89	70	85	155	83	28	8

CLAUDE MAILHOT

Commentateur

Un travail important dans le domaine du sport est sans l'ombre d'un doute celui de commentateur ou d'animateur. Ces derniers servent souvent d'intermédiaires entre le public et l'athlète. C'est un peu grâce à eux que nous avons la chance d'apprécier davantage le sport, car ils sont sur la ligne de feu. Claude Mailhot est devenu commentateur un peu par hasard, puisqu'il se destinait à une tout autre carrière. En effet, malgré sa ferme intention de devenir avocat, Mailhot finit par se diriger vers le sport, un peu par accident, comme c'est souvent le cas.

Né le 25 janvier 1948 à Montréal dans le quartier Rosemont, Claude Mailhot est le fils d'un entrepreneur qui fonde d'abord les marchés d'alimentation Métro au début des années soixante, puis Bœuf Mérite. Le père de Claude lui demande s'il veut un jour se diriger dans le domaine de l'alimentation. Étudiant au collège Mont Saint-Louis, Claude travaille aussi à l'épicerie de son père. Il aime ce domaine, mais ne veut pas prendre la relève, bien que son père Bruno lui dise que c'est un travail idéal, puisque tout le monde doit manger trois fois par jour et que l'alimentation ne disparaîtra jamais. Mais Claude préfère devenir avocat.

Même s'il a un emploi à temps partiel et d'été, Claude fait beaucoup de sport. Dès l'âge de treize ans, il est membre de l'équipe de baseball junior pour le club d'Ahuntsic. Il passe neuf ans de sa vie sur un terrain de baseball, jouant, entre autres, avec Ron Fournier, ancien arbitre de la Ligue nationale et Pierre Lacroix, directeur-gérant de l'Avalanche du Colorado.

Il termine ses études de droit et entreprend une carrière dans le domaine juridique. Talentueux également au football, Claude voit son chandail numéro 12 retiré par la Ligue en 1967, au terme de ses études collégiales. Son talent pour les sports ne s'arrête pas là, puisqu'il chausse les patins pour l'équipe de hockey de son collège. Le hockey prend tellement d'importance pour lui qu'il occupe la présidence de la Ligue de hockey collégial AAA pendant trois ans au cours des années quatre-vingt.

En 1972, l'émission *Les Amateurs de sports* est mise en ondes à CKAC. Il en devient l'animateur et continue parallèlement ses études au Barreau. Claude ne souhaite pas être assigné à temps plein à cette émission et accepte d'aider la direction des sports de CKAC à trouver un animateur régulier. Après avoir passé en entrevue quelques candidats et donné la chance à deux animateurs, Claude se voit quand même dans l'obligation de continuer son travail au micro à cause des cotes d'écoute très élevées que récolte son émission. La direction insiste pour le garder au sein de l'équipe des sports de la station radiophonique.

Reçu comme avocat en 1973, on lui offre de devenir directeur des sports à CKAC à la suite du départ de Claude Mouton pour les Canadiens de Montréal. Dans un premier temps, il refuse l'offre, puisqu'il veut faire carrière dans le domaine du droit. Finalement, après réflexion, il accepte de prendre le poste vacant. Dix-huit mois plus tard, Radio-Canada lui demande de faire l'analyse pendant *La Soirée du hockey*, puis viennent les Jeux olympiques de Montréal en 1976. Il mène toutes ces activités de commentateur sportif tout en travaillant dans un bureau d'avocats.

Un soir qu'il assiste à la fête de Sam Pollock, il accepte en fin de soirée de rencontrer un producteur de Télé-Métropole. Mailhot me raconte: «Le producteur me dit qu'il venait de congédier André Robert, l'animateur de l'émission *Bon Dimanche*, et qu'il voulait que je le remplace. J'accepte le défi qui se présente à moi.» Le fait que Mailhot anime une émission artistique à Télé-Métropole ne plaît pas à CKAC. Mailhot veut élargir son champ d'expertise et ne pas être limité uniquement à la radio, ce qui l'amène à couvrir les Olympiques de 1980 pour Télé-Métropole. Il quittera CKAC quelques années plus tard pour se consacrer uniquement à la télévision.

Il demeure à TVA jusqu'à la fin des années quatre-vingt, soit jusqu'à son arrivée au Réseau des sports comme animateur. Aujourd'hui animateur de différentes émissions sportives, Mailhot, jour après jour, nous renseigne et nous faire vivre différents événements sportifs. Il est l'un des rares animateurs de la province à interviewer autant des gens du sport que des artistes.

Durant les séries éliminatoires de la coupe Stanley de 1981, Claude est assigné à l'analyse des matchs à la télévision. Rappelons qu'à ce moment, les techniciens de Radio-Canada sont en grève et que le réseau TVA avait obtenu les droits de télévision pour la fin des séries éliminatoires. À cette époque, il anime déjà une émission le midi sur les ondes de la télévision de Radio-Canada et, lorsque le réseau TVA lui demande de faire les entractes des matchs de hockey, un problème se pose. Radio-Canada accepte qu'il travaille avec le Réseau TVA, à condition qu'il soit quand même présent pour son émission en direct le midi. Comment allait-il faire pour être au Minnesota le soir, pour les matchs entre les North Stars et les Islanders de New York?

«Je prenais l'avion en fin d'après-midi après l'émission pour me rendre au match de hockey. Lorsque le match était terminé, Gilles Tremblay me conduisait à l'aéroport pour mon retour à Montréal très tard dans la nuit lorsque j'arrivais de New York, mais seulement quelques heures avant mon émission lorsque j'arrivais du Minnesota», se souvient Claude, en disant qu'il fallait être un peu fou pour faire ces multiples voyages pendant deux semaines.

Actif dans le bénévolat depuis longtemps, Mailhot a reçu de ses parents ces valeurs d'engagement social qui lui permettent de conserver son côté humain, bien qu'il soit une personnalité publique. Chaque année, il prend le temps de donner des conférences à travers la province et s'investit beaucoup dans le hockey mineur québécois.

Il a accompli beaucoup pour le domaine du hockey tout au long de sa carrière, mais son plus grand regret est de voir que les jeunes joueurs de hockey au niveau mineur ne se consacrent pas assez à leurs études. «C'est vrai que s'ils sont repêchés dans la Ligue nationale, le salaire sera en conséquence; mais s'ils ne sont pas remarqués, que feront-ils s'ils ne sont pas allés à l'école? se demande Mailhot. Les Guy Lafleur et les Mario Lemieux ne courent pas les rues. Les jeunes d'aujourd'hui devraient être plus encadrés.»

Comment passer sous silence une personnalité comme Claude Mailhot qui a su fournir un rendement exceptionnel dans la majorité des sports qu'il a pratiqués? Bon au baseball, bon au football et bon pour le domaine du hockey, il m'aura fait grandir en me présentant des entrevues avec les plus grands athlètes au monde. Que ce soit une entrevue avec un hockeyeur comme Guy Lafleur, un golfeur comme Nick Faldo ou un joueur de tennis comme Sébastien Lareau, Mailhot aura toujours misé sur la qualité de l'information dans le but de rendre le public plus averti et heureux de suivre l'évolution de la carrière des athlètes, quelle que soit leur discipline.

En faisant l'acquisition de Claude Mailhot, le Réseau des sports a mis la main sur beaucoup d'expérience et surtout, de crédibilité. Mais la qualité première de Claude est sa capacité de véhiculer de l'information sur tous les sports majeurs.

JOE MALONE

(Joe «Phantom» Malone)

Centre et ailier gauche

Lorsqu'on parle du hockey des années 20, il est souvent question de la rudesse qui caractérisait les joueurs de la ligue et qui laissait peu de place aux joueurs dits «scientifiques». Malone a démontré qu'un joueur pouvait faire sa marque tout en finesse. Il a été l'un des plus prolifiques marqueurs de l'histoire de la Ligue nationale de hockey, derrière Newsy Lalonde.

Le 31 janvier 1920, Malone établit un record de la Ligue nationale avec 7 buts dans un même match contre les St. Pats de Toronto, un record qui tient toujours. On le surnomme le «Phantom» parce qu'il a tout du joueur fantôme: il se trouve toujours à la bonne place au bon moment, surgissant de nulle part. Il préconise un style scientifique malgré le jeu robuste de l'époque.

Selon plusieurs observateurs, plus que Maurice Richard, Gordie Howe ou Wayne Gretzky, Malone est le marqueur le plus complet de l'histoire de la Ligue nationale. «Si les saisons de l'époque avaient compté autant de matchs qu'aujourd'hui, il serait devenu le meilleur compteur de tous les temps», affirme Frank J. Selke, l'ancien directeur général des Canadiens de Montréal.

Joe Malone voit le jour le 28 février 1890 à Québec. Il commence à jouer au hockey sans patins, ses parents n'ayant pas les moyens de lui en offrir. Ce n'est qu'à l'âge de 12 ans qu'il met la main sur une première paire de patins, usée et trop grande, gracieuseté d'un voisin. En les rembourrant bien, il réussit à les enfiler pour aller faire ce qu'il aime le plus: lancer des rondelles sur les bandes de la patinoire extérieure du quartier.

Il fait ses débuts professionnels en 1910-11 avec les Bulldogs de Québec de l'Association nationale de hockey, l'ancêtre de la Ligue nationale. C'est en 1911-12 que Joe amorce sa domination du sport. Il mène l'équipe avec 21 buts et aide du même coup les Bulldogs à gagner le titre de la ligue et la coupe Stanley. Malone joue approximativement cinquante minutes par partie. À l'époque, il n'y a pas de changements de trio mais seulement de joueurs individuels, et les équipes comptent environ 8 ou 10 joueurs, contre 20 de nos jours.

La saison suivante, il se classe premier dans la colonne des buts avec 43 et remporte le championnat des marqueurs. Le 8 mars 1913, il parvient même à inscrire neuf filets lors d'un match des séries de la coupe Stanley contre Sydney, en Nouvelle-Écosse. Malgré cet exploit peu commun, Malone est encore très loin du record puisque Frank McGee des Sénateurs d'Ottawa («Silver Seven») a déjà marqué 14 buts lors d'un match de la coupe Stanley contre Dawson City, le 16 janvier 1905, assurant à son équipe une victoire de 23 à 2 à Ottawa. Il remporte toutefois à nouveau la coupe Stanley. Il aura joué en tout sept campagnes avec les Bulldogs de Québec de l'Association nationale de hockey.

La saison 1916-17 reste sans contredit la plus exaltante de Malone. Le dernier match de la saison oppose les Bulldogs de Québec aux Sénateurs d'Ottawa et leur joueur vedette, Frank Nighbor. Malone totalise à cette époque 41 buts contre les 36 de Nighbor. Avec cinq buts d'avance, Malone est assuré d'être nommé le meilleur buteur de la ligue. Après deux périodes de jeu, Nighbor s'approche d'un but du Phantom. Mais en troisième période, tout s'écroule pour Joe: le joueur des Sénateurs enfile 4 buts et rejoint Malone, qui n'a marqué aucun but. Les deux joueurs terminent donc à égalité. Joe Malone se console toutefois en remportant le championnat des pointeurs.

Lors de la formation de la Ligue nationale de hockey en 1917-18, Québec choisit de ne pas se joindre à la ligue. Malone, quant à lui, signe avec les Canadiens de Montréal. Lorsqu'il se joint à l'équipe en 1917, son talent et son charisme sont tels qu'il devient vite le favori des foules. Son arrivée est d'ailleurs opportune: par sa popularité, il parvient à sauver les Canadiens du marasme financier. En effet, après quelques matchs seulement, les Wanderers de Montréal avaient cessé leurs activités. Les Canadiens, quant à eux, éprouvaient également de gros problèmes, mais le talent et la popularité du «Phantom» sauvent l'équipe du naufrage.

Les revenus des joueurs de l'époque sont si maigres que Malone doit travailler parallèlement à sa carrière de hockeyeur. Durant la saison 1918-19, Joe ne participe qu'aux matchs locaux, de façon à pouvoir conserver son deuxième salaire. En juillet 1922, Malone signe son plus gros contrat en carrière, pour l'incroyable somme de 2 200 $. Aujourd'hui, on lui offrirait sûrement trois ou quatre millions de dollars.

Le 26 novembre 1917, il signe pour deux saisons avec les Canadiens. Il compte alors 44 buts en 20 matchs lors de sa première saison et remporte encore une fois le championnat des compteurs avec 48 points. Son record de 44 filets ne sera battu qu'en 1944-45 par Maurice Richard. Malone déclare: «Mon record a été plus médiatisé lorsque le Rocket l'a battu que lorsque je l'ai établi.» Malone retourne à Québec le 25 novembre 1919, lorsque les Bulldogs de Québec font définitivement leur apparition dans la Ligue nationale de hockey.

Fidèle à lui-même, il met à nouveau la main sur le championnat des buteurs en 1920, avec 39 buts en 24 parties, malgré la piètre fiche de son club, soit quatre victoires et vingt défaites. Après cette saison décevante, le club déménage à Hamilton. Malone suit ses coéquipiers et joue les deux saisons suivantes avec les Tigers. Il revient à Montréal en 1922 pour les deux dernières saisons de sa carrière et gagne une troisième coupe Stanley en 1924.

Ce qui est étonnant, avec le recul, c'est que Malone ait réussi à dominer son époque tout en étant presque inconnu, toujours dans l'ombre de Newsy Lalonde et de Cyclone Taylor. Il parlait très rarement de ses exploits, préférant parler de ceux des autres joueurs de la ligue. Avec un peu moins de modestie, il aurait sûrement mérité de meilleurs contrats. Malone est intronisé au Temple de la renommée du hockey en 1950. Il meurt le 15 mai 1969 des suites d'une longue maladie. Il totalise 343 buts en seulement 273 matchs chez les professionnels. Il a compris rapidement que la meilleure défense demeure l'attaque. Il aura été jusqu'à sa mort le «Phantom» de la Ligue nationale de hockey.

Quelques faits marquants de sa carrière:

➤ Domine la LNH en 1917-18 avec 44 buts en 20 matchs.

➤ 9 buts dans un match de la coupe Stanley (1913).

➤ Record de la LNH avec 7 buts dans un match.

➤ Un match de 6 buts et 3 matchs de 5 buts.

➤ Remporte, en 1918 et 1920, le championnat des marqueurs.

➤ Capitaine des Bulldogs de Québec en 1919-20.

➤ 3 coupes Stanley en 4 participations à la grande finale.

➤ A porté le numéro 11 avec les Canadiens.

➤ Intronisé au Temple de la renommée du hockey en 1950.

➤ Décédé le 15 mai 1969.

MALONE, Joe «Phantom» Source: LNH

Centre et ailier gauche, gaucher 5'10'', 150 lb
Né à Québec, QC, le 28 février 1890; décédé le 15 mai 1969
Temple de la renommée: 1950
Dernier club amateur 1907-08: les Crescents de Québec

Saison	Équipe	Ligue	PJ	B	A	Pts	Pun	AN	BG	+/-	PJ	B	A	Pts	Pun	AN	BG
1908-09	Bulldogs de Québec	AHEC	12	8	0	8	17				–	–	–	–	–		
1909-10	Professionnels de																
	Waterloo	LHPO	11	8	0	8	–				–	–	–	–	–		
	Bulldogs de Québec	ACH	2	5	0	5	3				–	–	–	–	–		
1910-11	Bulldogs de Québec	ANH	13	9	0	9	3				–	–	–	–	–		
1911-12	Bulldogs de Québec	ANH	18	21	0	21	0				2	5	0	5	0		
1912-13	Bulldogs de Québec	ANH	20	*43	0	*43	34				4	*9	0	*9	0		
1913-14	Bulldogs de Québec	ANH	17	24	4	28	20				–	–	–	–	–		
1914-15	Bulldogs de Québec	ANH	12	16	5	21	21				–	–	–	–	–		
1915-16	Bulldogs de Québec	ANH	24	25	10	35	21				–	–	–	–	–		
1916-17	Bulldogs de Québec	ANH	19	*41	7	48	12				–	–	–	–	–		
1917-18	Canadiens de Montréal	LNH	20	*44	4	*48	30				2	0	0	0	0		
1918-19	Canadiens de Montréal	LNH	8	7	2	9	3				5	5	1	6	3		
1919-20	Bulldogs de Québec	LNH	24	*39	10	*49	12				–	–	–	–	–		
1920-21	Tigres de Hamilton	LNH	20	28	9	37	6				–	–	–	–	–		
1921-22	Tigres de Hamilton	LNH	24	24	7	31	4				–	–	–	–	–		
1922-23	Canadiens de Montréal	LNH	20	1	0	1	2				2	0	0	0	0		
1923-24	Canadiens de Montréal	LNH	9	0	0	0	0				–	–	–	–	–		
	Totaux LNH	7 saisons	125	143	32	175	57	–	–	–	9	5	1	6	3	–	–
	Totaux ALM	10 saisons	148	200	26	226	131	–	–	–	6	14	0	14	0	–	–

SYLVIO MANTHA

Défenseur

Né le 14 avril 1902 à Montréal, Sylvio Mantha apprend le hockey à Montréal, dans les petites ligues mineures de sa région. Fort de son expérience, il signe enfin avec les Canadiens de Montréal pour la saison 1923-24, à titre de joueur autonome. Le célèbre joueur de centre Howie Morenz vient lui aussi de se joindre à l'équipe. Grâce à ces deux joueurs, les Canadiens de Montréal remportent la coupe Stanley en 1924. Mantha remporte deux autres coupes, en 1930 et en 1931. Joueur d'avant dans les rangs mineurs, Mantha a bel et bien réussi à s'adapter à sa nouvelle position de défenseur avec les Canadiens.

Joueur de style combatif, on augmente le poids de ses responsabilités lorsque l'équipe décide d'échanger Sprague Cleghorn aux Bruins en 1925. Pendant deux ans, il forme une des meilleures paires de défenseurs de la ligue avec Herb Gardiner. Il contribue directement aux victoires des Canadiens et son jeu irréprochable en défense permet à son club de mettre la main sur neuf championnats de la ligue.

Sylvio Mantha est le meilleur défenseur de son temps, ce qui lui vaut d'être choisi à deux reprises pour la deuxième équipe d'étoiles. En 1935-36, il devient joueur-entraîneur et maintient une fiche de 11 victoires, 26 défaites et quatre matchs nuls. Les Canadiens connaissent toutefois une mauvaise saison, ce qui provoque son congédiement à titre d'entraîneur et son départ pour Boston, où sa carrière se termine après seulement quatre rencontres.

Mantha est impliqué dans deux des incidents les plus cocasses de l'histoire du hockey. Lorsque les Canadiens remportent la coupe Stanley en 1924, l'équipe est invitée par l'Université de Montréal à un banquet pour souligner la victoire. Après la réception, Mantha et quelques-uns de ses coéquipiers se dirigent vers la maison de Léo Dandurand, propriétaire des Canadiens, pour y continuer la fête. La voiture Ford modèle T que conduisait Mantha tombe soudainement en panne au pied de la côte Saint-Antoine et tous les occupants de la voiture doivent se serrer les coudes et pousser l'automobile pour arriver au sommet de la pente. On dépose alors la coupe Stanley sur le trottoir, le temps de remettre la voiture en marche. Lorsque le bolide de Mantha se remet enfin à fonctionner, les joueurs reprennent tous leur place... et oublient la coupe derrière eux! Ils ne s'aperçoivent de sa disparition qu'une fois arrivés à la maison de Dandurand. Fort heureusement, on retrouve le précieux trophée quelques heures plus tard, là où on l'avait laissé.

Le deuxième incident est plus dramatique: Mantha est impliqué dans une bagarre qui résulte en une blessure majeure infligée à l'arbitre. En 1933, Mantha se porte à la défense de son coéquipier Johnny Gagnon au cours d'un match entre le Canadien et les Bruins de Boston. Le dur à cuire Eddie Shore, des Bruins, atteint de plein fouet le nez de Gagnon avec son bâton. Mantha se dirige sans hésiter vers l'imposant défenseur des Bruins et un violent combat s'ensuit. Cooper Smeaton, arbitre de renom, tente alors de les séparer et se fait remercier de ses efforts par une pluie de coups de poings. Il quitte le match quelques instants plus tard avec deux côtes fracturées.

Sylvio et son frère Georges sont à l'origine de la découverte de plusieurs joueurs québécois et sont à la tête de plusieurs équipes mineures dans la région de Montréal. Ils assistent régulièrement aux matchs disputés au parc Lafontaine afin de s'approprier les services de joueurs de talent.

Deux ans après avoir annoncé sa retraite, Mantha devient juge de lignes pour la Ligue nationale de hockey et arbitre dans la Ligue américaine pour les saisons 1937-38 et 1938-39. Par la suite, il devient entraîneur pour une équipe amateur de Montréal pour plusieurs saisons. Georges Mantha a été le coéquipier de son frère avec le Canadien de 1928 à 1936, soit jusqu'au départ de Sylvio. Si le trophée Norris, remis au meilleur défenseur de la ligue, avait existé à cette époque, Mantha y aurait sûrement gravé son nom. Il est intronisé au Temple de la renommée du hockey en 1960 et décède le 7 août 1974.

Lors de la construction du centre Gadbois dans le quartier Saint-Henri, à Montréal, il y a une quinzaine d'années, on décide de nommer les deux patinoires en l'honneur de Georges et Sylvio Mantha. Il existe très peu de documentation sur Sylvio Mantha. Cependant, pour avoir aidé les Canadiens à remporter neuf championnats de la ligue et trois coupes Stanley, il mérite amplement une place de choix dans les 100 plus grands Québécois du hockey.

Quelques faits marquants de sa carrière:

➤ A raté seulement 12 matchs en 13 ans.
➤ Capitaine des Canadiens de Montréal de 1926 à 1936.
➤ 3 coupes Stanley en 4 participations à la grande finale.
➤ A porté le numéro 2 avec les Canadiens.
➤ Intronisé au Temple de la renommée du hockey en 1960.
➤ Décédé le 7 août 1974.
➤ Frère de Georges Mantha.

MANTHA, Sylvio

Source: LNH

Défenseur, droitier 5'10", 178 lb
Né à Montréal, QC, le 14 avril 1902; décédé le 7 août 1974
Temple de la renommée: 1960
Dernier club amateur 1922-23: le National de Montréal

Saison	Équipe	Ligue	PJ	B	A	Pts	Pun	AN	BG	+/-	PJ	B	A	Pts	Pun	AN	BG
						Saison régulière								Séries éliminatoires			
1923-24	Canadiens de Montréal	LNH	24	1	0	1	9				5	0	0	0	0		
1924-25	Canadiens de Montréal	LNH	30	2	0	2	16				6	0	0	0	2		
1925-26	Canadiens de Montréal	LNH	34	2	1	3	66				–	–	–	–	–		
1926-27	Canadiens de Montréal	LNH	43	10	5	15	77				4	1	0	1	0		
1927-28	Canadiens de Montréal	LNH	43	4	11	15	61				2	0	0	0	6		
1928-29	Canadiens de Montréal	LNH	44	9	4	13	56				3	0	0	0	0		
1929-30	Canadiens de Montréal	LNH	44	13	11	24	108				6	2	1	3	18		
1930-31	Canadiens de Montréal	LNH	44	4	7	11	75				10	2	1	3	*26		
1931-32	Canadiens de Montréal	LNH	47	5	5	10	62				4	0	1	1	8		
1932-33	Canadiens de Montréal	LNH	48	4	7	11	50				2	0	1	1	2		
1933-34	Canadiens de Montréal	LNH	48	4	6	10	24				2	0	0	0	2		
1934-35	Canadiens de Montréal	LNH	47	3	11	14	36				2	0	0	0	2		
1935-36	Canadiens de Montréal	LNH	42	2	4	6	25				–	–	–	–	–		
1936-37	Bruins de Boston	LNH	4	0	0	0	2				–	–	–	–	–		
	Totaux LNH	14 saisons	542	63	72	135	667				46	5	4	9	66		

Entraîneur

Source: LNH

Saison	Équipe	Ligue	PJ	VIC	DÉF	NUL	%	PJ	VIC	DÉF	NUL	%
				Saison régulière					Séries éliminatoires			
1935-36	Canadiens de Montréal	LNH	48	11	26	11	.344	–	–	–	–	–
	Totaux LNH	1 saison	48	11	26	11	.344	–	–	–	–	–

HUBERT MARTIN

(Hubert «Pit» Martin)

Centre

Durant les années soixante, les six équipes de la Ligue nationale comptent au sein de leur formation de nombreux joueurs de talent. Les meilleures équipes de la Ligue profitent d'un juste équilibre entre les joueurs défensifs et offensifs. Étant donnée la difficulté d'atteindre la Ligue nationale à l'époque, chaque joueur doit s'investir à fond à chaque match, ce qui n'est pas le cas de tous les athlètes. Ceux qui n'atteignent pas un haut niveau de performance sont retournés dans les ligues mineures ou passent à une autre formation de la Ligue nationale.

Un de ces joueurs qui ont toujours démontré une assiduité exemplaire au travail est Hubert Martin, surnommé «Pit» par ses coéquipiers. Tout au long de sa carrière dans la Ligue nationale, il s'impose tant en défensive qu'en offensive. Il est doté d'un coup de patin impressionnant et c'est un bon manieur de rondelle. Ses dix-sept saisons dans la Ligue nationale démontrent bien qu'il possédait les qualités nécessaires au maintien d'un haut niveau de performance.

Né le 9 décembre 1943 à Noranda, Hubert «Pit» Martin est ce que l'on peut appeler un enfant modèle. Natif d'un petit village, il est timide et introverti. Il parle très peu et s'occupe tout seul. En 1959, un éclaireur des Red Wings de Détroit apprend qu'il y a dans les rangs mineurs un patineur hors pair âgé de seize ans qui démontre déjà un très bon sens du jeu. En peu de temps, Hubert signe un contrat avec l'organisation des Wings. Jack Adams, directeur-gérant de l'équipe, décide de l'envoyer à son club des Red Wings de Hamilton, de la Ligue de hockey junior de l'Ontario.

Hubert passe la majeure partie de son temps à Hamilton, bien qu'il soit rappelé par les Red Wings pour un match lors de la saison 1961-62. C'est en 1963-64 qu'il a la chance de jouer plus souvent dans la Ligue nationale, disputant 50 rencontres avec les Wings et 21 rencontres avec les Hornets de Pittsburgh, de la Ligue américaine. Il ne réussit pas à s'imposer et ses débuts dans la Ligue nationale sont très difficiles, son temps de glace étant très limité. Il joue principalement au sein d'un quatrième trio et les occasions de contribuer aux victoires de son club se font rares.

La saison 1965-66 est encore plus difficile pour lui, car il déménage trois fois. Il dispute les 16 premiers matchs de la saison avec Pittsburgh avant d'être rappelé par Détroit pour dix rencontres et d'être échangé finalement aux Bruins de Boston, le 30 décembre 1965. C'est à Boston que Martin commence à voir une certaine lueur d'espoir. Son entraîneur Milt Schmidt l'utilise sur un deuxième trio et Martin participe aux avantages numériques de son club.

«Selon nous, il est d'abord un joueur défensif, mais il réussira à l'attaque en raison de son coup de patin. Il sera un atout important et je compte l'utiliser lors de situations spéciales», mentionnait Schmidt à un journaliste de Boston. Il est vrai que le rendement de Martin n'est plus le même qu'à Détroit; il s'impose de plus en plus et prend la place qui lui revient. Mais le tournant majeur de sa carrière se produit le 15 mai 1967, lorsqu'il prend le chemin de Chicago lors d'une importante transaction. Il quitte les Bruins en compagnie de ses coéquipiers Gilles Marotte et Jack Norris, en échange de Phil Esposito, Fred Stanfield et Ken Hodge. Malheureusement pour Martin et les Blackhawks, les Bruins seront les grands vainqueurs de cet échange puisqu'ils gagnent la coupe en 1970 et 1972, et on sait les carrières qu'Esposito et Hodge ont connues dans l'uniforme bostonnais.

Pour Martin, c'est le début d'une belle aventure avec les Blackhawks de Chicago. C'est avec eux qu'il exprime son talent et démontre qu'il est de calibre à jouer dans la Ligue nationale. C'est en quelque sorte le réveil du prolifique joueur de centre qui a connu de très belles saisons juniors. C'est à Chicago qu'il perfectionne une facette importante d'un match de hockey, soit les mises en jeu, en compagnie de son coéquipier Stan Mikita, un expert en la matière. «J'ai grandement appris avec Stan. Je peux maintenant me mesurer aux meilleurs joueurs de centre de la Ligue», déclarait Martin en 1969.

Bien qu'il ait connu du succès en attaque chez le junior, Hubert Martin démarre lentement chez les professionnels et atteint son apogée de 1968 à 1976. Il accède au plateau des 30 buts à trois reprises, son sommet personnel ayant été enregistré en 1975-76 avec 32 buts. Sa tenue lui permet d'inscrire son nom sur le trophée Bill Masterton au terme de la saison 1969-70. Utilisé principalement avec Jim Pappin à l'aile droite et Dennis Hull à l'aile gauche, Martin s'impose finalement en attaque. En compagnie de ses deux compagnons de trio, Martin réussira une saison de tout près de 100 points. Il termine la saison 1972-73 avec 90 points avant de connaître des séries éliminatoires du tonnerre. C'est de loin sa meilleure saison.

Même s'il n'a jamais remporté la coupe Stanley, il connaît beaucoup de succès contre les Canadiens de Montréal. Lors des séries éliminatoires en 1971 et 1973, Martin semblait être la bête noire du Tricolore. Dans les deux cas, toutefois, Martin et les Blackhawks sont éliminés en finale de coupe Stanley. Lors de la finale de 1973, les deux gardiens en présence, Ken Dryden du côté du Tricolore et Tony Esposito, des Blackhawks, sont médiocres. Martin profite de la contre-performance de Dryden lors du sixième match de la série, le 10 mai 1973 à Chicago, et marque trois buts contre le cerbère des Canadiens. Malheureusement pour Hubert, les Hawks perdent cette rencontre 6-4, mettant fin à la série.

Après quelques bonnes années à Chicago, Martin est échangé le 4 novembre 1977 aux Canucks de Vancouver contre le gardien de but Murray Bannerman. Au terme de la saison suivante, Martin tire sa révérence et annonce sa retraite. Il n'est peut-être pas devenu une grande étoile dans la Ligue nationale, mais il a connu suffisamment de succès pour mériter qu'on s'y attarde.

Hubert, qui a connu ses plus beaux moments dans la Ligue nationale avec Chicago, est parti comme il est venu, c'est-à-dire sans faire de bruit. Il semblerait qu'aujourd'hui, Martin vit comme un ermite quelque part dans une région éloignée du Québec. Il aura tout de même fait sa marque en étant l'un des premiers à porter le casque protecteur au début des années soixante.

Quelques faits marquants de sa carrière:

➢ Remporte, en 1970, le trophée Bill Masterton.

➢ Participation à 4 matchs d'étoiles.

➢ Aucune coupe Stanley en 3 participations à la grande finale.

MARTIN, Hubert «Pit» Source: LNH

Centre, droitier 5'9", 170 lb
Né à Noranda, QC, le 9 décembre 1943
Dernier club amateur 1962-63: les Red Wings de Hamilton

Saison	Équipe	Ligue	Saison régulière								Séries éliminatoires						
			PJ	B	A	Pts	Pun	AN	BG	+/-	PJ	B	A	Pts	Pun	AN	BG
1961-62	Red Wings de Détroit	LNH	1	0	1	1	0				–	–	–	–	–		
1963-64	Red Wings de Détroit	LNH	50	9	12	21	28				14	1	4	5	14		
1964-65	Red Wings de Détroit	LNH	58	8	9	17	32				3	0	1	1	2		
1965-66	Red Wings de Détroit	LNH	10	1	1	2	0				–	–	–	–	–		
	Bruins de Boston	LNH	41	16	11	27	10				–	–	–	–	–		
1966-67	Bruins de Boston	LNH	70	20	22	42	40				–	–	–	–	–		
1967-68	Blackhawks de Chicago	LNH	63	16	19	35	36	0	2	+9	11	3	6	9	2	0	0
1968-69	Blackhawks de Chicago	LNH	76	23	38	61	73	5	4	+9	–	–	–	–	–	–	–
1969-70	Blackhawks de Chicago	LNH	73	30	33	63	61	5	1	+22	8	3	3	6	4	2	0
1970-71	Blackhawks de Chicago	LNH	62	22	33	55	40	6	5	+18	17	2	7	9	12	0	1
1971-72	Blackhawks de Chicago	LNH	78	24	51	75	56	5	7	+44	8	4	2	6	4	0	1
1972-73	Blackhawks de Chicago	LNH	78	29	61	90	30	4	3	+27	15	10	6	16	6	4	1
1973-74	Blackhawks de Chicago	LNH	78	30	47	77	43	8	4	+29	7	2	0	2	4	1	0
1974-75	Blackhawks de Chicago	LNH	70	19	26	45	34	4	2	-3	8	1	1	2	2	0	0
1975-76	Blackhawks de Chicago	LNH	80	32	39	71	44	8	4	+6	4	1	0	1	4	0	0
1976-77	Blackhawks de Chicago	LNH	75	17	36	53	22	6	2	-4	2	0	0	0	0	0	0
1977-78	Blackhawks de Chicago	LNH	7	1	1	2	0	0	0	-1	–	–	–	–	–	–	–
	Canucks de Vancouver	LNH	67	15	31	46	36	4	0	-26	–	–	–	–	–	–	–
1978-79	Canucks de Vancouver	LNH	64	12	14	26	24	1	1	-3	3	0	1	1	2	0	0
	Totaux LNH	17 saisons	1101	324	485	809	609				100	27	31	58	56		

RICHARD MARTIN

(Richard «Rick» Martin)

Ailier gauche

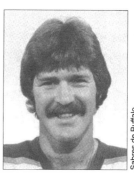

Il y a un peu plus de vingt-cinq ans, plusieurs Québécois se distinguaient et se disputaient le titre de meilleur marqueur. À cette époque, il n'était pas rare de voir des joueurs talentueux atteindre les 100 points et les quarante ou cinquante buts. Aujourd'hui, le hockey a tellement changé que des fiches de 30 buts et 80 points sont exceptionnelles. Au cours des années soixante-dix, un joueur a toutefois su se démarquer sans pourtant mériter le championnat des marqueurs : Richard Martin, des Sabres de Buffalo.

Membre de la puissante *French Connection* en compagnie de Gilbert Perreault et René Robert, il s'impose par son lancer frappé puissant et d'une précision incroyable. Les statistiques de Martin en carrière démontrent clairement son apport capital au succès du célèbre trio des Sabres. L'une des pires erreurs qu'ait commises le comité de sélection du Temple de la renommée du hockey est probablement de ne pas y avoir intégré Richard Martin.

Ne serait-ce que pour avoir récolté plus de points que de matchs disputés dans la Ligue nationale, Martin mérite d'y être admis. Si Martin ne reçoit aucun trophée au cours de sa carrière, contrairement aux autres joueurs qui jouaient à la même époque, c'est qu'il préconise le travail d'équipe avant sa réussite personnelle. Il mérite sans doute davantage de reconnaissance pour sa carrière de 11 saisons dans la Ligue nationale de hockey avec les Sabres de Buffalo et les Kings de Los Angeles.

Né le 26 juillet 1951 à Verdun, Richard Martin fait son hockey junior avec le Canadien junior de Montréal durant trois saisons, de 1968-69 à 1970-71. Il domine la Ligue de hockey junior de l'Ontario avec un total de 71 buts en 1970-71 et est nommé à la première équipe d'étoiles. Son rendement laisse présager un bel avenir chez les professionnels. Il est le premier choix au repêchage des Sabres de Buffalo, le 5e au total de la sélection de 1971. À l'époque, le journaliste du *Toronto Star* Frank Orr, qui avait eu la chance de voir Martin à quelques reprises dans le junior, déclare, après le choix de Martin par les Sabres : « Malgré les grands espoirs qui ont été sélectionnés avant lui, Martin est de toute évidence un joueur de premier plan et son rendement avec le Canadien junior démontre qu'il sera une grande vedette dans la Ligue nationale. »

Cette saison-là est l'une des plus prestigieuses de l'histoire de la Ligue nationale de hockey au chapitre du repêchage. Martin voit Guy Lafleur sélectionné au premier rang par le Canadien, Marcel Dionne au deuxième rang par Détroit, Jocelyn Guèvremont au troisième rang par Vancouver et Gene Carr au quatrième rang par St. Louis. Fait exceptionnel à noter, des cinq premiers choix au repêchage, quatre sont Québécois, ce qu'on ne reverra pas de sitôt.

Martin connaît de très belles années avec les Sabres. Dès sa première saison, grâce à son puissant lancer frappé, il établit une nouvelle marque de l'histoire de la Ligue nationale pour une saison recrue, inscrivant 44 buts pour un total de 74 points au classement. La précédente marque fut réalisée lors de la saison 1970-71 par son coéquipier Gilbert Perreault, avec 38.

Malgré ses exploits, il est devancé dans la course au trophée Calder par le gardien des Canadiens de Montréal, Ken Dryden. Plusieurs affirment que Martin aurait dû gagner haut la main ce trophée, mais les experts sont assez divisés à ce chapitre. Une chose est certaine, Dryden le mérite tout autant, car il connaît une saison exceptionnelle devant la cage du Canadien.

En onze saisons dans la Ligue nationale, il ne remporte aucune coupe Stanley, mais dispute une finale contre les Flyers de Philadelphie en 1975. Il se montre à la hauteur puisque durant cette finale de la coupe Stanley, Martin récolte six points en autant de rencontres, sur un pied d'égalité avec Bill Barber des Flyers. Souvenir regrettable, Ed Van Impe, le défenseur des Flyers, menace Martin en lui disant que s'il se présente dans le territoire des Flyers, il lui crèvera les yeux. Croyez-moi, Van Impe était du genre très physique et en imposait, ce qui n'a pas empêché Richard de connaître sa part de succès lors de cette série.

Son grand talent de marqueur ne peut être mis en doute, comme en témoignent ses 21 tours du chapeau en carrière, dont quatre rencontres de quatre buts. Entre 1970 et 1985, il est le seul joueur des Sabres de Buffalo à connaître une rencontre de quatre buts.

De plus, il est le premier joueur de l'histoire des Sabres de Buffalo à marquer lors d'un tir de pénalité. Cet exploit est réalisé le 31 janvier 1974 contre le gardien Bernard Parent des Flyers de Philadelphie. Malgré une courte carrière, Martin est invité au match des étoiles à sept reprises, de 1972 à 1978, conservant une magnifique fiche de sept points, dont quatre buts. Il a l'honneur d'être nommé le joueur de la rencontre, le 25 janvier 1977 à Vancouver, alors qu'il marque deux buts, dont celui de la victoire en fin de troisième période. Fait quelque peu inusité, lorsqu'on l'invite une première fois à participer au match des étoiles en 1972, à Bloomington, il n'a pas encore complété sa première saison dans la Ligue nationale.

Le 10 mars 1981, la direction des Sabres l'échange aux Kings de Los Angeles pour un premier choix au repêchage de 1983, le magnifique gardien de but Tom Barrasso. Cependant, Martin ne joue que quatre rencontres avec les Kings en saison régulière, récoltant tout de même six points et un seul match en séries éliminatoires. Une blessure au genou lors de la saison 1980-81 force Richard à prendre sa retraite après avoir joué trois matchs lors de la saison 1981-82. « Je ne me suis jamais remis complètement de ma blessure de l'an dernier et la douleur est encore très présente. C'est frustrant de voir que le rendement est toujours là, mais que tu es obligé de te retirer à cause de la douleur omniprésente», mentionnait-il.

Après avoir connu des saisons de plus de trente buts en huit occasions et marqué 384 buts en saison régulière pour un total impressionnant de 701 points en carrière, Richard Martin est honoré par les Sabres de Buffalo qui retirent son chandail numéro 7 à tout jamais. Malgré de belles statistiques, il n'a pas été intronisé au Temple de la renommée en raison de sa courte carrière dans la Ligue nationale. Il a de toute façon procuré beaucoup de joie aux partisans des Sabres.

Par ses exploits, Martin aura laissé sa marque au sein d'un trio impressionnant dans la Ligue nationale de hockey. Il est la preuve qu'un Québécois pouvait, dans les années soixante-dix, réussir à atteindre un très haut niveau de performance dans une ville américaine.

Quelques faits marquants de sa carrière:

➤ Membre du célèbre trio *French Connection* avec René Robert et Gilbert Perreault.

➤ 8 saisons de plus de 30 buts, 5 saisons de plus de 40 buts et 2 saisons de plus de 50 buts.

➤ Participation à 7 matchs d'étoiles.

➤ 21 tours du chapeau en carrière.

➤ 4 matchs de 4 buts.

➤ Aucune coupe Stanley en une participation à la grande finale.

➤ Son chandail numéro 7 est retiré par les Sabres de Buffalo.

MARTIN, Richard «Rick»   Source: LNH

Ailier gauche, gaucher 5'11", 179 lb
Né à Verdun, QC, le 26 juillet 1951
1er choix des Sabres de Buffalo, 5e choix au repêchage de 1971
Dernier club amateur 1970-71: le Canadien junior de Montréal

			Saison régulière								Séries éliminatoires					
Saison	Équipe	Ligue	PJ	B	A	Pts	Pun	AN	BG	+/-	PJ	B	A	Pts	Pun	AN	BG
1971-72	Sabres de Buffalo	LNH	73	44	30	74	36	19	5	-38	–	–	–	–	–	–	–
1972-73	Sabres de Buffalo	LNH	75	37	36	73	79	11	4	+4	6	3	2	5	12	2	0
1973-74	Sabres de Buffalo	LNH	78	52	34	86	38	8	6	-22	–	–	–	–	–	–	–
1974-75	Sabres de Buffalo	LNH	68	52	43	95	72	21	6	+5	17	7	8	15	20	5	1
1975-76	Sabres de Buffalo	LNH	80	49	37	86	67	18	7	+23	9	4	7	11	12	2	1
1976-77	Sabres de Buffalo	LNH	66	36	29	65	58	12	6	+10	6	2	1	3	9	1	1
1977-78	Sabres de Buffalo	LNH	65	28	35	63	16	7	6	+16	7	2	4	6	13	1	1
1978-79	Sabres de Buffalo	LNH	73	32	21	53	35	8	3	-7	3	0	3	3	0	0	0
1979-80	Sabres de Buffalo	LNH	80	45	34	79	54	8	3	+18	14	6	4	10	8	1	0
1980-81	Sabres de Buffalo	LNH	23	7	14	21	20	2	1	+4	–	–	–	–	–	–	–
	Kings de Los Angeles	LNH	1	1	1	2	0	0	0	0	+1	1	0	0	0	0	0
1981-82	Kings de Los Angeles	LNH	3	1	3	4	2	1	0	+1	–	–	–	–	–	–	–
	Totaux LNH	11 saisons	685	384	317	701	477	115	47		63	24	29	53	74	12	4

GERRY McNEIL

Gardien de but

L'illustre carrière de Gerry McNeil avec les Canadiens aura été de courte durée, voire injustement brève, selon plusieurs experts. Il est difficile d'obtenir du temps sur la patinoire lorsqu'une équipe compte sur un cerbère de la trempe de Bill Durnan ou de Jacques Plante. De petite taille et de style acrobatique, Gerry se distingue pourtant dans les rangs mineurs assez longtemps pour acquérir la maturité nécessaire pour faire face aux meilleurs compteurs de la Ligue nationale. McNeil appréciera donc chaque minute lorsqu'il prendra part à un match.

Comment pourrait-on passer sous silence un joueur qui, en seulement sept saisons, remporte deux coupes Stanley, trois présences aux matchs des étoiles et quatre participations à la finale de la coupe Stanley? La chance joue toujours un rôle, bien sûr, mais lorsqu'on possède du talent, il est difficile d'être ignoré. Gerry McNeil compte de très belles réussites dans la Ligue nationale et il s'est montré tout aussi efficace en tant que gardien attitré que gardien de réserve.

McNeil dispute son match comme s'il s'agissait du dernier, prenant le temps d'apprécier chaque instant, comme un enfant qui découvre un nouveau jeu. Modeste et affable, McNeil est aimé de tous ses coéquipiers. Il est peu bavard, mais lorsqu'il parle, on l'écoute et il n'est pas ce ceux qui se plaignent pour une peccadille.

Né le 17 avril 1926 à Québec, McNeil s'adonne au hockey avec des jeunes de son âge et joue principalement sur les patinoires aménagées par les responsables des loisirs de la paroisse. Très rapidement, son talent fait l'envie de plusieurs et les gens de son entourage l'incitent à poursuivre dans le monde du hockey. Il ne fait ses débuts dans des ligues organisées qu'à l'âge de 15 ans. Deux ans plus tard, il fait partie du Royal de Montréal de la Ligue de hockey senior du Québec.

Malheureusement, il est impossible d'obtenir sa fiche de victoires et de défaites, celle-ci n'ayant pas été compilée à l'époque par la Ligue. Par contre, il mène la Ligue en 1945-46 et en 1946-47, avec des moyennes en saison régulière de 3.35 et 3.10 respectivement. Il est encore meilleur en séries éliminatoires, où il affiche des moyennes de 2.82 et 2.00.

Après sept glorieuses saisons avec les Canadiens, le gardien Bill Durnan prend sa retraite. La pression se fait si intense que parfois, Durnan éclate en sanglots. Il quitte finalement le hockey durant les séries éliminatoires de 1950. Pour compléter les séries et à la demande de Durnan, les Canadiens se tournent vers McNeil. L'avenir s'annonce meilleur pour Gerry, qui amorce la saison suivante avec les Canadiens.

Les saisons 1950-51 et 1951-52 sont totalement dominées par McNeil. Il participe aux 70 matchs dans chacune des deux saisons et connaît des séries éliminatoires extraordinaires. Il est en tête de la Ligue nationale pour le nombre de parties jouées lors des séries avec un total de 11, dont 5 victoires en 1951. Détroit devance le Tricolore de 36 points au classement de 1950-51, mais les Canadiens doivent rencontrer les Red Wings en séries éliminatoires. L'équipe de Gordie Howe est largement favorite pour remporter la coupe tant convoitée. C'était sans compter sur deux trouble-fête: Maurice Richard et Gerry McNeil. Les Canadiens disposent des Red Wings en six matchs.

Lors du premier match à l'Olympia de Détroit, les Canadiens l'emportent 3 à 2 sur le but vainqueur du Rocket au début de la quatrième prolongation. Devant les journalistes attroupés autour de lui, le Rocket déclare, pointant McNeil du doigt: «Ce n'est pas moi qu'il faut féliciter, mais plutôt le petit gars là-bas. Sans lui, nous aurions perdu et nous dormirions depuis longtemps.» McNeil vient de faire face à un barrage de 62 lancers et son vis-à-vis Terry Sawchuk lance, après la rencontre: «Le jeune m'a impressionné, il a du caractère sous la pression. Il a été meilleur que moi ce soir et les Canadiens sont bien nantis pour l'avenir.» Interrogé sur sa performance, McNeil se souvient d'un match de la Ligue américaine: «J'avais repoussé 92 tirs des Hornets de Pittsburgh à l'époque où je jouais pour les Mohawks de Cincinnati.»

Lors du match suivant, le Rocket marque le seul but de la rencontre en troisième prolongation et McNeil brille à nouveau. Maurice Richard n'aurait jamais eu la chance de jouer les héros si McNeil n'avait été aussi admirable devant le filet.

La saison suivante, en 1952-53, McNeil se classe premier au chapitre des blanchissages en saison régulière avec 10, et en séries éliminatoires avec 2. Avec un tel rendement, la coupe Stanley était à prévoir. Il récidive en 1956-57, pour remporter sa deuxième et dernière coupe. Sa carrière avec les Canadiens prend fin de façon abrupte à l'arrivée de Jacques Plante au sein de l'équipe. Après la saison 1953-54, McNeil se voit confiné à jouer dans la Ligue américaine. Il annonce définitivement sa retraite au terme de la saison 1960-61, alors qu'il joue avec les As de Québec.

Bien évidemment, McNeil aurait dû faire l'envie de bien des équipes, mais comment se tailler une place parmi des gardiens comme Terry Sawchuk, Lorne Worsley, Johnny Bower ou Glenn Hall? Il est victime de son époque; le nombre limité d'équipes qui composent la Ligue nationale de hockey ne lui permet pas de prolonger sa carrière.

Même si sa carrière s'est surtout déroulée dans les ligues mineures, son passage dans la Ligue nationale reste mémorable. Il a compilé un dossier remarquable de 119 victoires, 105 défaites et 52 matchs nuls avec les Canadiens, conservant une excellente moyenne à vie de 2.36. La carrière de McNeil doit sa courte durée au brio de Bill Durnan et à celui du plus grand de l'histoire, Jacques Plante. On peut affirmer sans se tromper que McNeil s'est véritablement retrouvé coincé entre deux géants, mais qu'il a su se montrer plus qu'à la hauteur quand on avait besoin de lui.

Quelques faits marquants de sa carrière:

➤ Remporte, en 1947, le trophée Vimy de la Ligue de hockey senior du Québec.

➤ 28 blanchissages en carrière dans la LNH.

➤ Participation à 3 matchs d'étoiles.

➤ 2 coupes Stanley en 4 participations à la grande finale.

➤ A porté les numéros 1 et 12 avec les Canadiens.

McNEIL, Gerry   Source: LNH

Gardien, gaucher, 5'7", 155 lb
Né à Québec, QC, le 17 avril 1926
Dernier club amateur 1946-47: le Royal de Montréal

						Saison régulière							Séries éliminatoires				
Saison	Équipe	Ligue	PJ	VIC	D	N	Mins	BA	BL	Moy	PJ	VIC	D	Mins	BA	BL	Moy
1947-48	Canadiens de Montréal	LNH	2	0	1	1	95	7	0	4.42	–	–	–	–	–	–	–
1949-50	Canadiens de Montréal	LNH	6	3	1	2	360	9	1	1.50	2	1	1	135	5	0	2.22
1950-51	Canadiens de Montréal	LNH	*70	25	30	15	*4200	184	6	2.63	*11	*5	6	*785	25	1	1.91
1951-52	Canadiens de Montréal	LNH	*70	34	26	10	*4200	164	5	2.34	*11	4	7	*688	23	1	2.01
1952-53	Canadiens de Montréal	LNH	66	25	23	18	3960	140	*10	2.12	8	*5	3	486	16	*2	1.98
1953-54	Canadiens de Montréal	LNH	53	28	19	6	3180	114	6	2.15	3	2	1	190	3	1	0.95
1956-57	Canadiens de Montréal	LNH	9	4	5	0	540	32	0	3.56	–	–	–	–	–	–	–
	Totaux LNH	7 saisons	276	119	105	52	16535	650	28	2.36	35	17	18	2284	72	5	1.89

DICKIE MOORE

(Dickie «Digging Dicker» Moore)

Ailier gauche

Pour se hisser au rang des meilleurs, il faut faire preuve de courage et de détermination. Dickie Moore, qui jouera blessé pendant presque toute sa carrière, possède indéniablement ces deux qualités. Malgré des épaules plusieurs fois disloquées, un genou souvent opéré et un poignet droit dans le plâtre, Moore reste un élément clé du succès des Canadiens entre 1951 et 1963. Grâce à son soutien, son équipe récolte six coupes Stanley en dix participations aux finales.

Dès son arrivée dans l'organisation des Canadiens, on se met à le comparer à Maurice Richard. Le talent du jeune Moore est si prometteur qu'on prétend qu'il prendra la relève de l'idole des Québécois, le Rocket. Au début de sa carrière professionnelle, toutefois, on craint qu'il soit trop fragile pour évoluer régulièrement dans la Ligue nationale, mais malgré les blessures, il n'est jamais avare d'efforts et finalement, tout laisse croire à un brillant avenir.

Après avoir compté 18 buts à sa première année en 1951-52, il ne marque que trois buts et récolte dix mentions d'assistance en 31 matchs et deux saisons. Certains experts affirment alors qu'il n'a pas d'avenir et le directeur-gérant des Canadiens, Frank Selke, tente de l'échanger, mais aucune équipe ne manifeste de l'intérêt. C'est alors que Selke et les Canadiens optent pour une intervention chirurgicale. L'opération est un succès et marque les débuts d'une nouvelle ère pour Moore.

Né le 6 janvier 1931 à Montréal, Richard Dickie Moore fait ses débuts dans le monde du hockey avec le Royal junior de Montréal à l'âge de 16 ans. Son talent indiscutable et son style de jeu tout en finesse attirent l'attention des éclaireurs des Canadiens. Il joue dans la Ligue junior du Québec durant quatre saisons avec le Royal et le Canadien junior de Montréal avant de se joindre au grand club. Sa tenue est tellement exceptionnelle chez le junior qu'il contribue largement au succès de l'équipe lors de la victoire de la coupe Memorial en 1949 et 1950.

Affaibli par ses blessures, cependant, Moore déçoit jusqu'à la saison 1955-56 où, pour la première fois, il dispute une saison complète de 70 matchs... et inscrit 50 points. Entre 1954 et 1959, il ne s'absente que pour trois des 350 parties de son équipe. Il apprend à composer ainsi avec les multiples fractures et les élongations musculaires tout au long de sa carrière.

En plus de ses talents de marqueur, Moore ne recule jamais devant un adversaire qui l'invite au combat. L'une de ses premières bagarres l'oppose à Ted Lindsay des Red Wings de Détroit. À cette époque, il faut être très courageux pour s'en prendre à Lindsay. Le joueur vedette de l'équipe de Détroit constate très rapidement que Moore n'est pas commode lorsqu'on le provoque. Terry Sawchuck déclare à l'époque: «C'est une vraie peste devant mon filet.» Tous se souviennent des altercations entre les deux hommes. Pas étonnant que Dickie soit blessé aussi souvent!

Moore remporte son premier championnat des marqueurs au terme de la saison 1957-58. Dickie doit surmonter de nombreux obstacles pour y parvenir. À l'époque, Moore, Henri Richard des Canadiens et Andy Bathgate des Rangers de New York se disputent les honneurs. Avec trois mois à faire, Moore se fracture toutefois le poignet gauche et la direction craint de perdre son ailier gauche pour le reste de la saison. Moore déclare à son entraîneur: «Mettez-moi le bras dans le plâtre et je m'occupe du reste». Il réussit à terminer la saison sans rater un seul match et avec un bras presque immobilisé, avec 36 buts et 48 mentions, pour un total de 84 points.

La saison 1958-59 s'annonce encore plus brillante, avec une récolte de 96 points, dont 41 buts. Moore bat ainsi le record de 95 points établi en 1952-53 par Gordie Howe. Il faudra attendre sept ans avant de voir Bobby Hull porter la marque à 97. Moore remporte du même coup son deuxième trophée Art Ross. Mais l'usure et l'accumulation de blessures le ralentissent. Malgré une belle récolte de 50 points en 67 matchs lors de sa dernière saison avec les Canadiens, en 1962-63, Moore décide de se retirer et de remiser ses patins.

En 1964, Moore ne peut résister à la proposition de Punch Imlach, alors directeur-gérant des Maple Leafs de Toronto, d'effectuer un retour au jeu. Saison très difficile, puisqu'il marque seulement deux buts et récolte six points en 38 rencontres. Il décide cette fois de prendre définitivement sa retraite.

Lors de l'expansion de 1967, la Ligue nationale passe de six à douze équipes. Les Blues de St. Louis engagent des vétérans rejetés par les autres équipes du circuit. En compagnie de Doug Harvey, ancien coéquipier à Montréal, Moore effectue un deuxième retour au jeu dans le but d'aider sa nouvelle équipe par son sens du leadership. Les résultats en saison sont laborieux, mais en séries éliminatoires, l'expérience de Moore permet à l'équipe d'accéder à la finale de la coupe Stanley contre les Canadiens de Montréal, ancienne équipe du joueur. Sa fiche offensive de sept buts et sept mentions d'aide, pour 14 points en 18 matchs durant ces séries, lui permet de tirer sa révérence de façon magistrale.

Très polyvalent, Moore peut jouer à l'aile gauche comme à l'aile droite et son tir est dur et précis. Bon manieur de rondelle, il peut également jouer avec robustesse lorsque la situation l'exige. Moore ne craint jamais d'aller chercher la rondelle dans les coins. Sa détermination lui vaut d'ailleurs le sobriquet de «Digging Dicker».

Depuis 1968, Moore est devenu un homme d'affaires et dirige sa propre entreprise de location d'outillage et d'équipement de construction. Il possède également un terrain de golf à Arundel, dans les Laurentides. Sa détermination est ici la même que lorsqu'il était sur la glace. Il participe à la vente et à la comptabilité; on peut même le voir sur les chantiers. Il préconise encore une fois le travail d'équipe et dédaigne le succès personnel, préférant laisser les honneurs à son équipe tout entière.

Il est plutôt rare aujourd'hui de voir un joueur souffrir autant sans abdiquer. Moore, victime de trois dislocations de l'épaule, de deux opérations au genou, d'une fracture du poignet, de blessures aux jointures de la main droite et d'innombrables élongations musculaires, a toujours démontré que le courage peut mener loin et ce, peu importe le salaire.

Il est intronisé au Temple de la renommée du hockey en 1974. S'il n'est pas devenu un Maurice Richard ou un Wayne Gretzky, il mérite tout de même d'inscrire son nom dans les 100 plus grands Québécois du hockey, aux côtés de joueurs célèbres comme Bernard Geoffrion, Jean Béliveau et Guy Lafleur.

Quelques faits marquants de sa carrière:

➢ Remporte, en 1949 et 1950, la coupe Memorial.

➢ Participation à 6 matchs d'étoiles.

➢ Remporte, en 1958 et 1959, le trophée Art Ross.

➢ Premier joueur de l'histoire de la LNH à marquer 6 points dans un match éliminatoire.

➢ 6 coupes Stanley en 10 participations à la grande finale.

➢ A porté le numéro 12 avec les Canadiens.

➢ Intronisé au Temple de la renommée du hockey en 1972.

MOORE, Dickie «Digging Dicker»   Source: LNH
Ailier gauche, gaucher 5'10", 168 lb
Né à Montréal, QC, le 6 janvier 1931
Temple de la renommée: 1974
Dernier club amateur 1953-54: le Royal de Montréal

					Saison régulière								Séries éliminatoires				
Saison	Équipe	Ligue	PJ	B	A	Pts	Pun	AN	BG	+/-	PJ	B	A	Pts	Pun	AN	BG
1951-52	Canadiens de Montréal	LNH	33	18	15	33	44				11	1	1	2	12		
1952-53	Canadiens de Montréal	LNH	18	2	6	8	19				12	3	2	5	13		
1953-54	Canadiens de Montréal	LNH	13	1	4	5	12				11	5	*8	*13	8		
1954-55	Canadiens de Montréal	LNH	67	16	20	36	32				12	1	5	6	22		
1955-56	Canadiens de Montréal	LNH	70	11	39	50	55				10	3	6	9	12		
1956-57	Canadiens de Montréal	LNH	70	29	29	58	56				10	3	7	10	4		
1957-58	Canadiens de Montréal	LNH	70	*36	48	*84	65				10	4	7	11	4		
1958-59	Canadiens de Montréal	LNH	70	41	*55	*96	61				11	5	*12	*17	8		
1959-60	Canadiens de Montréal	LNH	62	22	42	64	54				8	*6	4	10	4		
1960-61	Canadiens de Montréal	LNH	57	35	34	69	62				6	3	1	4	4		
1961-62	Canadiens de Montréal	LNH	57	19	22	41	54				6	4	2	6	8		
1962-63	Canadiens de Montréal	LNH	67	24	26	50	61				5	0	1	1	2		
1964-65	Maple Leafs de Toronto	LNH	38	2	4	6	68				5	1	1	2	6		
1967-68	Blues de St. Louis	LNH	27	5	3	8	9	1	1	-8	18	7	7	14	15	2	1
	Totaux LNH	14 saisons	719	261	347	608	652				135	46	64	110	122		

Club de hockey Canadien

DENIS MOREL

Arbitre

Un aspect essentiel et incontournable de tout match sportif est l'arbitrage, que ce soit au tennis, au baseball ou même lors des fameux combats de lutte organisés d'avance. Le hockey n'y échappe pas. Par contre, c'est sans doute l'une des disciplines sportives les plus exigeantes pour les arbitres. On les critique, on les engueule et lorsqu'on perd une rencontre, on leur impute la responsabilité de la défaite. L'arbitre qui mérite le mieux son salaire dans le sport professionnel, c'est l'arbitre au hockey.

Au hockey, l'arbitre doit être en forme et en excellente santé. Il doit être rapide et vigilant, le hockey professionnel devenant de plus en plus rapide, ce qui n'est pas le cas au baseball, par exemple, avec ses arbitres au poids lourd. Un moment de distraction d'un officiel durant un match de hockey peut s'avérer néfaste. Les arbitres de la LNH sont pour la plupart des anglophones. Il y a très peu de Québécois au dossard orangé. L'un d'eux fut Denis Morel, aujourd'hui superviseur des arbitres de la Ligue nationale.

Né le 13 décembre 1948 à Québec, Denis Morel déménage très jeune dans la magnifique région de La Tuque. Il commence à jouer au hockey en bottes, apprenant à patiner seulement à l'âge de 12 ans. Aux niveaux pee-wee et bantam, Morel joue comme gardien de but à cause d'un coup de patin pas très élégant et, immédiatement après la rencontre, il troque son équipement de gardien pour celui d'arbitre ou de juge de lignes pour le match suivant. L'un de ses professeurs lui affirme qu'il ne fera jamais un arbitre et qu'il devrait songer à faire un autre métier.

Il enseigne l'éducation physique pendant deux ans en 1970 et 1971 avant de prendre définitivement le chemin de l'arbitrage. Pendant qu'il enseigne, il travaille également en tant qu'officiel au niveau mineur à La Tuque et Trois-Rivières. Il atteint par la suite la Ligue de hockey junior majeur du Québec en 1971. Il a la passion et jusqu'à l'âge de 20 ans, il arbitre pour le plaisir et se destine à une carrière d'enseignant. En 1972, Scotty Morrison met sur pied un précamp durant l'été et Morel fait partie des 60 personnes invitées. Peu après, il participe à son premier camp d'entraînement de la Ligue nationale.

Ne parlant pas anglais, il trouve passablement difficile de se joindre à ce groupe composé majoritairement d'anglophones. La création, cette année-là, de l'Association mondiale de hockey donne l'occasion à certains de joindre la Ligue nationale, puisque plusieurs arbitres ont quitté pour l'Association mondiale. Il commence sa carrière dans la Ligue américaine à Cincinnati comme juge de lignes. Le lendemain, dans la même ville, Denis travaille en tant qu'arbitre. Au début, le temps d'apprendre à parler l'anglais, on demande à Morel de travailler en alternance au poste de juge de lignes et à celui d'arbitre. Cependant, sa prestation comme arbitre est telle que la direction décide de l'utiliser uniquement comme arbitre sans attendre qu'il maîtrise vraiment l'anglais.

Il fait ses classes dans la Ligue américaine, la Ligue centrale et plusieurs ligues de niveau junior. Pendant quatre ans, Morel perfectionne sa nouvelle profession avant de faire le grand saut dans la Ligue nationale en 1976. Lors de son premier match comme arbitre dans la Ligue nationale, match disputé au Forum de Montréal entre les Canadiens et les Flames d'Atlanta, il écrit une nouvelle page d'histoire, car il a à ses côtés les juges de lignes Gérard Gauthier et Claude Béchard. Pour la première fois de l'histoire, trois Québécois sont réunis pour officier dans la même rencontre. Beaucoup de journalistes tentent d'avoir ses impressions et certains affirment même que placer Morel à Montréal pour son premier match en carrière serait le jeter dans la gueule du loup trop rapidement, car il ne possède pas l'expérience d'un vétéran.

Il n'est pas toujours facile de prendre la bonne décision et il arrive à tout arbitre de ne pas voir un jeu. Jacques Demers a déjà déclaré : «Avec Denis Morel, il y a moyen de dialoguer. Il admet ses erreurs.» Les arbitres, tout comme les joueurs, se trompent; c'est inhérent à la nature humaine. L'aspect du travail le plus difficile est de conserver une constance dans les punitions, indépendamment du pointage et du temps qu'il reste à jouer. Les arbitres ne veulent pas être le bouc émissaire du résultat d'un match. Morel affirmait: «On tente de plus en plus d'éviter les mauvaises décisions en fin de match. Depuis quelques années, on appelle régulièrement les infractions, même si le pointage est serré.»

Les difficultés rencontrées lors d'un match pour les officiels sont dues au fait que les joueurs ne se respectent plus aujourd'hui. Les mises en échec sont souvent faites par derrière à quelques pieds de la bande, ce qui peut être extrêmement dangereux. Le talent des joueurs est dilué à travers la Ligue nationale, les équipements sont plus sophistiqués et les athlètes, beaucoup plus gros et plus forts qu'auparavant, rendent la tâche des arbitres très ardue.

Son match le plus difficile a lieu à Los Angeles, entre les Kings et les Oilers d'Edmonton en 1990. Morel est au sommet de sa gloire et vient d'arbitrer les séries finales de la coupe Stanley de 1988 et 1989. Un soir de février 1990, Morel ne se doute pas que le reste de sa carrière va changer à jamais. Les deux équipes de l'Ouest s'affrontent pour la dernière fois de la saison. C'est la grande rivalité entre les deux clubs. Wayne Gretzky joue contre son ancienne équipe, les Oilers, et la rivalité entre les deux équipes est palpable.

«Ce match-là a fait très mal à ma carrière. Les mises en échec étaient dures et l'inévitable s'est produit: il y eu une bagarre générale. Glenn Anderson, d'un coup de poing, fracture la mâchoire d'un joueur des Kings et Steve Smith des Oilers en vient aux coups avec Kelly Buchberger, tirant sur son chandail et le coupant au-dessus de l'œil lors d'une bagarre. C'était la dernière fois qu'ils se rencontraient et je n'étais pas au courant, alors certains joueurs ont voulu régler des comptes. Malgré le rapport que j'ai remis à la Ligue nationale, Glenn Anderson n'a pas été suspendu et j'ai été considéré comme le coupable des événements.»

Morel a perdu confiance après ce match, puisqu'il n'avait pas été appuyé par les dirigeants de la Ligue nationale. Il recommande la suspension d'Anderson, mais la Ligue préfère lui donner seulement une amende. Physiquement et mentalement affecté, Morel perd une certaine crédibilité, même s'il n'a aucun contrôle sur les sanctions à donner aux joueurs. Il est le principal témoin des faits et la Ligue fait fi de ce qui s'est déroulé ce soir-là.

Ce match est le début de la fin pour Morel, qui prend sa retraite ou qui se fait plutôt écarter par la Ligue au terme de la saison 1993-94. Il n'a pas réussi à re-hausser son image suffisamment pour revenir au sommet des arbitres. Même en-core aujourd'hui, six ans plus tard, il aimerait retourner travailler sur la patinoire. Il mentionne souvent que l'arbitrage, c'est sa vie. La Ligue nationale lui offre en 1994 le poste de superviseur. Il enseigne aux jeunes recrues et doit également les évaluer lors des rencontres. Son travail vise autant les arbitres que les juges de lignes.

Il réussit durant sa carrière à atteindre les plus hauts sommets dans la Ligue nationale du côté des arbitres. Les Québécois étant rares dans la Ligue, Morel ouvre la porte à plusieurs autres qui voient une meilleure possibilité de faire carrière qu'il y a trente ans. Il travaille beaucoup auprès de la Ligue à mettre sur pied de nou-velles façons d'évaluer les arbitres en créant des critères de base pour l'évaluation des officiels.

Match après match, les arbitres doivent négocier avec des joueurs au caractère bouillant. Contrairement à la croyance populaire, ce ne sont pas les bagarreurs qui donnent le plus de fil à retordre aux arbitres, mais plutôt les leaders qui viennent souvent les enguirlander. Esa Tikkanen ne donnait pas sa place, de même que Guy Carbonneau au début de sa carrière, selon Morel. Il subit quelques fractures mais un poignet et un coude fracturés ne l'empêchent pas d'être à son poste. Il se rend sur la glace malgré des côtes brisées ou des poussées de fièvre.

Il s'intéresse beaucoup au sport amateur car pour lui, on s'identifie trop au sport professionnel. Certains athlètes amateurs sont plus en forme que beaucoup de joueurs professionnels. C'est dommage qu'ils pratiquent souvent un sport mé-connu du public et que la publicité soit très rare. Il encourage des gars comme Pierre Harvey qui est, selon lui, un grand athlète.

Celui qui a travaillé lors du match des étoiles en 1988 a connu 18 saisons dans la Ligue nationale et officié dans plus de 1000 rencontres. Il joue au golf à ses heures, surtout en compagnie de son épouse Debbie Savoy, professionnelle de golf et entraîneur privé de la chanteuse mondialement connue, Céline Dion. Garder une constance dans la qualité de son travail n'est pas mince tâche et peu d'arbitres Québécois ont atteint un rang aussi élevé dans l'histoire de la Ligue nationale.

CLAUDE MOUTON

Club de hockey Canadien

Annonceur et relationniste

Sur la patinoire, les joueurs sont le principal point de mire, mais ces joueurs sont entourés de plusieurs personnes qui les mettent en valeur. Qu'il s'agisse d'un entraîneur, un arbitre ou un journaliste, l'objectif commun de ces gens est de maintenir le maximum de synergie lors des parties de hockey. Cependant, il faut ajouter à cette liste l'annonceur maison, qui nous fait vibrer autant que les joueurs eux-mêmes. Le Canadien a eu son annonceur maison et quel annonceur! Les gens se souviennent de lui aussi bien que d'un joueur vedette. Claude Mouton, de son vrai nom Jean-Claude, s'est élevé au rang des meilleurs employés du club de hockey Les Canadiens.

Né le 2 juillet 1931 à Montréal, Claude Mouton connaît une carrière très diversifiée dans le domaine du sport, principalement au hockey et en cyclisme. Bien qu'il tâte d'autres sports, il n'en revient pas moins toujours à ce qu'il aime le plus: le hockey. Son épouse, Monique, se souvient: «Lorsque j'ai rencontré Claude, c'était très clair pour lui qu'il travaillerait un jour dans le monde du sport, mais principalement au hockey. Il n'avait en tête que cela.»

Après avoir exercé plusieurs emplois dans différents domaines, il décroche son premier emploi relié au sport en 1960 lorsqu'il fait son entrée comme entraîneur junior B pour le club du National. La même année, il participe de très près à l'ouverture du centre Paul-Sauvé à Montréal. Déjà, on entrevoit sa fructueuse carrière. Par la suite, il devient l'entraîneur du club de Rosemont de la Ligue métropolitaine. Il n'a cependant pas le tempérament pour diriger un club de hockey, étant trop doux avec ses joueurs.

Il devient en 1963 le principal organisateur du tournoi international de hockey bantam, dont les matchs sont disputés au centre Paul-Sauvé. Plusieurs joueurs célèbres ont participé à ce tournoi, dont Marcel Dionne. Claude occupera ce poste d'organisateur jusqu'en 1980. Ayant trop de travail par la suite pour continuer à s'en occuper, il préférera se retirer plutôt que de ne pas être disponible pour effectuer un travail adéquat. Toujours en 1963, Roger Turcotte, de la station radiophonique CKAC, l'invite à faire les nouvelles du sport. Ne possédant aucune expérience dans ce genre d'emploi, il connaît des débuts difficiles, mais à force d'acharnement, il réussit à maîtriser son nouveau métier.

Il anime dès la fin des années soixante une tribune téléphonique sur le sport qui devait devenir plus tard *Les amateurs de sports*, toujours en ondes aujourd'hui. En 1971, il devient le nouveau directeur des sports pour CKAC et Télémédia et, depuis près de trente ans, CKAC s'impose comme la station radiophonique numéro 1 du sport au Québec. En plus d'exercer son travail à la radio, il devient en 1964 l'annonceur et le présentateur officiel des courses de six jours, épreuve importante du monde du cyclisme qui se déroulait au centre Paul-Sauvé. Il s'intéresse de plus en plus à cette discipline sportive jusque-là presque inconnue pour lui, mais combien attirante.

De 1966 à 1968, il devient le président de l'Association de cyclisme au Québec, ce qui lui permet de côtoyer des gens de métier comme Lionel Duval de Radio-Canada. De plus, il est le directeur de l'Association canadienne de cyclisme jusqu'en 1973. Par son travail exceptionnel, il devient en 1967 le président et le principal organisateur du tour cyclisme de la Nouvelle-France, qui devait devenir une épreuve professionnelle à compter de 1972. Sans ses efforts, on est en droit de se demander si cette activité sportive assez méconnue du public aurait connu autant de succès au Québec.

En 1969, il est invité à joindre l'équipe responsable de la couverture des Expos de Montréal. Il accepte d'emblée de devenir le nouvel annonceur maison des Expos jusqu'en 1973. Il est célèbre pour sa façon d'annoncer les frappeurs des Expos, mais surtout le receveur de l'époque, John Boccabella. Toujours en 1969, il devient l'annonceur maison des Canadiens de Montréal au Forum et travaille à la couverture d'événements majeurs, de rencontres de Coupe Canada et de différentes rencontres internationales lors de la saison de hockey de 1972.

Il est tellement apprécié que dans les années quatre-vingt, il devient annonceur en Russie pour quelques matchs hors concours des Canadiens de Montréal contre une équipe soviétique. Son action dans la communauté est remarquable; il se soucie des gens autour de lui et se montre toujours disponible pour aider les jeunes, les personnes âgées et les handicapés. C'est pourquoi en 1976, il fonde le Club de la médaille d'or avec certains de ses collègues. La spécialité du club est de venir en aide aux athlètes amateurs en leur procurant des bourses, le but ultime étant d'inciter les jeunes à s'investir dans le sport. Il est d'ailleurs élu au Temple de la renommée du Club de la médaille d'or lorsqu'il quitte en 1978.

Il vit en 1976 l'une de ses plus belles expériences lorsqu'on lui demande de faire les cérémonies d'ouverture et de fermeture des Jeux olympiques de Montréal. En plus de ces cérémonies, il est l'annonceur des compétitions de soccer et de cyclisme.

Comme s'il n'avait pas couvert suffisamment de sport depuis le début de sa carrière, il a la chance incroyable d'être du même ring que Roberto Duran et Sugar Ray Leonard au Stade olympique, en 1981, lors d'un des meilleurs combats de l'histoire de la boxe. D'ailleurs, tout au long des années soixante-dix, il travaille de concert avec Régis Lévesque en tant que «matchmaker» de boxe professionnelle au

Forum de Montréal. Partout où des événements sportifs majeurs se déroulent, Claude est toujours de la partie... de près ou de loin.

Il est l'auteur du livre «*Les Canadiens de Montréal, une dynastie du hockey*», édité à l'automne de 1980 et réédité en 1987, qui a été vendu à plus de 80 000 exemplaires à travers le Québec. Finalement, de 1973 à 1993, il occupe des postes de prestige auprès de la direction des Canadiens de Montréal. Il devient l'adjoint au président et le directeur des relations publiques, tout en conservant son poste d'annonceur maison.

Lorsqu'on parle de Claude Mouton, il faut souligner son tempérament de gagnant et de bagarreur. Le 13 octobre 1969, Claude est malheureusement victime d'un dramatique accident de la route. En effet, lors d'un voyage aux États-Unis, une voiture arrivant en sens inverse le heurte violemment; il est victime de multiples fractures et doit passer plus de six mois immobilisé dans le plâtre de la tête aux pieds. Bien qu'il y ait presque laissé sa vie, il continue à travailler de sa chambre d'hôpital tant il est déterminé et dévoué. Il s'est même présenté en chaise roulante le printemps suivant à l'ouverture du camp d'entraînement des Expos de Montréal.

Sa détermination était telle qu'il a travaillé au Forum deux jours avant de partir pour un monde meilleur. Il avait même dit au président Ronald Corey de ne pas le remplacer, qu'il serait à son poste malgré la maladie qui l'affligeait. Il aura jusqu'à la toute fin démontré qu'il était un grand passionné du hockey et du club de hockey Canadien, sa deuxième famille. Il avait de toute évidence le «CH» tatoué sur le cœur.

Claude Mouton a été aimé et adulé par la majorité des joueurs ou anciens joueurs des Canadiens et des autres équipes de la Ligue nationale. Chris Nilan, anciennement des Canadiens, lui remet un cadeau lorsqu'il quitte l'équipe pour une autre formation. Stéphane Richer l'a toujours considéré comme un deuxième père, comme il le disait lui-même en septembre 2000 lorsqu'il a annoncé qu'il prenait sa retraite. Pendant plus de 35 ans, partout où il passe, Claude a le même impact sur ceux qu'il rencontre.

Celui qui a été entraîneur pour les matchs de balle-molle et fondateur du tournoi de golf annuel du club de hockey Canadien aura attiré des commentaires plus qu'élogieux de son grand ami Camil DesRoches: «Il est le meilleur organisateur d'événements que je connaisse!». Aujourd'hui, un trophée qui porte son nom est remis au golfeur par excellence lors du tournoi annuel des Canadiens. Frère du célèbre annonceur et animateur Roger Gosselin, cuisinier à ses heures, Claude a toujours aimé se dévouer pour les autres, mais également pour sa famille, dont il était très proche. On peut affirmer sans se tromper qu'il a réussi dans la vie, comme en témoigne sa longue carrière, mais qu'il a également réussi *sa* vie puisqu'il manque encore à ses proches.

Claude Mouton, dont on se souviendra pendant des décennies, est décédé le 30 mars 1993 des suites d'un cancer. Sa mémoire a été honorée puisqu'une salle de réception et une rue de Montréal, à proximité du centre Paul-Sauvé, portent son nom. Lorsqu'on lui demandait s'il n'était pas fatigué d'exercer ce métier d'annonceur, il répondait à qui voulait l'entendre: «On me paie pour avoir le meilleur siège de tout le Forum.»

Il aura marqué le cœur des Québécois qui se souviennent de sa voix et de sa façon bien personnelle de faire bondir les spectateurs de leur siège: «Le but du Canadien, son 50e de la saison, compté par le numéro 10, Guy Lafleur...»

HERBERT
O'CONNOR

(Herbert «Buddy» O'Connor)

Centre

Herbert «Buddy» O'Connor fait ses débuts dans le hockey organisé avec le Royal de Montréal de la Ligue senior du Québec. Au sein de son équipe, il forme la «Razzle Dazzle Line» avec Pete Morin et Gerry Efferman. Les trois joueurs signent en même temps avec les Canadiens, mais seul O'Connor connaît une brillante carrière chez les professionnels. Malgré une carrière bien remplie au sein du Royal, il espère toujours jouer dans la Ligue nationale de hockey et il met tout en œuvre pour y arriver, comme en témoignent ses six saisons dans les rangs seniors. Il ne fera partie de l'alignement du Canadien qu'à l'âge de 25 ans, après avoir appartenu aux Maroons de Montréal sans jamais avoir disputé un seul match. Le 10 septembre 1936, il passe des Canadiens aux Maroons, en échange de Sammy McManus. Le 24 septembre 1938, les Maroons de Montréal décident de le renvoyer auprès du Tricolore contre une certaine somme afin de régler les problèmes financiers de l'équipe.

Avec le Royal senior de Montréal, de 1934 à 1941, et pour une brève période durant la saison 1941-42, il connaît une excellente carrière. Il remporte le championnat des marqueurs en 1938-39.

À cette époque, les Canadiens se cherchent un joueur d'impact pouvant évoluer malgré la pression des séries éliminatoires. Dans la Ligue senior, Buddy était reconnu pour ses prouesses en séries, comme en témoignent ses 82 points en 53 matchs lors des rencontres éliminatoires.

De petit gabarit, le joueur de centre de cinq pieds et sept pouces et 145 livres se révèle un joueur de finesse. À une époque où le hockey est un sport rude, O'Connor ne totalise que 34 minutes de pénalités en dix ans dans la LNH.

Né le 21 juin 1916 à Montréal, O'Connor voit son rêve prendre forme au début de la saison 1941-42. Il fait alors partie de l'organisation la plus prestigieuse de la ligue.

Le 19 août 1947, après avoir aidé les Canadiens à gagner la coupe Stanley en 1944 et en 1946, il est échangé aux Rangers de New York avec Frank Eddolls, contre Hal Laycoe, Joe Bell et George Robertson. Les Rangers ne sont pas déçus de leur acquisition, car au terme de la saison 1947-48, O'Connor cumule 60 points en autant de rencontres. Quelques semaines plus tard, on lui décerne le trophée Lady Bing et le trophée Hart.

Frank Boucher, alors entraîneur et directeur général de l'équipe, déclare: «C'est avec un joueur comme lui que nous pouvons espérer relancer une équipe comme la nôtre et espérer être plus compétitifs contre les autres formations de la Ligue». Questionné sur les habiletés de son jeune joueur de centre, Boucher répond: «Il possède un sens inné du hockey et il ne connaît pas la pression, il reste de glace peu importe l'enjeu». Malheureusement, au cours de ses quatre années au sein de l'équipe, les Rangers ne s'améliorent pas suffisamment pour représenter une menace en séries éliminatoires.

L'un des premiers d'une lignée de hockeyeurs vedettes à évoluer pour l'organisation des Rangers, O'Connor contribue par ses performances à stimuler l'intérêt des New-Yorkais pour le hockey. Ses prouesses parviennent à distraire les partisans de l'équipe pour qui les piètres performances des Rangers n'offrent par ailleurs aucune raison de se réjouir.

Le 8 octobre 1948, ses coéquipiers et lui sont victimes d'un accident de la route et il ne peut jouer pour une partie de la saison. Il revient en force en séries éliminatoires pour aider les Rangers à vaincre les Canadiens en demi-finale, avant de perdre en grande finale de la coupe Stanley contre les Red Wings de Détroit. Buddy a participé au match des étoiles du 10 octobre 1949, en tant que membre des Rangers de New York dans l'équipe de la LNH qui avait vaincu les Maple Leafs 3-1 à Toronto.

Après son séjour dans la «Big Apple», O'Connor doit se contenter de jouer dans les rangs mineurs avec les Mohawks de Cincinnati, de la Ligue américaine. Il y joue une saison complète, 1951-52, et un seul match lors de la saison suivante, avant de prendre sa retraite en 1953. Buddy est élu au Temple de la renommée du hockey en 1988 et décède le 24 août 1977, dans sa ville natale.

Ceux qui ont eu la chance de voir régulièrement Buddy O'Connor évoluer autour des filets adverses affirment qu'il a été l'un des meilleurs joueurs de l'époque. Au cours de ses dix saisons dans la LNH, il a fait preuve d'une exceptionnelle habileté devant les gardiens de but rivaux, même s'il n'a disputé que peu de matchs en carrière.

Pendant ces dix années, il a su démontrer son savoir-faire en préconisant un style dénudé de rudesse. «Herbie-Boy», comme l'avait surnommé son ancien coéquipier Frank Eddolls, avait également le talent nécessaire pour faire carrière dans le golf professionnel, mais il préférait de loin le hockey. Sa finesse et son jeu scientifique lui valent amplement une place parmi les 100 plus grands Québécois du hockey.

Quelques faits marquants de sa carrière:

➤ Participation à un match d'étoiles.

➤ Remporte, en 1948, le trophée Hart.

➤ Remporte, en 1948, le trophée Lady Bing.

➤ Remporte, en 1948, le trophée Art Ross.

➤ Capitaine des Rangers de New York en 1949-50.

➤ 2 coupes Stanley en 4 participations à la grande finale.

➤ A porté les numéros 21 et 10 avec les Canadiens.

➤ Décédé le 24 août 1977.

➤ Intronisé au Temple de la renommée du hockey en 1988.

O'CONNOR, Herbert «Buddy»   Source: LNH

Centre, droitier 5'8", 142 lb
Né à Montréal, QC, le 21 juin 1916; décédé le 24 août 1977
Temple de la renommée: 1988
Dernier club amateur 1945-46: le Royal de Montréal

			Saison régulière								Séries éliminatoires						
Saison	Équipe	Ligue	PJ	B	A	Pts	Pun	AN	BG	+/-	PJ	B	A	Pts	Pun	AN	BG
1941-42	Canadiens de Montréal	LNH	36	9	16	25	4				3	0	1	1	0		
1942-43	Canadiens de Montréal	LNH	50	15	43	58	2				5	4	5	9	0		
1943-44	Canadiens de Montréal	LNH	44	12	42	54	6				8	1	2	3	2		
1944-45	Canadiens de Montréal	LNH	50	21	23	44	2				2	0	0	0	0		
1945-46	Canadiens de Montréal	LNH	45	11	11	22	2				9	2	3	5	0		
1946-47	Canadiens de Montréal	LNH	46	10	20	30	6				8	3	4	7	0		
1947-48	Rangers de New York	LNH	60	24	36	60	8				6	1	4	5	0		
1948-49	Rangers de New York	LNH	46	11	24	35	0				–	–	–	–	–		
1949-50	Rangers de New York	LNH	66	11	22	33	4				12	4	2	6	4		
1950-51	Rangers de New York	LNH	66	16	20	36	0				–	–	–	–	–		
	Totaux LNH	10 saisons	509	140	257	397	34				53	15	21	36	6		

Club de hockey Canadien

EDDY PALCHAK

Gérant de l'équipement

Être gérant d'équipement au sein d'une équipe de hockey est un travail important, à la fois passionnant et exigeant. C'est un défi que Palchak a su relever de main de maître pendant de nombreuses années. S'il est vrai que les joueurs sont le point de mire sur la patinoire, que deviendraient-ils s'il n'y avait pas de «Nounou» pour combler leurs petits caprices? En effet, chaque jour, Palchak aura été le témoin des désirs, des sautes d'humeur, des cris de joie des joueurs.

Palchak aime sa profession, car elle lui donne l'occasion d'être en contact direct avec les athlètes. C'est sa façon à lui de se rendre utile. «La qualité la plus importante est d'être disponible pour chacun des joueurs, sans favoriser qui que ce soit», dit-il. Il n'est pas toujours facile de plaire à un joueur aux mille caprices.

Né le 18 mai 1940 à Montréal, Palchak est le fils de Louis Palchak, d'origine polonaise, et de Sophie Ruschuk, d'origine ukrainienne. Eddy a toujours aimé le hockey. Comme tous les jeunes à l'époque, il joue dans des ligues organisés, souvent mises sur pied par les directeurs des loisirs des différentes paroisses de la région métropolitaine. Il connaît d'ailleurs de belles années et s'avère même un marqueur prolifique alors qu'il joue au sein de l'équipe midget à l'aréna Ahuntsic. Il connaît ses meilleurs moments avec le club des loisirs Saint-André-Apôtre du quartier Ahuntsic, en 1963-64. Selon Eddy, l'équipe aurait même dû remporter le championnat provincial mais faute d'argent, le club n'avait pu s'y présenter. C'est donc l'équipe de Verdun, qui s'était inclinée contre le club de Palchak en finale du championnat de l'île de Montréal, qui représente la région. Verdun rafle donc les grands honneurs et remporte le trophée tant convoité. L'équipe est si pauvre que les chandails des joueurs ne sont pas de la même couleur, exception faite des séries éliminatoires, où la générosité d'un concessionnaire automobile leur permet d'avoir un seul uniforme.

Eddy ne possède pas le talent nécessaire pour faire carrière dans la Ligue nationale, mais son engouement pour le hockey l'empêche de quitter entièrement le milieu. Un jour, en 1965, Phil Wimmer, directeur du Canadien junior, lui offre le poste de responsable de l'équipement. Après un séjour avec le Canadien junior de Montréal, Palchak est invité à se joindre au grand club des Canadiens en 1966.

Dès la saison suivante (1967-68), Palchak savoure le triomphe d'une première coupe Stanley. «Jamais je n'aurais pu me douter qu'un jour, je ferais partie de l'organisation qui m'a procuré tellement de joie lorsque j'étais jeune», dit-il avec un tremblement dans la voix. Il fait également partie de l'équipe lorsqu'elle remporte la coupe en 1969, 1971, 1973, 1976, 1977, 1978, 1979, 1986 et 1993. Avec dix coupes Stanley, il ne lui en manque qu'une pour égaler le record de Henri Richard! Malheureusement, il prend sa retraite avant d'y parvenir, au terme de la saison 1999-00.

La journée de travail de Palchak et de son équipe commence bien avant celle des autres. Dès 9 h, Eddy s'affaire à préparer l'équipement pour l'exercice du matin et, par la suite, pour le match de la soirée. «Nous sommes toujours les premiers arrivés et les derniers partis!», dit-il. Plus d'un quart de siècle au service de la Sainte Flanelle, à se consacrer à une tâche méconnue de la population, mais primordiale pour les joueurs.

Aiguiser les patins, commander les équipements, préparer chacun des casiers des joueurs, voilà quelques-unes des responsabilités assumées par Palchak et son équipe. Chaque année, Eddy voit défiler plus de 6000 bâtons, 150 paires de patins, sans compter les plusieurs centaines de rouleaux de ruban adhésif. En moyenne, un joueur utilise trois ou quatre paires de patins et plus de 200 bâtons par saison. «Nous faisons partie de la meilleure organisation de la Ligue nationale. On prend régulièrement des décisions importantes et on voyage partout en Amérique du Nord», mentionne Palchak.

Après chaque match, il a le sentiment du devoir accompli: les patins sont aiguisés, les chandails accrochés dans le vestiaire, les bâtons à la disposition des joueurs, sans oublier les petites manies de chacun. La mémoire ne doit pas faire défaut, car la plupart des athlètes sont intransigeants et veulent que tout se déroule selon leurs instructions. Certains aiguisent eux-mêmes leurs patins! C'était, entre autres, le cas de Mats Naslund lorsqu'il jouait pour les Canadiens. Et Stéphane Richer estampillait tous ses bâtons du numéro 10, en l'honneur de son idole de jeunesse, Guy Lafleur.

Palchak a beaucoup d'admiration pour plusieurs joueurs, mais Jean Béliveau demeure son idole. «C'est un gentleman dans tout ce qu'il fait, il est aimable et facile d'approche. Il est le plus grand!», disait Palchak, une flamme illuminant son regard. Il a vu passer tout au long de sa carrière des athlètes tels que Jean Béliveau, Guy Lafleur, Henri Richard, Yvan Cournoyer, Serge Savard, Patrick Roy et bien d'autres.

Discret et timide, Palchak rend service à tout son monde et est apprécié de tous. Eddy se souvient de quelques superstitions et manies: Bob Gainey, par exemple, prenait un verre moitié eau et moitié cola durant les entractes; Guy Carbonneau mettait toujours son équipement de gauche à droite; sans oublier certains joueurs qui plaçaient leurs bâtons à un endroit précis.

Après toutes ces années, il ne peut s'habituer à voir un joueur quitter l'équipe pour une autre organisation. «C'est souvent pénible, car on s'attache à chacune des personnalités et des liens se tissent entre nous.»

Amateur de golf, Eddy parcourt les terrains du Québec chaque fois qu'il en a l'occasion. Mis à part le hockey, les chevaux de course sont sa passion. Il est d'ailleurs propriétaire de chevaux avec des amis.

Je ne pouvais passer sous silence un tel personnage, vu son importance aux yeux des hockeyeurs. S'il y avait un Temple de la renommée pour les responsables des équipements, Palchak y serait intronisé sans hésitation. Il mérite une place parmi les 100 plus grands Québécois du hockey.

BERNARD PARENT

(Bernard «Bernie» Parent)

Gardien de but

De nos jours, les équipes tentent d'acquérir des joueurs costauds et forts, contrairement à l'époque des Joe Malone ou Aurèle Joliat. Il est de plus en plus difficile pour un joueur de petit gabarit de faire sa marque dans la Ligue nationale. Il y a toutefois des exceptions, dont l'ancien gardien de but des Flyers de Philadelphie, Bernard Parent.

Il possède un style bien à lui, axé sur ses réflexes. Il entre dans l'histoire de la Ligue nationale de hockey au milieu des années soixante-dix. Il est évident que la pierre angulaire d'une équipe de hockey est avant tout le gardien de but. Très souvent blâmé pour les insuccès de l'équipe, il est également adulé lorsque l'équipe atteint les plus hauts sommets.

À en croire Phil Esposito, lui-même un grand du hockey et son adversaire sur la glace durant les années soixante-dix, «Parent fut l'un des meilleurs gardiens de la Ligue nationale». Parent se déplace avec la rapidité de l'éclair devant son filet et devient la bête noire de plusieurs géants du hockey lors de séjours avec les Flyers de Philadelphie.

Né le 3 avril 1945 à Montréal, Bernard Parent ne manifeste pas beaucoup d'attirance pour le hockey lorsqu'il est jeune. Il s'adonne à plusieurs sports sans pour autant afficher une préférence quelconque. Ce n'est qu'à l'âge de huit ou neuf ans qu'il développe un certain intérêt pour notre sport national. Puisque très souvent, il n'y a personne pour garder les buts sur la patinoire du quartier, Parent accepte d'occuper cette position dans le but premier de s'amuser. Il se prend à aimer ce rôle et réussit à surprendre ses copains par la qualité de son jeu, qui progresse de jour en jour.

Peu après, il demande à ses parents de lui acheter un équipement de gardien de but, car il veut s'inscrire dans la catégorie pee-wee et faire partie pour la première fois d'une équipe organisée. Bernard Parent grandit en regardant à la télévision les prouesses de Jacques Plante, son idole de jeunesse. «Lorsque j'étais enfant, j'essayais d'imiter ses gestes et je rêvais de jouer comme professionnel... pour les Canadiens», dit-il.

Sa progression est très rapide puisqu'il se joint à l'équipe junior A à l'âge de 15 ans. Mais ce n'est qu'à 18 ans qu'il deviendra le gardien de but régulier des Flyers de Niagara Falls, de la Ligue de hockey junior de l'Ontario, en 1963. Faisant équipe en 1964-65 avec le gardien Doug Favell, qu'il retrouvera plus tard à Philadelphie, il mène son club à la victoire de la coupe Memorial en battant les Oil Kings d'Edmonton.

Après avoir dominé la Ligue pour la moyenne de buts alloués durant deux saisons consécutives, il fait ses débuts dans la Ligue nationale avec les Bruins de Boston en 1965, un an avant l'arrivée du célèbre Bobby Orr. Son entraîneur, Milt Schmidt, lui fait confiance pour 39 rencontres et s'en félicite. Mais l'année suivante, Bernard ne dispute que 18 matchs avec les Bruins, détrôné par un certain... Gerry Cheevers, qui est en pleine possession de ses moyens. Parent doit se contenter d'être le troisième gardien de l'équipe, derrière Cheevers et Eddie Johnston, le gardien numéro un à Boston.

Harry Sinden, le nouvel entraîneur du Boston, recommande au directeur gérant Hap Emms de protéger Cheevers plutôt que Parent. N'étant pas protégé par les Bruins lors de la première expansion de la Ligue nationale, il se retrouve avec les Flyers de Philadelphie le 6 juin 1967. Personne à cette époque ne comprend son véritable potentiel, mais il faut aussi reconnaître à Cheevers tout le talent qu'il possède. Parent joue un peu plus de trois ans avec les Flyers, mais son bon copain chez le junior, Doug Favell, s'empare du poste de gardien numéro un chez les Flyers, lors de la saison 1970-71, et Bernard est finalement échangé aux Maple Leafs de Toronto le 1er février 1971. Parent est très heureux de faire partie de l'équipe qui compte dans ses rangs Jacques Plante, son idole de jeunesse. «J'ai beaucoup appris avec Plante à mes côtés. Il possédait beaucoup d'expérience et moi, j'en avais encore à apprendre», déclare Parent.

Son aventure à Toronto sera de courte durée puisqu'il décide de goûter à l'aventure de l'Association mondiale de hockey pour la saison 1972-73. Il est le premier joueur de la LNH à signer un contrat avec la nouvelle AMH, avec les Screaming Eagles de Miami, mais cette équipe se retire et Parent se retrouve alors chez les Blazers de Philadelphie. Tout semble bien aller pour lui puisqu'il mène l'Association avec 33 victoires. Mais voilà que la direction décide de le suspendre pour avoir quitté l'équipe après le match du 4 avril 1973 contre Cleveland. Ses droits appartiennent toujours aux Maple Leafs de la Ligue nationale, mais voyant qu'il ne reviendra pas auprès d'eux, ces derniers l'échangent à son ancienne équipe, les Flyers de Philadelphie, le 15 mai 1973. Même s'il a connu un certain succès dans l'Association mondiale, Parent accepte de faire un retour dans la Ligue nationale de hockey. Ironie du sort, son bon copain Doug Favell fait partie de la transaction, puisque c'est lui qui part pour Toronto.

En 1972-73, les Flyers et leur gardien Doug Favell avaient été éliminés en demi-finale face aux Canadiens de Montréal; lorsque Bernard Parent revient pour la saison 1973-74, la troupe de Fred Shero pense posséder l'élément primordial pour remporter la coupe Stanley. Le gardien répond à l'appel. Les saisons 1973-74 et 1974-75 sont l'affaire de Parent puisqu'aucun autre gardien n'offre un tel rendement, tant en saison régulière qu'en séries éliminatoires. Il connaît deux années de rêve avec les Flyers. Il domine la Ligue en saison avec respectivement 47 et 44 victoires, douze blanchissages dans chacune de ses deux saisons et des moyennes de buts alloués exceptionnelles de 1.89 en 1973-74 et 2.03 en 1974-75.

Durant ces deux campagnes, Parent rafle tout sur son passage. Il remporte deux coupes Stanley presque à lui seul. En 1974, il élimine les Flames d'Atlanta, les Rangers de New York et les Bruins de Boston, son ancienne équipe. L'entraîneur des Bruins, Bep Guidolin, se rappelle: «Parent a été fantastique et il mérite de graver son nom sur la coupe; il nous a battus, tout simplement.»

En 1975, les Maple Leafs de Toronto, les Islanders de New York et les Sabres de Buffalo sont victimes du grand talent de Parent. René Robert des Sabres se souvient: «Il est le gardien qui m'a donné le plus de difficulté en carrière et lors des séries de 1975, il était tout simplement incroyable. Malgré qu'il soit petit, il couvrait toujours bien ses angles. Ce n'était pas le gardien à te faire des cadeaux; si tu marquais contre lui, c'est parce que tu l'avais vraiment battu.»

De plus, il gagne deux fois les trophées Conn Smythe et Vézina. Soulignons qu'en 1974, il partage le trophée Vézina avec Tony Esposito, des Blackhawks de Chicago. C'est la seule fois de toute l'histoire de la Ligue nationale de hockey que le trophée Vézina est remporté par deux gardiens d'équipes différentes. Malheureusement, la saison 1975-76 s'avère cauchemardesque pour Parent qui, au sommet de sa gloire, est blessé gravement et ne dispute que onze matchs. Après sa deuxième coupe Stanley en 1975, Parent, blessé au cou, doit subir une intervention chirurgicale dans le but de réparer une vertèbre cervicale. Il n'effectuera un retour au jeu que le 24 février 1976, à Washington, après une convalescence d'environ huit mois.

De retour au jeu, il n'atteindra plus jamais un niveau de performance aussi élevé, même s'il demeure excellent. La carrière de ce gardien phénoménal prend fin de façon dramatique le 17 février 1979, au Spectrum de Philadelphie, lorsqu'il est blessé gravement à un œil, à la deuxième période d'un match contre les Rangers de New York. Il n'a jamais pu recouvrer une vision parfaite. Il occupe par la suite le poste d'entraîneur des gardiens de but des Flyers durant quelques saisons.

Plus qu'une simple étoile dans la Ligue nationale, il est l'un des plus grands gardiens de tous les temps. Sans lui, les Flyers n'auraient pas connu autant de succès. De toute évidence, Parent démontre à tous qu'un gardien de petite taille peut tout de même atteindre un haut niveau d'excellence. Ses 309 victoires dans la Ligue nationale, séries éliminatoires incluses, lui valent d'être intronisé au panthéon du hockey en 1984. N'eut été de sa blessure à l'œil en 1979, il aurait certainement remporté un autre trophée Vézina et bien d'autres victoires encore. Il est juste de souligner le travail exceptionnel d'un gardien qui a remporté 177 matchs contre seulement 60 défaites depuis son retour dans la Ligue nationale en 1973 et participé à cinq matchs des étoiles.

Il est extrêmement regrettable qu'il n'ait pas été en mesure de poursuivre sa carrière. Quoi qu'il en soit, personne ne peut oublier les merveilles qu'a accomplies Parent au cours des séries éliminatoires de 1974 et 1975 devant les filets des «Broad Street Bullies». Il mérite d'emblée qu'on se remémore encore aujourd'hui, 25 ans plus tard, le gardien exceptionnel qu'il fut pour les amateurs de hockey québécois!

Quelques faits marquants de sa carrière:

➤ Premier joueur de la LNH à signer un contrat avec l'AMH.

➤ Réussit 40 victoires et plus en une saison à 2 reprises.

➤ 47 victoires en 1973-74, un record de la Ligue nationale.

➤ 54 blanchissages en carrière dans la LNH.

➤ Participation à 5 matchs d'étoiles.

➤ 2 coupes Stanley en 2 participations à la grande finale.

➤ Remporte, en 1974 et 1975, le trophée Vézina.

➤ Remporte, en 1974 et 1975, le trophée Conn Smythe.

➤ Son chandail numéro 1 est retiré par les Flyers de Philadelphie.

➤ Intronisé au Temple de la renommée du hockey en 1984.

PARENT, Bernard «Bernie»   Source: LNH

Gardien, gaucher 5'10", 180 lb
Né à Montréal, QC, le 3 avril 1945
Temple de la renommée: 1984
Dernier club amateur 1964-65: les Flyers de Niagara Falls

Saison	Équipe	Ligue	PJ	VIC	D	N	Mins	BA	Bl.	Moy	PJ	VIC	D	Mins	BA	Bl.	Moy
						Saison régulière							Séries éliminatoires			
1965-66	Bruins de Boston	LNH	39	11	20	3	2083	128	1	3.69	–	–	–	–	–	–	–
1966-67	Bruins de Boston	LNH	18	4	12	2	1022	62	0	3.64	–	–	–	–	–	–	–
1967-68	Flyers de Philadelphie	LNH	38	16	12	5	2248	93	4	2.48	5	2	3	355	8	0	*1.35
1968-69	Flyers de Philadelphie	LNH	58	17	23	16	3365	151	1	2.69	3	0	3	180	12	0	4.00
1969-70	Flyers de Philadelphie	LNH	62	13	29	20	3680	171	3	2.79	–	–	–	–	–	–	–
1970-71	Flyers de Philadelphie	LNH	30	9	12	6	1586	73	2	2.76	–	–	–	–	–	–	–
	Maple Leafs de Toronto	LNH	18	7	7	3	1040	46	0	2.65	4	2	2	235	9	0	2.30
1971-72	Maple Leafs de Toronto	LNH	47	17	18	9	2715	116	3	2.56	4	1	3	243	13	0	3.21
1972-73	Blazers de Philadelphie	AMH	63	*33	28	0	3653	220	2	3.61	1	0	1	70	3	0	2.57
1973-74	Flyers de Philadelphie	LNH	*73	*47	13	12	*4314	136	*12	*1.89	*17	*12	5	*1042	35	*2	2.02
1974-75	Flyers de Philadelphie	LNH	68	*44	14	10	4041	137	*12	*2.03	*15	*10	5	*922	29	*4	*1.89
1975-76	Flyers de Philadelphie	LNH	11	6	2	3	615	24	0	2.34	8	4	4	480	27	0	3.38
1976-77	Flyers de Philadelphie	LNH	61	35	13	12	3525	159	5	2.71	3	0	3	123	8	0	3.90
1977-78	Flyers de Philadelphie	LNH	49	29	6	13	2923	108	*7	2.22	12	7	5	722	33	0	2.74
1978-79	Flyers de Philadelphie	LNH	36	16	12	7	1979	89	4	2.70	–	–	–	–	–	–	–
	Totaux LNH	13 saisons	608	271	198	121	35136	1493	54	2.55	71	38	33	4302	174	6	2.43
	Totaux AMH	1 saison	63	33	28	0	3653	220	2	3.61	1	0	1	70	3	0	2.57

LESTER PATRICK

(Lester « The Silver Fox » Patrick)

Bâtisseur

La famille Patrick est surnommée à juste titre « Hockey's Royal Family » (la famille royale du hockey). Associée au hockey depuis 100 ans, la dynastie des Patrick fait toujours partie du hockey grâce à Craig Patrick, petit-fils de Lester et fils de Lynn Patrick. Frank Patrick, frère de Lester, et Muzz Patrick, fils de Lester, ont aussi fait partie de l'histoire du hockey et de la Ligue nationale de hockey.

Lester et son frère Frank ont enrichi le hockey de plus d'innovations et de modifications que quiconque. Les plus grands changements se sont produits alors que Lester était entraîneur, directeur général ou propriétaire. Frank, de son côté, a joué un rôle clé dans l'élaboration et la mise en place de nouvelles façons de jouer au hockey.

Lester a fait ses études au High School de Montréal et à l'Université McGill, où il a fait ses débuts au hockey. Après avoir évolué pour l'équipe junior de la Montreal Amateur Athletic Association, il quitte le Québec pour le Manitoba en 1903, pour jouer une saison dans la petite ville de Brandon. C'est dans cette magnifique ville que Lester devient le précurseur des défenseurs offensifs, bien avant Paul Coffey, Doug Harvey ou Bobby Orr. Il lui semblait qu'un défenseur qui n'avait pour seule mission que de ralentir les adversaires apportait peu à son équipe. Lorsque son entraîneur lui demandait pourquoi il agissait de la sorte, il répondait sans hésiter : « Si ça fonctionne et que la foule adore, pourquoi pas ? ». À sa façon, il innovait déjà.

L'année suivante, il revient à Montréal jouer pour le Westmount de la Ligue senior. Cette saison sera déterminante. En effet, en 1905, il signe un contrat professionnel avec les Wanderers de Montréal. Sa présence est remarquable et les résultats sont fulgurants : l'équipe de Montréal, Lester en tête, remporte la coupe Stanley deux années de suite, en 1906 et 1907. Grâce à lui, son équipe a mis fin au règne des Sénateurs (Silver Seven) d'Ottawa, qui avaient remporté la coupe en 1903, 1904 et 1905.

Alors qu'il joue pour les Wanderers, quelques hommes d'affaires très riches décident de former une nouvelle équipe professionnelle et de faire appel à Lester. Ce dernier réussit à négocier un contrat de 3 000 $ pour seulement douze matchs, somme énorme pour l'époque, preuve de la réputation dont il jouissait.

Les frères Patrick se retrouvent par la suite à Nelson, en Colombie-Britannique, pour travailler dans l'entreprise forestière de leur père. Bûcherons dans la vallée de la Fraser, Lester et Frank caressent l'ambitieux projet de former une ligue de hockey. Lester revient à Montréal en décembre 1908 avec les Eskimos d'Edmonton, qui tentent de ravir la coupe Stanley aux Wanderers.

Les Eskimos avaient engagé certains joueurs uniquement pour cet événement, dont Lester Patrick et Didier Pitre. En guise de réplique, les fiduciaires de la coupe établissent un nouveau règlement pour que les organisations se présentent avec leurs équipes habituelles. Quand l'Association nationale de hockey est formée en 1909-10, les frères Patrick sont réunis à nouveau au sein des Millionnaires de Renfrew. Cette équipe possède cinq joueurs aujourd'hui au Temple de la renommée: les frères Frank et Lester Patrick, Fred «Cyclone» Taylor, Édouard «Newsy» Lalonde et Fred Whitcroft. Malgré ces joueurs exceptionnels, Renfrew termine au deuxième rang de l'Association nationale, derrière les Wanderers de Montréal.

En 1911-12, les frères Patrick mettent finalement sur pied leur projet de ligue en formant la Pacific Coast Hockey Association. Lester emprunte 300 000 $ à l'entreprise familiale pour construire des patinoires artificielles dans les villes de Vancouver et de Victoria. Les frères Patrick agissent à titre de joueurs, entraîneurs et propriétaires, Lester à Victoria et Frank à Vancouver.

Après avoir battu les Bulldogs de Québec en 1913, alors que ces derniers avaient refusé de mettre la coupe Stanley en jeu, les champions de la PCHA deviennent, à compter de 1914, les adversaires attendus des champions de l'Association nationale de hockey. D'autres équipes voient le jour dans les villes de Portland, Seattle et Spokane. En 1924-25, les deux ligues de l'Ouest canadien fusionnent.

En 1925, les Canadiens sont largement favoris pour remporter les grands honneurs. Ils devaient cependant se heurter à un obstacle de taille: Lester Patrick, qui dirigeait les Cougars de Victoria. Grâce aux stratégies de Lester, les Cougars remportent la coupe Stanley... pour la perdre la saison suivante aux mains des Maroons de Montréal.

En 1926, les frères Patrick mettent fin aux activités de la PCHA en vendant leurs joueurs à la Ligue nationale de hockey, qui compte parmi ses rangs les équipes suivantes: les Blackhawks de Chicago, les Cougars de Détroit et les Rangers de New York. Le 27 octobre 1926, Lester est nommé entraîneur et directeur général des Rangers, remplaçant ainsi le légendaire Conn Smythe ainsi que Frank Carroll. Il mène l'équipe new-yorkaise à la coupe Stanley en 1928 et 1933. Il est directeur général des Rangers quand ces derniers gagnent à nouveau en 1940. Il compte donc sept coupes Stanley à titre de joueur, entraîneur et directeur général. Il est sans contredit le plus fervent promoteur du hockey professionnel dans le nord-est des États-Unis.

Durant la finale de 1928 contre les Maroons, le gardien des Rangers, Lorne Chabot, est blessé en 2e période du deuxième match, lorsqu'il est atteint au visage par un lancer frappé de Nels Stewart, des Maroons. Comme il n'y avait aucun substitut à cette époque, Patrick demande aux Maroons la permission d'utiliser le gardien de réserve, qui est dans les estrades du Forum. Les Maroons refusent. Patrick décide alors de remplacer à pied levé son gardien blessé et prend place devant le filet à l'âge de 45 ans. Il n'accorde qu'un seul but aux Maroons, celui de Nels Stewart, et les Rangers remportent le match 2-1 en période supplémentaire. Aujourd'hui historique, ce match fait encore l'admiration des experts. C'était le dernier match de Patrick à titre de joueur, Chabot étant de retour dès le match suivant. Malheureusement, Lester Patrick est davantage connu pour cet exploit en séries éliminatoires, que pour les innovations dont il est responsable avec son frère.

Né le 31 décembre 1883 à Drummondville, Lester Patrick manifeste dès l'adolescence un intérêt marqué pour l'organisation d'activités sportives, telles le cricket et le rugby. C'est Patrick qui s'inspire d'un match de soccer en Angleterre pour instaurer le tir de pénalité qui est encore aujourd'hui un des aspects les plus captivants du hockey. Lester et Frank ont été les premiers à numéroter les chandails des athlètes. Lester et son frère sont également responsables de l'apparition de la ligne bleue, de la passe avant et de l'usage du coup de patin sur la rondelle dans le but de prolonger le jeu. On lui doit de plus l'attribution de la mention d'assistance.

Cependant, la Pacific Coast Hockey Association a été longtemps contre le jeu à six joueurs, conservant dans leur ligue la position de maraudeur (*rover*). Ainsi, durant les finales entre les deux ligues, les parties étaient jouées selon les deux règlements, en alternance. Avec son abondante chevelure frisée, Lester s'est vu donner le surnom de «Silver Fox» lorsque sa longue crinière est devenue grise alors qu'il était encore très jeune.

Patrick est intronisé au Temple de la renommée du hockey en 1947. Sa fiche offensive dans les ligues majeures est de 111 buts et 63 assistances, pour un total de 174 points, en 186 matchs. Patrick a fait partie du monde du hockey pendant plus de 45 ans. Depuis 1966, un trophée portant son nom est remis à la personnalité qui contribue le plus au domaine du hockey aux États-Unis.

Au début du siècle, le hockey en était encore à ses premiers balbutiements lorsque Patrick a saisi l'occasion de faire des modifications qui allaient révolutionner à jamais le hockey. Seul l'avenir l'intéressait. À vrai dire, parmi tous les grands Québécois qui ont fait leur marque au hockey, Silver Fox est de loin le plus grand visionnaire de notre sport national.

Quelques faits marquants de sa carrière:

➤ 5 coupes Stanley comme entraîneur et directeur gérant.

➤ 2 coupes Stanley en 4 participations à la grande finale comme joueur.

➤ Responsable, avec son frère Frank, de plus de 20 modifications aux règlements.

➤ Intronisé au Temple de la renommée du hockey en 1947.

➤ Décédé le 1er juin 1960.

PATRICK, Lester «The Silver Fox»　　　　　　　　　　　　　　　　　　　Source: LNH
Né à Drummondville, QC, le 30 décembre 1883; décédé le 1ᵉʳ juin 1960
Temple de la renommée: 1947

Saison	Équipe	Ligue	Saison régulière					Séries éliminatoires				
			PJ	VIC	DÉF	NUL	%	PJ	VIC	DÉF	NUL	%
1926-27	Rangers de New York	LNH	44	25	13	6	.636	2	0	1	1	.250
1927-28	Rangers de New York	LNH	44	19	16	9	.534	9	5	3	1	.611
1928-29	Rangers de New York	LNH	44	21	13	10	.591	6	3	2	1	.583
1929-30	Rangers de New York	LNH	44	17	17	10	.500	4	1	2	1	.375
1930-31	Rangers de New York	LNH	44	19	16	9	.534	4	2	2	0	.500
1931-32	Rangers de New York	LNH	48	23	17	8	.563	7	3	4	0	.429
1932-33	Rangers de New York	LNH	48	23	17	8	.563	8	6	1	1	.813
1933-34	Rangers de New York	LNH	48	21	19	8	.521	2	0	1	1	.250
1934-35	Rangers de New York	LNH	48	22	20	6	.521	4	2	1	1	.625
1935-36	Rangers de New York	LNH	48	19	17	12	.521	–	–	–	–	–
1936-37	Rangers de New York	LNH	48	19	20	9	.490	9	6	3	0	.667
1937-38	Rangers de New York	LNH	48	27	15	6	.625	3	1	2	0	.333
1938-39	Rangers de New York	LNH	48	26	16	6	.604	7	3	4	0	.429
	Totaux LNH	13 saisons	604	281	216	107	.554	65	32	26	7	.546

YVON PEDNEAULT

Journaliste et analyste

Réseau des sports

Que vous soyez un simple amateur de hockey ou un gérant d'estrade, vous en apprendrez tous les jours sur les tenants et aboutissants du hockey avec un journaliste de la trempe d'Yvon Pedneault. Il sait capter votre intérêt et vous accrocher jusqu'au bout. Il n'est pas facile pour un journaliste d'analyser correctement une rencontre lorsqu'il n'a pas été au préalable entraîneur ou joueur, mais la persévérance et le goût d'en apprendre plus chaque jour permettent à Pedneault de nous décrire avec crédibilité les différentes techniques utilisées dans le hockey moderne.

Né le 6 août 1946 à Chicoutimi, Yvon Pedneault est convoqué par Jacques Beauchamp, du *Montréal-Matin*, en février 1967. Yvon, alors âgé de 21 ans et très nerveux, prend l'autobus et arrive à Montréal pour le rencontrer. C'est alors qu'on lui fait une offre. Pedneault refuse, puisque le salaire n'est pas tellement différent de celui qu'il gagne déjà dans sa région. Malgré tout, un mois plus tard, il fait son entrée au journal de Beauchamp. «C'est incroyable comme j'ai appris; il a en quelque sorte lancé ma carrière. Je lui suis reconnaissant aujourd'hui de m'avoir préparé à un métier dans lequel je peux encore très bien gagner ma vie», me disait Yvon lors d'une entrevue.

Pedneault fait ses débuts en mars 1967 et dès septembre, il accompagne Beauchamp au camp d'entraînement du Canadien de Montréal. En saison régulière, Beauchamp fait la couverture du grand club et il demande à Yvon de s'occuper du Canadien junior, ce qu'il fait pendant deux ans. Il a même l'occasion durant ces deux ans de vivre une coupe Memorial avec des joueurs comme Réjean Houle, Marc Tardif et Gilbert Perreault. Une fois la saison du Canadien junior terminée, Beauchamp l'amène suivre les activités du Canadien en séries éliminatoires.

Deux ans plus tard, il est affecté à la couverture des Canadiens et ce, jusqu'en 1978. Il anime la populaire émission *Les amateurs de sports* à CKAC pendant deux ans avant de quitter le journalisme pour tenter sa chance dans un autre domaine, celui du marketing, pour une compagnie de bâtons de hockey. Il est responsable de la mise en marché des bâtons *Wayne Gretzky* et *Mike Bossy*. En plus de son emploi, il fait l'analyse des matchs à *La Soirée du hockey* à la télévision de Radio-Canada. En 1981, Bertrand Raymond lui demande s'il veut effectuer un retour dans le monde du journalisme écrit. Il accepte de se joindre à l'équipe de Bertrand et pendant huit ans, il est le journaliste sur le terrain affecté à la couverture, encore une fois, des Canadiens de Montréal.

Sa passion pour le hockey amateur l'amène à devenir, en 1987, le directeur-gérant du Collège français de la Ligue collégiale AAA. Par la suite, en 1988, Pedneault devient directeur-gérant du Collège français de Longueuil, de la Ligue de hockey junior majeur du Québec. Il décide de se consacrer à plein temps à ce nouveau travail et six mois plus tard, un différend entre Yvon et le propriétaire de l'équipe, Louis Portal, amène les deux parties à se séparer. Il trouve l'expérience difficile et met du temps à s'en remettre. Cette aventure lui permet de constater à quel point il est ardu pour les directeurs-gérants de la Ligue nationale de travailler à un tel poste. À partir de ce moment, Yvon sympathise de plus en plus avec les hommes de hockey qui font ce travail parfois ingrat.

Sans emploi, Yvon se tourne vers la station radiophonique CKAC pour assurer la couverture des sports à l'émission du matin. En 1989, il entre à la nouvelle chaîne de télévision sportive au Québec, le Réseau des sports. Au cours de sa carrière, Yvon aura travaillé presque partout, que ce soit à la télé ou à la radio. L'ancien directeur des sports du *Journal de Montréal* a également fait l'analyse de parties de hockey, tant à RDS qu'à Radio-Canada. Bien qu'il fasse bonne figure à la télévision comme analyste du hockey, c'est au football américain qu'il a fait ses premiers pas devant les caméras. Il a même touché au baseball des Blue Jays de Toronto sur les ondes de RDS. Sa passion pour l'analyse de matchs de hockey lui vient des gens qu'il voit travailler et des gens avec qui il a appris. «Lorsque j'avais la chance de discuter avec Scotty Bowman, l'ex-entraîneur des Canadiens, il me parlait beaucoup de stratégies et de systèmes. Scotty est un fou du hockey, il est d'ailleurs un surdoué et un avant-gardiste. Quand nous étions à bord de l'avion, Jacques Lemaire me parlait souvent des méthodes utilisées dans telle ou telle situation lors d'un match. À force d'en parler, j'apprenais; j'avais également suivi mes cours pour obtenir les grades pour devenir entraîneur, j'avais donc un peu de connaissances et je voulais toujours en savoir plus. Ma curiosité m'a amené à apprendre des choses qui me viennent finalement en aide lorsque j'écris mes textes», se souvient Yvon.

Pour parfaire encore plus son apprentissage, il se dévoue dans le hockey mineur à titre d'entraîneur de catégorie pee-wee, bantam et midget. Il passe d'ailleurs ses grades d'entraîneur avec Jacques Lemaire et André Boudrias. Lorsqu'il fait son grade 4 à l'Université Laval, il suit un cours sur la motivation donné par Michel Bergeron. Que ce soit dans le hockey mineur comme entraîneur, comme journaliste ou comme analyste, Yvon Pedneault a non seulement fait ses classes, mais également exploré sur le terrain.

Lorsqu'on est journaliste, il arrive qu'on se rapproche de certains joueurs. On les voit jour après jour et Yvon me rappelait avec un large sourire une situation anecdotique, mais très agréable pour lui: «En 1976, le match des étoiles avait lieu à Philadelphie et six joueurs du Canadien faisaient partie de l'équipe d'étoiles. Le lendemain, les joueurs du Tricolore quittaient pour Pittsburgh en vue du prochain match de l'équipe. Avant de partir pour Pittsburgh, les joueurs étaient sur la patinoire du Spectrum de Philadelphie et les gars me demandent d'embarquer sur la patinoire avec eux, le temps de s'amuser un peu. Guy Lafleur me fait une passe tellement vive que mon bâton a abouti dans les gradins. J'avais eu beaucoup de plaisir, car ce n'est pas tous les jours qu'un journaliste peut jouer avec ces grandes vedettes. J'avais même dit à Ken Dryden, le gardien du Canadien, qu'il était fou de se mettre devant des rondelles qui arrivent à 100 milles à l'heure. Ce fut très plaisant.»

Passionné par la profession de journaliste, Yvon n'est pas prêt à prendre sa retraite et considère qu'il en a encore des choses à apprendre et à réaliser. Il donne un sens à l'enseignement pour un public assidu constitué avant tout d'amateurs de sports. Bien que le hockey ait considérablement changé depuis les deux ou trois dernières décennies, il garde néanmoins le feu sacré pour le sport le plus populaire au Canada. Pedneault fut impressionné par le célèbre défenseur Bobby Orr, des Bruins de Boston. C'est un peu grâce à lui que les défenseurs d'aujourd'hui se portent à l'attaque et participent activement aux succès offensifs de l'équipe. Il est d'autant plus intéressant de constater l'évolution du jeu et le hockey est demeuré une passion pour Yvon grâce à l'apport de certains joueurs comme Guy Lafleur, Bobby Orr, Wayne Gretzky et Mario Lemieux.

Amateur de sport, Yvon est initié au ski alpin par Bernard Trottier. Il pratique ce sport depuis quelques années et c'est un passe-temps qui lui permet de se détendre. Passionné de voyage, il aime se retrouver dans d'autres milieux de vie et satisfaire son besoin de culture. Lorsqu'il veut se relaxer sans avoir à s'investir physiquement, Yvon s'intéresse à l'histoire soviétique. Cette passion lui est venue lors d'un voyage en Russie avec les Canadiens de Montréal, en 1990. Dès lors, il est envoûté par ce système politique. Il a même passé cinq heures au Kremlin, une expérience mémorable pour lui.

Ses nombreuses années d'expérience l'amènent à couvrir plusieurs Jeux olympiques. Que ce soit Lillehammer, Nagano ou Atlanta, il est du nombre des experts acheminés sur place pour nous faire vivre ces merveilleux moments. On l'a d'ailleurs retrouvé aux Jeux de Sydney en Australie, à l'été 2000.

Pour ceux et celles qui aiment lire des textes sur les prouesses de nos athlètes, pour ceux et celles qui regardent un match de hockey pour le plaisir, pour ceux et celles qui aiment l'analyse d'un match de hockey, Yvon Pedneault trouvera sans équivoque une façon quelconque de vous intéresser. Malgré un cheminement de carrière très complexe, il n'en demeure pas moins qu'il est à mes yeux l'un de nos meilleurs journalistes au Québec. Entraîneurs de hockey débutants, qu'attendez-vous pour enregistrer ses précieux conseils? Vous gagnerez des matchs à coup sûr et vos joueurs vous en seront longtemps reconnaissants.

Sabres de Buffalo

GILBERT PERREAULT

(Gilbert «Le Gros» Perreault)

Centre

Lorsqu'une équipe se joint aux rangs de la Ligue nationale de hockey, il lui faut quelques années avant de s'établir convenablement et de devenir un club compétitif. Les Sabres de Buffalo font leur entrée lors de la saison 1970-71. Le repêchage de 1970 permet de juger avec assez d'exactitude des performances à venir des Sabres. Lors de cette séance de sélection, les Sabres remportent le tirage au sort devant les Canucks de Vancouver, qui effectuent également leur entrée dans la Ligue nationale en 1970.

Rappelons qu'à l'époque, les Canadiens de Montréal ont toujours préséance sur les autres clubs pour choisir les deux premiers joueurs canadiens-français au repêchage universel. Certains membres de la LNH dénoncent cette règle et le rusé Punch Imlach, alors directeur-gérant des Sabres de Buffalo, réussit à faire amender le règlement à compter de 1970. Tous les joueurs sans exception sont soumis au repêchage universel et Imlach en profite pour mettre la main sur...Gilbert Perreault comme premier choix.

Même si les Sabres sont écartés des séries éliminatoires à leur première saison, Perreault se signale déjà en attaque avec 38 buts et 72 points en 78 rencontres, ce qui lui permet d'établir à l'époque deux nouveaux records de l'histoire de la LNH pour une recrue. De toute évidence, Perreault a servi de catalyseur pour son club. Il remporte le trophée Calder au terme de sa première saison dans la Ligue nationale. Il est le troisième joueur de centre québécois de l'histoire de la Ligue nationale à gagner pareil honneur derrière Dave Keon des Maple Leafs de Toronto, en 1961, et Camille Henry des Rangers de New York, en 1954.

Dès leur troisième saison, les Sabres de Buffalo font partie des séries éliminatoires, ce qui est exceptionnel pour une équipe de l'expansion. Les Sabres peuvent compter sur un trio explosif, la *French Connection*, composée de Gilbert Perreault et de ses compagnons de ligne, René Robert à l'aile droite et Richard Martin à l'aile gauche. C'est à ce moment que Gilbert devient l'un des meilleurs fabricants de jeu de la Ligue nationale. Perreault est un élément fondamental du succès des Sabres de Buffalo pendant 17 ans.

Pour Gilbert, le hockey est une véritable passion. Et il témoigne bien de son amour du hockey et de son esprit combatif chaque fois qu'il saute sur la patinoire. C'est un véritable poison pour les gardiens adverses lorsque son club joue en avantage numérique et il inscrit pas moins de 134 buts dans cette situation. Sa vision du jeu est sans faille et la qualité de ses passes fait l'envie de plusieurs autres joueurs. Élégant et rapide sur patins, Perreault affiche un calme incroyable et contrôle la rondelle en territoire adverse comme personne à cette époque.

Né le 13 novembre 1950 à Victoriaville, Gilbert Perreault, influencé par un autre grand joueur issu de son village natal, Jean Béliveau, commence très jeune à chausser les patins. Il n'y a pas beaucoup de sports d'hiver dans sa petite région, exception faite du hockey. Il commence à jouer dans la rue, puis sur les patinoires extérieures. Il lui arrive souvent de jouer sur la glace à 15 contre 15. C'est à ce moment qu'il apprend à déjouer les joueurs adverses et à développer ses réflexes. Lorsqu'il atteint l'âge de jouer en catégorie pee-wee, il dispute des matchs également avec des équipes bantam et midget. Même chez les midgets, il se démarque par rapport aux autres joueurs de son club.

À l'âge de 8 ou 10 ans, comme la plupart des jeunes du même âge Gilbert, rêve de revêtir l'uniforme des Canadiens de Montréal, mais lorsqu'il joue dans le junior, il constate qu'il est difficile d'être choisi par Montréal. «Le Canadien formait une très bonne équipe et c'était difficile à l'époque d'envisager de faire partie de cette équipe. L'important était de faire partie d'une équipe de la Ligue nationale et j'étais content d'être sélectionné par les Sabres de Buffalo», me dit-il.

«Imaginez-vous, ajoute-t-il, quelle équipe aurait le Canadien si la Ligue avait attendu quelques années de plus avant de modifier le règlement! En 1969, le Canadien avait repêché Réjean Houle et Marc Tardif. En 1970, j'aurais été de la distribution, puis Guy Lafleur et Marcel Dionne en 1971...» Perreault aurait tout de même aimé faire partie de l'organisation montréalaise.

En 1966, à l'âge de quinze ans, Perreault est invité à se joindre à l'équipe du Canadien junior A de Thetford Mines, de la Ligue junior du Québec. La saison suivante, Gilbert fait son entrée dans la Ligue junior de l'Ontario, avec le petit Canadien, presque en même temps que Réjean Houle et Marc Tardif. Il connaît deux bonnes saisons avant de se joindre aux Sabres de Buffalo à l'automne de 1970. À chacune de ses deux dernières saisons au niveau junior, il permet à son club de gagner la coupe Memorial.

Lorsque Perreault arrive chez les Sabres, Punch Imlach, le directeur-gérant de l'équipe, lui demande tout simplement de répéter ses exploits du junior: marquer des buts. À sa première saison, on le confie à des joueurs d'expérience comme Phil Goyette et Don Marshall. Mais l'année suivante, la *French Connection* est formée et s'impose rapidement comme l'un des trios les plus flamboyants de l'histoire de la Ligue nationale de hockey. Ils sont tellement rapides sur la patinoire qu'un journaliste américain les surnomme également le trio «RPM» (pour «Robert-Perreault-Martin», mais aussi «revolutions per minute»).

La rapidité de son coup de patin, jointe à sa grande dextérité à contrôler la rondelle, font de Perreault un attaquant redoutable en zone adverse. Il peut tout aussi bien marquer des buts qu'alimenter l'un de ses compagnons de trio. Bien qu'il doive s'accoutumer à dix entraîneurs différents en 17 saisons avec les Sabres,

Perreault conserve toujours intacte la qualité de son jeu. «Ça demande une adaptation chaque fois, mais on est là pour jouer et marquer des buts. Lorsqu'on est dans la Ligue nationale, il faut très rapidement s'adapter», me disait Gilbert avec enthousiasme.

Perreault sous-estime son grand talent jusqu'au jour où, en juin 1986, à l'âge de 36 ans, il annonce sa retraite. Plusieurs équipes manifestent alors un vif intérêt pour ses services, mais les Sabres entendent bien le garder encore dans leur alignement. Il décide de tenter sa chance et revient pour la saison 1986-87, mais après vingt rencontres, il se retire définitivement. «Il était temps de laisser la chance aux plus jeunes et j'avais 36 ans. Je n'avais plus le feu sacré comme à mes débuts», relate Perreault, fier de ce qu'il a accompli dans la Ligue nationale.

C'est un modèle de régularité, ayant marqué 20 buts ou plus au cours de 15 de ses 17 saisons. Il ne parvient pas à répéter l'exploit au cours de deux saisons seulement, d'abord en 1973-74, alors qu'une fracture à la jambe lui fait rater 23 rencontres, et lors de sa dernière saison en 1986-87, alors que ses apparitions se limitent à vingt parties.

Le 22 novembre 1986, à la suite d'un revers de 3-1 contre les Nordiques au Colisée de Québec, il annonce sa retraite. Malgré une bonne performance personnelle en attaque, Perreault n'a plus le goût de traverser une autre saison aussi misérable, puisque les Sabres n'ont remporté que quatre victoires en 20 matchs.

On peut se demander pourquoi, en fin de carrière, il ne demande pas à être échangé afin d'avoir une chance de gagner la coupe Stanley, puisque les Sabres ne vont nulle part au milieu des années quatre-vingt. «J'avais demandé à être échangé en 1978, car l'équipe tournait en rond et j'avais le goût de me joindre à une équipe en progression, mais la direction ne voulait pas et préférait me garder. À la fin de ma carrière, j'aurais pu faire comme certains joueurs aujourd'hui et demander à être échangé; mais à l'époque, on ne pensait pas de la même façon», me confie Gilbert, qui ne regrette toutefois pas sa carrière avec les Sabres.

Aujourd'hui, Gilbert travaille au bureau des relations publiques des Sabres de Buffalo et fait des tournées de promotion à raison de 25 apparitions par année. Il joue encore au hockey dans sa région natale pour garder la forme, en plus de participer chaque hiver à plusieurs rencontres avec les Old Timers, à travers le Canada.

À ses yeux, sa carrière compte de nombreux moments mémorables, mais son 500e but réalisé le 9 mars 1986 contre le gardien des Devils du New Jersey, Alain Chevrier, est de loin celui qu'il affectionne le plus, et pour cause. «Atteindre le plateau de 500 buts est un objectif impossible à envisager en début de carrière et marquer autant de buts que Jean Béliveau, mon idole de jeunesse, est le plus beau moment de ma carrière.»

Il œuvre au sein de l'organisation des Tigres de Victoriaville de la Ligue de hockey junior majeur du Québec et il devient leur entraîneur pour les saisons 1988-89 et 1990-91. Son aventure dans le hockey junior est de courte durée et Gilbert n'envisage plus de faire un retour derrière le banc d'une équipe de hockey. Le 17 octobre 1990, en signe de reconnaissance pour son immense talent, les Sabres de Buffalo retirent à jamais son chandail numéro 11 et Gilbert devient par le fait même le premier joueur de l'histoire des Sabres à recevoir d'un tel honneur.

Les Sabres, Gilbert en tête, disputent trois séries contre les Canadiens. Les Sabres en gagnent deux, mais la victoire en 1975 en demi-finale constitue la plus grande surprise. Un but de René Robert en prolongation permet à Buffalo de passer en finales de la coupe Stanley contre les Flyers de Philadelphie. Malheureusement, les Sabres baissent pavillon en six rencontres. «Je n'ai jamais passé aussi près de gagner une coupe Stanley», mentionne Gilbert, pour qui ce souvenir est encore très vif. Il détient à ce jour plus d'une vingtaine de records d'équipe. Il aura tout au long de sa carrière été un athlète considéré et respecté dans la LNH, comme en témoigne son trophée Lady Bing en 1973. ««Je n'ai jamais cherché à attirer l'attention. Battre des records m'importe peu, je voulais seulement que l'équipe gagne.»

Il ne remporte aucune coupe Stanley, mais sans lui, les Sabres n'auraient pas formé une équipe compétitive aussi rapidement. Celui qui aurait pu faire carrière comme chanteur a toujours eu beaucoup de succès contre les Canadiens de Montréal et est intronisé au Temple de la renommée du hockey en 1990.

Quelques faits marquants de sa carrière:

➤ Remporte, en 1970, la coupe Memorial.

➤ Premier choix de l'histoire des Sabres de Buffalo.

➤ Membre du célèbre trio *French Connection* avec René Robert et Richard Martin.

➤ 15 saisons de plus de 20 buts, 10 saisons de plus de 30 buts et 3 saisons de plus de 40 buts.

➤ Participation à six matchs d'étoiles.

➤ 18 tours du chapeau en carrière.

➤ Remporte, en 1971, le trophée Calder.

➤ Remporte, en 1973, le trophée Lady Bing.

➤ Aucune coupe Stanley en une participation à la grande finale.

➤ Son chandail numéro 11 est retiré par les Sabres de Buffalo.

➤ Intronisé au Temple de la renommée du hockey en 1990.

PERREAULT, Gilbert   Source : LNH

Centre, gaucher 6'1", 180 lb
Né à Victoriaville, QC, le 13 novembre 1950
1er choix des Sabres de Buffalo, 1er choix au repêchage de 1970
Temple de la renommée : 1990
Dernier club amateur 1969-70 : le Canadien junior de Montréal

Saison	Équipe	Ligue	Saison régulière								Séries éliminatoires						
			PJ	B	A	Pts	Pun	AN	BG	+/-	PJ	B	A	Pts	Pun	AN	BG
1970-71	Sabres de Buffalo	LNH	78	38	34	72	19	14	5	-39	–	–	–	–	–	–	–
1971-72	Sabres de Buffalo	LNH	76	26	48	74	24	11	1	-40	–	–	–	–	–	–	–
1972-73	Sabres de Buffalo	LNH	78	28	60	88	10	8	7	+11	6	3	7	10	2	1	1
1973-74	Sabres de Buffalo	LNH	55	18	33	51	10	6	7	-8	–	–	–	–	–	–	–
1974-75	Sabres de Buffalo	LNH	68	39	57	96	36	12	8	+1	17	6	9	15	10	4	1
1975-76	Sabres de Buffalo	LNH	80	44	69	113	36	14	4	+17	9	4	4	8	4	0	0
1976-77	Sabres de Buffalo	LNH	80	39	56	95	30	7	9	+10	6	1	8	9	4	0	0
1977-78	Sabres de Buffalo	LNH	79	41	48	89	20	7	7	+18	8	3	2	5	0	0	1
1978-79	Sabres de Buffalo	LNH	79	27	58	85	20	6	4	+12	3	1	0	1	2	1	0
1979-80	Sabres de Buffalo	LNH	80	40	66	106	57	10	5	+32	14	10	11	21	8	3	2
1980-81	Sabres de Buffalo	LNH	56	20	39	59	56	5	3	+3	8	2	10	12	2	0	0
1981-82	Sabres de Buffalo	LNH	62	31	42	73	40	2	4	+19	4	0	7	7	0	0	0
1982-83	Sabres de Buffalo	LNH	77	30	46	76	34	8	5	-10	10	0	7	7	8	0	0
1983-84	Sabres de Buffalo	LNH	73	31	59	90	32	8	7	+19	–	–	–	–	–	–	–
1984-85	Sabres de Buffalo	LNH	78	30	53	83	42	10	1	+9	5	3	5	8	4	1	0
1985-86	Sabres de Buffalo	LNH	72	21	39	60	28	5	3	-10	–	–	–	–	–	–	–
1986-87	Sabres de Buffalo	LNH	20	9	7	16	6	1	1	-2	–	–	–	–	–	–	–
	Totaux LNH	17 saisons	1191	512	814	1326	500	134	81		90	33	70	103	44	10	5

PIERRE PILOTE

(Pierre «Pete» Pilote)

Défenseur

Combatif et robuste, Pilote a été un grand défenseur tout au long de sa carrière, apportant un soutien considérable à ses coéquipiers en offensive. Il a su maintenir un niveau de jeu très élevé pendant ses 14 saisons dans la Ligue nationale de hockey. En plus de contribuer à l'attaque des Blackhawks de Chicago, il désarçonnait considérablement les attaquants des équipes rivales par son jeu en défense.

Ses 59 points, dont 14 buts en 1964-1965, représentent un record pour un défenseur avant l'expansion de la ligue en 1967. Pilote est un produit du système de jeu des Blackhawks. Dans la ligue mineure, il joue à St. Catherines avant de se retrouver à Buffalo dans la Ligue américaine de hockey.

Il fait ses débuts avec Chicago durant la saison 1955-1956. Il joue alors vingt matchs. La saison suivante, il devient un élément clé des victoires de l'équipe et ne retournera plus jamais dans des ligues de niveaux inférieurs. Préconisant un style de jeu robuste et physique, «Pete», comme le surnomment ses coéquipiers, fait de plus preuve d'une très grande constance et ne manque aucun match durant ses cinq premières saisons complètes.

À la différence de ceux qui connaissent un succès comparable, Pilote n'atteint jamais le degré d'assurance dont font habituellement preuve les vedettes. Pendant toutes ces années dans le grand circuit, il réussit à marquer 80 buts et 418 assistances en 890 matchs.

Pilote est né le 11 décembre 1931 à Kénogami, au Québec. Malgré les apparences, il est l'un des défenseurs les plus efficaces de la Ligue nationale de hockey. Sa stature n'intimide personne, mais il réussit sans peine à appliquer de solides mises en échec à qui ose s'aventurer dans son territoire. Il est par ailleurs important de souligner que Pilote ne commence à jouer dans des ligues organisées qu'à l'âge de dix-sept ans. Un incendie à l'aréna local empêche en effet Pilote d'exercer son coup de patin, ce qui a pour effet de ralentir la croissance de ses habiletés de défenseur. Heureusement, le passé n'est pas toujours garant de l'avenir.

En perfectionnant son jeu au fil du temps, il se fait remarquer par Rudy Pilous, qui était à l'époque le gérant des Teepees de Ste. Catherines, une filiale des Blackhawks. Mis à part Pilous, personne ne s'intéresse à Pilote, qui semble n'être qu'un joueur au talent caché et au style robuste. Seul Pilous parvient à déceler, derrière la rudesse de son jeu, un talent certain. Il lui a enseigné le maniement de la rondelle et améliore son coup de patin de même que plusieurs autres aspects de son jeu.

Son désir de vaincre laisse entrevoir à l'occasion une certaine méchanceté ou plutôt, de la combativité. Ce trait de caractère se manifeste lors d'un match hors-concours que disputent les Blackhawks à Baltimore. Dave Richardson, une recrue de Baltimore, essaie de le mettre en échec pendant que les joueurs se disputent la rondelle devant le filet des Hawks. Pilote passe son bras autour du cou de Richardson et le projette très violemment sur la patinoire puis, avec un air provocateur, l'invite à se relever pour poursuivre le combat. Devant le refus de Richardson, Pilote retourne dans l'action pour aider l'un de ses coéquipiers à marquer un but.

Après ce match, plusieurs experts disent: «Il est un véritable bourreau, mais toutes les équipes voudraient le compter dans leurs rangs».

Pilote est sans l'ombre d'un doute l'un des facteurs clés de la conquête de la coupe Stanley de 1961, contre les Red Wings de Détroit. Grâce à la qualité de son jeu lors de ces séries, Chicago remporte la coupe pour la première fois depuis 1938. Pilote termine au sommet des marqueurs avec 15 points, dont trois buts. Si le trophée Conn Smythe avait existé (il a été créé en 1965), il l'aurait amplement mérité.

Même si les Blackhawks ont souvent formé une excellente équipe, ils n'ont jamais réussi à reconquérir la coupe Stanley après leur victoire de 1961. Pilote, après avoir connu sa pire saison en attaque en 1967-1968 avec un maigre but et 37 points, est échangé aux Maple Leafs de Toronto le 23 mai 1968 en retour de l'ailier droit Jim Pappin. Après une seule saison, l'ancien capitaine et numéro trois du Chicago décide de prendre sa retraite, malgré l'offre des Bisons de Buffalo de la Ligue américaine de hockey. Selon lui, la qualité de son jeu n'est plus convenable et jouer dans les ligues mineures ne le stimule aucunement. Le jeu n'en vaut tout simplement pas la chandelle.

Après avoir pris sa retraite, ce gagnant-né devient propriétaire de commerces de concessionnaires automobiles, de blanchisseries et de fabrication de bagages. Il affirmait par la suite que son élection au Temple de la renommée du hockey, en 1975, avait été sa plus vive émotion, outre bien sûr le plaisir de participer étroitement à une victoire de la coupe Stanley. Même s'il n'a jamais réalisé son plus grand souhait, soit de terminer ses jours dans l'uniforme des Blackhawks de Chicago, il aura néanmoins réussi une magnifique carrière dans la Ligue nationale de hockey.

Après plusieurs mois de recherche et d'analyse, il ne fait aucun doute, selon moi, que son style de jeu et sa personnalité se comparent favorablement à ceux de joueurs de la trempe de Sylvio Mantha, pour les plus anciens, et Chris Pronger, pour les plus jeunes. Le nom de Pierre Pilote se doit d'être inclus parmi les 100 plus grands Québécois du hockey.

Quelques faits marquants de sa carrière:

➤ Le joueur le plus pénalisé de la ligue en 1960-61, avec 165 minutes de punition.

➤ Participation à 8 matchs d'étoiles.
➤ Élu 5 fois sur la première équipe d'étoiles et 3 fois sur la deuxième.
➤ Remporte, en 1963, 1964 et 1965, le trophée Norris.
➤ Capitaine des Blackhawks de Chicago de 1963 à 1968.
➤ Une coupe Stanley en 3 participations à la grande finale.
➤ Intronisé au Temple de la renommée du hockey en 1975.

PILOTE, Pierre «Pete»   Source: LNH
Défenseur, gaucher 5'10", 178 lb
Né à Kénogami, QC, le 11 décembre 1931
Temple de la renommée: 1975
Dernier club amateur 1951-52: les Teepees de St. Catherines

					Saison régulière						Séries éliminatoires					
Saison	Équipe	Ligue	PJ	B	A	Pts	Pun	AN	BG	+/-	PJ	B	A	Pts	Pun	AN	BG
1955-56	Blackhawks de Chicago	LNH	20	3	5	8	34				–	–	–	–	–	
1956-57	Blackhawks de Chicago	LNH	70	3	14	17	117				–	–	–	–	–	
1957-58	Blackhawks de Chicago	LNH	70	6	24	30	91				–	–	–	–	–	
1958-59	Blackhawks de Chicago	LNH	70	7	30	37	79				6	0	2	2	10	
1959-60	Blackhawks de Chicago	LNH	70	7	38	45	100				4	0	1	1	8	
1960-61	Blackhawks de Chicago	LNH	70	6	29	35	*165				12	3	*12	*15	8	
1961-62	Blackhawks de Chicago	LNH	59	7	35	42	97				12	0	7	7	8	
1962-63	Blackhawks de Chicago	LNH	59	8	18	26	57				6	0	8	8	8	
1963-64	Blackhawks de Chicago	LNH	70	7	46	53	84				7	2	6	8	6	
1964-65	Blackhawks de Chicago	LNH	68	14	45	59	162				12	0	7	7	22	
1965-66	Blackhawks de Chicago	LNH	51	2	34	36	60				6	0	2	2	10	
1966-67	Blackhawks de Chicago	LNH	70	6	46	52	90				6	2	4	6	6	
1967-68	Blackhawks de Chicago	LNH	74	1	36	37	69	0	0	-8	11	1	3	4	12	1	0
1968-69	Maple Leafs de Toronto	LNH	69	3	18	21	46	1	0	+5	4	0	1	1	4	0	0
	Totaux LNH	14 saisons	890	80	418	498	1251				86	8	53	61	102		

DIDIER PITRE

(Didier «Cannonball» Pitre)

Ailier droit et défenseur

À l'époque où la passe avant était interdite, les joueurs devaient monter eux-mêmes la rondelle jusqu'en zone adverse. Dès le début de sa carrière, avant la formation de la Ligue nationale de hockey en 1917, Pitre est l'un des plus rapides de son temps, comme en témoignent ses 250 buts en 210 matchs. Il est à l'origine d'une lignée de Canadiens français à faire carrière dans le monde du hockey. C'est en compagnie de Jack Laviolette et d'Édouard «Newsy» Lalonde qu'il fait la renommée des «Flying Frenchmen» avec les Canadiens des années 1910.

Il rencontre Jean-Baptiste «Jack» Laviolette en 1903, alors qu'il joue pour les Overlands et que Laviolette se trouve au sein du Bell Cow, deux équipes de la Ligue métropolitaine de Montréal. Comme ils habitent de plus tous deux Valleyfield, ils se lient rapidement d'amitié. L'année suivante, ils jouent pour le National de Montréal de la Ligue fédérale et permettent à leur équipe de terminer deuxième derrière les Wanderers de Montréal. Ce résultat permet au National d'accéder, en 1905, au meilleur circuit de l'époque, la «Canadian Amateur Hockey League». Cependant, après deux parties, Pitre rejoint son bon ami Laviolette à Sault-Ste-Marie, au Michigan, pour jouer au sein de l'«International Professional Hockey League». Du coup, les deux hommes deviennent des professionnels et sont bannis des rangs du hockey amateur canadien.

Né le 1er septembre 1883 à Valleyfield, Pitre, comme beaucoup de joueurs de l'époque, joue régulièrement avec des équipes amateurs, sans attache précise. Il devra ainsi passer par plusieurs équipes avant de se joindre définitivement à une équipe professionnelle. Au début de sa carrière, il joue principalement à la défensive, mais grâce à sa grande rapidité, il devient par la suite un maraudeur et finalement, ailier droit.

Après trois saisons aux États-Unis, Pitre revient à Montréal avec l'équipe des Shamrocks, juste au moment où le hockey professionnel est finalement accepté au Canada. Pitre quitte à nouveau pour Renfrew en 1909, non sans aider en route les Eskimos d'Edmonton à affronter les Wanderers dans une série de la coupe Stanley. Les Eskimos ont emprunté plusieurs joueurs uniquement pour cette série, parmi eux Lester Patrick et Bert Lindsay (le père du légendaire Ted Lindsay), entraînant ainsi la modification des règlements de la coupe Stanley. Par la suite, les équipes doivent se présenter avec leurs joueurs habituels.

En décembre 1909, Jack Laviolette se voit offrir la gérance d'une nouvelle équipe, les Canadiens de Montréal. Il envoie un télégraphe à son ami Pitre, en

Ontario, pour qu'il se joigne à l'équipe. Pitre devient du même coup le premier joueur canadien-français à signer avec les Canadiens de Montréal, lors de la saison inaugurale de l'Association nationale de hockey en 1909-10. Laviolette et Joseph Cattarinich décident de le rencontrer à Ottawa et Pitre saute dans le train pour les y rejoindre. Cependant, une équipe rivale, le National, a vent de l'affaire et intercepte Pitre à North Bay. Arrivé à Ottawa, Pitre annonce à son ami qu'il a signé avec le National de Montréal. Laviolette lui fait tout de même signer un contrat avec les Canadiens.

C'est d'ailleurs avec les Canadiens que Pitre devra jouer lors du début de la saison en janvier 1910, au cours d'un match contre Cobalt. Le National obtient entre-temps une injonction interdisant à Pitre de jouer avec les Canadiens. Dans son numéro du 5 janvier 1910, le *Montreal Star* titre à la une: «2000 $ d'amende et soixante jours de prison pour Pitre, s'il joue un match avec les Canadiens». Le tout se règle le 15 janvier 1910 lorsque les deux ligues professionnelles, la «Canadian Hockey Association» et la «National Hockey Association», décident de fusionner. Le National est contraint de cesser ses activités, à moins de prendre possession de la franchise des Canadiens de Montréal et de toutes ses dettes. Le National refuse et l'équipe est retirée du hockey professionnel.

Pitre est un joueur imposant pour son époque; ses adversaires sont beaucoup plus petits que lui. Surnommé «Cannonball» pour la force et la précision de son tir du poignet, Pitre a l'habitude, durant les exercices de son équipe, de pratiquer son lancer dévastateur contre son propre gardien de but. Il vise constamment la partie supérieure du filet, ce qui ne plaît pas au gardien de but Georges Vézina. C'est l'un des rares joueurs qui soulèvent régulièrement la rondelle malgré le bâton très rigide utilisé à l'époque.

Il est tellement rapide sur la glace que les équipes adverses lui mettent un couvreur chaque fois qu'il fait son entrée sur la patinoire. Cy Denneny, ancien joueur des Sénateurs d'Ottawa, se souvient des efforts qu'il devait déployer chaque fois qu'il devait couvrir Pitre. Denneny raconte: «Un de mes coéquipiers, voyant que j'avais beaucoup de difficultés à suivre Pitre, me conseille d'utiliser mon bâton pour le contrer, mais dans la légalité, si je veux le ralentir. Même avec mon bâton dans les jambes ou près du visage, Pitre réussit à se rendre en zone adverse malmener nos défenseurs. Voyant que cette stratégie ne fonctionne pas, je décide d'utiliser tout mon vocabulaire dans le but de lui faire perdre sa maîtrise de soi. J'effectue donc une dernière tentative en l'insultant».

De retour sur la glace, Denneny commence à injurier Pitre copieusement pour tenter de le provoquer, mais sans succès. Étonné d'avoir si peu de réaction, Denneny comprend tout une fois au vestiaire des joueurs lorsqu'un préposé lui dit: «Hey, Pitre ne comprend absolument pas un seul mot d'anglais!».

Pitre reste avec les Canadiens jusqu'à sa retraite en 1923, à l'exception de la saison 1913-14, alors qu'il est échangé aux Millionnaires de Vancouver contre Newsy Lalonde, qui avait signé avec Vancouver quelques années auparavant. La meilleure saison de Pitre en matière de buts est sans l'ombre d'un doute la saison 1914-15, alors qu'il cumule 30 buts en seulement vingt matchs.

Avec les Lalonde, Laviolette et Georges Vézina, Pitre aide le Canadien à remporter sa première coupe Stanley, en 1916, contre les Rosebuds de Portland de la

Pacific Coast Hockey Association. La série se déroule entièrement à Montréal. Cette même saison, Pitre remporte le championnat des pointeurs de l'Association nationale de hockey, avec 39 points en 24 matchs.

Durant la finale de 1919 contre les Métropolitains «Mets» de Seattle, Pitre ne joue pas de chance. Ses espoirs de mettre la main une deuxième fois sur la coupe Stanley sont anéantis lorsque, en avril 1919, la grippe espagnole force l'annulation de la série finale après cinq rencontres. Pitre et plusieurs de ses coéquipiers ont même été hospitalisés et leur camarade Joe Hall perd la vie.

Au moment de sa retraite, Pitre est au deuxième rang, derrière Lalonde, pour le nombre de buts marqués en carrière avec les Canadiens. Didier Pitre est le premier d'une longue lignée de «Flying Frenchmen» dont feront partie Maurice Richard, Jean Béliveau, Guy Lafleur et plusieurs autres. Il est impossible de passer sous silence un joueur de cette qualité, dont la fiche indique 313 buts en 339 rencontres dans les différentes ligues majeures. Didier Pitre décède le 29 juillet 1934, alors qu'il n'a que 50 ans et 11 mois. Il fait son entrée au Temple de la renommée du hockey en 1962.

Quelques faits marquants de sa carrière:

➤ Premier joueur canadien-français à signer avec les Canadiens.
➤ Marque 63 buts dans la Ligue nationale de hockey.
➤ Marque 250 buts en 210 matchs dans les autres ligues majeures.
➤ Une coupe Stanley en 2 participations à la grande finale.
➤ Décédé le 29 juillet 1934.
➤ Intronisé au Temple de la renommée du hockey en 1962.
➤ A porté les numéros 5 et 10 avec les Canadiens.

PITRE, Didier «Cannonball»   Source: LNH

Ailier droit / défenseur, droitier 5'11", 185 lb
Né à Valleyfield, QC, le 1er septembre 1883; décédé le 29 juillet 1934
Temple de la renommée: 1962
Dernier club amateur 1908-09: les Eskimos d'Edmonton

			Saison régulière								Séries éliminatoires						
Saison	Équipe	Ligue	PJ	B	A	Pts	Pun	AN	BG	+/-	PJ	B	A	Pts	Pun	AN	BG
1904-05	Indians d'American Soo	LHPI	13	11	0	11	6				–	–	–	–	–		
1905-06	Indians d'American Soo	LHPI	22	*41	0	*41	29				–	–	–	–	–		
1906-07	Indians d'American Soo	LHPI	23	25	11	36	28				–	–	–	–	–		
1907-08	Shamrocks de Montréal	AHAEC	10	3	0	3	15				–	–	–	–	–		
1909-10	Canadiens de Montréal	ANH	12	10	0	10	5				–	–	–	–	–		
1910-11	Canadiens de Montréal	ANH	16	19	0	19	22				–	–	–	–	–		
1911-12	Canadiens de Montréal	ANH	18	27	0	27	40				–	–	–	–	–		
1912-13	Canadiens de Montréal	ANH	17	24	0	24	80				–	–	–	–	–		
1913-14	Millionnaires de Vancouver	AHCP	15	14	2	16	12				–	–	–	–	–		
1914-15	Canadiens de Montréal	ANH	20	30	4	34	15				–	–	–	–	–		
1915-16	Canadiens de Montréal	ANH	24	24	*15	*39	42				5	*4	0	4	18		
1916-17	Canadiens de Montréal	ANH	20	22	2	24	47				6	7	0	7	32		
1917-18	Canadiens de Montréal	LNH	20	17	6	23	29				2	0	0	0	13		
1918-19	Canadiens de Montréal	LNH	17	14	4	18	15				10	2	6	8	6		
1919-20	Canadiens de Montréal	LNH	23	14	12	25	6				–	–	–	–	–		
1920-21	Canadiens de Montréal	LNH	23	15	1	16	23				–	–	–	–	–		
1921-22	Canadiens de Montréal	LNH	23	2	4	6	12				–	–	–	–	–		
1922-23	Canadiens de Montréal	LNH	23	1	2	3	0				2	0	0	0	0		
	Totaux LNH	6 saisons	129	63	29	91	85				14	2	6	8	19		
	Totaux ALM	12 saisons	210	250	34	284	341				11	11	0	11	50		

JACQUES PLANTE

(Jacques «Jake The Snake» Plante)

Gardien de but

Si vos amis déclarent, au cours d'une discussion sur le hockey, que Jacques Plante est l'un des trois meilleurs gardiens de tous les temps, vous seriez bien mal venu de les contredire. Certains experts vont même beaucoup plus loin et affirment qu'il est le plus grand de l'histoire. Je l'avoue d'emblée: je suis entièrement d'accord avec eux.

Pour plusieurs, c'est l'as des as. Pour ses coéquipiers, c'est un roi. Pour son entraîneur, Toe Blake, c'est une source d'ennuis. Son esprit inventif et son innovation en matière de hockey lui attirent en effet les foudres de l'entraîneur. Son endurance lui vaut toutefois le trophée Hart en 1962, à titre de joueur le plus utile à son équipe dans la Ligue nationale de hockey et le trophée Vézina, de 1956 à 1960. Pour couronner le tout, il inscrit à chacune de ces cinq saisons son nom sur la coupe Stanley, en plus de dominer la ligue pour la moyenne de buts alloués en séries éliminatoires.

Né le 17 janvier 1929 à Shawinigan Falls, Jacques Plante se distrait en tricotant des tuques semblables à celles de ses ancêtres. Un journaliste sportif se rappelle l'avoir vu, à l'âge de 22 ans, garder les filets du Royal de Montréal vêtu d'une tuque et d'une camisole de laine de sa confection. Au début des années cinquante, il est indiscutablement un excellent gardien de but. Les Canadiens décident toutefois de ne pas retenir ses services puisqu'ils ont dans leurs rangs un cerbère efficace et de talent en la personne de Gerry McNeil. En 1953, Dick Irvin décide de risquer le coup et de faire confiance à Jacques. C'est le début d'une très longue carrière pour Plante... et la fin tragique et prématurée de celle de McNeil. Il joue brièvement avec le grand club en 1952-53, puis en 1953-54. Il fait ses débuts officiels la saison suivante et devient la pierre angulaire d'une tradition qui allait marquer le monde du sport professionnel.

Jacques Plante a influencé le hockey à plusieurs niveaux. Il est, tout d'abord, le précurseur des gardiens de buts qui viennent en aide à leurs défenseurs en immobilisant la rondelle derrière le filet pour permettre à ceux-ci de relancer l'attaque. Il décide d'expérimenter cette technique lors des séries éliminatoires de 1953 contre Chicago. Le style offensif de Plante permet aux Canadiens de vaincre les Blackhawks en première ronde. Il parvient ainsi à s'assurer un poste au sein de l'équipe malgré son jeu audacieux.

En 1955-56, Toe Blake fait son apparition derrière le banc de l'équipe, remplaçant ainsi Dick Irvin. Le froid entre l'énigmatique Plante et le très déterminé Blake est immédiat. En effet, l'entraîneur n'apprécie aucunement le style de son gardien. Les méthodes d'enseignement de Blake sont des plus conventionnelles et les techniques innovatrices de Plante l'exaspèrent au plus haut point. Bien qu'il soit au sommet de sa forme et qu'il domine les autres cerbères du circuit, Plante irrite la foule avec ses longues sorties pour aller chercher la rondelle derrière son filet. Et vient le jour où il se fait prendre au piège: il manque la rondelle et un joueur adverse s'en empare pour la loger dans un filet totalement abandonné. Il ne possède pas encore la maîtrise parfaite de son art et sa moyenne se met à monter en flèche.

Blake ne se content plus. L'entraîneur s'en prend de plus en plus à son gardien décidément mal aimé. Au fil des ans, les conflits s'intensifient et deviennent insurmontables. Devant les victoires de son équipe, Blake ne peut qu'encaisser, tandis que Plante jouit pleinement de son talent et de sa popularité. Les réactions de Blake ne l'inquiètent nullement, car il sait très bien qu'il a le calibre nécessaire pour se joindre à n'importe quelle équipe du circuit.

Un événement inattendu viendra envenimer davantage les rapports entre gardien et entraîneur. Lors d'un match au Madison Square Garden, le premier novembre 1959, un tir puissant d'Andy Bathgate des Rangers de New York frappe Plante directement sur le nez et le gardien tombe sur la patinoire. Les coéquipiers aident Plante, le visage ensanglanté, à se rendre à l'infirmerie où on lui fait une dizaine de points de suture.

À plusieurs reprises, Plante avait essayé de porter un masque durant les séances d'entraînement, mais Blake refusait de permettre à son gardien de le porter régulièrement durant la saison. Ce soir-là, toutefois, les Canadiens n'ont pas de gardien de réserve et Plante refuse catégoriquement de participer au match sans son masque. Blake est obligé de lui accorder la permission, pour éviter que les Canadiens ne perdent la rencontre par défaut. Plante revient en force et surtout en confiance, et aide les Canadiens à battre les Rangers. Il jure de continuer à porter le masque tant qu'il jouera. Blake déclare: «Il pourra le porter tant qu'il ne sera pas complètement guéri et devra l'enlever par la suite.» Plante vient pourtant de faire la preuve que le port du masque ne nuit en rien à la visibilité, contrairement à ce qu'affirme son entraîneur, car l'équipe remporte onze autres matchs consécutifs.

Blake est difficile à convaincre et dissimule mal son embarras au sujet de son gardien. Il déclare un jour à un journaliste: «J'aurais aimé que Plante manifeste de l'intransigeance envers le hockey et surtout ses coéquipiers.» De toute évidence, Blake ne s'efforce pas vraiment de comprendre les idées de Plante.

Le réputé Howie Meeker déclare: «C'est assez, il avait raison. Sérieusement, je ne peux croire que nos gardiens aient joué sans masque, ils étaient très braves.» Même si Plante est passé à l'histoire, il n'était pas le premier gardien de la Ligue nationale de hockey à vouloir se protéger des blessures au visage. En 1930, Clint Benedict, victime d'une fracture du nez et de la mâchoire, avait porté temporairement un masque rudimentaire en cuir. Le masque de Plante, plus léger et plus résistant, allait révolutionner le monde du hockey.

La détermination de Plante lui permet de jouer tout au long de sa carrière même s'il souffre d'asthme. Il s'est d'ailleurs absenté de treize rencontres durant la saison 1957-58 pour une opération aux sinus. Jacques est un produit des Canadiens de Montréal, qui évoluaient dans un système de jeu hermétique en défense et rapide en attaque. Son talent est reconnu même au sein de la Ligue de hockey junior majeur du Québec, puisque le trophée remis au meilleur gardien de but de la ligue porte son nom.

En 1962, il remporte encore une fois le trophée Vézina, son sixième. Il devient alors le quatrième gardien de l'histoire à mériter ce trophée à six reprises, en compagnie des gardiens Roy Worters, Chuck Rayner et Al Rollins.

Le 4 juin 1963, il est échangé aux Rangers de New York au cours d'une très importante transaction impliquant plusieurs joueurs. Il quitte les Canadiens en compagnie de Don Marshall et Phil Goyette, en retour de Lorne Worsley, Dave Ballon, et Léon Rochefort. Il se retire deux ans plus tard. Toujours aussi passionné, Plante décide de prouver à tous les experts qu'après trois ans de retraite, il peut effectuer un retour au jeu. Il le fait dans l'uniforme des Blues de St. Louis lors de la saison 1968-69. Glenn Hall et lui forment une excellente paire de gardiens de but. Son retour est fulgurant: il gagne à nouveau le trophée Vézina, en compagnie de Hall cette fois.

À la différence de Terry Sawchuck, dont l'adresse s'est finalement atténuée, Plante demeure, à l'âge de quarante ans, en parfaite condition physique et ses réflexes font l'envie des autres cerbères de la ligue. Avec son septième trophée Vézina, il devance Bill Durnan à ce chapitre. Le 18 mai 1970, il est échangé aux Maple Leafs de Toronto. Il y remporte un certain succès lors de sa première saison, mais les deux suivantes sont parsemées de difficultés. Après quelques saisons avec les Leafs, il se retrouve à Boston contre un choix au repêchage de 1973. Il ne dispute que huit rencontres, remportant beaucoup de succès avec sept victoires et une défaite et conservant une moyenne impressionnante de 2.00.

Il devient par la suite entraîneur et directeur général des Nordiques de Québec de l'Association mondiale de hockey. Comme il arrive souvent aux grandes vedettes, il s'avère incapable d'accomplir derrière le banc ce qui lui était si naturel sur la glace. La saison suivante, à l'âge de quarante-cinq ans, il effectue un autre retour au jeu lorsqu'il signe avec les Oilers d'Edmonton de l'AMH. Après une saison très inégale, il se retire définitivement de la compétition pour se retrouver avec les Flyers de Philadelphie de la LNH à titre d'entraîneur des gardiens de but, un poste qu'il occupe jusqu'en 1980.

Surnommé «Jake The Snake» à cause de son agilité autour de ses filets et son habileté à anticiper le jeu, il aura été un gardien de but au style inimitable dont le talent n'avait d'égal que son assurance et sa détermination. Plante a été l'un des plus grands gardiens de but de la Ligue nationale de hockey, mais ne s'est jamais reposé sur ses lauriers, osant même un style tout à fait personnel devant, derrière et hors de son filet. On sait, entre autres, qu'il fabriquait lui-même ses masques.

Le fait de porter un masque n'altérait en rien le style libre et mobile de Jacques Plante dans la zone des buts. Plus confiant, le gardien masqué redoublait d'audace et de finesse lors des matchs cruciaux. Il a toujours eu une façon bien à lui de sortir du rectangle et d'aller directement à la rondelle pour l'intercepter, l'immobiliser ou la remettre à un coéquipier.

Aujourd'hui, les jeunes qui débutent dans le domaine du hockey doivent se contenter de films le montrant à l'œuvre puisque que le plus grand cerbère de l'histoire est décédé d'un cancer le 27 février 1986, à Genève, en Suisse.

De toute évidence, Jacques «Jake The Snake» Plante a su transformer et améliorer le rôle du gardien de but par son audace et son esprit innovateur. Il a été élu au Temple de la renommée du hockey en 1978. Comment ne pas inclure dans les 100 plus grands Québécois du hockey celui qui a littéralement changé le visage du hockey moderne?

Quelques faits marquants de sa carrière:

➤ Réussit 40 victoires et plus en une saison à 3 reprises.

➤ 82 blanchissages en carrière dans la LNH.

➤ Participation à 8 matchs d'étoiles.

➤ 6 coupes Stanley en 10 participations à la grande finale.

➤ Remporte, en 1956, 1957, 1958, 1959, 1960, 1962 et 1969, le trophée Vézina.

➤ Remporte, en 1962, le trophée Hart.

➤ Son chandail numéro 1 est retiré par les Canadiens de Montréal.

➤ A porté le numéro 1 avec les Canadiens.

➤ Intronisé au Temple de la renommée du hockey en 1978.

➤ Décédé le 27 février 1986.

PLANTE, Jacques «Jake The Snake»   Source: LNH

Gardien, gaucher 6'0'', 175 lb
Né à Shawinigan Falls, QC, le 17 janvier 1929; décédé le 26 février 1986
Temple de la renommée: 1978
Dernier club amateur 1952-53: le Royal de Montréal

Saison	Équipe	Ligue	PJ	VIC	D	N	Mins	BA	BL	Moy	PJ	VIC	D	Mins	BA	BL	Moy
							Saison régulière							Séries éliminatoires			
1952-53	Canadiens de Montréal	LNH	3	2	0	1	180	4	0	1.33	4	3	1	240	7	1	*1.75
1953-54	Canadiens de Montréal	LNH	17	7	5	5	1020	27	5	1.59	8	5	3	480	15	*2	1.88
1954-55	Canadiens de Montréal	LNH	52	31	13	7	3080	110	5	2.14	*12	6	4	640	30	0	2.81
1955-56	Canadiens de Montréal	LNH	64	*42	12	10	3840	119	7	*1.86	*10	*8	2	600	18	*2	*1.80
1956-57	Canadiens de Montréal	LNH	61	31	18	12	3660	123	*9	*2.02	*10	*8	2	*616	18	1	*1.75
1957-58	Canadiens de Montréal	LNH	57	*34	14	8	3386	119	*9	*2.11	10	*8	2	618	20	*1	*1.94
1958-59	Canadiens de Montréal	LNH	67	*38	16	13	4000	144	*9	*2.16	11	*8	3	670	28	0	*2.51
1959-60	Canadiens de Montréal	LNH	69	*40	17	12	4140	175	3	*2.54	8	*8	0	489	11	*3	*1.35
1960-61	Canadiens de Montréal	LNH	40	22	11	7	2400	112	2	2.80	6	2	4	412	16	0	2.33
1961-62	Canadiens de Montréal	LNH	*70	*42	14	14	*4200	166	4	*2.37	6	2	4	360	19	0	3.17
1962-63	Canadiens de Montréal	LNH	56	22	14	19	3320	138	*5	*2.49	5	1	4	300	14	0	2.80
1963-64	Rangers de New York	LNH	65	22	36	7	3900	220	3	3.38	—	—	—	—	—	—	—
1964-65	Rangers de New York	LNH	33	10	17	5	1938	109	2	3.37	—	—	—	—	—	—	—
1968-69	Blues de St. Louis	LNH	37	18	12	6	2139	70	5	*1.96	*10	*8	2	*589	14	*3	1.43
1969-70	Blues de St. Louis	LNH	32	18	9	5	1839	67	5	2.19	6	4	1	324	8	*1	*1.48
1970-71	Maple Leafs de Toronto	LNH	40	24	11	4	2329	73	4	*1.88	3	0	2	134	7	0	3.13
1971-72	Maple Leafs de Toronto	LNH	34	16	13	5	1965	86	2	2.63	1	0	1	60	5	0	5.00
1972-73	Maple Leafs de Toronto	LNH	32	8	14	6	1717	87	1	3.04	—	—	—	—	—	—	—
	Bruins de Boston	LNH	8	7	1	0	480	16	2	2.00	2	0	2	120	10	0	5.00
1974-75	Oilers d'Edmonton	AMH	31	15	14	1	1592	88	1	3.32	—	—	—	—	—	—	—
	Totaux LNH	18 saisons	837	434	247	146	49533	1965	82	2.38	112	71	37	6652	240	14	2.16
	Totaux AMH	1 saison	31	15	14	1	1592	88	1	3.32	—	—	—	—	—	—	—

SAM POLLOCK

Bâtisseur

On connaît mal celui qui succéda à Frank J. Selke en 1964 au poste de directeur-gérant et vice-président du Canadien de Montréal. Il est à vrai dire paradoxal qu'un homme dont on a tant parlé soit si peu connu. Bien qu'il n'ait jamais dirigé une équipe de la Ligue nationale de hockey, Sam Pollock a su s'imposer et prendre des décisions judicieuses. Son curriculum vitæ nous est familier, tout comme son travail et l'histoire de son ascension au plus prestigieux poste de l'organisation. On sait également l'influence qu'il a exercée au sein de la haute direction du Forum. Ses états d'âme, toutefois, restent toujours secrets et Pollock se maintient à l'écart, sans attirer l'attention.

Sa discrétion est telle que personne ne parvient à anticiper les faits et gestes de l'éminence grise du Forum de Montréal. Il ressemble davantage à une ombre qu'à un maître de hockey. Au cours de ses visites dans le vestiaire de l'équipe, alors que Blake parle haut et fort et Reardon, encore davantage, Pollock se faufile le long des murs et s'entretient à voix basse avec les joueurs qu'il avait anciennement dirigés. Sa simplicité est à l'image de sa personnalité. Il est toujours affable et courtois avec les journalistes, mais demeure réticent, voire méfiant, peu enclin à faire des confidences ou révéler ses stratégies. Il ne peut se permettre de parler librement et de compromettre les plans de la direction.

Né le 15 décembre 1925 à Verdun, Pollock fait ses gammes dans le monde du hockey en tant qu'entraîneur, éclaireur et directeur de différents clubs écoles avant de se joindre à l'organisation du Forum de Montréal. À Snowdon, il met sur pied des ligues midget, bantam et juvénile et conduit ses équipes vers neuf championnats provinciaux. C'est un organisateur hors pair et déjà, on décèle le fin stratège.

Dans les années quarante, Wilf Cude, l'entraîneur du Canadien junior engage Sam Pollock comme assistant. C'est le début de la très longue carrière de Pollock. La saison suivante, Cude quitte le Québec pour l'Ontario. «Je croyais bien que ma carrière était terminée», dit Pollock à un journaliste de Montréal. Il demeure avec l'équipe lorsque Frank Curry est nommé pour remplacer Cude. Après sa deuxième année, l'entraîneur Frank Curry quitte le Canadien junior pour Edmonton. «Encore une fois, je croyais bien que cette fois, c'était la fin», rajoute Pollock.

Non seulement conserve-t-il son emploi, mais il est également promu entraîneur-chef du Canadien junior par le directeur-gérant, Frank J. Selke. L'insécurité dont souffre Pollock en début de carrière le talonnera toutefois pendant plusieurs années encore. Ce n'est qu'une fois en plein contrôle de l'organisation que son inquiétude disparaît, laissant place à une assurance à toute épreuve.

Dès lors, son style de gestion lui permet de se démarquer. Lorsque les Canadiens ont besoin de joueurs pour remplacer les blessés, Pollock envoie des joueurs de son club junior dont l'absence ne peut pas lui nuire. Il veut gagner à tout prix et c'est justement ce qui fait sa grande force.

Ses méthodes de travail portent son empreinte bien particulière. Il prend très peu de notes et fait entièrement confiance à sa mémoire. Il connaît les qualités et les défauts de tous les joueurs de la Ligue nationale et de ses filiales. Aucun règlement ne lui échappe et il connaît tous les moyens de les interpréter et de les contourner. Modeste et très timide, Pollock ne libère qu'au compte-gouttes les renseignements qu'il possède et personne n'a accès à son savoir. Il se rend ainsi indispensable, sa façon à lui de s'assurer un avenir au sein de l'organisation.

Sa crédibilité fait l'envie de plusieurs clubs de la Ligue nationale. Il reçoit d'ailleurs plusieurs offres, entre autres, des Bruins de Boston et des Rangers de New York. L'offre la plus sérieuse lui vient toutefois des Blackhawks de Chicago. La direction des Hawks propose une somme considérable pour acquérir ses services. Plusieurs experts s'expliquent mal que Pollock repousse une telle somme. Sammy refuse par loyauté aux Canadiens de Montréal, qui lui ont donné sa première chance. Il déclare: « Je suis né ici à Montréal et je ne veux pas partir, peu importe le contrat qu'on m'offre. »

Pollock ne fait pas toujours l'unanimité auprès des membres des Canadiens. Beaucoup d'experts l'accusent d'avoir détruit plusieurs joueurs; certains joueurs ne veulent d'ailleurs tout simplement pas entendre parler de lui. Par contre, des joueurs tels que Claude Ruel, Gilles Tremblay et Robert Rousseau ne tarissent pas d'éloges à son endroit. Il est très dur avec ses joueurs vedettes, exige le maximum match après match. Plus un joueur a du talent et de l'importance à ses yeux, moins il lui pardonne ses erreurs.

Robert Rousseau m'a dit au sujet de Sam: « C'est vrai qu'il était dur, mais il avait beaucoup de compréhension lorsque l'un de nous avait des difficultés personnelles. Il nous encourageait constamment, sauf quand un joueur se traînait les pieds et il ne favorisait aucun joueur au détriment des autres. » Il n'aimait pas la défaite et encore moins la médiocrité. C'était un gagnant et il préconisait un style bien à lui. Il lui est même arrivé de faire jouer seulement 6 ou 7 joueurs pour s'assurer la victoire. Les autres joueurs regardèrent le spectacle du banc et apprirent à gagner.

Pollock, aussi mystérieux fut-il, remporte néanmoins au fil des années neuf coupes Stanley en 14 saisons comme directeur-gérant, de 1964 à 1978. Il est responsable du départ ou de la venue de plusieurs joueurs. Sa renommée s'étend à travers la Ligue nationale, même si certaines équipes n'apprécient pas ses méthodes. Il pouvait facilement se mesurer aux meilleurs joueurs d'échec par sa capacité à anticiper.

Durant les années soixante-dix, les Canadiens, dirigés par l'entraîneur Scotty Bowman, connaissent sans contredit la décennie la plus performante de l'histoire de la Ligue nationale de hockey. Dirigé de main de maître par Scotty, le Tricolore conserve durant l'ère Bowman une incroyable fiche de 419 victoires, 110 défaites et 105 verdicts nuls, en saison ordinaire, et de 70 gains et 28 défaites en séries éliminatoires.

Mais, caché dans l'ombre, Sam Pollock continue de tenir la barre, après avoir guidé les premiers pas de Bowman dans le monde du hockey. Roi des séances de repêchage, astucieux et fin renard, il est depuis longtemps considéré comme le plus grand bâtisseur de l'histoire de la Ligue nationale. C'est Frank Selke lui-même qui le prépare à prendre les rênes. La plus grande satisfaction de Pollock est de voir ses découvertes se joindre aux rangs de la plus prestigieuse des organisations.

Pollock aura connu une carrière somme toute assez remarquable, lui qui préférait de beaucoup le baseball au hockey et qui se distinguait à l'âge de 14 ans comme lanceur dans une ligue de calibre senior. Il fut intronisé au temple de la renommée du hockey comme bâtisseur en 1987. Où serait la dynastie des Canadiens sans le passage de Pollock dans les bureaux du Forum de Montréal?

Tous se souviennent de la façon dont Guy Lafleur fit son apparition dans l'organisation montréalaise. Pollock avait échangé l'ailier gauche Ernie Hicke et son premier choix au repêchage de 1970 aux Golden Seals de la Californie, en retour du défenseur François Lacombe et de la première sélection amateur des Seals au repêchage de 1971.

Frank Selke fils convoitait le joueur de centre Chris Oddleifson, destiné à une carrière sans éclat et que les Golden Seals enlevaient à la sélection amateur de 1970. Pendant que Pollock se préparait à choisir, en utilisant le premier choix des Golden Seals, en 1971, un joueur de franchise, Guy Lafleur. Toute une transaction... et on connaît la suite! Lafleur est aujourd'hui au panthéon du hockey, tandis que Hicke et Oddleifson ne sont même plus dans la mémoire des amateurs de hockey.

Si, un jour, quelqu'un vous nomme un meilleur directeur-gérant que Sam Pollock, vous n'aurez qu'à lui proposer d'en discuter avec l'ancien directeur-gérant des Golden Seals de la Californie, Frank Selke fils et avec l'immortel Guy Lafleur.

Flames d'Atlanta

JEAN PRONOVOST

(Jean «Prony» Pronovost)

Ailier droit

Lorsque les Penguins de Pittsburgh font leur entrée dans la Ligue nationale de hockey en 1967, on peut compter sur les doigts d'une seule main les joueurs de talent susceptibles d'avoir un impact majeur sur le rendement de l'équipe. On ne peut s'y soustraire, un club de l'expansion demeure avant tout une formation à roder. Certains joueurs québécois se distinguent tout de même au sein de l'équipe, notamment Pierre Larouche et Jean Pronovost.

Né le 18 décembre 1945 à Shawinigan Falls, Jean Pronovost, onzième d'une famille de douze, est influencé très jeune par son frère Marcel, de seize ans son aîné. Il développe rapidement la passion du hockey lorsqu'il entend raconter autour de lui les prouesses de son frère avec les Red Wings de Détroit. On parle de hockey régulièrement à la maison et, très jeune, Jean essaie d'en savoir plus sur le hockey de la Ligue nationale. Son frère est pour lui un modèle, une idole, et rien d'autre que le hockey ne l'intéresse. Il voit ce que son frère accomplit au fil des années et, dans sa tête d'enfant, il se voit accomplir les mêmes exploits que le grand frère.

Pronovost commence son hockey à l'école, ce qui est fréquent à l'époque, car les catégories pee-wee ou bantam n'existent pas encore. À l'âge de quinze ans, il fait partie de l'équipe des Braves de Valleyfield, de la Ligue métropolitaine, et espère être remarqué par les éclaireurs de la Ligue nationale. Il a raison: le Canadien lui fait signer une formule C. Après la faillite de club de Valleyfield, l'éclaireur Roland Mercier, établi dans la région de Québec, invite Jean à joindre les rangs de l'équipe des Bruins de Victoriaville, de la Ligue provinciale. Le club appartenait aux Bruins de Boston de la Ligue nationale et c'est de cette façon que Jean entre dans cette organisation.

À la suite du succès qu'il connaît à Victoriaville, Jean se joint aux Flyers de Niagara Falls, de la Ligue de hockey junior de l'Ontario, pour deux saisons, 1964-65 et 1965-66. Lors de la deuxième année, Pronovost et ses coéquipiers – des joueurs de la trempe de Bernard Parent, Rosaire Paiement et Gilles Marotte, entre autres – remportent la coupe Memorial.

À cette époque, les Bruins de la Ligue nationale présentent une équipe médiocre et terminent régulièrement la saison dans les dernières positions du classement. Pour encourager les partisans des Bruins et leur démontrer qu'elle a en réserve du talent dans les rangs juniors, la direction invite ses deux clubs écoles, les

Generals d'Oshawa et les Flyers de Niagara Falls, à disputer des matchs au Garden de Boston. Les spectateurs peuvent admirer les talents de Bobby Orr, Wayne Cashman, Bernard Parent, Gilles Marotte et Don Marcotte. C'est ainsi que les Bruins demandent à leurs partisans de prendre patience.

Par la suite, l'apprentissage de Pronovost l'amène à jouer dans la Ligue centrale avec les Blazers d'Oklahoma City. Lorsqu'un joueur atteint vingt ans, il est préférable pour lui de joindre les rangs de la Ligue centrale, qui regroupe principalement des joueurs de vingt à vingt-trois ans. Jean n'a jamais cru posséder un grand talent; il croyait que seul le travail l'amènerait dans la Ligue nationale. «Mon frère est un bien meilleur joueur de hockey que moi, mais je sais qu'en travaillant très fort, on peut arriver à ses fins», me disait Pronovost en entrevue. Il est clair que Jean ne souhaitait rien d'autre que de jouer un jour sur une patinoire de la Ligue nationale.

Le 21 mai 1968, les Bruins de Boston échangent Pronovost aux Penguins de Pittsburgh en retour d'une somme d'argent. Il n'aura jamais disputé un match avec les Bruins dans la Ligue nationale. C'est avec les Penguins que Pronovost démontre pendant dix ans qu'il peut apporter une bonne contribution à son équipe, à force d'effort et de détermination et en sachant saisir les occasions. L'entraîneur des Penguins, Red Kelly, a toujours apprécié le style de jeu déployé par son ailier droit. «Jean met autant d'effort à s'appliquer en défensive, qu'il en met à créer des occasions de marquer», mentionnait Kelly au commentateur de Radio-Canada en 1970.

Il n'est peut-être pas devenu un joueur de la trempe de Guy Lafleur ou Phil Esposito, mais une chose demeure: il est très constant au niveau de ses performances sur la patinoire. Les années 1973 à 1978 sont pour lui ses meilleures au chapitre des buts avec respectivement 40, 43, 52, 33 et 40 buts. Malgré de belles statistiques, il n'aura jamais la chance de graver son nom sur la coupe Stanley, ce qui constitue pour lui le plus grand regret de sa carrière de hockeyeur. Le 24 mars 1976, en déjouant le gardien Gilles Gilbert des Bruins de Boston, il devient le premier joueur de l'histoire des Penguins de Pittsburgh à marquer 50 buts en une saison.

À cette époque, les Penguins échangent beaucoup de joueurs, ce qui dénote de l'instabilité, et il devient difficile pour les joueurs de s'acclimater à de nouveaux compagnons de trio plusieurs fois durant la même saison. Cette instabilité de l'équipe ressort également lorsqu'on constate que durant les dix années de Pronovost avec les Penguins, il doit s'adapter à trois directeurs-gérants et cinq entraîneurs, ce qui est anormal pour une équipe qui veut rivaliser avec les meilleures du circuit. En dix saisons à Pittsburgh, Jean participe aux séries éliminatoires à seulement cinq reprises, ce qui est très peu.

Accompagné de Lowell McDonald et Syl Apps, Pronovost ne s'attarde jamais à ses performances personnelles, préférant avoir un apport collectif avec les autres membres de cette ligne d'attaque. La grande force de ce trio dynamique réside dans le travail d'équipe, puisqu'aucun des trois joueurs n'a comme objectif premier le nombre de buts marqués ou le total des points accumulés individuellement.

Doté d'un très bon coup de patin et d'un lancer du poignet très précis, Jean est un atout précieux pour les Penguins. Il est habituel de le voir sur la patinoire contre le meilleur trio de l'adversaire, car il a le souci constant de la défensive et lorsqu'il connaît une léthargie en attaque, son jeu en défense apporte une autre dimension à l'équipe et il s'avère tout de même utile pour les Penguins. Comme un bon vin, il s'améliore au fil des saisons, et ce, jusqu'à la fin de sa carrière.

Malgré les seize ans d'écart entre Jean et Marcel, son frère, les deux jouent quelques matchs l'un contre l'autre, Jean avec les Penguins et Marcel avec les Maple Leafs de Toronto. Jean se souvient d'une situation très cocasse: «Un soir, je me présente dans le coin de la patinoire et je suis frappé durement par mon frère qui donnait de très bonnes mises en échec même à la fin de sa carrière. J'avais pris toute une débarque et le soir même, les enfants de Marcel lui ont dit qu'il n'avait pas le droit de frapper oncle Jean comme ça.»

En 1976, devant tous ces changements et ne voyant aucune amélioration, Jean demande à la direction de l'échanger. Devant le refus de la direction, Pronovost se voit dans l'obligation de demeurer avec eux. Il est la pierre angulaire de l'équipe et les Penguins veulent rebâtir autour de lui. Mais le 6 septembre 1978, son vœu est exaucé lorsque le directeur-gérant Baz Bastien l'envoie aux Flames d'Atlanta dans une transaction à trois équipes. Les Flames échangent Dick Redmond aux Bruins de Boston et ces derniers envoient Gregg Sheppard aux Penguins de Pittsburgh.

À Atlanta, le talent ne manque pas, mais trop de joueurs égocentriques empêchent la chimie de s'installer. Tout de même, Pronovost réussit en fin de carrière à maintenir un jeu de qualité, alors qu'il doit jouer avec de jeunes joueurs sans expérience. Après un séjour de deux ans, il est à nouveau échangé, mais à Washington cette fois. Il quitte les Flames le 1er juillet 1980 pour se joindre aux Capitals en retour d'une somme d'argent.

Il termine sa carrière avec les Bears de Hershey de la Ligue américaine en 1981-82, avant d'accrocher pour de bon ses patins. Ce qui est un peu déplorable pour Jean, c'est qu'il n'aura jamais atteint le chiffre magique des 1000 rencontres dans la Ligue nationale, terminant sa carrière avec 998. Il a tout de même le sentiment du devoir accompli et se dévoue encore pour le hockey à titre d'entraîneur dans la Ligue de hockey junior majeur du Québec.

Tout comme son frère Marcel, il est devenu entraîneur des Redmen de McGill du circuit universitaire, pour se rendre par la suite à Shawinigan avec les Cataractes en 1994. Il a d'ailleurs remporté le trophée Ron Lapointe en 1996 avec les Cataractes. En 1996, il signe un contrat avec les Rafales de Québec de la Ligue internationale de hockey, pour finalement se retrouver avec les Huskies de Rouyn-Noranda vers la fin de la saison 1997-98. En septembre 2000, il entreprendra sa quatrième saison avec eux.

Il se dévoue pour les jeunes, sans toutefois viser une carrière d'entraîneur dans la Ligue nationale. Il est très heureux dans ses fonctions. «Je remets au hockey ce qu'il m'a donné et le hockey a toujours été bon pour moi», me disait celui qui a participé au match des étoiles à quatre reprises, de 1975 à 1978.

Pronovost fait honneur aux Québécois avec une très belle carrière et il serait mesquin de le comparer à un frère admis au Temple de la renommée. C'est un joueur que j'ai toujours aimé voir jouer sur la glace du Forum, pour l'élégance et la précision de ses tirs. Ayant joué avec des équipes très souvent médiocres, il aura démontré que le travail et la constance permettent d'atteindre de beaux niveaux de performance.

Quelques faits marquants de sa carrière:

➢ Remporte, la coupe Memorial en 1966.
➢ Remporte, le trophée Ron Lapointe dans LHJMQ en 1996.
➢ Le premier joueur de l'histoire des Penguins de Pittsburgh à marquer 50 buts.
➢ Participation à 4 matchs d'étoiles.
➢ Frère de Marcel Pronovost.

PRONOVOST, Jean «Prony»   Source: LNH

Ailier droit, droitier 6'0", 185 lb
Né à Shawinigan Falls, QC, le 18 décembre 1945
Dernier club amateur 1965-66: les Flyers de Niagara Falls

Saison	Équipe	Ligue	PJ	B	A	Pts	Pun	AN	BG	+/-	PJ	B	A	Pts	Pun	AN	BG
						Saison régulière							Séries éliminatoires				
1968-69	Penguins de Pittsburgh	LNH	76	16	25	41	41	4	1	-4	–	–	–	–	–	–	–
1969-70	Penguins de Pittsburgh	LNH	72	20	21	41	45	5	6	-2	10	3	4	7	2	1	0
1970-71	Penguins de Pittsburgh	LNH	78	21	24	45	35	4	2	+8	–	–	–	–	–	–	–
1971-72	Penguins de Pittsburgh	LNH	68	30	23	53	12	3	3	+15	4	1	1	2	0	0	0
1972-73	Penguins de Pittsburgh	LNH	66	21	22	43	16	2	5	-15	–	–	–	–	–	–	–
1973-74	Penguins de Pittsburgh	LNH	77	40	32	72	22	8	2	+9	–	–	–	–	–	–	–
1974-75	Penguins de Pittsburgh	LNH	78	43	32	75	37	11	9	+13	9	3	3	6	6	0	0
1975-76	Penguins de Pittsburgh	LNH	80	52	52	104	24	13	3	+16	3	0	0	0	2	0	0
1976-77	Penguins de Pittsburgh	LNH	79	33	31	64	24	7	6	+8	3	2	1	3	2	1	0
1977-78	Penguins de Pittsburgh	LNH	79	40	25	65	50	12	5	-16	–	–	–	–	–	–	–
1978-79	Flames d'Atlanta	LNH	75	28	39	67	30	4	8	+21	2	2	0	2	0	1	0
1979-80	Flames d'Atlanta	LNH	80	24	19	43	12	6	3	+12	4	0	0	0	2	0	0
1980-81	Capitals de Washington	LNH	80	22	36	58	61	6	4	-9	–	–	–	–	–	–	–
1981-82	Capitals de Washington	LNH	10	1	2	3	4	0	0	-7	–	–	–	–	–	–	–
	Totaux LNH	14 saisons	998	391	383	774	413	85	57		35	11	9	20	14	3	0

MARCEL PRONOVOST

Défenseur

«Que seraient devenus les Red Wings sans Marcel Pronovost à la défensive?»
C'est ce que se demande Michel Perron, un Québécois qui habitait la région de
Détroit durant les années cinquante. Effectivement, Pronovost est la pierre angulaire de la brigade défensive de son club. Sa stature impose le respect aux autres
joueurs de la Ligue nationale.

Né le 15 juin 1930 à Shawinigan Falls, Marcel Pronovost a sept ans lorsqu'il
fait une très mauvaise chute à bicyclette et se fracture le nez. L'événement laisse
d'ailleurs présager ce que l'avenir lui réservera dans la Ligue nationale de hockey.
Victime plus souvent qu'à son tour de blessures assez graves, de fractures diverses et
de dislocations de l'épaule, Pronovost jouera donc blessé la plupart du temps. La
qualité de jeu ne paraît jamais altérée par les blessures subies et, du haut de ses six
pieds, il démontre une détermination peu commune. À vrai dire, Pronovost a toujours témoigné d'une véritable passion pour le hockey et le fait qu'il ait joué blessé
tout au long de sa carrière en est sans doute la preuve la plus éclatante.

Il n'a pas froid aux yeux et joue toujours avec beaucoup d'intensité. Pour
Pronovost, il est normal de prendre des risques dans le feu de l'action: «Il est tout
aussi normal, à mes yeux, d'effectuer une manœuvre dangereuse que ce l'est pour
un piéton de traverser la rue. Le piéton qui traverse n'a aucune peur d'être frappé et,
de même, je n'ai pas peur de me faire mal sur la patinoire.»

Il n'a que quinze ans lorsqu'il est découvert par l'éclaireur des Red Wings de
Détroit, Marcel Côté, alors qu'il joue au hockey juvénile à Shawinigan Falls. Côté
réussit sans peine à convaincre les Red Wings d'offrir un contrat à Pronovost, avant
que la direction des Canadiens de Montréal ne mette la main sur ce hockeyeur de
grand talent.

Après quelques saisons à offrir ses services à la fois aux Spitfires de Windsor
de la Ligue de hockey de l'Ontario et au club de Détroit de la Ligue internationale
de hockey, Pronovost fait officiellement ses débuts avec les Red Wings en 1949-50.
La situation est assez inhabituelle: Pronovost amorce sa longue carrière en séries éliminatoires. En effet, la direction des Wings a décidé de rappeler Pronovost des
Knights d'Omaha pour prêter main-forte aux Red Wings. Après une blessure de
Gordie Howe, l'entraîneur a décidé de muter Red Kelly à l'attaque et de le remplacer par Marcel. Âgé de 19 ans, Pronovost fait preuve d'un sang-froid inouï,

compte tenu de son manque d'expérience. Son talent incontestable lui a d'ailleurs mérité le titre de recrue de l'année à Omaha l'année précédente.

Il aide son équipe à remporter la coupe Stanley en 1950. Alors que certains joueurs ne remportent jamais la coupe, d'autres ont plus de chance et se trouvent justement là où il le faut, au bon moment. Pronovost inscrit son nom sur le précieux trophée avant même d'avoir disputé un seul match en saison régulière! Lorsque Pronovost arrive au camp d'entraînement à l'automne de 1950, il est certain de se joindre à l'équipe de manière définitive. Mais une blessure majeure au visage, gracieuseté d'un coup de bâton involontaire de Bob Goldham, retarde son entrée officielle dans la Ligue nationale. Les résultats des examens sont inquiétants: l'os malaire est fracturé et Pronovost doit se refaire une santé à Indianapolis, avec les Capitals. Après 34 matchs dans la Ligue américaine de hockey, il revient avec les Red Wings pour ne plus jamais retourner dans les ligues mineures.

Il remporte la coupe Stanley avec les Wings à trois autres occasions, en 1952, 1954 et 1955. Quel début de carrière pour Marcel! Après quatre coupes Stanley en six ans, tous les espoirs sont permis et on attend beaucoup de l'équipe de Détroit. Malheureusement, le succès des Red Wings en finale de coupe Stanley est éphémère et ceux-ci devront attendre 42 ans avant de sabler le champagne à nouveau, en 1997.

C'est durant la saison 1959-60 que le talent de Pronovost est reconnu par ses coéquipiers. Ayant toujours joué dans l'ombre de Red Kelly, Marcel est enfin apprécié à sa juste valeur lorsque ce dernier est échangé aux Maple Leafs de Toronto, le 10 février 1960. Sa réputation ne tarde pas à se répandre à travers la Ligue nationale. Il est choisi pour la première équipe d'étoiles en 1960 et en 1961, après avoir fait partie de la seconde équipe d'étoiles en 1958 et en 1959.

Marcel a vraiment connu les meilleurs moments de sa carrière avec les Red Wings. Le croyant en perte de vitesse à cause des multiples blessures subies au fil des ans, les Wings décident toutefois d'échanger le joueur de 34 ans aux Maple Leafs de Toronto, le 20 mai 1965, au cours d'une transaction majeure impliquant huit joueurs, dont Billy Harris et Andy Bathgate.

Pronovost s'avère une bonne acquisition pour les Leafs, puisqu'il contribue à la victoire des siens au printemps de 1967. Il s'agit d'une cinquième coupe Stanley pour Marcel et la dernière tant pour lui que pour les Maple Leafs. Il a dominé son sport pendant 21 ans dans la Ligue nationale, comptant onze participations au match des étoiles. Il ne prend part qu'à sept rencontres durant la saison 1969-70. Après une saison et demie dans la Ligue canadienne, il se retire définitivement en 1971.

Un homme d'une telle trempe ne peut abandonner le hockey. Il devient entraîneur dans plusieurs ligues, dont la Ligue centrale à Tulsa où on le nomme entraîneur de l'année en 1972. Il est le premier entraîneur des Cougars de Chicago de l'Association mondiale de hockey en 1972-73. On le retrouve ensuite auprès des Sabres de Buffalo de la LNH pour les saisons 1977-78 et 1978-79. Il termine sa carrière d'entraîneur avec les Festivals de Hull (aujourd'hui les Olympiques) en

1979-80, pour se retirer après quelques saisons. Il est éclaireur pour les Devils du New Jersey, de 1991 à 1995.

Malgré ses nombreuses blessures, Pronovost réussit à disputer 1206 matchs dans la Ligue nationale de hockey. Sa détermination et sa force de caractère lui valent d'être intronisé au Temple de la renommée du hockey en 1978. Aujourd'hui, les joueurs sont attirés par des contrats hautement lucratifs et le dévouement dont faisait preuve Pronovost n'existe plus. Que d'éloges pour celui qui a joué quatre matchs éliminatoires en 1961 avec une cheville fracturée! Arrivé en béquilles à l'aréna, il retirait son plâtre avant la rencontre pour le remettre après le match. Cette même saison, il fut finaliste pour le titre de meilleur défenseur de la Ligue, remporté par Doug Harvey des Canadiens de Montréal. Il reste aujourd'hui un exemple de courage et de détermination. S'il existait un trophée pour le joueur le plus souvent blessé (et le moins compromis par ses blessures), il en serait sans conteste le grand récipiendaire entre 1950 et 1970.

Quelques faits marquants de sa carrière:

➢ Finaliste pour trophée Norris en 1961.

➢ Participation à 11 matchs d'étoiles.

➢ 5 coupes Stanley en 9 participations à la grande finale.

➢ Entraîneur de l'année en 1972 avec les Oilers de Tulsa de la Ligue centrale.

➢ Frère de Jean Pronovost.

➢ Intronisé au Temple de la renommée du hockey en 1978.

PRONOVOST, Marcel   Source: LNH

Défenseur, gaucher 6'0'', 190 lb
Né à Shawinigan Falls, QC, le 15 juin 1930
Temple de la renommée: 1978
Dernier club amateur 1948-49: les Spitfires de Windsor

Saison	Équipe	Ligue	Saison régulière								Séries éliminatoires						
			PJ	B	A	Pts	Pun	AN	BG	+/-	PJ	B	A	Pts	Pun	AN	BG
1949-50	Red Wings de Détroit	LNH	–	–	–	–	–				9	0	1	1	10		
1950-51	Red Wings de Détroit	LNH	37	1	6	7	20				6	0	0	0	0		
1951-52	Red Wings de Détroit	LNH	69	7	11	18	50				8	0	1	1	10		
1952-53	Red Wings de Détroit	LNH	68	8	19	27	72				6	0	0	0	6		
1953-54	Red Wings de Détroit	LNH	57	6	12	18	50				12	2	3	5	12		
1954-55	Red Wings de Détroit	LNH	70	9	25	34	90				11	1	2	3	6		
1955-56	Red Wings de Détroit	LNH	68	4	13	17	46				10	0	2	2	8		
1956-57	Red Wings de Détroit	LNH	70	7	9	16	38				5	0	0	0	6		
1957-58	Red Wings de Détroit	LNH	62	2	18	20	52				4	0	1	1	4		
1958-59	Red Wings de Détroit	LNH	69	11	21	32	44				–	–	–	–	–		
1959-60	Red Wings de Détroit	LNH	69	7	17	24	38				6	1	1	2	2		
1960-61	Red Wings de Détroit	LNH	70	6	11	17	44				9	2	3	5	0		
1961-62	Red Wings de Détroit	LNH	70	4	14	18	38				–	–	–	–	–		
1962-63	Red Wings de Détroit	LNH	69	4	9	13	48				11	1	4	5	8		
1963-64	Red Wings de Détroit	LNH	67	3	17	20	42				14	0	2	2	14		
1964-65	Red Wings de Détroit	LNH	68	1	15	16	45				7	0	3	3	4		
1965-66	Maple Leafs de Toronto	LNH	54	2	8	10	34				4	0	0	0	6		
1966-67	Maple Leafs de Toronto	LNH	58	2	12	14	28				12	1	0	1	8		
1967-68	Maple Leafs de Toronto	LNH	70	3	17	20	48	0	1	=	–	–	–	–	–	–	–
1968-69	Maple Leafs de Toronto	LNH	34	1	2	3	20	0	0	-2	–	–	–	–	–	–	–
1969-70	Maple Leafs de Toronto	LNH	7	0	1	1	4	0	0	+5	–	–	–	–	–	–	–
	Totaux LNH	21 saisons	1206	88	257	345	851				134	8	23	31	104		

CLAUDE PROVOST

Ailier droit

Durant les années cinquante et soixante, le Canadien possède une équipe de grand talent. En attaque, il profite de joueurs comme Béliveau, Moore, Harvey et les frères Richard, entre autres. Pour obtenir une équipe gagnante et espérer remporter la coupe Stanley, toutefois, il faut trouver un équilibre entre joueurs offensifs et joueurs défensifs. Claude Provost, joueur défensif, fut ainsi d'une importance capitale pour les succès de son équipe.

Lorsque l'équipe adverse déploie ses meilleurs joueurs, Provost et ses compagnons de trio ont comme mission première de les empêcher de marquer. La tâche d'un joueur défensif n'est pas toujours facile et, souvent, son rôle est passé sous silence si l'équipe remporte la victoire. Provost a pourtant la prestance d'un grand hockeyeur malgré des statistiques sans éclat à l'offensive.

En 1961, le populaire Bobby Hull des Blackhawks de Chicago raconte à un journaliste du *Montreal Star*: «Lorsque je saute sur la patinoire, Provost n'est jamais très loin. J'ai l'impression qu'il est mon ombre, tellement il s'accroche à moi. Il est actuellement le meilleur couvreur de la Ligue nationale. J'ai toujours de la difficulté contre lui.» De tels éloges de la part de Bobby Hull sont une preuve indéniable de l'efficacité de Provost dans son rôle défensif. On ne peut recevoir de plus beau compliment.

En 1961, Tommy Ivan, le directeur-gérant des Blackhawks de Chicago, fait même une offre à son homologue Frank Selke, des Canadiens, dans le but d'acquérir les services de Provost. «Claude Provost pourrait être un élément important au sein de notre organisation, il comblerait un certain vide en défensive et Bobby Hull ne serait plus inquiété», disait Ivan dans un éclat de rire. Provost a une telle importance aux yeux de Selke que ce dernier n'a cependant jamais voulu se départir de ses services. On le comprend.

L'utilité de Provost est indéniable: sans lui, les Canadiens n'auraient jamais remporté autant de coupes Stanley. Il inscrit son nom sur la coupe Stanley à neuf reprises et il participe à onze matchs d'étoiles en quinze saisons dans la LNH.

Provost n'a pas froid aux yeux, mais il n'est jamais déloyal, bien qu'il lui arrive, lorsque la situation l'exige, de décerner de solides mises en échec. Il privilégie sa propre méthode, qui consiste à détourner le joueur adverse vers le coin de la patinoire ou le long des rampes. Il a cependant développé l'habitude de retenir ses adversaires en toute légalité, comme en témoignent ses 469 minutes de pénalités en 1005 matchs, pour une moyenne de seulement 31 minutes par saison. Il fait montre d'un formidable esprit d'équipe et d'un très bon sens du leadership. Il n'abandonne jamais lors de matchs cruciaux; au contraire, il rehausse la qualité de son jeu.

Né le 17 septembre 1933 à Montréal, Provost est ce qu'on appelle un produit de l'organisation du Tricolore. Il débute en 1951 avec le National de Montréal de la Ligue junior du Québec. Il manifeste son talent d'emblée et les résultats sont immédiats. Il inscrit 53 points en 49 matchs et il est déjà voué à un brillant avenir. Il se retrouve la saison suivante avec le Canadien junior de Montréal de la même ligue. Il se surpasse, avec 144 points en 94 parties sur deux saisons. Il termine son stage junior avec les Cataractes de Shawinigan de la Ligue de hockey junior du Québec.

Malgré un coup de patin très moyen, Provost impose cependant son style de jeu dès son arrivée avec le Canadien de Montréal. Outre sa concentration à toute épreuve, il démontre une forte capacité à prévoir le déroulement du jeu. Son style est assez physique et son habileté à la défensive réjouit son entraîneur, Toe Blake. À l'époque, personne ne parvient à couvrir comme lui les plus grands patineurs de la Ligue nationale.

En plus de son talent en défensive, Provost mène son équipe au chapitre des buts en 1961-62, avec 33 buts, et en 1964-65, avec 27 buts. Il illustre tout au long de sa carrière qu'un joueur défensif peut également se permettre certaines percées offensives. Ses performances lui valent de remporter la coupe Stanley lors de ses cinq premières saisons dans la Ligue nationale.

Même s'il ne présente qu'une fiche de 16 points en 49 matchs dans les séries finales de la coupe Stanley, il demeure très utile par son jeu défensif. Le 13 avril 1965, en demi-finale contre les Maple Leafs de Toronto, il marque le seul but en prolongation de sa carrière, mais quel but! En effet, il permet aux Canadiens d'éliminer les Maple Leafs en six rencontres et d'atteindre la finale, que les Canadiens remportent ensuite en sept matchs contre les Blackhawks de Chicago.

Contre Chicago, Provost excelle et se hisse au rang des meilleurs joueurs de la série. Il joue sans relâche et sa tenue exceptionnelle lors des désavantages numériques permet à son club de récolter les grands honneurs.

En 1968, la Ligue nationale de hockey dévoile un nouveau trophée, le trophée Bill Masterton. Ce trophée perpétue la mémoire de William Masterton, ancien joueur des North Stars du Minnesota, décédé le 15 janvier 1968. Il est remis chaque année au joueur démontrant le plus de persévérance et le meilleur esprit sportif. Claude Provost en est le premier récipiendaire au terme de la saison 1967-68.

Après un léger ralentissement lors de ses deux dernières saisons, il décide de prendre sa retraite en 1970. Durant la saison 1970-71, Provost devient l'entraîneur du National de Rosemont de la Ligue de hockey junior du Québec. Il appartient toujours aux Canadiens et ses papiers de retraite ne sont pas encore signés. Le 8 juin

1971, les Canadiens vendent son contrat aux Kings de Los Angeles. Il ne participe toutefois à aucun match avec sa nouvelle équipe et prend définitivement sa retraite.

Provost ne se retrouve peut-être pas au Temple de la renommée du hockey, mais, sans lui, les Canadiens n'auraient certes pas remporté autant d'honneurs... et de coupes Stanley. Il est clair qu'un joueur de la trempe de Provost mérite une place de choix dans nos souvenirs. Sa participation à plus de 1000 matchs dans la Ligue nationale dans un rôle strictement défensif est bien la preuve qu'il n'avait pas son pareil lors des missions spéciales. Celui qui fut la bête noire de Bobby Hull est décédé le 17 avril 1984, à l'âge de 50 ans.

Quelques faits marquants de sa carrière:

➤ Participation à 11 matchs d'étoiles.

➤ Remporte, en 1968, le trophée Bill Masterton.

➤ 9 coupes Stanley en 10 participations à la grande finale.

➤ A porté les numéros 23 et 14 avec les Canadiens.

➤ Entraîneur du National de Rosemont en 1970-71 (LHJMQ).

➤ Décédé le 17 avril 1984.

PROVOST, Claude　　　　　　　　　　　　　　　　　　　　　　　　　Source: LNH

Ailier droit, droitier 5'9", 168 lb
Né à Montréal, QC, le 17 septembre 1933; décédé le 17 avril 1984
Dernier club amateur 1955-56: les Cataractes de Shawinigan

Saison	Équipe	Ligue	Saison régulière								Séries éliminatoires						
			PJ	B	A	Pts	Pun	AN	BG	+/-	PJ	B	A	Pts	Pun	AN	BG
1955-56	Canadiens de Montréal	LNH	60	13	16	29	30				10	3	3	6	12		
1956-57	Canadiens de Montréal	LNH	67	16	14	30	24				10	0	1	1	8		
1957-58	Canadiens de Montréal	LNH	70	19	36	51	71				10	1	3	4	8		
1958-59	Canadiens de Montréal	LNH	69	16	22	38	37				11	6	2	8	2		
1959-60	Canadiens de Montréal	LNH	70	17	29	46	42				8	1	1	2	0		
1960-61	Canadiens de Montréal	LNH	49	11	4	15	32				6	1	3	4	4		
1961-62	Canadiens de Montréal	LNH	70	33	29	62	22				6	2	2	4	2		
1962-63	Canadiens de Montréal	LNH	67	20	30	50	26				5	0	1	1	2		
1963-64	Canadiens de Montréal	LNH	68	15	17	32	37				7	2	2	4	22		
1964-65	Canadiens de Montréal	LNH	70	27	37	64	28				13	2	6	8	12		
1965-66	Canadiens de Montréal	LNH	70	19	36	55	38				10	2	3	5	2		
1966-67	Canadiens de Montréal	LNH	64	11	13	24	16				7	1	1	2	0		
1967-68	Canadiens de Montréal	LNH	73	14	30	44	26	2	3	+17	13	2	8	10	10	1	1
1968-69	Canadiens de Montréal	LNH	73	13	15	28	18	0	5	+12	10	2	2	4	2	0	0
1969-70	Canadiens de Montréal	LNH	65	10	11	21	22	0	1	+6	–	–	–	–	–	–	–
	Totaux LNH	15 saisons	1005	254	335	589	469				126	25	38	63	86		

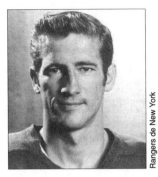

JEAN RATELLE

(Jean «Gentlemen» Ratelle)

Centre

Vic Hadfield, ailier gauche des Rangers de New York, où il jouait en compagnie de Rodrigue Gilbert à l'aile droite et de Jean Ratelle au centre, ses coéquipiers de la célèbre «Gag line» (*goal a game*), se rappelle de la fructueuse carrière qu'a connu ce trio magistral. Songeant aux succès passés, il affirme s'être souvent demandé s'il rêvait. «Ratelle pouvait rendre n'importe quel joueur productif en attaque, tellement il était bon. Son talent en faisait un joueur envié de toutes les équipes de la Ligue nationale.»

Il est très habile avec la rondelle et possède un sens inné pour repérer un coéquipier en zone adverse. C'est un joueur complet et ses qualités défensives ne passent pas inaperçues, malgré l'apport offensif qu'il maintient match après match. Il affiche un calme désarmant et le peu de temps qu'il passe au banc des pénalités démontre bien qu'il sait mieux que quiconque qu'il est plus important pour son équipe d'être sur la patinoire que de mettre son club dans le pétrin. En effet, ses 276 minutes de pénalités en 21 saisons dans la Ligue nationale sont sans conteste la marque d'un parfait gentilhomme. Il n'a jamais récolté de pénalité majeure ou d'inconduite en carrière, ce qui est exceptionnel. Son comportement sur la patinoire lui vaut d'ailleurs le surnom de «Gentlemen.»

Né le 3 octobre 1940 à Kénogami, Jean Ratelle fait son hockey junior avec les Biltmores de Guelph de la Ligue de hockey junior de l'Ontario en 1958. Lors de la saison 1959-60, il joue pour les Royals de Guelph et domine la Ligue de hockey junior de l'Ontario au chapitre des assistances, avec 61 mentions. Tout comme Rodrigue Gilbert, il effectue ses débuts dans la Ligue nationale de hockey avec les Rangers de New York à la saison 1960-61, pour un essai de trois rencontres. De 1961 à 1965, Ratelle effectue des allées et retours entre New York et les Clippers de Baltimore de la Ligue américaine. Une dispute contractuelle avec les Rangers entraîne presque Ratelle à quitter le hockey pour tenter sa chance avec les Braves de Milwaukee de la Ligue nationale de baseball.

Ce n'est qu'au début de la saison de 1965-66 qu'il réussit à devenir un joueur à plein temps avec les Rangers. Il profite de la chance qui s'offre à lui lorsqu'il est appelé à remplacer Phil Goyette, qui s'est blessé. Sa première saison complète est à la hauteur de son talent, puisqu'il boucle la saison avec 51 points en 67 rencontres, dont 21 buts. Mais en 1966-67, Ratelle est victime de la guigne de la deuxième année, comme il se produit souvent chez un athlète professionnel, récoltant seulement 11 points en 41 matchs. Mais comme tout bon sportif qui possède du talent à revendre, Ratelle revient avec force la saison suivante avec une démonstration de son grand talent.

Les Rangers de New York sont devenus très puissants le jour où Jean Ratelle s'est mis à produire en attaque. En 1971-72, Ratelle connaît une saison de rêve, atteignant le cap des 100 points pour la seule fois de sa carrière avec 109, dont 46 buts. Cette saison-là aurait pu être nettement supérieure si la malchance ne l'avait pas frappé. Le 1er mars 1972, dans un gain de 4-1 des Rangers face aux Golden Seals de la Californie, il subit une fracture à la cheville droite, ce qui l'oblige à s'absenter des quinze derniers matchs de la saison. Jusque-là, il était engagé dans une course endiablée pour remporter le trophée Art Ross. Ratelle n'avait qu'un maigre point de retard sur Phil Esposito des Bruins de Boston. Comble de malchance, la blessure de Jean résulte du tir de son propre coéquipier, le défenseur Dale Rolfe. Jean s'était même offert le plaisir de marquer quatre buts contre ses mêmes Golden Seals et le gardien Gilles Meloche, le 21 novembre précédent, dans une victoire de 12-1.

Phil Esposito profite de son absence pour terminer premier dans la colonne des marqueurs devant son coéquipier Bobby Orr. Malheureusement, Ratelle n'aura plus jamais la chance de s'approcher du championnat des marqueurs. Cette blessure met du temps à guérir et il ne revient au jeu que pour la série finale de la coupe Stanley, le 30 avril 1972, contre Boston.

Le 7 novembre 1975, une bombe éclate dans la Ligue nationale: les Rangers de New York et les Bruins de Boston concluent l'une des plus importantes transactions de l'histoire de la Ligue nationale. Les Rangers, Émile Francis en tête, échangent Jean Ratelle, Brad Park et Joe Zanussi aux Bruins en retour de Phil Esposito et Carol Vadnais. Vadnais se souvient: «Les Rangers voulaient préalablement le défenseur Bobby Orr, mais les Bruins ne voulaient pas l'échanger. Les Rangers ont donc proposé que je fasse partie de l'échange puisqu'avec le départ de Park, les Rangers étaient en manque d'un défenseur. J'avais une clause de non-échange, mais Harry Sinden n'a pas lu mon contrat et m'a indiqué le chemin de New York. Je ne voulais pas partir, mais les Rangers ont été corrects avec moi et ont tout mis en œuvre pour que je puisse être heureux à New York.»

La production offensive de Ratelle avec les Bruins est aussi bonne qu'avec les Rangers, et ce, jusqu'à la fin de sa carrière. Avec les Bruins, Ratelle sait qu'il a des chances de remporter la coupe Stanley. Il ne joue pas de chance, car lors des séries éliminatoires de 1972, alors qu'il joue pour les Rangers, il s'incline en finales contre les Bruins de Boston en six rencontres. Au sein des Bruins en 1977, il est en droit d'espérer remporter les grands honneurs; les Bruins sont très équilibrés tant en offensive qu'en défensive. Lors de la finale, les Canadiens de Montréal sont sans pitié pour les Bruins et remportent la coupe en quatre rencontres. Ratelle a l'occasion de se reprendre en 1978, mais le scénario tourne en faveur des Canadiens encore une fois, en six matchs cette fois.

La saison 1980-81 est sa dernière. Des maux de dos insupportables l'incitent à accrocher ses patins après une très brillante carrière de 21 saisons dans la Ligue nationale de hockey. Il n'aura laissé personne indifférent et sa retraite marque une grande perte pour le hockey professionnel.

Le plateau des 500 buts en carrière lui échappe par neuf filets seulement et n'eut été de ses blessures au dos lors de la saison 1980-81, il aurait probablement atteint ce chiffre magique que tout joueur de hockey talentueux rêve d'obtenir. Il récolte tout de même sa part de succès au niveau des honneurs individuels, remportant le trophée Bill Masterton en 1971 et le trophée Lady Bing à deux reprises, en 1972 et 1976.

«J'ai été apprécié tant à New York qu'à Boston. Après 15 ans avec les Rangers, ce fut difficile pour moi à mon arrivée à Boston, mais je devais continuer à marquer des buts et aider du mieux que je le pouvais les Bruins à aller le plus loin possible lors des séries éliminatoires», affirmait celui qui a participé à trois finales de la coupe Stanley, à cinq matchs des étoiles et qui fut intronisé au Temple de la renommée du hockey en 1985.

Un autre membre du panthéon du hockey, Serge Savard, me fit le commentaire suivant à l'endroit de Ratelle: «Durant toute ma carrière, il est l'attaquant qui m'a donné le plus de fil à retordre. Il avait une façon bien à lui d'entrer dans le territoire adverse. Je ne savais jamais si je devais foncer sur lui ou attendre qu'il s'approche. Il a une vision incroyable du jeu et il est difficile pour un défenseur de lire son jeu.» Lorsqu'un défenseur aussi talentueux que Savard est désarmé par le style de jeu d'un adversaire, c'est qu'il s'agit d'un joueur extraordinaire, surtout s'il se nomme Jean «Gentlemen» Ratelle.

Quelques faits marquants de sa carrière:

➤ 8 tours du chapeau en carrière.

➤ Un match de 4 buts.

➤ 14 saisons de plus de 20 buts, 8 saisons de plus de 30 buts et 2 saisons de plus de 40 buts.

➤ Participation à 5 matchs d'étoiles.

➤ Remporte, en 1971, le trophée Bill Masterton.

➤ Remporte, en 1972 et 1976, le trophée Lady Bing.

➤ Remporte, en 1972, le trophée Lester B. Pearson.

➤ Aucune coupe Stanley et 3 participations à la grande finale.

➤ Intronisé au Temple de la renommée du hockey en 1985.

RATELLE, Jean «Gentlemen»   Source: LNH

Centre, gaucher 6'1", 180 lb
Né à Lac Saint-Jean, QC, le 3 octobre 1940
Temple de la renommée: 1985
Dernier club amateur 1960-61: les Royals de Guelph

			Saison régulière									Séries éliminatoires						
Saison	Équipe	Ligue	PJ	B	A	Pts	Pun	AN	BG	+/-	PJ	B	A	Pts	Pun	AN	BG
1960-61	Rangers de New York	LNH	3	2	1	3	0				–	–	–	–	–		
1961-62	Rangers de New York	LNH	31	4	8	12	4				–	–	–	–	–		
1962-63	Rangers de New York	LNH	48	11	9	20	8				–	–	–	–	–		
1963-64	Rangers de New York	LNH	15	0	7	7	6				–	–	–	–	–		
1964-65	Rangers de New York	LNH	54	14	21	35	14				–	–	–	–	–		
1965-66	Rangers de New York	LNH	67	21	30	51	10				–	–	–	–	–		
1966-67	Rangers de New York	LNH	41	6	5	11	4				4	0	0	0	2		
1967-68	Rangers de New York	LNH	74	32	46	78	18	10	5	+23	6	0	4	4	2	0	0
1968-69	Rangers de New York	LNH	75	32	46	78	26	8	4	+16	4	1	0	1	0	1	0
1969-70	Rangers de New York	LNH	75	32	42	74	28	10	6	+8	6	1	3	4	0	0	0
1970-71	Rangers de New York	LNH	78	26	46	72	14	6	3	+28	13	2	9	11	8	0	0
1971-72	Rangers de New York	LNH	63	46	63	109	4	5	6	+61	6	0	1	1	0	0	0
1972-73	Rangers de New York	LNH	78	41	53	94	12	11	4	+24	10	2	7	9	0	1	0
1973-74	Rangers de New York	LNH	68	28	39	67	16	6	3	+5	13	2	4	6	0	0	1
1974-75	Rangers de New York	LNH	79	36	55	91	26	15	6	+1	3	1	5	6	2	1	0
1975-76	Rangers de New York	LNH	13	5	10	15	2	2	1	+2	–	–	–	–	–	–	–
	Bruins de Boston	LNH	67	31	59	90	16	15	3	+17	12	8	8	16	4	5	1
1976-77	Bruins de Boston	LNH	78	33	61	94	22	8	6	+19	14	5	12	17	4	1	1
1977-78	Bruins de Boston	LNH	80	25	59	84	10	3	5	+49	15	3	7	10	0	0	0
1978-79	Bruins de Boston	LNH	80	27	45	72	12	11	5	+17	11	7	6	13	2	2	2
1979-80	Bruins de Boston	LNH	67	28	45	73	8	14	1	+11	3	0	0	0	0	0	0
1980-81	Bruins de Boston	LNH	47	11	26	37	16	4	2	+18	3	0	0	0	0	0	0
	Totaux LNH	21 saisons	1281	491	776	1267	276				123	32	66	98	24		

BERTRAND RAYMOND

Journaliste

La diffusion de l'information est une nécessité dans notre monde. Il est primordial de connaître et de transmettre ce qui se passe autour de nous. Le Québec a connu plusieurs excellents journalistes qui ont fait leur marque, chacun dans son domaine. Le journalisme sportif n'est pas différent des nouvelles générales ou judiciaires. Par contre, au Québec, le sport vient en tête de liste pour des raisons évidentes. Les journaux en font même leurs pages frontispices. Qu'on parle du baseball, du golf ou du hockey, les gens ont besoin de s'identifier à quelque chose ou à quelqu'un.

Si on explore uniquement le monde du journalisme sportif, le Québec a eu ses piliers. Jacques Beauchamp, Zotique L'Espérance, Marcel Desjardins, Claude Larochelle et Charles Mayer, tous admis au Temple de la renommée du hockey, nous auront écrit des papiers à faire rêver. Ce groupe sélect de Québécois admis au panthéon comprend également l'un de nos meilleurs journalistes encore actifs aujourd'hui à l'an 2000, Bertrand Raymond, du *Journal de Montréal*.

Né le 2 novembre 1945 à Chicoutimi, Bertrand Raymond est envoûté très jeune par les journaux. Il est fasciné par le format et la quantité d'information qu'on y retrouve. À l'âge de 13 ou 14 ans, il s'installe confortablement dehors avec un journal grand format pendant que ses copains vont faire des activités. Déjà, il veut devenir journaliste. «Je ne me souviens pas d'avoir voulu faire autre chose», se rappelle Raymond en fouillant très loin dans sa mémoire. Il s'intéresse d'abord au journalisme et ensuite, au monde du sport.

Il commence sa carrière en écrivant des textes dans le journal de l'école. Il tente par tous les moyens d'en améliorer le contenu et se laisse enivrer par la passion de l'écriture. Peu de temps après, il s'inscrit au *Progrès du Saguenay*, une école de journalisme. Il travaille deux ans dans la magnifique région du Saguenay avant de tenter sa chance à Montréal. En 1969, Jacques Beauchamp quitte le *Montréal-Matin* pour se joindre au *Journal de Montréal*. Il décide alors de faire la tournée du Québec à la recherche de nouveaux talents. Beauchamp ne veut pas embaucher de gros noms, préférant former ses journalistes lui-même; de toute manière, le journal n'a pas les moyens financiers de payer un journaliste vedette.

Bertrand est donc recruté par l'adjoint de Beauchamp, Jean-Pierre Sanche. Sanche a déjà couvert la traversée du lac Saint-Jean et il connaît un peu l'étoile montante. Bertrand se souvient: «Sanche avait mentionné à Beauchamp qu'il connaissait un ti-cul à Chicoutimi qui pourrait faire un bon travail.» Raymond arrive dès septembre 1969 à Montréal pour entreprendre une glorieuse carrière. À Chicoutimi, il couvre beaucoup de hockey et se demande avec inquiétude s'il aura la chance d'en faire autant.

Il se souvient d'avoir fait la demande à son patron, Jacques Beauchamp: «Monsieur Beauchamp, si je viens travailler pour vous, vais-je couvrir du hockey?» Beauchamp lui avait répondu sur un ton sec et direct: «Viens-t-en, mon p'tit cr..., c'est moi qui décide!» Bienvenue dans les ligues majeures, monsieur Raymond! Finalement, il fait son entrée au journal et attend d'être assigné par son patron à un sport quelconque.

La filiale du Canadien joue à Montréal et voilà qu'il une chance en or de faire ses débuts dans le monde du hockey. Il ne parle pas un traître mot d'anglais et la panique s'empare de lui. Il demande à Beauchamp de lui donner un an pour se familiariser avec la langue. Beauchamp lui dit qu'il apprendra sur le tas. Le grand manitou du journal sait très bien ce qu'il fait. Après tout, ne lui a-t-on pas dit que Bertrand est une bombe en puissance? Dès lors, notre journaliste en herbe se met à lire les magazines, les journaux, et à écouter les différentes émissions de télévision en anglais.

À cette époque, il y a beaucoup de francophones sur l'équipe du Canadien junior. Marc Tardif, Réjean Houle, Philippe Myre, Guy Lapointe et Pierre Bouchard font partie intégrante de l'équipe. Il a donc la chance de pouvoir faire ses reportages tout en accélérant son cours d'anglais personnel. Beauchamp lui offre un an plus tard de couvrir les Expos de Montréal. Raymond me confie: «J'étais un peu surpris d'une telle offre, mais je savais bien que si j'acceptais l'offre, je ne retournerais plus jamais au hockey. Je lui réponds que le seul emploi que je veux, c'est le sien, car de couvrir les activités du Canadien est mon but premier, et ce, même si je dois attendre 10 ans.»

Finalement, Beauchamp est nommé responsable de toute l'administration du journal et quatre mois plus tard, Bertrand couvre le grand club. Il y a beaucoup d'avantages à travailler avec le club de hockey Canadien. Bien sûr, le journaliste sera lu tous les jours et lorsqu'un journaliste possède beaucoup de talent, le lecteur ne se lasse pas de lire ses reportages. La compétition est vive et pour ne pas être en reste il entrevoit la possibilité d'affirmer dans ses chroniques ce qu'il pense sans se gêner. Beauchamp lui dit tout simplement: «Écoute le jeune, fais-toi un nom d'abord, tu parleras ensuite. Il venait de sauver ma carrière», affirmait Raymond lors d'une entrevue.

C'est évident que lorsqu'on possède autant de talent, les offres affluent de tous les côtés. Il devient analyste des matchs du Canadien au réseau de télévision TVA pour *Le Hockey du jeudi soir* pendant dix ans, en compagnie du commentateur Jacques Moreau. Les voyages font partie de son travail, comme la couverture des Jeux olympiques de Calgary, Lillehammer, Albertville, Barcelone et Sydney. Il adore son travail, puisque seuls les chroniqueurs ont accès au bureau de l'entraîneur et du directeur-gérant. Il est de plus directeur des sports de son journal pendant six ans, mais l'écriture lui manque et il revient à ses premières amours.

Celui qui a eu comme mentor Jacques Beauchamp, non pas pour son style d'écriture, mais plutôt pour sa conception du travail et sa façon d'aller chercher la nouvelle, continue encore aujourd'hui de nous donner des textes de grande qualité. Lorsqu'on diffuse une nouvelle, il est parfois difficile de sortir l'article sans créer de vagues, malgré la justesse de l'information transmise. À cause d'un de ses textes, il est passé à deux doigts de voir sa carrière s'écrouler en quelques secondes.

Raymond me raconte: «À l'été de 1984, pendant que je suis en train de jouer au golf, quelqu'un me dit que la direction a offert un contrat à Guy Lafleur d'un million de dollars pour dix ans pour un poste administratif et que Lafleur n'est pas très content. Je garde les informations en mémoire et dès l'automne, je rencontre Lafleur qui passe au journal. Je lui demande s'il a un peu de temps parce que j'ai une question à lui poser. Finalement, Lafleur me dit que c'était vrai, l'offre des Canadiens, et qu'il avait refusé parce qu'il ne voulait pas être payé comme un employé de bureau. Le lendemain, je sors la nouvelle et le président Ronald Corey est très furieux.

«J'apprends quelques jours plus tard que Lafleur est mis dehors du Forum. J'étais pas très gros dans mes souliers et je me sentais très mal puisque Lafleur est tout de même un ami. Le mardi suivant, Lafleur est invité à l'émission de Pierre Nadeau *Le Point*. Je regarde attentivement l'entrevue. Nadeau demande à Lafleur s'il a été trompé par le journaliste. Il s'écoule quelques secondes avant la réponse et je me sens écrasé dans mon fauteuil. Si Lafleur dit oui, je suis un homme fini et je perds toute ma crédibilité, car Guy est tellement gros au Québec. Et Lafleur répond à Nadeau qu'il n'a pas été trompé par le journaliste. J'ai vu passer ma carrière sous mes yeux en une fraction de seconde», affirme Raymond avec beaucoup d'émotion.

Reconnu pour le caractère humain de ses textes, Raymond est intronisé au Temple de la renommée du hockey en 1990. Il avait été recommandé par un membre du panthéon, l'Américain Francis Rosa du *Boston Globe*, et il se souvient la façon dont on lui a appris: «C'est Bernard Brisset, à l'époque directeur des sports du journal, qui m'annonce la nouvelle. J'ai eu une bonne pensée pour mes chums du Saguenay. J'aurais aimé fêter ça avec eux.» Il devenait à ce moment le plus jeune de la confrérie des journalistes à y être intronisé.

HENRI RICHARD

(Henri «Pocket Rocket» Richard)

Centre

Un soir de 1944, les Maple Leafs de Toronto sont en ville. Le Forum est rempli à pleine capacité et les gens ont peine à rester assis. Le décompte est alors de 2-2 vers la fin de la troisième période lorsque la grande vedette des Canadiens, le jeune Maurice Richard, s'empare d'une rondelle libre pour marquer le but de la victoire contre le gardien Frank McCool, sous les yeux d'un spectateur très attentif et impressionné, Henri, son petit frère. Déjà, à peine âgé de 8 ans, il commence à rêver de ses propres moments de gloire: les applaudissements, les cris de joie des spectateurs et les félicitations de ses coéquipiers.

Henri Richard est né le 29 février 1936 à Montréal, dans le quartier Bordeaux, «hors les murs», comme il s'amuse à le dire. Il commence à patiner quelques années plus tard et le hockey prend rapidement une certaine place dans sa vie. Très souvent, dans sa jeunesse, Henri assiste aux exploits du Rocket au Forum, accompagné de ses parents. Timide depuis toujours, Henri, alors à l'école, annonce devant le directeur et ses collègues de classe ce qu'il veut faire comme métier: plombier. Trop timide pour déclarer la vérité, il n'avoue pas que son rêve serait de jouer pour les Canadiens. Sa timidité ne freine heureusement pas son désir. Notre sport national est tellement important pour lui qu'il en néglige ses études et qu'il termine, non sans difficulté, sa septième année.

À l'âge de quinze ans, Henri signe un premier contrat, une «formule B» comme on l'appelle à l'époque. Il appartient alors aux Canadiens de Montréal, comme la plupart des jeunes joueurs québécois de son temps. On lui offre un boni de signature de cinquante dollars. On reste songeur lorsqu'on pense à ce qu'il aurait touché aujourd'hui... Après avoir signé ce premier contrat à l'été de 1951, il se retrouve l'automne suivant avec le National de Montréal de la Ligue de hockey junior du Québec pendant deux ans, sous les ordres de Pete Morin. Les résultats ne se font pas attendre et Henri démontre qu'il a tout le potentiel pour faire carrière dans le hockey en cumulant 118 points en 95 rencontres avec le National. En 1953 et 1954, Henri se joint à l'équipe du Canadien junior de Montréal et connaît encore plus de succès en terminant meilleur buteur de la ligue à chacune de ses deux saisons, avec respectivement 56 et 33 buts, se permettant même le championnat des marqueurs en 1953 avec une récolte de 109 points et en 1954, avec 66 points.

Les experts sont divisés. Certains pensent qu'il ne réussira pas à jouer régulièrement en raison de sa courte stature (5 pieds, 7 pouces et 160 livres), mais d'autres estiment qu'il est prêt à faire le saut dans le grand circuit. Ironie du sort, il a joué vingt saisons, ce que peu de joueurs ont réalisé au cours de leur carrière. De son propre aveu, il doit ses quatre ou cinq dernières saisons à l'expansion de 1967. En 1955-56, il fait ses débuts avec le club de hockey des Canadiens et ne retournera plus jamais dans les rangs mineurs, même s'il lui reste encore une année junior à faire. Sa première saison dans la Ligue nationale de hockey coïncide avec l'arrivée de l'entraîneur Hector Blake.

Henri Richard ne commence pas la saison immédiatement avec les Canadiens, car Blake veut rapatrier l'ailier droit des Braves, André Corriveau. Finalement, Richard a la chance de se faire valoir et sa tenue impressionne tellement Toe Blake qu'il renvoie Corriveau à la ligue junior; il ne reviendra d'ailleurs jamais dans la Ligue nationale. On remet le chandail numéro 16 à Henri après la retraite d'Elmer Lach. Henri le conserve d'ailleurs tout au long de sa carrière et le numéro 16 sera retiré après la retraite du joueur. Dès son arrivée en 1955-56, motivé par son frère Maurice, le Pocket Rocket aide les Canadiens à gagner cinq coupes Stanley de suite. Maurice est sans l'ombre d'un doute son idole de jeunesse. Il participe également au match des étoiles lors de ses six premières saisons. Il répète l'exploit en 1963, 1965, 1967, alors qu'il est nommé le joueur par excellence de cette classique annuelle, puis participe une dernière fois en 1974.

Lors de son premier match avec le grand club, Bernard Geoffrion se blesse à l'épaule et Blake se voit obligé de le remplacer par Henri à l'aile droite, avec Béliveau et Olmstead, lui qui avait jusque-là évolué au centre dans la ligue junior. Voyant qu'il éprouve certaines difficultés, l'entraîneur décide de le ramener au centre en compagnie de Dickie Moore et de son frère Maurice. Les résultats sont instantanés: il marque son premier but contre les Rangers de New York et le gardien Lorne Worsley.

Henri Richard prouve que même s'il est de petite stature, il peut jouer de façon soutenue tant à l'offensive qu'à la défensive. Dès ses débuts dans le grand circuit, Richard passe beaucoup de temps sur la glace et Toe Blake doit souvent lui crier de revenir au banc. Il ne possède pas de fortes habiletés de marqueur, mais il réussit à s'affirmer par sa combativité et son ardeur au jeu. Bon manieur de rondelle, il sait repérer un coéquipier, surtout lorsqu'il prend sa force d'accélération en territoire neutre.

En 1957-58, Richard mène la ligue pour le nombre d'assistances, soit 52, et se classe deuxième meilleur marqueur de la ligue derrière son coéquipier Dickie Moore. La saison 1962-63 est tout aussi déterminante dans la carrière d'Henri: il se classe à nouveau premier pour le nombre d'assistances, soit 50, ce qui est doublement méritoire puisque l'année précédente, Henri avait raté toutes les séries à cause d'une fracture à un poignet. Sa performance continue d'impressionner ceux qui disaient que sa carrière serait de courte durée. Il tient le premier rang chez les Canadiens pour le nombre de matchs disputés, soit 1256. Il inscrit à nouveau son nom sur la coupe en 1965, en 1966, alors qu'il marque le but gagnant en prolongation contre Détroit, et en 1968 et 1969. Une dixième conquête suit en 1971 lorsqu'il inscrit le but victorieux lors du septième match contre les Blackhawks de Chicago.

En 1971-72, Richard succède à Jean Béliveau à titre de capitaine. Finalement, le Pocket Rocket touche au précieux trophée pour une onzième fois en 1973, un record qui ne sera jamais battu. En 1975, une fracture à une cheville l'oblige à rater 64 rencontres. Il effectue un retour au jeu dans les séries éliminatoires contre les Sabres de Buffalo et annonce sa retraite l'été suivant. Il est intronisé au Temple de la renommée du hockey en 1979 en compagnie de trois autres joueurs, dont le célèbre Bobby Orr.

Henri a joué sous les ordres de quatre entraîneurs durant sa longue carrière: Toe Blake, Claude Ruel, Al MacNeil pour les deux tiers d'une saison et Scotty Bowman. Il est d'ailleurs en partie responsable du départ de MacNeil. En effet, ce dernier ne l'ayant pas fait jouer lors d'un match éliminatoire en 1971, le Pocket le critique ouvertement. La saison suivante, Bowman fait son entrée derrière le banc. Les frères Richard détiennent le record de la Ligue nationale pour le nombre de buts marqués par deux frères en saisons et séries, avec 1033 buts (Maurice 544 et 82, Henri 358 et 49). Henri détient le record de la Ligue pour les matchs disputés en grande finale avec 65, record qu'il partage avec le légendaire Red Kelly.

Jusqu'en 1967, les joueurs voyagent en train sans aucun confort; par contre, on n'hésite pas à se divertir par de grandes parties de cartes, agrémentées de quelques petits paris. Depuis l'âge de 13 ans, Henri pratique également le tennis sur une base hebdomadaire, question de se garder en forme, me disait-il. Aujourd'hui âgé de 64 ans, il doit se contenter de disputer des matchs en double, santé oblige. Selon lui, le hockey s'est détérioré depuis les vingt dernières années, surtout à cause de l'accrochage et des coups violents. Son plus grand souvenir est d'avoir évolué en compagnie de son frère Maurice, qui est pour lui une source d'inspiration.

Henri se souvient d'une situation cocasse pendant ses voyages en train. Durant les séries éliminatoires, les femmes accompagnaient les joueurs. Comme Henri voulait parler à Blake, il entre dans la suite de son entraîneur, mais aussitôt entré, il aperçoit la femme de Blake en petite tenue. Terriblement mal à l'aise, il en oublie les raisons de son entretien avec l'entraîneur.

Selon lui, le joueur le plus détestable de son temps fut sans doute Stan Mikita. Ce dernier le traitait de tous les noms, ce qui déplaisait bien sûr à Henri. Il préférait répondre par son rendement sur la patinoire plutôt que de proférer des injures ou de poser des gestes déplacés. Aujourd'hui, Richard et Mikita jouent régulièrement ensemble au golf en discutant du bon vieux temps. Lorsque j'ai demandé à Henri de nommer le gardien qui lui a donné le plus de difficulté, il m'a répondu en riant: «Tous les gardiens».

Plusieurs personnes se demandent d'où vient le sobriquet du Pocket Rocket. Un journaliste du *Globe and Mail* de Toronto avait écrit en 1953: «Venez voir le Rocket samedi soir avec le Tricolore et le Pocket Rocket le dimanche après-midi, avec le Canadien junior». Depuis ce temps, le surnom est demeuré et est indissociable de la carrière de Richard. Doté d'une santé de fer, Henri continue toujours à faire du sport, lui qui a eu deux carrières: vingt ans avec les Canadiens et autant d'années avec les Old Timers. Aujourd'hui, il consacre la majeure partie de son temps à jouer au golf et à rencontrer des amis. Lui qui a tant voyagé, il est aujourd'hui plus sédentaire; les voyages n'ont tout simplement plus la même saveur.

Henri caressait trois rêves dans sa vie. Il voulait, étant jeune, jouer pour les Canadiens, marier la jeune fille qu'il a connue à l'âge de six ans et avoir une taverne. Pourquoi une taverne? Tout simplement en l'honneur de son frère Maurice. Le premier ministre Duplessis avait dit au Rocket qu'il lui donnerait un permis de taverne une fois sa carrière terminée, chose que personne ne pouvait obtenir car le gouvernement n'en donnait plus. Finalement, Maurice Richard n'a jamais demandé le permis en question. Henri, quant à lui, a acheté une taverne déjà existante et en a assuré la gestion pendant 26 ans. Des trois souhaits de jeunesse maintenant réalisés, seul le plus important aux yeux du Pocket Rocket continue toujours: il est maintenant marié depuis 43 ans.

Quelques faits marquants de sa carrière:

➤ 5 tours du chapeau en saison régulière et un en séries éliminatoires.

➤ 6 points dans un match (3 buts et 3 passes).

➤ 9 saisons de plus de 20 buts et une saison de 30 buts.

➤ Participation à 10 matchs d'étoiles.

➤ Capitaine des Canadiens de Montréal de 1971 à 1975.

➤ Remporte, en 1974, le trophée Bill Masterton.

➤ 11 coupes Stanley en 12 participations à la grande finale.

➤ Intronisé au Temple de la renommée du hockey en 1979.

➤ Son chandail numéro 16 est retiré par les Canadiens de Montréal.

➤ A porté le numéro 16 avec les Canadiens.

➤ Frère de Maurice «Rocket» Richard.

RICHARD, Henri «Pocket Rocket»   Source: LNH

Centre, droitier 5'7", 160 lb
Né à Montréal, QC, le 29 février 1936
Temple de la renommée: 1979
Dernier club amateur 1954-55: le Canadien junior de Montréal

					Saison régulière						Séries éliminatoires					
Saison	Équipe	Ligue	PJ	B	A	Pts	Pun	AN	BG	+/-	PJ	B	A	Pts	Pun	AN	BG
1955-56	Canadiens de Montréal	LNH	64	19	21	40	46				10	4	4	8	21		
1956-57	Canadiens de Montréal	LNH	63	18	36	54	71				10	2	6	8	10		
1957-58	Canadiens de Montréal	LNH	67	28	*52	80	56				10	1	7	8	11		
1958-59	Canadiens de Montréal	LNH	63	21	30	51	33				11	3	8	11	13		
1959-60	Canadiens de Montréal	LNH	70	30	43	73	66				8	3	9	*12	9		
1960-61	Canadiens de Montréal	LNH	70	24	44	68	91				6	2	4	6	22		
1961-62	Canadiens de Montréal	LNH	54	21	29	50	48				–	–	–	–	–		
1962-63	Canadiens de Montréal	LNH	67	23	*50	73	57				5	1	1	2	2		
1963-64	Canadiens de Montréal	LNH	66	14	39	53	73				7	1	1	2	9		
1964-65	Canadiens de Montréal	LNH	53	23	29	52	43				13	7	4	11	24		
1965-66	Canadiens de Montréal	LNH	62	22	39	61	47				8	1	4	5	2		
1966-67	Canadiens de Montréal	LNH	65	21	34	55	28				10	4	6	10	2		
1967-68	Canadiens de Montréal	LNH	54	9	19	28	16	2	3	+4	13	4	4	8	4	1	0
1968-69	Canadiens de Montréal	LNH	64	15	37	52	45	2	0	+25	14	2	4	6	8	0	0
1969-70	Canadiens de Montréal	LNH	62	16	36	52	61	2	4	+24	–	–	–	–	–	–	–
1970-71	Canadiens de Montréal	LNH	75	12	37	49	46	1	1	+13	20	5	7	12	20	0	1
1971-72	Canadiens de Montréal	LNH	75	12	32	44	48	0	1	+10	6	0	3	3	4	0	0
1972-73	Canadiens de Montréal	LNH	71	8	35	43	21	0	2	+34	17	6	4	10	14	0	2
1973-74	Canadiens de Montréal	LNH	75	19	36	55	28	1	3	+7	6	2	2	4	2	0	0
1974-75	Canadiens de Montréal	LNH	16	3	10	13	4	0	0	+9	6	1	2	3	4	0	0
	Totaux LNH	20 saisons	1256	358	688	1046	928				180	49	80	129	181		

MAURICE RICHARD

(Maurice «Rocket» Richard)

Ailier droit

Chaque équipe a sa vedette, mais l'idole des partisans du Canadien est adulée même chez les partisans des autres équipes de la Ligue. Le baseball a eu Babe Ruth, le basket-ball, Michael Jordan, et le hockey s'enorgueillit de Maurice Richard. Il a fait beaucoup pour le Canadien de Montréal, mais aussi pour la Ligue nationale. Quand le dieu de la patinoire est décédé, des gens se sont déplacés de partout au Québec pour venir rendre un dernier hommage à la dépouille exposée en chapelle ardente au Centre Molson.

Le hockey a considérablement évolué depuis soixante ans. Au début, les équipements des joueurs sont assez rudimentaires et la glace est très souvent dans un état lamentable. Mais les joueurs de talent réussissent quand même à faire leur marque. Lorsque Maurice Richard commence dans la LNH en 1942-43, il n'y a pas de ligne rouge au centre de la patinoire. Les lancers de punitions pour une pénalité mineure existent, mais le joueur doit absolument lancer avant la ligne tracée à 28 pieds devant le gardien de but adverse. Richard sera témoin de plusieurs changements dans les règles du jeu.

Né le 4 août 1921 à Montréal, Maurice «Rocket» Richard, deuxième d'une famille de six enfants, grandit dans le quartier Nouveau-Bordeaux, au nord de la métropole, dans une maison très modeste construite par son père Onésime et son grand-père. Très jeune, il manifeste de l'intérêt pour le hockey. Son passe-temps préféré se résume tout simplement à «les Canadiens, les Canadiens et les Canadiens». Il écoute religieusement à la radio les prouesses de ses joueurs favoris. La situation financière de la famille est telle, qu'il n'a jamais assisté à un match des Canadiens au Forum de Montréal avant d'y jouer lui-même. Il joue pour trois ou quatre équipes de niveaux différents durant la semaine. Que ce soit dans la catégorie midget ou junior, il est plus fort que tout ce beau monde.

Malgré son désir de disputer des matchs de hockey le plus souvent possible, Richard étudie pour devenir machiniste. En 1938-39, alors qu'il a dix-huit ans, il joue pour le Paquette, un club junior de Montréal, et marque 133 points des 144 buts de l'équipe. Il ne fait pas encore partie de la Ligue nationale, mais déjà son grand talent est manifeste.

Après avoir participé à quelques matchs pour l'équipe junior de Verdun, il est invité au camp d'entraînement des Canadiens seniors. Il joue de malchance, toutefois, puisqu'après avoir marqué deux buts lors du premier match de la saison, il se fracture la cheville durant la troisième période. «Ma saison était terminée et je croyais ne plus jamais être en mesure de jouer au hockey. J'ai travaillé fort à me remettre en bonne forme physique et j'ai rejoint l'équipe pour les derniers matchs du calendrier régulier», se rappelait Maurice.

L'année suivante, il se fracture le poignet sur le poteau des buts à la mi-saison et déjà, on commence à dire qu'il est souvent blessé, on s'interroge à son sujet. Le Rocket est un peu découragé, puisqu'il ne parvient pas à faire ses preuves; cependant, il reçoit une lettre l'invitant à participer au camp d'entraînement des Canadiens de Montréal. En 1942, il se porte volontaire pour l'armée, mais on le refuse à cause de ses deux fractures. Il travaille donc le jour à la *shop Angus* à préparer les chars d'assaut et le soir, il joue au hockey. Les temps ont bien changé! Finalement, il signe un contrat comme joueur autonome avec la Sainte Flanelle, le 29 octobre 1942. Son rêve se matérialise.

Il joue son premier match dans la Ligue nationale le 31 octobre 1942. Quelques ajustements dans son jeu lui permettent d'inscrire son premier but quelques jours plus tard, soit le 8 novembre, contre le gardien des Rangers de New York, Steve Buzinski. À sa première saison, on lui remet le chandail numéro 15, mais lorsque sa femme Lucille donne naissance à une fille de 9 livres prénommée Huguette, il demande à la direction des Canadiens de lui remettre le chandail numéro 9, qu'il conservera jusqu'à la fin de sa carrière.

Après seize matchs, voilà que le mauvais sort s'acharne sur lui, puisqu'il subit une troisième fracture à la suite d'une collision avec Johnny Crawford, des Bruins de Boston, et la panique commence à s'emparer de lui. Les journalistes ne l'épargnent pas et tous les experts sont d'avis qu'il ne sera jamais assez fort pour jouer dans la Ligue nationale. Une fois guéri, Maurice est prêt à revenir avec l'équipe, mais il ne sait pas si le club veut encore de lui. C'est un peu grâce à son entraîneur, Dick Irvin, qu'il connaîtra une aussi brillante carrière, puisque celui-ci décide de lui donner une dernière chance. Richard se présente au camp d'entraînement l'automne suivant; il ne doit pas rater sa chance, cette fois.

Il revient donc avec vigueur pour la saison 1943-44 et connaît une saison digne d'un joueur de la Ligue nationale en récoltant 54 points en 46 matchs, dont 32 buts, éliminant les doutes à son égard. Il devient rapidement le principal artisan du fabuleux trio «Punch Line» avec Elmer Lach et Toe Blake. Richard remplace Charlie Sands à l'aile droite. Le «Punch Line» est l'un des trios les plus prolifiques de l'histoire de la Ligue nationale, avec plus de 700 points en quatre saisons et demie. Le trio est démantelé en 1947 lorsque Toe Blake met un terme à sa carrière à cause d'une blessure à la jambe.

Compteur naturel, Richard inspire déjà la crainte aux gardiens de but qui lui font face et qui lisent sur son visage l'intensité du désir de compter qui l'animait. Même, les meilleurs gardiens de la Ligue craignent l'ailier droit du Tricolore. «Lorsqu'il s'approchait des buts, les yeux du Rocket scintillaient, inspirant la terreur à celui qui le voyait venir», d'affirmer le célèbre Glenn Hall.

Il ne tarde pas à imposer son rythme sur les patinoires de la Ligue nationale et l'ancien cerbère et membre du temple de la renommée Frank Brimsek des Bruins de Boston affirmait au sujet du Rocket: «Il lance de tous les angles, on s'attend à un tir au coin supérieur et Maurice fait volte-face et vous lance un revers au bas du filet.» Même le coéquipier de Brimsek, Murray Henderson, se rappelle ce que c'était que d'essayer de stopper le Rocket lorsqu'il arrivait à la ligne bleue. «Lorsqu'il s'avance sur le défenseur, il est totalement imprévisible. Il se place entre vous et la rondelle, il vous empêche d'y toucher. Il garde le disque entre ses patins et, tenant son bâton d'une seule main, il vous retient de l'autre. Ça ne paraît peut-être pas, mais il fort comme un bœuf!»

Non seulement, Maurice est-il un grand marqueur, mais c'est également le joueur des grandes occasions. En séries éliminatoires, il compte 18 buts victorieux et son total de six filets en prolongation demeure un record de l'histoire de la Ligue nationale, même 40 ans après sa retraite.

Lors de la conquête de la coupe Stanley de 1944, Richard joue à l'aile droite pour les «Flying Frenchmen» contre les Maple Leafs de Toronto. Les Leafs désignent le robuste Bob Davidson pour mettre un frein aux élans du Rocket. Mission accompli pour l'ailier gauche de Toronto lors du premier match, mais par la suite, ce sera peine perdue. Lors du deuxième match, le 23 mars 1944, Maurice prend les choses en main et marque trois buts au cours de la deuxième période et deux autres lors du troisième engagement, contre le gardien Paul Bibeau, pour finalement marquer les cinq buts de son club. Davidson a l'air d'un joueur junior à ses côtés tant Richard est exceptionnel et les Canadiens emportent la rencontre 5-1 au Forum.

C'est tout un exploit: c'est la première fois qu'un joueur inscrit cinq buts dans une rencontre de séries éliminatoires depuis les six buts de Bernie Morris, qui jouait pour Seattle en 1927. Après que Richard ait éliminé presque à lui seul les Maple Leafs de Toronto, les Canadiens jouent en grande finale contre les Blackhawks de Chicago. Lors du deuxième match, le 6 avril, l'équipe montréalaise avait battu les Hawks 3-1 et Richard avait marqué tous les buts de son club encore une fois. Imaginez, il n'avait que... 22 ans!

Chaque fois que Richard saute sur la patinoire lors de la saison 1944-45, personne ne peut l'arrêter. Il réussit, comme personne avant lui, à terminer la saison en maintenant une moyenne d'un but par rencontre. À la fin de la saison, il a en poche 50 buts en 50 matchs! Après 49 rencontres et une fiche de 49 buts, la pression s'accentue, car il réalise que personne n'a réussi un tel exploit. Lors du dernier match de la saison régulière, le 18 mars 1945, dans un gain de 4-2 à Boston, Richard fait scintiller la lumière rouge derrière le gardien des Bruins de Boston, Harvey Bennett, et le Rocket passe à l'histoire. Ce record sera égalé en 1980 par Mike Bossy des Islanders de New York et amélioré par Wayne Gretzky, qui réussit l'exploit en 39 matchs seulement en 1981-82.

Le 27 décembre 1944, après avoir passé la journée à déménager les meubles de la famille vers leur nouvelle résidence de la rue Papineau et après à peine deux heures de sommeil, il se présente au Forum, épuisé. Quelques jours avant le déménagement, il avait demandé congé à la direction du Canadien et on le lui avait accordé. Par détermination et loyauté, il se présente tout de même dans le vestiaire de l'équipe, à la grande surprise de tous ses coéquipiers, puisqu'il ne devait pas jouer. Le Rocket ne se doute pas qu'il passera à nouveau à l'histoire ce soir-là. Il termine sa soirée de travail avec... 5 buts et trois passes pour 8 points dans une victoire de 9-1 sur les Red Wings de Détroit et le jeune gardien de but Harry Lumley. Wow! Les 13 744 partisans des Canadiens ont assisté à un exploit unique.

À cinq reprises au cours de sa carrière, il domine la Ligue nationale au chapitre des buts en une saison, mais il ne remporte jamais le championnat des marqueurs. On a demandé à Camil DesRoches, encyclopédie vivante et membre de l'organisation du Canadien pendant plus de 55 ans, pourquoi Maurice est si hautement acclamé par des gens qui ne l'ont même pas vu jouer? «Il est un symbole. Pour plusieurs, il a toujours représenté l'image de l'homme idéal qui a pleinement réussi sa vie comme homme et comme athlète.»

Le 8 novembre 1952, Richard établit une nouvelle marque en éclipsant le record de 324 buts détenu par le célèbre Nels Steward. Il marque donc son 325e dans une défaite de 6-4 contre les Blackhawks de Chicago et le gardien du but Al Rollins, au Forum de Montréal. L'ancien détenteur du record est d'ailleurs dans les gradins et affirme au sujet du Rocket: «Il est exceptionnel et je savais que c'était une question de temps puisqu'il est très jeune. Je suis un peu déçu, car c'était le record que j'affectionnais le plus. Il est très bon et il ne va pas s'arrêter là.»

C'est lors de la saison 1954-55 que le Rocket est devenu un symbole et un monument pour tous les Québécois. Il est au cœur de l'incident le plus marquant de toute l'histoire de la LNH. Le soir du 13 mars 1955, le caractère du Rocket a changé le cours de l'histoire du hockey professionnel et peut-être même l'histoire du Québec, voire du Canada. Lors du match au Garden de Boston, le défenseur Hal Laycoe porte son bâton au visage de Maurice et le coupe à l'œil. De 1947 à 1951, ce Laycoe avait été le coéquipier du Rocket avec les Canadiens de Montréal. Même si l'arbitre Red Storey décerne une pénalité au fautif, Richard, furieux, se met à pourchasser le joueur des Bruins. Une mêlée à coups de bâtons éclate entre les deux hommes. Un juge de lignes, Cliff Thompson, jette le Rocket sur la glace, mais ce dernier se relève. Finalement, il est retenu par derrière par Thompson, ce qui permet à Laycoe de le frapper directement au visage puisque Maurice a les bras retenus. Révolté, Maurice se dégage, se retourne et frappe au visage le juge de lignes. L'irréparable est fait et les problèmes sont à prévoir. Le 16 mars 1955, après avoir entendu la version des deux hommes impliqués, Clarence Campbell, président de la Ligue nationale, annonce que Richard est suspendu pour les trois derniers matchs de la saison régulière et toutes les rencontres des séries éliminatoires. Toute la population est furieuse et les gens ne se gênent pas pour faire savoir qu'il ne fallait pas s'en prendre à l'homme le plus populaire du pays.

Le lendemain, le 17 mars 1955, les Red Wings de Détroit sont en ville et affrontent le Canadien devant plus de 16 000 spectateurs. Les joueurs, affectés par les événements, ont la tête ailleurs et très rapidement, les Wings mènent 4-1. Alors, tout s'écroule. Faisant fi des avertissements lancés par le chef de la police et le maire de Montréal, Jean Drapeau, de ne pas se présenter au Forum, le président Campbell se fait remarquer en arrivant à son siège plusieurs minutes après le début de la rencontre.

Tout à coup, des objets sont lancés en direction de Campbell et de sa secrétaire, qui l'accompagne. Quelques minutes plus tard, une bombe lacrymogène éclate tout près de lui et la foule perd le contrôle d'elle-même. Les gens se précipitent vers les sorties et aussitôt, l'émeute éclate dans les rues de Montréal. Une foule évaluée à 10 000 personnes se met à briser des vitrines, renverser des voitures et piller les boutiques. Plusieurs personnes sont arrêtées et les événements obligent Richard à lancer un message de paix à la radio en direct du vestiaire du Canadien.

Plusieurs affirment que le Rocket croyait que celui qui le retenait était un joueur des Bruins, sinon il n'aurait pas frappé le juge de lignes. Maurice a lui-même déclaré qu'il croyait que c'était un joueur bostonnais. L'historien sportif québécois Michel Vigneault, qui est à l'origine du musée sur Maurice Richard à Montréal, a eu la chance de passer trois heures avec le Rocket afin de régler les dispositions nécessaires pour que le musée voie le jour. Vigneault m'a raconté: «Il a toujours affirmé qu'il croyait que celui qui le retenait était un joueur des Bruins. Mais lors de l'entrevue que j'ai eue avec lui, il m'a confirmé qu'il savait bel et bien que c'était un juge de lignes. Il ne voulait pas être victime encore plus de Clarence Campbell, qui en avait contre les Québécois et ne prenait pas en considération les dires de Kenny Reardon, qui représentait le Rocket au bureau de la Ligue nationale à la suite des événements.»

Ce qui est également regrettable dans cette histoire, c'est que Richard était en bonne voie de remporter le championnat des marqueurs. Durant les trois derniers matchs, Bernard Geoffrion le devance en tête des marqueurs et le Rocket voit son rêve s'anéantir. Il n'aura plus jamais la chance de terminer au premier rang des marqueurs. Après être devenu le premier joueur à marquer 50 buts en 50 rencontres, il devient également le premier de l'histoire de la Ligue nationale à marquer 500 buts en saison régulière. Le 19 octobre 1957, le Rocket s'apprête à disputer son 863e match dans la LNH, alors qu'il ne lui manque qu'un seul filet pour accomplir ce qu'aucun joueur n'avait même osé rêver, soit compter 500 buts. Ce soir-là, il déjoue le gardien de but des Blackhawks de Chicago, Glenn Hall, à 15 min 52 de la première période. Un spectateur attentif lors de ce match est le père de votre humble serviteur: «Lorsque le match a commencé, les gens assis dans le Forum ne parlaient que de cette marque qui était à sa portée. Les amateurs se sont levés en bloc lorsqu'il a déjoué Hall. Pendant de longues minutes, la foule était debout et ne cessait d'applaudir.»

Charismatique, intense et déterminé, Maurice Rocket Richard a émerveillé les amateurs de hockey partout où il a joué, tant au niveau junior que professionnel. Même lorsqu'il subit les foudres des amateurs et des joueurs adverses à cause de son talent inégalé, Maurice reste de glace et impose le respect par ses feintes savantes et sa plus grande force, le tir du revers. Son corps subit de durs coups. Lors d'un match éliminatoire contre Boston, le Rocket est cruellement mis en échec par Léo Labine et, assommé, il est escorté hors de la patinoire. De toute évidence, c'est la fin des séries éliminatoires pour lui. Refusant d'être hospitalisé, il revient au jeu lors du match suivant, où il brise l'égalité et marque le but victorieux.

L'âge et les blessures l'amènent sur le chemin de la retraite. Il fait une courte incursion à titre d'entraîneur chez les Nordiques de Québec de l'Association mondiale de hockey. Il y dirige deux rencontres, mais constatant que ce rôle ne lui convient pas, il décide de se retirer définitivement du monde du hockey.

Lorsqu'il met un terme à sa glorieuse carrière dans la Ligue nationale le 15 septembre 1960, il a à son actif 13 participations à la classique du match des étoiles, il a été nommé huit fois à la première équipe d'étoiles et six fois à la deuxième. De plus, il remporte, au terme de la saison 1946-47, le trophée Hart et termine meilleur buteur de la Ligue nationale à cinq reprises.

Il détient encore aujourd'hui plusieurs records d'équipe avec les Canadiens. En saison régulière, ses 544 buts, ses 14 saisons de plus de 20 buts, ses 26 tours du chapeau demeurent inégalés. De plus, en séries éliminatoires, ses 82 buts, ses 18 buts victorieux, ses sept tours du chapeau et ses six filets en prolongation constituent également des marques inégalées. Il aura aussi inscrit son nom sur le précieux trophée de la coupe Stanley huit fois, en plus de participer à la finale de la coupe Stanley à 12 reprises.

À ce jour, Richard et Ted Lindsay sont les seuls joueurs à avoir réussi un match de quatre buts lors d'une partie de la finale de la coupe Stanley. Lindsay réussit l'exploit contre les Canadiens le 5 avril 1955, tandis que Maurice le rejoint le 6 avril 1957 contre les Bruins de Boston. Maurice Richard est élu au Temple de la renommée du hockey en 1961.

Je pourrais écrire encore et encore au sujet du Rocket, mais tout a été dit et écrit depuis quarante ans. Je voulais tout simplement revivre avec vous les grandes étapes de la carrière d'un des plus illustres joueurs de l'histoire de la Ligue nationale. Il est impossible de comparer les époques, certes, mais chose certaine, lorsque le public se déplace de partout pour assister à ses funérailles, certains sans même l'avoir vu jouer, c'est qu'il est sans l'ombre d'un doute un symbole très puissant pour son pays.

Quelques faits marquants de sa carrière:

➢ 26 tours du chapeau en saison régulière et 7 en séries éliminatoires.

➢ Premier joueur de l'histoire de la LNH à marquer 50 buts en 50 rencontres.

➢ Premier joueur de l'histoire de la LNH à marquer 500 buts.

➢ Participation à 13 matchs d'étoiles.

➢ Remporte, en 1947, le trophée Hart.

➢ 8 coupes Stanley en 12 participations à la grande finale.

➢ Capitaine des Canadiens de 1956 à 1960.

➤ Son chandail numéro 9 est retiré par les Canadiens de Montréal.

➤ Intronisé au Temple de la renommée du hockey en 1961.

➤ A porté les numéros 15 et 9 avec les Canadiens.

RICHARD, Maurice «Rocket» Source: LNH

Ailier droit, gaucher 5'10", 170 lb
Né à Montréal, QC, le 4 août 1921; décédé le 27 mai 2000
Temple de la renommée: 1961
Dernier club amateur 1941-42: le Royal de Montréal

						Saison régulière								Séries éliminatoires			
Saison	Équipe	Ligue	PJ	B	A	Pts	Pun	AN	BG	+/-	PJ	B	A	Pts	Pun	AN	BG
1942-43	Canadiens de Montréal	LNH	16	5	6	11	4				–	–	–	–	–		
1943-44	Canadiens de Montréal	LNH	46	32	22	54	45				9	12	5	17	10		
1944-45	Canadiens de Montréal	LNH	50	*50	23	73	46				6	6	2	8	10		
1945-46	Canadiens de Montréal	LNH	50	27	21	48	50				9	*7	4	11	15		
1946-47	Canadiens de Montréal	LNH	60	*45	26	71	69				10	6	5	11	44		
1947-48	Canadiens de Montréal	LNH	53	28	25	53	89				–	–	–	–	–		
1948-49	Canadiens de Montréal	LNH	59	20	18	38	110				7	2	1	3	14		
1949-50	Canadiens de Montréal	LNH	70	*43	22	65	114				5	1	1	2	6		
1950-51	Canadiens de Montréal	LNH	65	42	24	66	97				11	9	4	13	13		
1951-52	Canadiens de Montréal	LNH	48	27	17	44	44				11	4	2	6	6		
1952-53	Canadiens de Montréal	LNH	70	28	33	61	*112				12	7	1	8	2		
1953-54	Canadiens de Montréal	LNH	70	*37	30	67	112				11	3	0	3	22		
1954-55	Canadiens de Montréal	LNH	67	*38	36	74	125				–	–	–	–	–		
1955-56	Canadiens de Montréal	LNH	70	38	33	71	89				10	5	9	14	*24		
1956-57	Canadiens de Montréal	LNH	63	33	29	62	74				10	8	3	11	8		
1957-58	Canadiens de Montréal	LNH	28	15	19	34	28				10	11	4	15	10		
1958-59	Canadiens de Montréal	LNH	42	17	21	38	27				4	0	0	0	2		
1959-60	Canadiens de Montréal	LNH	51	19	16	35	50				8	1	3	4	2		
	Totaux LNH	18 saisons	978	544	421	965	1285				133	82	44	126	188		

RENÉ ROBERT

Ailier droit

Né le 31 décembre 1948 à Trois-Rivières, René Robert chausse une paire de patins pour la première fois à l'âge de cinq ans en compagnie de son bon copain de toujours, André Dupont. Issu d'une famille de dix enfants, il utilise comme première paire de patins ceux de son père, beaucoup trop grands pour lui. «Je mettais une paire de souliers à l'intérieur des patins pour me permettre de jouer parce qu'ils étaient trop grands», me disait-il. Écouter avec son père la soirée du hockey à la télévision le samedi soir est une tradition familiale et déjà, il rêve d'une carrière professionnelle.

Il développe son talent très tôt dans différentes ligues mineures de sa région. Vient le jour où il atteint des ligues un peu plus compétitives. Bobby Hull et Stan Mikita sont ses idoles de jeunesse et Robert essaye d'imiter leur style. À l'âge de dix ans, René mentionne à son père: «Un jour, je jouerai dans la Ligue nationale», et son père trouve bien drôle d'entendre d'un enfant une chose aussi invraisemblable. Il lui conseille même de terminer ses études, car il est peu probable qu'on vienne le recruter à Trois-Rivières, une toute petite ville.

Au niveau junior, René joue en 1967-68 pour les Reds de Trois-Rivières de la Ligue de hockey junior du Québec et il amorce sa carrière professionnelle la même saison, avec les Oilers de Tulsa de la Ligue centrale de hockey professionnelle. À l'âge de 16 ans, alors qu'il porte les couleurs de Trois-Rivières, René signe la fameuse formule C, signifiant son appartenance aux Maple Leafs de Toronto, puisque la franchise québécoise leur appartient.

«Je savais que je ne jouerais jamais avec Toronto, puisque les Canadiens français étaient rares en Ontario, et lorsque Punch Imlach a quitté l'organisation pour se joindre aux Sabres de Buffalo, je savais que mes jours avec eux étaient comptés», me mentionnait René.

En 1969-70, il dispute cinq matchs pour les Canucks de Vancouver de la Ligue de hockey de l'Ouest avant de se joindre aux Americans de Rochester de la Ligue américaine de hockey. Il joue cinq matchs pour les Maple Leafs de Toronto lors de la saison 1970-71, avant d'être soumis au repêchage intraligue en juin 1971. Il est repêché par les Penguins de Pittsburgh, avec qui il ne jouera qu'une seule saison. Robert n'aime pas l'environnement de l'équipe de Pittsburgh; il souhaite vivement jouer ailleurs, mais principalement à Buffalo.

Il est échangé aux Sabres de Buffalo en retour du très coloré Eddie Shack, le 4 mars 1972. «Imlach a toujours eu confiance en moi et je voulais lui prouver que je pouvais jouer pour lui dans la Ligue nationale», affirme celui qui est très heureux de passer aux Sabres. Red Kelly, directeur-gérant des Penguins, est congédié peu de temps après cette transaction. On lui reproche de ne pas avoir été patient avec Robert, qui n'avait joué qu'une saison avec les Penguins.

Chez les Sabres, Robert devient membre du trio qui va marquer l'histoire de l'équipe et aussi celle de la Ligue nationale. «Lorsque je suis arrivé chez les Sabres, l'entraîneur Joe Crozier avait décidé de me faire jouer avec Gilbert et Richard. Les Sabres avaient essayé plusieurs ailiers droits avec Gilbert et personne n'était capable de jouer avec lui. Nous avons connu du succès presque instantanément. Lors du premier match à Buffalo, le responsable du tableau indicateur avait inscrit après notre premier but *The French Connection Strike*, en faisant référence au film du même titre qui faisait sensation à l'époque aux États-Unis, avec l'acteur Gene Hackman. C'est de cette façon que la *French Connection* est née», me disait Robert en se rappelant de beaux souvenirs.

Il est le premier joueur de l'histoire des Sabres de Buffalo à obtenir une saison de plus de 100 points, réalisés en 1974-75, avec 40 buts et 60 mentions d'assistance. Il est également nommé le joueur le plus utile des Sabres lors de cette même saison. Robert a toujours été reconnu pour son franc-parler et en novembre 1974, alors que le Canadien de Montréal connaît un début de saison difficile, il qualifie certains joueurs de peureux. Peu après ces déclarations, le 13 novembre 1974, les Sabres disputent un match au Forum de Montréal et René Robert domine le jeu, marquant trois buts contre le gardien Ken Dryden. Il devient un véritable fléau pour le Tricolore et marque des buts gagnants en prolongation lors des séries éliminatoires de 1973 et de 1975.

Il passe très près de gagner la coupe Stanley en 1975 contre les Flyers de Philadelphie. Robert se souvient: «Lorsque nous avons battu les Canadiens, je pensais que plus rien ne pouvait nous arrêter, car l'équipe à battre était sans aucun doute les Canadiens.» On se souvient, Bernard Parent, le gardien des Flyers, avait battu à lui seul les Sabres de Buffalo.

La personne responsable de son départ de Buffalo est Scotty Bowman. Celui-ci n'aime pas la façon de jouer de Robert et surtout, n'apprécie pas son franc-parler, car il ne faut jamais contredire Scotty. «Lorsqu'on jouait contre le Canadien, on connaissait beaucoup de succès et lors d'une visite au Forum, Bertrand Raymond avait écrit que j'avais traité les Canadiens de *jaunes*, ce qui était faux. L'entraîneur du Canadien n'avait pas apprécié et le lendemain, Bowman déclarait dans le journal que ça allait être ma fête. J'avais lors de ce match marqué trois buts et je crois que c'est à ce moment que Scotty a commencé à me détester» me disait-il en souriant.

Malgré cela, Robert a toujours voué une certaine admiration à l'entraîneur Bowman, reconnaissant ce qu'il a accompli dans la Ligue nationale de hockey, sans toutefois être, à ses yeux, un bon directeur-gérant.

Robert connaît huit bonnes saisons avec les Sabres avant d'être échangé aux Rockies du Colorado, le 5 octobre 1979, en retour de John Van Boxmeer. À la demande express de son bon ami Don Cherry, il accepte de se joindre à l'équipe, même s'il songe déjà à la retraite. La chance ne joue pas en sa faveur puisque dès son arrivée avec les Rockies, il se déchire un muscle à l'aine et doit s'absenter pour une période de plus de six mois. Malheureusement, son séjour avec les Rockies sera de courte durée, puisqu'il retourne avec l'équipe qui lui a permis de faire son entrée dans la Ligue nationale, les Maple Leafs de Toronto. Il se joint aux Leafs le 30 janvier 1981 pour y jouer un peu moins de deux saisons.

Après avoir pris sa retraite, il se joint à la Brasserie Molson et par la suite, devient président de la compagnie de lunettes Carreras. Depuis 1998, il est président de l'Association des anciens joueurs de la Ligue nationale. Sa détermination n'a jamais été mise en doute, jouant même avec un doigt fracturé et une épaule disloquée. Il aura tout au long de sa carrière marqué 702 points en 744 matchs dans la Ligue nationale, dont 284 buts.

Celui qui a participé à deux matchs des étoiles, en 1973 et 1975, a été reconnu pour son engagement et son jeu agressif dans les coins de patinoire. Il a dû travailler fort pour atteindre la Ligue nationale et il fut un complément indispensable pour ses coéquipiers de trio, Gilbert Perreault et Richard Martin.

Il n'a pas seulement réussi à faire de Perreault et Martin de meilleurs joueurs, mais a fait aussi des Sabres une équipe comparable aux meilleures de la Ligue. Très modeste, il mentionne très souvent que jouer dans la Ligue nationale était beaucoup plus facile avec ses compagnons de trio que sans eux. En récompense pour services rendus, les Sabres de Buffalo ont retiré le numéro 14 de Robert pour toujours.

Quelques faits marquants de sa carrière:

➢ Premier joueur de l'histoire des Sabres de Buffalo à marquer 100 points en une saison.

➢ Membre du célèbre trio *French Connection* avec Gilbert Perreault et Richard Martin.

➢ 4 saisons de plus de 30 buts et 2 saisons de plus de 40 buts.

➢ Participation à deux matchs d'étoiles.

➢ Cinq tours du chapeau en carrière.

➢ Aucune coupe Stanley en une participation à la grande finale.

➢ Son chandail numéro 14 est retiré par les Sabres de Buffalo.

ROBERT, René   Source: LNH

Ailier droit, droitier 5'10'', 184 lb
Né à Trois-Rivières, QC, le 31 décembre 1948
Signé comme agent libre par les Maples Leafs de Toronto le 20 mars 1968
Dernier club amateur 1967-68: les Reds de Trois-Rivières

| | | | Saison régulière | | | | | | | | Séries éliminatoires | | | | | | |
Saison	Équipe	Ligue	PJ	B	A	Pts	Pun	AN	BG	+/-	PJ	B	A	Pts	Pun	AN	BG
1970-71	Maple Leafs de Toronto	LNH	5	0	0	0	0	0	0	-2	–	–	–	–	–	–	–
1971-72	Penguins de Pittsburgh	LNH	49	7	11	18	42	3	2	-11	–	–	–	–	–	–	–
	Sabres de Buffalo	LNH	12	6	3	9	2	3	0	-5	–	–	–	–	–	–	–
1972-73	Sabres de Buffalo	LNH	75	40	43	83	83	9	6	+16	6	5	3	8	2	1	1
1973-74	Sabres de Buffalo	LNH	76	21	44	65	71	3	5	-16	–	–	–	–	–	–	–
1974-75	Sabres de Buffalo	LNH	74	40	60	100	75	14	3	+6	16	5	8	13	16	0	3
1975-76	Sabres de Buffalo	LNH	72	35	52	87	53	11	4	+17	9	3	2	5	6	0	0
1976-77	Sabres de Buffalo	LNH	80	33	40	73	46	5	4	+27	6	5	2	7	20	1	0
1977-78	Sabres de Buffalo	LNH	67	25	48	73	25	7	4	+19	7	2	0	2	23	0	0
1978-79	Sabres de Buffalo	LNH	68	22	40	62	46	1	6	-12	3	2	2	4	4	0	0
1979-80	Rockies du Colorado	LNH	69	28	35	63	79	10	0	-20	–	–	–	–	–	–	–
1980-81	Rockies du Colorado	LNH	28	8	11	19	30	4	0	-13	–	–	–	–	–	–	–
	Maple Leafs de Toronto	LNH	14	6	7	13	8	1	1	+5	3	0	2	2	2	0	0
1981-82	Maple Leafs de Toronto	LNH	55	13	24	37	37	2	1	-11	–	–	–	–	–	–	–
	Totaux LNH	12 saisons	744	284	418	702	597	73	36		50	22	19	41	73	2	4

LUC ROBITAILLE

(Luc « Lucky Luke » Robitaille)

Ailier gauche

Chaque année, les équipes de la Ligue nationale doivent à nouveau évaluer l'alignement en présence et prévoir la relève pour les deux ou trois années suivantes. Le réseau de filiales des équipes de la Ligue nationale est l'endroit privilégié pour développer les futurs espoirs. Les Kings de Los Angeles, comme toutes les autres équipes de la Ligue, doivent prendre certains risques dans la sélection de leurs joueurs.

Le repêchage amateur, on l'a souvent dit, est un coup de dés. Dans le cas de Luc Robitaille, les Kings de Los Angeles ont tiré le bon coup en sélectionnant le jeune ailier gauche en neuvième ronde, le 171e choix au total en 1986. Sélectionné aussi tardivement, personne ne se doute que Robitaille deviendra un prodige. Il est sans l'ombre d'un doute l'une des plus grandes surprises de l'histoire de la Ligue nationale. On le disait trop petit, avec un mauvais coup de patin et voué à ne pas connaître beaucoup de succès dans la Ligue nationale.

Né le 17 février 1966 à Montréal, Luc Robitaille connaît une carrière junior exceptionnelle. Il joue avec les Olympiques de Hull de la Ligue de hockey junior majeur du Québec, de 1983 à 1986. Il est le coéquipier de Guy Rouleau et joue sous les ordres de Pat Burns. D'ailleurs, Burns fait le commentaire suivant à son endroit: «Luc a un talent de marqueur incroyable. Il a la capacité de décocher son tir en une fraction de seconde, tout en trouvant le moyen de loger la rondelle dans l'ouverture. Il n'a pas changé, sauf qu'il est maintenant plus rapide.»

En trois saisons, Luc conserve un dossier de 155 buts et 269 mentions d'assistance, pour un magnifique total de 424 points en 197 rencontres en saison régulière. Il est le meilleur joueur junior canadien en 1985-86 et il remporte le trophée Guy Lafleur pour le joueur par excellence des séries éliminatoires en compagnie de Sylvain Côté. Ses 91 buts lui méritent également le trophée Jean Béliveau, remis au meilleur marqueur du circuit. Il participe à la coupe Memorial en 1986, mais son équipe s'incline en finale 6-2 contre les Platers de Guelph.

Immédiatement après son junior, Robitaille se joint aux Kings à la saison 1986-87. Il connaît des débuts fracassants à Los Angeles, marquant pas moins de 45 buts et 39 assistances pour un total de 84 points. Cette fiche incroyable pour un joueur sélectionné aussi tard lui vaut le trophée tant convoité pour un joueur recrue: le trophée Calder. Dès lors, tous les experts constatent qu'il possède tous les éléments nécessaires pour figurer parmi les meilleurs.

De 1986 à 1994 avec les Kings, il marque 44 buts ou plus et 84 points ou plus lors de chacune de ses huit saisons. Il atteint le plateau des 50 buts, dont une saison de 63 buts en 1992-93. Il cumule aussi 100 points en quatre occasions, dont un sommet personnel de 125 points en 1992-93. Lors de cette saison, ses 63 filets et ses 125 points établissent deux nouvelles marques dans l'histoire de la Ligue nationale pour un ailier gauche en une saison, effaçant les anciens records de 60 buts, appartenant à Steve Shutt des Canadiens de Montréal en 1976-77, et de 123 points par Kevin Stevens des Penguins de Pittsburgh en 1991-92.

Après de très bons moments avec les Kings, Luc, qu'on surnomme «Lucky Luke», est échangé aux Penguins de Pittsburgh en retour de Rick Tocchet, le 29 juillet 1994. Il connaît une saison très ordinaire avec sa nouvelle équipe, ce qui lui vaut un autre départ. Il quitte pour se joindre aux Rangers de New York en compagnie d'Ulf Samuelsson, en retour de Petr Nedved et de Sergei Zubov, le 31 août 1995. Le temps de marquer 47 buts en deux saisons avec les Rangers et voilà qu'il retourne sous le chaud soleil de la Californie le 28 août 1997, lorsque les Kings le rapatrient en retour du décevant Kevin Stevens.

Son retour avec les Kings est difficile, puisque les blessures affectent son rendement et qu'il enregistre seulement 40 points, lui qui avait raté 25 rencontres. Il retrouve sa touche magique lors de la saison 1998-99, avec 74 points en 82 matchs, et 74 points en 1999-2000. Malgré des exploits étonnants pour un joueur qui ne devait même pas chausser les patins dans la Ligue nationale, il n'a remporté aucune coupe Stanley. Il y est presque arrivé en 1993, mais les Canadiens et Jacques Demers ont battu les Kings.

C'est durant la saison 1999-2000 que Robitaille dépasse au chapitre des buts le légendaire Maurice Richard. L'un des plus beaux moments de sa carrière est son 545e but, dépassant le joueur de hockey le plus populaire de la planète. Robitaille se souvient: «Dépasser monsieur Richard était inespéré pour moi, car il était le plus grand et de me retrouver dans le même groupe que lui me fait chaud au cœur. C'est sans doute le plus beau moment de ma carrière jusqu'à maintenant. Lorsque j'ai commencé à jouer au hockey, il ne m'est jamais venu à l'esprit que je pourrais un jour marquer autant de buts.»

Celui qui a participé sept fois au match des étoiles est sans l'ombre d'un doute le plus bel exemple de persévérance et de détermination. Jamais il ne s'est découragé et il a toujours su prendre le hockey comme un jeu. «Je m'amuse beaucoup et il est important pour moi de considérer le hockey comme un jeu. C'est sans doute mon côté enfant qui me fait parler ainsi, mais la journée où le hockey deviendra un travail, c'est que j'aurai troqué mon bâton pour une cravate!», disait-il.

Lucky Luke vise-t-il une carrière au cinéma après sa retraite du hockey? De toute évidence, il veut terminer sa carrière en Californie. Sa femme est de Los Angeles et ses amis sont également de la région. Charmeur, drôle et affable, Robitaille prépare sa deuxième carrière. Il fut un temps où il passait ses moments libres sur les plateaux de tournage de la *Paramount Picture* à Hollywood. Il est également très à l'aise au micro. Son agent Pat Brisson faisait le commentaire suivant: «Il m'impressionne par sa polyvalence et sa facilité à s'exprimer devant un micro. Je pense qu'il est voué à une deuxième carrière aussi prestigieuse que la première.»

Tout un personnage, ce Lucky Luke! Il aura réussi à confondre tous les sceptiques qui disaient qu'il ne connaîtrait pas une longue carrière dans la Ligue nationale. Il est actuellement à préparer son entrée au Temple de la renommée du hockey et à... Hollywood!

Quelques faits marquants de sa carrière:

➢ Remporte, en 1986, le trophée Jean Béliveau.

➢ Remporte, en 1986, le trophée Guy Lafleur.

➢ Remporte, en 1987, le trophée Calder.

➢ Ses 63 buts et 123 points en 1992-93 constituent un record de la LNH pour un ailier gauche.

➢ Participation à 7 matchs d'étoiles.

➢ Aucune coupe Stanley en une participation à la grande finale.

ROBITAILLE, Luc «Lucky Luke»   Source: LNH

Ailier gauche, gaucher 6'1", 195 lb
Né à Montréal, QC, le 17 février 1966
9er choix des Kings de Los Angeles, 171e choix au repêchage de 1984
Dernier club amateur 1985-86: les Olympiques de Hull

					Saison régulière						Séries éliminatoires					
Saison	Équipe	Ligue	PJ	B	A	Pts	Pun	AN	BG	+/-	PJ	B	A	Pts	Pun	AN	BG
1986-87	Kings de Los Angeles	LNH	79	45	39	84	28	18	3	-18	5	1	4	5	2	0	0
1987-88	Kings de Los Angeles	LNH	80	53	58	111	82	17	6	-9	5	2	5	7	18	2	1
1988-89	Kings de Los Angeles	LNH	78	46	52	98	65	10	4	+5	11	2	6	8	10	0	1
1989-90	Kings de Los Angeles	LNH	80	52	49	101	38	20	7	+8	10	5	5	10	10	1	1
1990-91	Kings de Los Angeles	LNH	76	45	46	91	68	11	5	+28	12	12	4	16	22	5	2
1991-92	Kings de Los Angeles	LNH	80	44	63	107	95	26	6	-4	6	3	4	7	12	1	1
1992-93	Kings de Los Angeles	LNH	84	63	62	125	100	24	8	+18	24	9	13	22	28	4	2
1993-94	Kings de Los Angeles	LNH	83	44	42	86	86	24	3	-20	–	–	–	–	–	–	–
1994-95	Penguins de Pittsburgh	LNH	46	23	19	42	37	5	3	+10	12	7	4	11	26	0	2
1995-96	Rangers de New York	LNH	77	23	46	69	80	11	4	+13	11	1	5	6	8	0	0
1996-97	Rangers de New York	LNH	69	24	24	48	48	5	4	+16	15	4	7	11	4	0	0
1997-98	Kings de Los Angeles	LNH	57	16	24	40	66	5	7	+5	4	1	2	3	6	0	0
1998-99	Kings de Los Angeles	LNH	82	39	35	74	54	11	7	-1	–	–	–	–	–	–	–
1999-00	Kings de Los Angeles	LNH	71	36	38	74	68	13	7	+11	4	2	2	4	6	0	0
	Totaux LNH	14 saisons	1042	553	597	1150	915	200	74		119	49	61	110	152	13	10

ROBERT ROUSSEAU

(Robert «Bobby» Rousseau)

Ailier droit

Excellent fabricant de jeux et bon passeur, Robert Rousseau connaît une brillante carrière comme ailier droit dans la Ligue nationale, lui qui excelle à la pointe lors des jeux de puissance. «Il était le meilleur joueur de pointe durant les avantages numériques à cette époque; personne n'avait une vision aussi parfaite pour repérer un joueur et ses passes étaient toujours sur la palette de notre bâton», me confiait Gilles Tremblay, ancien coéquipier de Robert.

Reconnu pour la qualité de son lancer frappé, Rousseau utilise un bâton très incliné à l'intersection de la palette et du manche lui-même, ce qui augmente la force de son lancer. Mais en contrepartie, son bâton ne lui permet pas d'avoir un bon lancer du poignet. Polyvalent, Rousseau peut non seulement jouer à la pointe lorsque la situation le requiert, mais prend également la relève au centre ou à l'aile gauche pour remplacer un joueur blessé. Il est en quelque sorte une police d'assurance pour son entraîneur.

Né le 26 juillet 1940 à Montréal, Robert Rousseau subit l'influence de ses frères Guy et Roland, tous deux actifs dans le hockey organisé. Son frère Guy joue pour le Canadien junior et par la suite, pour les Frontenacs de Québec, de la Ligue de hockey junior du Québec. Roland, lui, remporte la coupe Memorial en 1949 avec le Royal de Montréal de la Ligue de hockey senior du Québec. Ses frères, beaucoup plus âgés que lui, deviennent des modèles à suivre et très rapidement, sa passion pour le hockey s'accroît.

Il s'en faut de peu pour que les Rousseau deviennent une grande famille de hockeyeurs au sein de la Ligue nationale. Deux autres de ses frères œuvrent dans la Ligue métropolitaine. D'ailleurs, Roland et Guy jouent dans la LNH dans les années cinquante avec les Canadiens de Montréal. Leur séjour est de courte durée, puisque Guy a disputé quatre matchs entre 1954 et 1957, et Roland deux rencontres lors de la saison 1952-53. Seul Guy a réussi à marquer un point dans la LNH, mais quel point! Une mention d'assistance sur le 400e but de Maurice Richard...

En 1955, alors qu'il a quinze ans, les Braves de Saint-Jean l'invitent à leur camp d'entraînement dans le but de lui faire acquérir une certaine expérience. La direction du club décide alors de le garder toute la saison et s'en félicitera, puisqu'il termine au premier rang de la Ligue de hockey junior du Québec avec 53 buts, et ce, en 44 rencontres seulement. Par la suite, son ascension vers la Ligue nationale se fait rapidement. Après quelques années à parfaire son apprentissage avec le Canadien junior de Hull-Ottawa, il participe à quinze rencontres avec le Tricolore durant la saison 1960-61.

Ayant vu ses deux frères limités à seulement quelques matchs avec le Canadien malgré leur talent, les parents de Robert préfèrent le voir jouer au sein d'une autre organisation. D'autant plus que les Red Wings de Détroit font preuve d'intérêt pour Robert. Finalement, en 1956, Sam Pollock réussit à sauver le Canadien junior de la faillite et mise sur Rousseau pour relancer le club junior. Comme plusieurs joueurs à l'époque, il signe la formule C, le liant avec les Canadiens. Robert me disait: «Lorsque j'ai signé avec les Canadiens, mon père et mon grand frère m'ont dit que c'était peine perdue puisqu'ils feraient avec moi ce qu'ils ont fait avec mes frères. J'étais un peu découragé et je voulais donc signer pour le plus d'argent possible. J'avais entendu dire que les Maple Leafs de Toronto avaient signé Frank Mahovlich pour 5000 $. Alors, j'ai obtenu de la direction des Canadiens 1500 $.»

Toutefois, l'avenir devait lui donner raison puisqu'il entreprend en 1961 une belle aventure de quinze ans dans la Ligue nationale. Tout un début de carrière, car au terme de la saison, Robert remporte le trophée Calder. Un grand joueur l'avait prédit à Rousseau. Celui-ci raconte l'événement: «J'étais dans un magasin de confection de complets et Gordie Howe se trouvait sur place, il me dit que j'allais remporter le titre de recrue de l'année. Venant d'un joueur de la trempe de Howe, c'était très flatteur.»

Durant son séjour chez les Canadiens, Bobby, comme le surnomment ses coéquipiers anglophones, bénéficie de deux tirs de pénalité, mais celui du 15 février 1962 est très spécial. Rousseau se souvient: «J'étais très nerveux, car j'en étais à ma première saison complète, je demande donc conseil à mon capitaine, Béliveau, ce que je dois faire pour déjouer Bruce Gamble des Bruins de Boston. Il me dit: «Lance et tu auras du succès». Dans mon énervement, j'arrive à la ligne bleue des Bruins et je m'élance de toutes mes forces à environ 30 pieds et, à ma grande surprise, je réalise que je l'avais déjoué entre les jambières. J'étais tellement loin du gardien que seul le photographe Roger St-Jean a réussi à prendre un cliché. En revenant au banc, j'étais content et gêné à la fois, car j'avais été très chanceux. Même si j'avais surpris le gardien qui ne s'attendait pas à ça, Béliveau me dit en riant aux éclats: «Je t'avais dit de lancer, mais pas d'aussi loin!»

Le 1er février 1964 reste une date importante pour Robert puisque ce jour-là, il réalise un exploit hors du commun: il marque cinq buts dans le même match contre le gardien des Red Wings de Détroit, Roger Crozier, aidant son équipe à remporter la victoire 9-3. «Il était partout sur la patinoire et la rondelle collait à son bâton», dit l'entraîneur Toe Blake après la rencontre.

Robert Rousseau est un joueur qui sait s'ajuster à n'importe quelle situation et son expérience lui permet de s'adapter à différents coéquipiers. Il se souvient de l'arrivée de Réjean Houle avec le Canadien: «Lorsque Réjean a joué son premier match avec l'équipe, je jouais au centre et lui à ma droite. Il était visiblement très nerveux et me dit qu'il allait s'ajuster à mon style de jeu. Pour lui enlever de la pression, je lui ai répondu de jouer son jeu et qu'en tant que joueur de centre, j'allais moi-même m'ajuster à son jeu et Réjean a réussi son entrée dans la LNH.»

Rousseau passe au total dix ans avec le Canadien, connaissant de très bonnes saisons, notamment 1965-66, qui est de loin sa meilleure, alors qu'il termine au deuxième rang des marqueurs sur un pied d'égalité avec Stan Mikita des Blackhawks de Chicago avec 78 points, dont 30 buts. Il est du même coup élu à la deuxième équipe d'étoiles. Toutefois, il est échangé aux North Stars du Minnesota le 10 juin 1970 en retour de l'attaquant Claude Larose. «J'étais dans ma voiture lorsque j'ai appris que j'avais été échangé. Je savais que le Canadien préparait une transaction, car la même journée, une connaissance à moi m'avait dit que la direction avait échangé un ailier droit. C'était Cournoyer ou moi. Yvan était plus jeune et en meilleure santé, alors je me doutais bien que c'était moi», me disait-il.

Quel cauchemar avec Minnesota! L'entraîneur ne met pas à profit son expérience et ne l'utilise pas en avantages et désavantages numériques. De plus, on le confine à un troisième trio avec des joueurs sans expérience et au style défensif. Il joue très peu et termine la saison avec quatre maigres buts et 24 points. Personne dans l'organisation des North Stars ne tente de modifier la stratégie de l'entraîneur. Après une saison, il est échangé aux Rangers de New York, le 8 juin 1971. Cette transaction lui insuffle un regain de vie, puisque Rousseau reprend là où il s'était arrêté avec le Canadien, c'est-à-dire qu'il recommence à marquer des buts.

À sa quatrième saison avec les Rangers, des malaises au dos l'obligent à se retirer après seulement huit rencontres afin de subir une intervention chirurgicale. Il n'est plus jamais revenu au hockey par la suite. Médaillé d'argent en 1960 aux Jeux olympiques de Squaw Valley avec l'équipe canadienne, Rousseau a remporté quatre fois la coupe Stanley, en 1965, 1966, 1968 et 1969, et participé trois fois à la classique annuelle du match des étoiles.

Après sa carrière de hockeyeur, il tente de demeurer dans le monde du hockey en tant qu'entraîneur avec les Éperviers de Verdun, qui déménagent à Sorel en cours de saison. Mais son aventure est de courte durée, car il est congédié après 17 rencontres et remplacé par Ron Lapointe.

Professionnel de golf depuis 1957, il retourne à la fin de sa carrière parcourir les terrains de golf à travers l'Amérique du Nord. Aujourd'hui propriétaire de son propre club de golf, il joue de sept à dix rondes par semaine. De commerce agréable, Rousseau a toujours le mot pour rire et lorsque je lui ai demandé de me nommer le gardien qui lui avait donné le plus de difficulté, il m'a répondu sans hésiter: «Jacques Plante, dans les pratiques.» Et vlan!

Quelques faits marquants de sa carrière:

➤ Professionnel de golf depuis 1957.

➤ Un match de 5 buts.

➤ Participation à 3 matchs d'étoiles.

➤ Remporte, en 1962, le trophée Calder.

➤ 4 coupes Stanley en 6 participations à la grande finale.
➤ A porté les numéros 24 et 15 avec les Canadiens.

ROUSSEAU, Robert «Bobby»   Source: LNH

Ailier droit, droitier 5'10", 178 lb
Né à Montréal, QC, le 26 juillet 1940
Dernier club amateur 1959-60: le Canadien junior de Hull-Ottawa

Saison	Équipe	Ligue	PJ	B	A	Pts	Pun	AN	BG	+/-	PJ	B	A	Pts	Pun	AN	BG
					Saison régulière								Séries éliminatoires				
1960-61	Canadiens de Montréal	LNH	15	1	2	3	4				–	–	–	–	–		
1961-62	Canadiens de Montréal	LNH	70	21	24	45	26				6	0	2	2	0		
1962-63	Canadiens de Montréal	LNH	62	19	18	37	15				5	0	1	1	2		
1963-64	Canadiens de Montréal	LNH	70	25	31	56	32				7	1	1	2	2		
1964-65	Canadiens de Montréal	LNH	66	12	35	47	26				13	5	8	13	24		
1965-66	Canadiens de Montréal	LNH	70	30	*48	78	20				10	4	4	8	6		
1966-67	Canadiens de Montréal	LNH	68	19	44	63	58				10	1	7	8	4		
1967-68	Canadiens de Montréal	LNH	74	19	46	65	47	7	5	+12	13	2	4	6	8	0	1
1968-69	Canadiens de Montréal	LNH	76	30	40	70	59	3	8	+27	14	3	2	5	8	0	1
1969-70	Canadiens de Montréal	LNH	72	24	34	58	30	5	4	+3	–	–	–	–	–	–	–
1970-71	North Stars du Minnesota	LNH	63	4	20	24	12	0	0	+3	12	2	6	8	0	1	1
1971-72	Rangers de New York	LNH	78	21	36	57	12	4	6	+8	16	6	11	17	7	0	1
1972-73	Rangers de New York	LNH	78	8	37	45	14	2	3	+1	10	2	3	5	4	0	0
1973-74	Rangers de New York	LNH	72	10	41	51	4	6	0	+2	12	1	8	9	4	1	0
1974-75	Rangers de New York	LNH	8	2	2	4	0	2	1	-2	–	–	–	–	–	–	–
	Totaux LNH	15 saisons	942	245	458	703	359				128	27	57	84	69		

PATRICK ROY

(Patrick «Casseau» Roy)

Gardien de but

Il y a eu Georges Vézina, il y a eu Rogatien Vachon, il y a eu Jacques Plante, mais voilà que l'histoire des gardiens de but a son roi: Patrick Roy. Les plus vieux vous diront que Jacques Plante est le meilleur gardien de tous les temps. Les plus jeunes croient que Patrick Roy est le plus grand... et ils n'ont pas tout à fait tort. Chacun a été à sa manière d'une utilité incroyable et leur point commun est de toute évidence la soif de victoire. Il est difficile de les comparer, mais l'un et l'autre sont la source de motivation nécessaire à leur équipe pour aspirer aux grands honneurs chaque saison.

Roy connaît des années très ordinaires dans le junior et plusieurs experts doutent alors qu'il ait un avenir dans la Ligue nationale. Il est vrai que ses statistiques étaient peu impressionnantes, mais il faut se rappeler qu'il évoluait avec une équipe plus que moyenne. Toujours parmi les meilleurs de la Ligue nationale à l'âge de 34 ans, il a encore trois ou quatre bonnes années dans les jambières et remportera peut-être à nouveau la coupe Stanley.

Depuis son entrée dans la Ligue nationale, Roy n'a cessé d'accumuler les honneurs individuels. Tout d'abord, il aide son équipe à remporter trois coupes Stanley, deux avec le Canadien, en 1986 et 1993, et une avec le Colorado en 1996. Sur le plan personnel, il mérite deux trophées Conn Smythe avec Montréal en 1986 et 1993.

Né le 5 octobre 1965 à Québec, soit exactement le même jour que Mario Lemieux, Patrick Roy est le fils de Michel Roy et de Barbara Miller, ancienne nageuse synchronisée. C'est à la demande de Patrick que sa mère l'inscrit pour être gardien de but dans une ligue organisée. Il joue une partie sur deux dans les buts et l'autre match comme joueur d'avant. Avant ses années juniors, Roy fait partie de l'équipe qui remporte tous les honneurs au pays: les Gouverneurs de Sainte-Foy de la Ligue midget AAA.

Patrick, comme beaucoup de jeunes écoliers, aime l'éducation physique et les mathématiques. Très jeune, il veut devenir avocat. «Je regardais Perry Mason et des séries de ce genre, tout en essayant de trouver les coupables», disait-il lors d'une entrevue. Très jeune, les exploits des plus grands le fascinent. À regarder ses propres exploits aujourd'hui, il est heureux qu'il ait abandonné l'idée de faire son droit. Il assiste à son premier match au Forum lorsqu'il est d'âge pee-wee. Accompagné de son père, il fait le voyage de Québec à Montréal pour assister à la rencontre des Canadiens contre les Kings de Los Angeles. Son joueur préféré à l'époque est le cerbère des Kings, Rogatien Vachon.

Il fait son junior dans la Ligue de hockey junior majeur du Québec avec les Bisons de Granby, de 1982 à 1985. Ses statistiques dans les rangs juniors n'ont rien de très reluisant, sa fiche indique 58 victoires, 89 revers, une moyenne de 5.33 et aucun blanchissage. Malgré ces chiffres qu'il vaut mieux oublier, le Canadien en fait tout de même son quatrième choix au repêchage de 1984, le 51e au total de la Ligue nationale.

Heureusement, le passé n'est pas toujours garant de l'avenir! En effet, il remporte à quatre reprises le trophée Bill Jennings, en 1987, 1988, 1989 et 1992, sans oublier ses trois trophées Vézina en 1989, 1990 et 1992. S'il n'a pu réussir à maintenir une moyenne inférieure à 5.00 durant ses trois années juniors, il aura conservé jusqu'à maintenant dans la Ligue nationale une moyenne à vie de 2.63 en 16 saisons.

C'est en 1985-86 qu'il est appelé à jouer régulièrement, en compagnie de Steve Penney et Doug Soetaert. Il connaît un très bon camp d'entraînement et l'entraîneur recrue Jean Perron, qui n'avait pas peur d'imposer des défis, décide de faire appel à Roy pour le match initial à Pittsburgh. Ce dernier répond avec une victoire de 5-3 sur la glace des Penguins. Il est par la suite le gardien envoyé dans la mêlée par l'entraîneur après que l'équipe se soit qualifiée de peine et de misère pour les séries éliminatoires.

Perron l'envoie dans la fosse aux lions contre les Bruins de Boston pour la première ronde des séries. Il protège les filets tellement bien qu'il permet au Tricolore de remporter la coupe Stanley et devient le récipiendaire du trophée Conn Smythe. Mais c'est lors du troisième match de la série demi-finale contre les Rangers de New York que Patrick démontre à ses dénigreurs qu'il est mûr pour la Ligue nationale. Le Canadien l'emportera 4-3 en prolongation. La tension est énorme et la foule à New York scande «Roouu-ah Roouu-ah». Il est si extraordinaire qu'il repousse plus de 15 rondelles lors de la seule période de prolongation. Les joueurs des Rangers sont totalement décontenancés et n'arrivent plus à se relever.

Lorsqu'il commence sa carrière avec le Canadien en 1985-86, Patrick a de mauvaises habitudes alimentaires. On lui reproche d'avoir souvent un casseau de frites entre les mains. C'est à ce moment que Gaétan Lefebvre, le soigneur de l'équipe, le baptise «Casseau». Le sobriquet reste encore collé à lui, bien que ses mauvaises habitudes alimentaires se soient estompées. Il est très superstitieux et met son équipement toujours de la même façon. Il joue constamment avec une rondelle et mange toujours la même chose le jour d'un match.

Il connaît de très belles saisons avec le Canadien et encore une fois, Patrick élève son jeu d'un cran lorsque l'équipe entreprend les séries de la coupe Stanley au printemps de 1993. Après des débuts chancelants contre les Nordiques de Québec et une blessure à l'épaule, Roy revient courageusement pour aider son équipe à imposer son rythme. Avec ses 10 victoires consécutives en prolongation, il inscrit pour une deuxième fois son nom sur le précieux trophée.

Le soir du 2 décembre 1995, sa carrière dans l'uniforme du Canadien prend fin de façon abrupte. On ne saura sans doute jamais comment s'est tramé son départ du Canadien. Les Red Wings de Détroit humilient le Tricolore 11-1 au Forum. Par manque de respect ou par insouciance, l'entraîneur Mario Tremblay laisse ce noble serviteur se faire tourner en ridicule, sous une avalanche de neuf buts et sous les regards attentifs des spectateurs. Après avoir reçu 26 tirs, le gardien s'adresse impulsivement au président Ronald Corey assis confortablement derrière le banc des joueurs. Roy lui signale en passant qu'il vient de jouer son dernier match avec le Canadien.

On est en droit de se demander s'il est pertinent pour le président d'être aussi près des joueurs pendant les rencontres. S'il n'avait pas eu un siège aussi proche, Patrick porterait-il encore le gilet du Bleu-blanc-rouge? De toute façon, ce n'était pas l'harmonie entre Roy et son entraîneur et devant l'impossibilité de trouver un terrain d'entente, la direction l'échange quelques jours plus tard, soit le 6 décembre, en compagnie de Mike Keane, à l'Avalanche du Colorado en retour de Jocelyn Thibault, Martin Rucinsky et Andrei Kovalenko.

C'est avec son ancien agent Pierre Lacroix qu'il poursuit sa carrière. Le directeur-gérant du Colorado est fier de son acquisition. «Il a retrouvé sa sérénité. Il est à nouveau le grand leader qu'il a toujours été. Patrick est le véritable général dont nous avions besoin», affirme Lacroix. Son arrivée au Colorado stimule Patrick, qui remporte à nouveau la coupe Stanley, la première de l'histoire de l'Avalanche.

Celui qui connaît autant de succès devrait lors de la saison 2000-2001 reléguer aux oubliettes le record de 447 victoires détenu par Terry Sawchuk. Avec en poche ses 444 victoires en saisons régulières depuis le début de sa carrière il y a 16 ans, il est certain d'atteindre ce plateau et de devenir du même coup le meneur de l'histoire de la Ligue nationale. En séries éliminatoires, ses 196 rencontres et ses 121 victoires constituent des records, alors que son total de 15 blanchissages le place au premier rang, à égalité avec Clint Benedict.

Tous ces chiffres et toutes ces conquêtes de la coupe Stanley se résument en un seul mot: l'excellence. Celle d'un athlète qui affiche une grande confiance tout en occupant le poste le plus ingrat du hockey, celui de gardien. On le voit dans ses yeux, on le distingue facilement parmi les autres et les succès d'une équipe de hockey passent avant tout par l'homme devant les filets.

Aujourd'hui copropriétaire des Remparts de Québec de la Ligue de hockey junior du Québec, il se dévoue beaucoup au niveau junior dans l'espoir de voir un jour un grand joueur sortir des Remparts et se démarquer dans la Ligue nationale.

Il possède une force de caractère hors du commun et déteste perdre. Certains soirs, il peut vaincre l'adversaire à lui seul. Le qualificatif «gagnant» lui convient parfaitement et il continue de s'améliorer. Où va-t-il s'arrêter? Après avoir accumulé autant de succès et de trophées en plus d'avoir participé à huit matchs des étoiles, que lui reste-t-il encore à accomplir?

Quelques faits marquants de sa carrière:

➤ Remporte, en 1985, la coupe Calder.

➤ 565 victoires (séries éliminatoires incluses) – un record de l'histoire de la LNH.

➤ 48 blanchissages en carrière dans la LNH.

➤ Participation à 8 matchs d'étoiles.

➤ 3 coupes Stanley en 4 participations à la grande finale.

➤ Remporte, en 1986 et 1993, le trophée Conn Smythe.

➤ Remporte, en 1987, 1988, 1989 et 1992, le trophée Bill Jennings.

➤ Remporte, en 1989, 1990 et 1992, le trophée Vézina.

➤ A porté les numéros 32 et 33 avec les Canadiens.

ROY, Patrick «Casseau»   Source: LNH

Gardien, gaucher 6'0", 192 lb
Né à Québec, QC, le 5 octobre 1965
4e choix des Canadiens de Montréal, 51e choix au repêchage de 1984
Dernier club amateur 1984-85: les Bisons de Granby

							Saison régulière						Séries éliminatoires				
Saison	Équipe	Ligue	PJ	VIC	D	N	Mins	BA	Bl.	Moy	PJ	VIC	D	Mins	BA	Bl.	Moy
1984-85	Canadiens de Montréal	LNH	1	1	0	0	20	0	0	0.00	–	–	–	–	–	–	–
1985-86	Canadiens de Montréal	LNH	47	23	18	3	2651	148	1	3.35	20	*15	5	1218	39	*1	1.92
1986-87	Canadiens de Montréal	LNH	46	22	16	6	2686	131	1	2.93	6	4	2	330	22	0	4.00
1987-88	Canadiens de Montréal	LNH	45	23	12	9	2586	125	3	2.90	8	3	4	430	24	0	3.35
1988-89	Canadiens de Montréal	LNH	48	33	5	6	2744	113	4	*2.47	19	13	6	1206	42	2	*2.09
1989-90	Canadiens de Montréal	LNH	54	*31	16	5	3173	134	3	2.53	11	5	6	641	26	1	2.43
1990-91	Canadiens de Montréal	LNH	48	25	15	6	2835	128	1	2.71	13	7	5	785	40	0	3.06
1991-92	Canadiens de Montréal	LNH	67	36	22	8	3935	155	*5	*2.36	11	4	7	686	30	1	2.62
1992-93	Canadiens de Montréal	LNH	62	31	25	5	3595	192	2	3.20	20	*16	4	1293	46	0	*2.13
1993-94	Canadiens de Montréal	LNH	68	35	17	11	3867	161	*7	2.50	6	3	3	375	16	0	2.56
1994-95	Canadiens de Montréal	LNH	43	17	20	6	2566	127	1	2.97	–	–	–	–	–	–	–
1995-96	Canadiens de Montréal	LNH	22	12	9	1	1260	62	1	2.95	–	–	–	–	–	–	–
	Avalanche du Colorado	LNH	39	22	15	1	2305	103	1	2.68	*22	*16	6	*1454	51	*3	2.10
1996-97	Avalanche du Colorado	LNH	62	*38	15	7	3698	143	7	2.32	17	10	7	1034	38	*3	2.21
1997-98	Avalanche du Colorado	LNH	65	31	19	13	3835	153	4	2.39	7	3	4	430	18	0	2.51
1998-99	Avalanche du Colorado	LNH	61	32	19	8	3648	139	5	2.29	19	11	8	1173	52	1	2.66
1999-00	Avalanche du Colorado	LNH	63	32	21	8	3704	141	2	2.28	17	11	6	1039	31	3	1.79
	Totaux LNH	16 saisons	841	444	264	103	49108	2155	48	2.63	196	121	73	12094	475	15	2.36

CLAUDE RUEL

(Claude «Piton» Ruel)

Entraîneur

Tout le monde connaît l'importance d'un entraîneur au sein d'une organisation. Il en est tout autant du directeur du développement des joueurs. Il peut en quelque sorte servir de police d'assurance lorsque la situation devient périlleuse ou qu'elle se gâte. À quelques reprises, Claude Ruel, de l'organisation des Canadiens, vient prêter main-forte derrière le banc des joueurs en tant qu'entraîneur.

Ruel a le hockey à cœur depuis qu'il est en mesure d'enjamber la bande d'une patinoire. Au sein de l'organisation montréalaise, il contribue aux succès de plusieurs alignements au fil des ans. Qu'il s'agisse du congédiement d'un entraîneur ou de la demande d'un directeur-gérant, Ruel est toujours prêt à descendre derrière le banc et à venir en aide aux *p'tits gars*. Il se compare en tous points aux plus grands bâtisseurs qui ont marqué avant lui la dynastie des Canadiens.

Né le 12 septembre 1938 à Sherbrooke, Claude Ruel, comme beaucoup de Québécois, s'adonne très tôt à son sport préféré, le hockey. Sa progression est constante et en jumelant travail et détermination, il réussit à déjouer les pronostics des experts à quelques reprises. «À 14 ans, on disait qu'il me serait impossible de jouer avec le Canadien junior. J'ai réussi quand même. Au même âge, on me disait incapable de jouer au baseball chez le junior. Je l'ai fait quand même», dit-il. Aujourd'hui, les sceptiques sont confondus et personne n'ose mettre sa crédibilité en doute.

Le 17 novembre 1957, à Belleville en Ontario, Ruel, âgé de dix-neuf ans, voit sa vie de hockeyeur transformée à jamais. Lors du match, il dispute la rondelle à un joueur adverse lorsque tout à coup, un bâton l'atteint en plein visage, juste au niveau de l'œil. Les dommages sont irréparables: Ruel perd l'usage de l'œil gauche et sa carrière prend fin de façon abrupte. Après quelques jours de réflexion quant à son avenir, le jeune défenseur du Canadien junior réussit à convaincre Sam Pollock de lui laisser prendre la direction de l'équipe. C'est le début d'une très longue route au sein de l'organisation.

Il est entraîneur avec le Canadien junior de Montréal durant cinq saisons, puis éclaireur pendant deux ans, avant d'être nommé directeur du développement des joueurs en 1966. Il est très surpris de succéder ainsi à Toe Blake, car à l'époque, il ne convoite nullement un tel poste. Il mène son club à la conquête de la coupe Stanley dès son arrivée derrière le banc en 1969. Malheureusement, la saison

1969-70 est catastrophique puisque les Canadiens sont écartés des séries élimina-toires pour la première fois depuis 1947-48. C'est d'ailleurs une injustice, car même avec 92 points au classement, l'équipe termine cinquième dans la section Est. L'année suivante, la Ligue nationale apporte des changements afin d'éviter qu'à l'avenir, on pénalise une équipe qui récolte davantage de points que celles des au-tres divisions.

Ruel n'est toutefois pas au bout de ses peines, car au cours de cette même année, afin de participer aux séries de fin de saison, le Canadien doit devancer les Rangers de New York. Les Red Wings de Détroit laissent volontairement gagner les Rangers en concédant neuf buts. On pointe du doigt l'entraîneur des Red Wings, ce dernier ayant décidé de priver du jeu son trio numéro un pendant la presque totalité de la troisième période.

Ceci dit, les fiches des Rangers et du Canadien sont à ce moment équiva-lentes et on s'attend à devoir départager les équipes en calculant le nombre de buts marqués en saison régulière. Les Rangers dominent par 246 à 242. Le Canadien doit donc marquer quatre buts pour participer aux séries éliminatoires. Le Cana-dien joue son dernier match à Chicago et le Tricolore tire de l'arrière 5-2 en début de troisième période. Ruel tente le tout pour le tout et enlève son gardien de but très tôt en troisième période, dans l'espoir de revenir de l'arrière et de marquer deux autres buts.

Il ne court en fait aucun risque, puisque le nombre de buts alloué n'a aucune incidence sur ses chances de participation aux séries. La stratégie échoue, l'équipe concède cinq autres buts à l'adversaire dans un filet désert et perd le match 10-2. Ruel est furieux du comportement des Red Wings de Détroit face aux Rangers de New York. Il amorce la saison suivante, 1970-71, mais est remplacé par Al MacNeil après 23 rencontres.

Dix ans plus tard, lorsque Bowman quitte le Canadien pour Buffalo, Irving Grundman, directeur-gérant du Canadien, le remplace par Bernard Geoffrion, mais c'est Ruel qui termine la saison derrière le banc. «Si je n'avais pas eu cette blessure à l'œil, peut-être que ma carrière dans le hockey aurait pris fin il y a long-temps. Je n'avais aucune certitude de percer dans la Ligue nationale comme défen-seur. On dit souvent qu'il n'arrive rien dans la vie sans raison», dit-il au journaliste Ghyslain Luneau, à l'époque. Force est d'admettre que Claude a su par la suite venir en aide à plusieurs joueurs juniors ou professionnels.

Ce n'est pas le genre d'entraîneur qui fait du bruit; il s'occupe simplement de mettre sur la glace la meilleure équipe possible match après match. Pour lui, le ta-lent ne s'est jamais mesuré en pouces ou en centimètres, mais l'implication et le désir de vaincre ont toujours fait partie de son vocabulaire. Il a toujours demandé à ses joueurs de s'investir à fond, même s'il ne faisait pas l'unanimité dans le vestiaire.

C'est grâce à Ruel qu'on a pu apprécier un joueur comme Guy Lafleur. Il le recommande à la direction et tous se souviennent qu'on hésitait à l'époque entre Lafleur et Dionne. Finalement, lors de la séance de repêchage, Ruel a le dernier mot et Sam Pollock annonce au micro le choix du Canadien: Guy Lafleur. Ruel a vu juste, la carrière de «Flower» en témoigne. De toute évidence, Pollock ne pouvait pas se tromper, car Dionne a connu lui aussi une très belle carrière.

Ruel attache toujours une grande importance à la défensive, mais jamais au détriment de l'offensive. Les joueurs doivent être alertes à l'attaque, mais aussi lors des replis en défense. Pierre Larouche, surtout reconnu pour ses qualités offensives, n'apprécie pas que Geoffrion soit remplacé par Ruel. Mais petit à petit, comme le fait un bon père de famille, Claude prend sous son aile la destinée de Larouche. Les résultats sont à la hauteur des attentes et les deux réussissent à travailler de concert.

«Lorsque Ruel a été nommé, je ne pouvais m'empêcher de croire qu'il serait plus difficile pour moi de garder un niveau de jeu élevé en attaque, tout en attachant de l'importance à ma défensive», dit Larouche après un exercice. Mais Ruel, qu'on surnomme «Piton», n'a pas dit son dernier mot et il s'applique à améliorer le jeu défensif de Larouche tout en conservant ses qualités offensives.

Comme avec plusieurs autres joueurs dans le passé, Piton réussit là où certains entraîneurs ont échoué. Cette saison-là, Larouche inscrit 50 buts et éclipse la marque de 47 buts de Jean Béliveau pour un joueur de centre du Canadien. Des centaines de joueurs ont bénéficié des judicieux conseils de Ruel depuis qu'il est dans le monde du hockey. Vous n'avez qu'à demander à Larouche et à Lafleur de vous le confirmer.

Ruel n'est pas entraîneur de carrière, préférant se dévouer au développement des joueurs, mais il est de toute évidence la meilleure police d'assurance qu'une équipe puisse avoir dans ses rangs. À pied levé, il peut remplacer un entraîneur pour quelques matchs ou même une saison entière et les résultats sont assurés. Sa fiche en carrière est de 172 victoires, 82 défaites et 51 matchs nuls, avec une coupe Stanley en 1969.

Il a toujours travaillé dans l'ombre de quelqu'un d'autre, sans jamais faire de vagues et se dévouant jour après jour pour la cause du Tricolore. Il n'a pas joué dans la Ligue nationale, mais beaucoup de joueurs n'auraient pas réussi si Ruel n'avait pas croisé leur chemin. Il demeure l'une des cartes maîtresses de l'organisation du Bleu-blanc-rouge. Bien qu'il ait connu beaucoup de succès comme entraîneur et goûté très souvent à la victoire, il disait sans cesse: «Y'en n'aura pas d'facile!»

RUEL, Claude «Piton» Source: LNH

Entraîneur, né à Sherbrooke, QC, le 12 septembre 1938

Saison	Équipe	Ligue	Saison régulière					Séries éliminatoires				
			PJ	VIC	DÉF	NUL	%	PJ	VIC	DÉF	NUL	%
1968-69	Canadiens de Montréal	LNH	76	46	19	11	.678	14	12	2	0	.857
1969-70	Canadiens de Montréal	LNH	76	38	22	16	.605	–	–	–	–	–
1970-71	Canadiens de Montréal	LNH	23	11	8	4	.565	–	–	–	–	–
1979-80	Canadiens de Montréal	LNH	50	32	11	7	.710	10	6	4	0	.600
1980-81	Canadiens de Montréal	LNH	80	45	22	13	.644	3	0	3	0	.000
	Totaux LNH	5 saisons	305	172	82	51	.648	27	18	9	0	.667

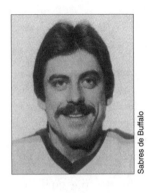

Sabres de Buffalo

ROBERT SAUVÉ

(Robert «Bob» Sauvé)

Gardien de but et agent de joueur

Jadis, lorsqu'un joueur était destiné à se joindre à la Ligue nationale de hockey, il n'avait pas à se soucier de contrats très complexes. Les contrats étaient souvent écrits à la main sur une simple feuille tirée d'un bloc-notes. Il n'y a pas si longtemps, Henri Richard avait effectivement apposé sa signature au bas d'une simple feuille stipulant les termes de son premier contrat: il y avait seulement son nom, le salaire et les signatures. Georges Vézina, quant à lui, se contentait pour tout contrat d'une poignée de mains avec Léo Dandurand, le propriétaire du club de hockey Les Canadiens. Les temps ont bien changé puisqu'aujourd'hui, chaque joueur représente une entreprise en soi.

Ancien gardien de but dans la Ligue nationale de hockey, devenu aujourd'hui agent de joueur, Robert Sauvé constate avec stupéfaction l'évolution des ententes qui lient un joueur à une équipe. Aujourd'hui, les contrats sont très complexes et les joueurs ne veulent pas, pour la plupart, avoir à s'en occuper.

Né le 17 juin 1955 à Sainte-Geneviève, Robert Sauvé commence à jouer dans un parc tout près de chez lui qui allait plus tard porter son nom. À cinq ou six ans, il s'intéresse déjà au hockey et à sept ans, un voisin l'invite à se joindre à une équipe organisée qui n'a pas de gardien de but. Avec la permission de sa mère, il accepte. Il l'ignore encore, mais c'est le début d'une longue carrière.

L'année suivante, il se joint à l'équipe de Northshore de Pierrefonds, de calibre AA. Il s'aperçoit à dix ans qu'il est plus talentueux que les autres, ce qui l'amène à parfaire son apprentissage au niveau mineur. Il joue junior B à quatorze ans avec des joueurs de seize et dix-sept ans. Il participe en 1960 au camp d'entraînement des Maple Leafs de Verdun, club école des Maple Leafs de Toronto.

Alors qu'il est membre des Rapides de Lachine, de la Ligue Montréal junior, il est remarqué par les éclaireurs des organisations de hockey et est invité à jouer dans des équipes de différents calibres. Les statistiques juniors ne lui rendent pas justice, car ses moyennes sont au-delà de 5.00 lors de ses quatre saisons dans la Ligue de hockey junior majeur du Québec, une première avec Verdun et les trois autres avec le National de Laval.

Premier choix des Sabres de Buffalo, le 17e au total, lors du repêchage de 1975, il devient du même coup le tout premier gardien de but de la Ligue de hockey junior majeur du Québec à être sélectionné lors de la première ronde de cet encan annuel. Il aurait souhaité faire partie du Canadien, mais jouer dans la Ligue nationale reste son but premier. Le Tricolore est tellement fort à l'époque que tous les Québécois veulent porter l'uniforme du Bleu-blanc-rouge.

Après avoir alterné entre Buffalo et Hershey de la Ligue américaine entre 1976 et 1978, Sauvé fait ses débuts officiels avec les Sabres à la saison 1978-79, en disputant 29 rencontres. Avec son adjoint Don Edwards, Sauvé vit une saine compétition, puisque les deux gardiens sont de haut calibre et les gardiens à Buffalo ne constituent pas un problème.

Chez les Sabres de Buffalo, de 1980 à 1983, il fait partie de la même équipe que son frère, l'attaquant Jean-François Sauvé, avec qui il forme le seul couple de frères joueur-gardien de l'histoire de la Ligue nationale de hockey à jouer pour la même équipe en même temps. Il est vrai que les frères Tony et Phil Esposito ont joué tous les deux pour les Blackhawks de Chicago, mais pas au même moment.

En 1979-80, il réussit à présenter la meilleure moyenne individuelle de toute la Ligue nationale en saison régulière, avec 2.36, et en séries éliminatoires avec 2.04. C'est sans conteste sa meilleure campagne au niveau des performances individuelles. Il partage donc à la fin de la saison le trophée Vézina avec son adjoint Don Edwards. Sauvé connaît une magnifique séquence de huit victoires de suite, dominant la LNH en compagnie du gardien Gilles Gilbert des Bruins de Boston.

Lorsqu'on est Québécois et que l'on joue contre le Canadien, il n'est pas difficile de se motiver. Les joueurs essaient d'en faire un peu plus et démontrent généralement une concentration à toute épreuve. Sauvé connaît ses meilleures séries éliminatoires contre le Tricolore en 1983. À cette époque, il est extrêmement difficile de vaincre Montréal et les blanchir est exceptionnel. Robert réussit l'exploit lors de deux matchs consécutifs, au Forum par surcroît. Les 6 et 8 avril 1983, il enregistre des jeux blancs de 1-0 et 3-0, devenant ainsi le seul gardien de l'histoire de la Ligue nationale à obtenir deux blanchissages consécutifs sur la patinoire des Glorieux en séries. C'est un exploit qui ne sera pas facile à égaler.

Sauvé se souvient: «Il était déjà difficile de battre le Canadien au Forum et les blanchir deux fois de suite fut pour moi le plus beau souvenir de ma carrière. Pour un Québécois comme moi, qui réalise l'exploit au Forum devant les siens, ça fait grandement chaud au cœur.»

En 1984-85, son expérience est mise à contribution, puisqu'il remporte le trophée Bill Jennings en compagnie de son jeune adjoint, Tom Barrasso, pour avoir été l'équipe qui a alloué le moins de buts en saison régulière. Malgré un bon rendement avec les Sabres, Sauvé veut plus de temps de glace et demande à Scotty Bowman de l'échanger s'il ne veut pas le faire jouer plus souvent. On se souvient qu'Edwards allait très bien et la direction des Sabres l'échange aux Red Wings de Détroit le 2 décembre 1981. De toute façon, Robert devenait agent libre à la fin de la saison et les Sabres risquaient de le perdre.

À Détroit, il dispute les 41 derniers matchs de l'équipe, ne laissant aucune chance à son adjoint Gilles Gilbert, alors en fin de carrière. Devenu agent libre, Robert reçoit à son domicile, durant l'été, la visite de Bowman qui lui annonce qu'il veut le signer à nouveau et que la direction tente d'échanger Edwards à une autre formation. Il accepte d'emblée de revenir avec les Sabres et durant les trois saisons qui suivent, Robert connaît du succès, mais encore plus en séries éliminatoires.

En 1985, un gardien recrue du nom de Daren Puppa lui pousse dans le dos et oblige la direction des Sabres à lui faire plus de place. De son côté, Sauvé, qui joue de moins en moins, est échangé aux Blackhawks de Chicago le 15 octobre 1985. Sauvé: «Devant le brio de Puppa et les exploits de Barrasso, il n'y avait plus de place pour un vétéran. Comme j'avais toujours connu beaucoup de succès à Chicago, les Blackhawks se sont montrés intéressés.» C'est avec eux qu'il poursuit sa carrière en 1985.

Après deux saisons en dents de scie, il signe comme joueur autonome le 10 juillet 1987 avec les Devils du New Jersey, où il terminera sa carrière. Il a en main un contrat de quatre ans et après sa deuxième saison, il cesse ses activités de joueur pour continuer avec l'organisation du club. Celui qui a connu beaucoup de succès à Hartford, Minnesota et Washington quitte le monde du hockey pour quelques années, puis refait surface comme analyste à la télévision de Radio-Canada. Il se joint finalement à l'entreprise Jandec de son bon ami Pierre Lacroix, aujourd'hui directeur-gérant de l'Avalanche du Colorado.

Depuis le départ de Lacroix, Sauvé dirige l'entreprise avec son associé, Daniel Sauvé. Robert négocie les nouveaux contrats des joueurs. Au sein de son entreprise, il a des joueurs comme Patrick Roy, Vincent Damphousse, Pierre Turgeon et Éric Fichaud, pour ne nommer que ceux-là.

Il n'est pas facile de négocier un contrat professionnel aujourd'hui, puisque les salaires sont mirobolants. C'est toujours un jeu de comparaison avec les autres joueurs de la Ligue nationale. C'était plus facile lorsqu'il jouait, si l'on compare les salaires de 2000 à ceux de 1990. Personnellement, le meilleur contrat de Sauvé était de 240 000 $, ce qui vaut sans doute deux ou trois millions de nos jours. En tant qu'agent, Robert remarque souvent que certaines équipes évaluent mal leurs joueurs. «Au lieu de les aimer pour leurs qualités, on les déteste pour leurs défauts», mentionne Sauvé, avec toute l'expérience qu'il possède.

Quoi qu'il en soit, Robert fait preuve dans son travail des mêmes qualités que lorsqu'il était joueur. Le refus des demi-mesures et le cœur au travail ont fait de lui un professionnel dans tous les sens du terme. Reconnu pour son style debout, axé principalement sur ses réflexes, Sauvé peut garder la tête haute. Pourquoi inclure dans les 100 plus grands Québécois du hockey un joueur comme Robert Sauvé? Tout simplement pour l'ensemble de sa carrière dans le monde du hockey.

Quelques faits marquants de sa carrière:

➤ Premier gardien de but de l'histoire de la LHJMQ à être choisi en première ronde dans la LNH.

➤ Seul gardien de l'histoire de la LNH à obtenir deux blanchissages consécutifs au Forum.

➤ Meilleure moyenne individuelle de la LNH en 1979-80 (2.36).

➤ Remporte, en 1980, le trophée Vézina.

➤ Remporte, en 1985, le trophée William Jennings.

SAUVÉ, Robert «Bob»   Source: LNH

Gardien, gaucher 5'8'', 175 lb
Né à Sainte-Geneviève, QC, le 17 juin 1955
1er choix des Sabres de Buffalo, 17e choix au repêchage de 1975
Dernier club amateur 1974-75: le Titan de Laval

Saison	Équipe	Ligue	PJ	VIC	D	N	Mins	BA	BL	Moy	PJ	VIC	D	Mins	BA	BL	Moy
							Saison régulière							Séries éliminatoires			
1976-77	Sabres de Buffalo	LNH	4	1	2	0	184	11	0	3.59	–	–	–	–	–	–	–
1977-78	Sabres de Buffalo	LNH	11	6	2	0	480	20	0	2.50	–	–	–	–	–	–	–
1978-79	Sabres de Buffalo	LNH	29	10	10	7	1610	100	0	3.73	3	1	2	181	9	0	2.98
1979-80	Sabres de Buffalo	LNH	32	20	8	4	1880	74	4	*2.36	8	6	2	501	17	*2	*2.04
1980-81	Sabres de Buffalo	LNH	35	16	10	9	2100	111	2	3.17	–	–	–	–	–	–	–
1981-82	Sabres de Buffalo	LNH	14	6	1	5	760	35	0	2.76	–	–	–	–	–	–	–
	Red Wings de Détroit	LNH	41	11	25	4	2365	165	0	4.19	–	–	–	–	–	–	–
1982-83	Sabres de Buffalo	LNH	54	25	20	7	3110	179	1	3.45	10	6	4	545	28	*2	3.08
1983-84	Sabres de Buffalo	LNH	40	22	13	4	2375	138	0	3.49	2	0	1	41	5	0	7.32
1984-85	Sabres de Buffalo	LNH	27	13	10	3	1564	84	0	3.22	–	–	–	–	–	–	–
1985-86	Blackhawks de Chicago	LNH	38	19	13	2	2099	138	0	3.94	2	0	2	99	8	0	4.85
1986-87	Blackhawks de Chicago	LNH	46	19	19	5	2660	159	1	3.59	4	0	4	245	15	0	3.67
1987-88	Devils du New Jersey	LNH	34	10	16	3	1804	107	0	3.56	5	2	1	238	13	0	3.28
1988-89	Devils du New Jersey	LNH	15	4	5	1	720	56	0	4.67	–	–	–	–	–	–	–
	Totaux LNH	13 saisons	420	182	154	54	23711	1377	8	3.48	34	15	16	1850	95	4	3.08

Club de hockey Canadien

DENIS SAVARD

Centre

Comment faire pour connaître une glorieuse carrière dans la Ligue nationale? Vous n'avez qu'à demander à Denis Savard. En effet, ce dernier possède la recette magique et elle lui a valu beaucoup de succès au hockey. Il possède un coup de patin incroyable et un centre de gravité très bas qui lui permettent d'exécuter des feintes dignes des plus grands de l'histoire. La précision de ses tirs et sa capacité d'anticiper le jeu en ont fait l'un des meilleurs joueurs de la Ligue, saison après saison. Lorsqu'il prend son élan en territoire neutre, rien ne l'arrête et le gardien de but adverse sait qu'il aura fort à faire pour ralentir les ardeurs du joueur de centre.

Il reste toujours le joueur qui aura le plus nui à la réputation de l'organisation des Canadiens de Montréal, qui était convaincue que son petit gabarit ne lui permettrait pas de réussir dans la Ligue nationale. À en juger par ses performances, la direction montréalaise avait mal évalué le prolifique marqueur. Le Canadien aura même fait erreur deux fois dans son cas. Premièrement, en ne le sélectionnant pas au repêchage et ensuite, en faisant son acquisition sur le tard, alors qu'il était en fin de carrière. Nous n'avons malheureusement pas pu apprécier pleinement son très grand talent.

Né le 4 février 1961 à Pointe-Gatineau, Denis Savard patine pour la première fois à l'âge de cinq ans. Mais c'est lorsque qu'il déménage à Verdun que tout démarre pour de bon. Il se joint à une équipe organisée dont l'entraîneur est Aldo Giampolo, aujourd'hui de l'organisation des Canadiens. Denis est membre de l'équipe de la Jeunesse athlétique de Verdun. «J'ai eu beaucoup de peine lorsque nous avons raté le championnat provincial pee-wee, à cause d'une défaite 4-2 contre Pointe-Claire», se souvient Savard.

Jeune, Savard mange littéralement du hockey, lui qui n'a d'ailleurs jamais pensé faire autre chose. Il joue avec le Canadien junior de Montréal de la Ligue de hockey junior majeur du Québec de 1977 à 1980. Déjà, il démontre des qualités incroyables de fabricant de jeux, comme en témoignent ses 112 mentions d'assistance en 1978-79, un sommet dans la Ligue cette saison-là. Devant des exploits peu communs chez le junior, les Blackhawks de Chicago en font leur tout premier choix au repêchage de 1980, le troisième au total de la Ligue nationale.

Cette année-là, les Canadiens cherchent à mettre la main sur un joueur grand format et optent en priorité pour Doug Wickenheiser, des Pats de Régina. Quel cauchemar de constater quelques années plus tard l'erreur majeure dans la sélection, puisque Doug n'est jamais devenu le joueur qu'on espérait! Dire qu'on avait Savard dans notre cour arrière avec le Canadien junior! 455 points en 214 rencontres dans le junior n'étaient pas suffisants pour convaincre l'organisation du Canadien qu'il pouvait possiblement être le successeur de Guy Lafleur.

Fait curieux dans la carrière junior de Savard, il forme avec Denis Cyr et Denis Tremblay le «trio des trois Denis», l'un des bons trios de la Ligue. Ils ont évolué ensemble pendant presque toute leur carrière junior et le plus fascinant, c'est que les trois joueurs sont nés le même jour, le 4 février 1961. Outre Savard, seul Denis Cyr a goûté à la Ligue nationale.

Jacques St-Jean, son dernier entraîneur dans le junior, avait déclaré que Savard possédait les qualités nécessaires pour faire carrière dans la Ligue nationale. Et même s'il est de petite taille, il est si rapide qu'il est difficile à attraper. D'ailleurs, la taille n'a pas empêché Marcel Dionne, Wayne Gretzky et Pierre Larouche de faire de l'excellent travail chez les professionnels.

À son premier match dans la Ligue nationale, Savard se paie le luxe d'obtenir trois mentions d'assistance, un aspect de son jeu qui l'avait caractérisé chez les juniors, dans un gain de 4-3 sur les Sabres de Buffalo, au Chicago Stadium. Deux jours plus tard, soit le 11 octobre 1980, il dispute son premier match au Forum de Montréal. Alors que Claude Ruel, l'entraîneur des Canadiens, avait décidé de ne pas faire jouer Wickenheiser, Savard, remuant le couteau dans la plaie, y va d'une performance digne d'un grand joueur. Il marque son premier but dans la Ligue nationale, en plus d'obtenir une passe pour aider son équipe à vaincre le Canadien 5-4. Il nous rappelle ce moment mémorable : «Je me suis présenté devant Larry Robinson. J'ai feinté, il a bougé et j'ai décoché un tir frappé; le gardien Denis Herron n'a pu faire l'arrêt. Réussir mon premier but dans la Ligue nationale au Forum... Je croyais rêver!»

De 1981 à 1988, il fait encore plus mal paraître le Tricolore, car il totalise 90 points ou plus durant sept saisons consécutives et plus de 100 points dans cinq de ces sept saisons. De son côté, Doug Wickenheiser n'a pu faire mieux que d'inscrire 49 buts en trois ans et demi avec le Bleu-blanc-rouge. Si Savard n'a pu mettre la main sur quelque trophée que se soit, c'est principalement dû au fait qu'il y avait dans la même Ligue des joueurs comme Mario Lemieux et Wayne Gretzky, qui ont monopolisé les honneurs individuels pendant plus de dix ans.

Le 29 juin 1990, il réalise son rêve d'enfance. Il est échangé aux Canadiens de Montréal, en retour du défenseur étoile Chris Chelios et d'un choix au repêchage. Même s'il est en fin de carrière, Denis met son expérience au service des jeunes pour permettre au Tricolore de remporter une 24e coupe Stanley. Ses désirs sont exaucés lorsque l'équipe remporte la coupe: «Je ne peux décrire l'émotion, car c'est une sensation incroyable. Qui ne rêve pas un jour de la gagner?»

Après la victoire de la coupe Stanley, Savard signe à titre de joueur autonome avec le Lightning de Tampa Bay, le 29 juillet 1993, et retourne à Chicago le 6 avril 1995. Denis a toujours démontré une régularité exemplaire avec Chicago. Ses 87 mentions d'assistance en 1981-82 et 1987-88, et ses 131 points en 1987-88 constituent des records d'équipe.

Il a accompli de grandes choses avec les Blackhawks, en perte de vitesse depuis le début des années quatre-vingt. Avec Denis dans leurs rangs, les Hawks voient les assistances monter en flèche. Savard le sauveur, d'un seul coup, ressuscite le hockey dans la ville des vents. Plusieurs affirment même qu'il a aidé grandement les partisans à retrouver le goût du hockey. Sa carrière prend fin au terme de la saison 1996-97, alors qu'il avait conservé un dossier de 27 points en 64 rencontres. Les Blackhawks de Chicago retirent alors à jamais son chandail, le numéro 18.

Malgré qu'il n'ait pas gagné de trophée individuel en carrière, il a tout de même participé sept fois à la classique du match des étoiles. Lorsqu'un joueur marque 493 buts et amasse 1338 points en carrière dans la Ligue nationale de hockey, il s'attend évidemment à être élu au Temple de la renommée du hockey. C'est d'ailleurs le cas: il est intronisé au panthéon en 2000.

Il a été reconnu comme l'un des joueurs les plus électrisants et les plus dominants des années quatre-vingt. Il est maintenant une légende du hockey. Dire qu'il était trop petit!

Quelques faits marquants de sa carrière:

➢ Participation à 7 matchs d'étoiles.

➢ 15 tours du chapeau en carrière.

➢ 7 lancers de pénalité en carrière, deux buts.

➢ Une coupe Stanley en une participation à la grande finale.

➢ Son chandail numéro 18 est retiré par les Blackhawks de Chicago.

➢ Intronisé au Temple de la renommée du hockey en 2000.

SAVARD, Denis   Source: LNH

Centre, droitier 5'11", 172 lb
Né à Verdun, QC, le 26 avril 1957
1er choix des Blackhawks de Chicago, 19e choix au repêchage de 1977
Temple de la renommée: 2000
Dernier club amateur 1979-80: le Canadien junior de Montréal

Saison	Équipe	Ligue	Saison régulière								Séries éliminatoires						
			PJ	B	A	Pts	Pun	AN	BG	+/-	PJ	B	A	Pts	Pun	AN	BG
1980-81	Blackhawks de Chicago	LNH	76	28	47	75	47	4	3	+27	3	0	0	0	0	0	0
1981-82	Blackhawks de Chicago	LNH	80	32	87	119	82	8	4	=	15	11	7	18	52	5	2
1982-83	Blackhawks de Chicago	LNH	78	35	86	121	99	13	4	+26	13	8	9	17	22	3	1
1983-84	Blackhawks de Chicago	LNH	75	37	57	94	71	12	5	-13	5	1	3	4	9	0	0
1984-85	Blackhawks de Chicago	LNH	79	38	67	105	56	7	1	+16	15	9	20	29	20	3	0
1985-86	Blackhawks de Chicago	LNH	80	47	69	116	111	14	8	+7	3	4	1	5	6	2	0
1986-87	Blackhawks de Chicago	LNH	70	40	50	90	108	7	7	+15	4	1	0	1	12	0	0
1987-88	Blackhawks de Chicago	LNH	80	44	87	131	95	14	6	+4	5	4	3	7	17	0	1
1988-89	Blackhawks de Chicago	LNH	58	23	59	82	110	7	1	-5	16	8	11	19	10	2	1
1989-90	Blackhawks de Chicago	LNH	60	27	53	80	56	10	4	+8	20	7	15	22	41	4	1
1990-91	Canadiens de Montréal	LNH	70	28	31	59	52	7	0	-1	13	2	11	13	35	1	0
1991-92	Canadiens de Montréal	LNH	77	28	42	70	73	12	5	+6	11	3	9	12	8	1	0
1992-93	Canadiens de Montréal	LNH	63	16	34	50	90	4	2	+1	14	0	5	5	4	0	0
1993-94	Lightning de Tampa Bay	LNH	74	18	28	46	106	2	2	-1	–	–	–	–	–	–	–
1994-95	Lightning de Tampa Bay	LNH	31	6	11	17	10	1	1	-6	–	–	–	–	–	–	–
	Blackhawks de Chicago	LNH	12	4	4	8	8	1	0	+3	16	7	11	18	10	3	0
1995-96	Blackhawks de Chicago	LNH	69	13	35	48	102	2	1	+20	10	1	2	3	8	0	0
1996-97	Blackhawks de Chicago	LNH	64	9	18	27	60	2	2	-10	6	0	2	2	2	0	0
	Totaux LNH	17 saisons	1196	473	865	1338	1336	127	56		169	66	109	175	256	24	6

SERGE SAVARD

(Serge « Le Sénateur » Savard)

Défenseur et directeur-gérant

Club de hockey Canadien

Pour maximiser les performances d'une grande équipe, il faut sacrifier les honneurs individuels et penser au travail collectif. À l'époque où les Canadiens de Montréal présentent une équipe à faire frémir leurs adversaires, certains joueurs déploient leurs qualités de leadership en allant en guerre au nom de l'équipe. L'un de ces guerriers a pour nom Serge Savard et il est la définition parfaite d'un joueur d'équipe.

Savard est un élément important de la dynastie des Canadiens dans les années soixante-dix. Il sacrifie toujours les récompenses personnelles et ses statistiques au profit de son club et de ses coéquipiers. «Lorsque j'ai marqué deux buts dans le dernier match de la saison 1974-75, je ne savais même pas que je venais d'atteindre les 20 buts», me disait-il. Pour lui, rien n'égale la sensation ressentie lors d'une victoire de la coupe Stanley. C'est une satisfaction bien supérieure à ce qu'apportent des chiffres dans la colonne de sa fiche personnelle.

Si on devait résumer en un mot la carrière de Serge Savard, il faudrait parler de courage. Peu de joueurs peuvent se vanter d'avoir connu une carrière aussi éblouissante dans la Ligue nationale après avoir subi deux fractures et une intervention chirurgicale importante à la jambe. Savard insuffle un vent de confiance à ses coéquipiers, qui se rallient derrière leur capitaine et leader. On reconnaît sa combativité, son courage et sa détermination lorsqu'on lui décerne, en 1979, le trophée Bill Masterton.

Né le 22 janvier 1946 à Montréal, Serge Savard grandit en Abitibi, où le hockey devient le centre de son univers. Dans cette magnifique région du Québec, les sports sont plutôt rares et tous les jeunes pratiquent le hockey. Il s'amuse avec ses amis à disputer des matchs de hockey à 20 contre 20 sur la même glace. Lorsqu'il atteint l'âge de dix ans, ses parents envoient Serge au collège et c'est à ce moment qu'il fait ses débuts au sein d'une équipe organisée. Partout où il passe, il est toujours supérieur aux autres jeunes de son âge. Déjà, on peut voir que le talent ne lui fait pas défaut et qu'il possède le potentiel pour aller plus loin dans le monde du hockey.

Sa progression est très rapide, car à quinze ans il joue pour les Bombardiers de Rosemont et pour l'équipe junior B du Centre Immaculée-Conception, qui compte Denis Brodeur parmi les entraîneurs de l'équipe. À 16 ans, il fait ses débuts dans la

Ligue métropolitaine avec l'équipe de Notre-Dame-de-Grâce et à 17 ans, il fait le grand saut avec le Canadien junior de la Ligue de hockey junior de l'Ontario pour terminer son apprentissage avec les Apollos de Houston de la Ligue centrale de hockey en 1966-67, où il remporte le titre de meilleure recrue de l'année.

C'est à l'âge de dix-sept ans qu'un éclaireur de l'organisation du Canadien remarque le magnifique talent de Serge. Comme il est doté d'un bon sens du jeu et possède un talent offensif, il intéresse le Tricolore. On l'invite à participer au camp d'entraînement du Canadien junior à Hull. Afin de disputer les matchs avec le Canadien junior, Savard, qui étudie en syntaxe, rate un mois d'école, ce qui ne fait pas l'unanimité dans la famille. Sa mère s'y oppose tandis que son père laisse le soin à Serge de prendre la décision. Son professeur lui dit que s'il quitte l'école pour aller jouer au hockey, il ne pourra revenir si l'aventure de hockeyeur s'avère négative.

Serge décide donc d'aller en discuter avec le directeur du collège. «J'ai dit au directeur que je voulais faire une carrière dans le sport professionnel. Il m'a tout simplement répondu: "Vas-y et si ça ne marche pas, tu reviendras"», me racontait Serge lors d'une entrevue. Il est donc parti la tête tranquille et n'est jamais retourné au collège.

Jusqu'à l'âge de quinze ans, Serge est un attaquant, mais en raison de ses six pieds trois pouces répartis sur 215 livres, la direction décide de le convertir en défenseur. À l'époque, les attaquants du gabarit de Savard sont très rares, tandis qu'aujourd'hui, en l'an 2000, c'est presque devenu une nécessité. Membre du célèbre trio de défenseurs «Big Three» et joueur émérite de 1966 à 1983 dans la Ligue nationale, Savard se distingue tant par son jeu défensif que par son grand calme dans les situations critiques.

Et voilà la carrière lancée dès la saison 1967-68. Brillant, courageux, déterminé, volubile et bon communicateur, il se démarque des autres malgré son jeune âge. Possédant un talent offensif certain, Savard est contraint de jouer un rôle plus défensif en raison de blessures graves. C'est en 1970 qu'il traverse ses premiers moments difficiles, qui auraient mis fin à sa carrière s'il n'avait pas été si courageux. Lors d'un match en 1970, il se fracture la jambe à cinq endroits et il doit déclarer forfait pour le reste de la saison. Il effectue un retour au jeu la saison suivante, mais encore une fois, la malchance s'acharne sur lui lorsqu'il se fracture à nouveau la jambe. Cette fois, il est dans l'obligation de subir une intervention chirurgicale pendant laquelle les médecins lui font une greffe osseuse. Son absence dure environ 11 mois et il ne revient sur la glace du Forum qu'en 1972. Sa convalescence lui aura fait rater plus de 100 matchs en deux saisons.

À son retour au jeu, Savard devient par la force des choses un peu plus défensif et le hasard fait en sorte qu'il complète à merveille les deux autres membres du «Big Three», Guy Lapointe et Larry Robinson, qui s'occupent de l'offensive. Serge est utilisé durant toute sa carrière à Montréal comme défenseur droit même s'il est gaucher. Le trio défensif du Canadien domine tellement que Savard est même utilisé comme joueur d'avant lors de certains désavantages numériques.

Après la saison 1980-81, la direction des Canadiens décide de ne pas protéger Savard ainsi que l'attaquant Yvon Lambert. Le 5 octobre 1981, lors du repêchage intraligue, les Sabres de Buffalo sélectionnent Lambert, tandis que Savard est repêché par les Jets de Winnipeg. Il ne prend pas immédiatement sa décision, mais rejoint finalement l'équipe pour le match du 20 décembre contre les Blues de St. Louis, pour y disputer les deux dernières saisons de sa carrière. Savard se souvient: « Je pensais prendre ma retraite, mais mon bon ami John Ferguson m'a demandé d'aller le rejoindre pour que je vienne en aide aux jeunes joueurs de l'équipe. Ce fut une très belle expérience pour moi et ma famille. Aujourd'hui, mes enfants parlent parfaitement anglais et j'ai eu beaucoup de plaisir avec les Jets. » Sa décision de rejoindre Ferguson et les Jets est d'autant plus difficile à prendre qu'il éprouve beaucoup de difficulté avec ses jambes, surtout celle qui a subi deux opérations en début de carrière.

Cette équipe avait connu une saison atroce en 1980-81, se classant au dernier rang de la Ligue nationale avec seulement 32 points au classement. L'arrivée de Serge s'avère l'élément déclencheur dont l'équipe avait besoin puisque les Jets amassent 48 points de plus que la saison précédente pour terminer avec 80 points. Cette amélioration fulgurante constitue un record de la LNH pour le plus beau retour d'une équipe d'une saison à l'autre au chapitre des points.

Il est difficile d'obtenir le titre de joueur le plus utile en séries éliminatoires lorsqu'on occupe le poste de défenseur et que l'on n'a pas la possibilité de marquer beaucoup de buts. Il faut donc être une source de motivation pour l'équipe, un joueur qui se sacrifie pour la victoire. Lorsqu'il remporte le trophée Conn Smythe en 1969, Savard en est seulement à sa deuxième saison complète dans la Ligue nationale. Déjà, il impose le respect à travers le circuit. Lors des séries éliminatoires de 1968, son sens de la compétition et son célèbre pivot à 360 degrés tout en maniant la rondelle, lui permettent de marquer deux buts en désavantage numérique lors de la finale de la coupe Stanley contre les Blues de St. Louis.

Savard a également participé à des matchs internationaux. En 1972, lors de la Série du siècle contre les Soviétiques, il est le seul membre de l'équipe canadienne à ne pas avoir subi la défaite. Il endosse l'uniforme dans cinq rencontres et l'équipe fait match nul une fois et décroche la victoire à quatre reprises.

En dépit des blessures graves qu'il a subies, Serge reçoit sa part de récompenses. Outre les trophées Bill Masterton et Conn Smythe, il fait partie quatre fois de l'équipe du match des étoiles et sept fois de l'équipe gagnante de la coupe Stanley. Celle de 1971 échappe à sa collection, Savard étant en convalescence, et il est élu au panthéon du hockey en 1986.

Les grandes qualités de leadership de Serge Savard ne sont pas passées inaperçues. Homme d'affaires dans l'âme et fin négociateur, il accepte le 28 avril 1983 de relever un nouveau défi, celui de directeur-gérant des Canadiens de Montréal, où la pression est omniprésente. On lui reconnaît des qualités exceptionnelles pour diriger les destinées de l'équipe et ramener finalement la coupe Stanley à Montréal.

Il remporte passablement de succès pendant douze ans à fignoler et mettre sur pied des équipes capables de rivaliser jour après jour avec les meilleures formations de la Ligue nationale. Il met en place un système dans le but de bâtir à long terme, ne se contentant pas de céder sous la pression et de faire une multitude de transactions. Il préconise les choix au repêchage, pour ainsi former tous ces jeunes joueurs qui arrivent dans l'organisation. Son calme inébranlable lui permet, à titre de directeur-gérant, de remporter la coupe Stanley contre les Flames de Calgary en 1986 et les Kings de Los Angeles en 1993, avec un mélange parfait de jeunes joueurs et de vétérans.

Occupant également la fonction de vice-président hockey, il met sur la glace des équipes qui remportent quatre fois le championnat de la division Adams et participent à cinq finales de conférences. Au moment de la conquête de 1986, Savard avait mis sous contrat 13 des 27 joueurs de l'équipe. Mais c'est la victoire de 1993 qui prouve sans conteste que bâtir à la base reste la solution pour espérer aux grands honneurs. En effet, 25 des 26 joueurs avaient été embauchés par Savard; seul Guy Carbonneau provenait de l'administration précédente.

Le 17 octobre 1995 est une journée très triste pour Serge, puisqu'il est cavalièrement remercié par le président Ronald Corey. Après seulement quatre défaites en autant de matchs en début de saison 1995-96, le couperet tombe sur l'administration du Canadien. En plus de Savard, Ronald Corey congédie l'entraîneur Jacques Demers, l'éclaireur Carol Vadnais et le directeur du recrutement André Boudrias pour les remplacer par Réjean Houle et Mario Tremblay. «J'aurais aimé quitter d'une façon plus digne étant donné que j'ai passé plus de 33 ans dans l'organisation du Canadien. J'ai été déçu d'être traité de cette manière après ces longues années. Être congédié après seulement quatre rencontres, ça n'a pas de sens», me disait Serge avec un grand regret dans la voix.

Lorsqu'on parle de gens qui excellent et se dévouent dans tout ce qu'ils entreprennent, il ne faut pas oublier que Savard, surnommé «Le Sénateur» par le journaliste Yvon Pedneault en raison de son intérêt pour la politique, a prêté main-forte à plusieurs, et ce, dans différents domaines des affaires et du sport au Québec. Aujourd'hui, Savard, qui exerce ses talents de gestionnaire dans le domaine immobilier de grande envergure, a grandement aidé Larry Smith des Alouettes de Montréal à raviver l'intérêt du public pour le football après plusieurs années d'absence.

On lui doit également le retour des Jeux du Québec en 1997. Partout où il est passé, Serge a toujours réussi grâce à son implication, son leadership et son magnétisme. Quand il est reçu Officier de l'Ordre du Canada, le 17 octobre 1994, c'est surtout pour son dévouement auprès des gens de la communauté pour obtenir des sommes importantes et venir en aide aux plus démunis. Président-fondateur de la Fondation Maurice Richard, Serge a toujours été fier de soutenir une cause appuyant des athlètes persévérants et déterminés. «Tout jeune, j'écoutais les matchs du Canadien à la radio et à mes yeux, le Rocket fut véritablement Monsieur Hockey», mentionnait Serge, il y a quelques années. Mentionnons également qu'en 1978, il fut honoré par la Société Saint-Jean-Baptiste de Montréal, qui a fait de lui le premier récipiendaire de son prix Maurice Richard, à titre d'athlète québécois dont l'engagement social est un exemple pour tous.

Celui qui a déjà été propriétaire du journal l'*Image de la Rive Sud* et ancien président de la Ligue collégiale AAA, a remis le hockey junior majeur sur ses rails à Montréal. Aidé de son fils Serge, le paternel s'est appliqué à faire des Rockets de Montréal l'une des belles équipes d'avenir dans la Ligue de hockey junior majeur du Québec en 1999-2000.

Affable et généreux, Savard a toujours manifesté beaucoup d'intérêt à aider les autres à réussir. Il l'a fait partout où il est passé et il est l'un des hommes d'affaires les plus influents du Québec. Toujours disponible pour répondre aux questions des journalistes, tant après une victoire qu'une défaite, il n'a manifestement pas été remplacé ni à la ligne bleue, ni dans le vestiaire du Tricolore, depuis son départ il y a presque vingt ans.

«J'estime avoir connu une belle carrière. Le Canadien, pour moi, fut l'aboutissement de mes espoirs, et porter son chandail fut le rêve de ma vie», conclut-il. Que peut-on ajouter de plus?

Quelques faits marquants de sa carrière:

➤ Remporte, en 1967, le trophée Ken McKenzie.

➤ Participation à 4 matchs d'étoiles.

➤ Remporte, en 1969, le trophée Conn Smythe.

➤ Remporte, en 1979, le trophée Bill Masterton.

➤ 7 coupes Stanley en 7 participations à la grande finale.

➤ Capitaine des Canadiens de Montréal de 1979 à 1981.

➤ Intronisé au Temple de la renommée du hockey en 1986.

➤ A porté les numéros 24 et 18 avec les Canadiens.

SAVARD, Serge «Le Sénateur»   Source: LNH

Défenseur, gaucher 6'3", 210 lb
Né à Montréal, QC, le 22 janvier 1946
Temple de la renommée: 1986
Dernier club amateur 1965-66: le Canadien junior de Montréal

								Saison régulière					Séries éliminatoires			
Saison	Équipe	Ligue	PJ	B	A	Pts	Pun	AN	BG	+/-	PJ	B	A	Pts	Pun	AN	BG
1966-67	Canadiens de Montréal	LNH	2	0	0	0	0				–	–	–	–	–	–	–
1967-68	Canadiens de Montréal	LNH	67	2	13	15	34	1	0	+13	6	2	0	2	0	0	1
1968-69	Canadiens de Montréal	LNH	74	8	23	31	73	0	2	+33	14	4	6	10	24	1	0
1969-70	Canadiens de Montréal	LNH	64	12	19	31	38	5	2	+4	–	–	–	–	–	–	–
1970-71	Canadiens de Montréal	LNH	37	5	10	15	30	0	0	+11	–	–	–	–	–	–	–
1971-72	Canadiens de Montréal	LNH	23	1	8	9	16	0	0	+21	6	0	0	0	10	0	0
1972-73	Canadiens de Montréal	LNH	74	7	32	39	58	2	0	+70	17	3	8	11	22	0	0
1973-74	Canadiens de Montréal	LNH	67	4	14	18	49	1	1	+20	6	1	1	2	4	0	0
1974-75	Canadiens de Montréal	LNH	80	20	40	60	64	7	2	+71	11	1	7	8	2	0	0
1975-76	Canadiens de Montréal	LNH	71	8	39	47	38	1	1	+52	13	3	6	9	6	1	2
1976-77	Canadiens de Montréal	LNH	78	9	33	42	35	0	1	+79	14	2	7	9	2	1	1
1977-78	Canadiens de Montréal	LNH	77	8	34	42	24	4	1	+62	15	1	7	8	8	0	0
1978-79	Canadiens de Montréal	LNH	80	7	26	33	30	1	0	+46	16	2	7	9	6	1	1
1979-80	Canadiens de Montréal	LNH	46	5	8	13	18	0	1	-2	2	0	0	0	0	0	0
1980-81	Canadiens de Montréal	LNH	77	4	13	17	30	0	1	+12	3	0	0	0	0	0	0
1981-82	Jets de Winnipeg	LNH	47	2	5	7	26	0	1	-8	4	0	0	0	2	0	0
1982-83	Jets de Winnipeg	LNH	76	4	16	20	29	0	0	-24	3	0	0	0	2	0	0
	Totaux LNH	17 saisons	1040	106	333	439	592				130	19	49	68	88		

CKAC

MARC SIMONEAU

Journaliste

Plusieurs commentateurs et analystes de la région de Québec ont su promouvoir leur sport local. À l'époque des Nordiques de Québec, il y avait beaucoup de fébrilité lorsque les Canadiens allaient y disputer la victoire. Si Montréal a ses spécialistes réputés, Québec n'est pas en reste avec Marc Simoneau. Animateur de sports tant à la télévision qu'à la radio, il est en quelque sorte le pendant de Pierre Trudel à Montréal. Animateur de lignes ouvertes à Radiomédia, à Québec, il veille jalousement à promouvoir tout genre d'activité sportive de la région.

Né le 19 septembre 1945 à Montmagny, Marc Simoneau découvre le sport alors qu'il est pensionnaire, à l'âge de 15 ou 16 ans. Peu doué dans ce domaine, il commence à lire les journaux et les revues et à collectionner tout ce qui se fait sur le sport. Au baseball junior, il devient pendant trois ans relationniste et agent de publicité de la Ligue de hockey junior A du Québec. Il s'occupe activement à rédiger les textes pour les journaux et pour la télévision. En 1965, on lui propose de faire de la radio sur les ondes de CHRC à Québec. Dès la fin de son premier bulletin, Simoneau est retiré des ondes pour quelques mois. Le contenu de son bulletin était très bon, mais il lui reste à polir son style au micro. À cette époque, il travaille au gouvernement le jour, il va à l'université en fin d'après-midi et travaille à la radio le soir.

Après avoir terminé ses études universitaires en 1974, il quitte Québec pour Moscou avec les Nordiques de Québec pour un court séjour... sans avertir son patron au gouvernement, qui ne sait pas où Simoneau est passé. À son retour, il l'attend de pied ferme, car il l'a entendu en ondes directement de la Russie. Son départ du gouvernement coïncide avec une proposition de poste permanent à la radio et également de se joindre à l'équipe de Télé 4 à Québec. Il travaille pendant 15 ans à faire l'analyse et les entractes lors des matchs des Nordiques de Québec de l'Association mondiale d'abord, et de la Ligue nationale ensuite.

Il n'a jamais aimé le Canadien de Montréal, préférant s'identifier aux Blackhawks de Chicago et à leurs joueurs vedettes: Stan Mikita, Bobby Hull, Pierre Pilote, Glenn Hall et compagnie. «Lorsque j'étais jeune, au cours des années soixante, j'allais voir les matchs de hockey au Forum. Le Canadien voulait empêcher les As de Québec d'entrer dans la Ligue américaine de hockey. Depuis ce temps, j'en garde une certaine amertume, disait-il. À quoi ça sert d'avoir de la mémoire si t'as pas de rancune?», ajoute Simoneau avec un léger sourire.

Il vit intensément la rivalité entre les Canadiens et les Nordiques. En 1979, il met sur pied un boycott dans la région de Québec dans le but de favoriser l'entrée des Nordiques de Québec dans la Ligue nationale. Dans les bars, on offre une O'Keefe plutôt qu'une Molson et les gens répondent à l'appel. Lors de la deuxième réunion, le club de hockey Les Canadiens vote en faveur de leur entrée dans la Ligue nationale, contrairement à la première réunion, où le Tricolore s'était opposé vivement à la venue des Fleurdelisés.

La rivalité est telle que lors d'un match au Forum de Montréal, Marc Simoneau, qui a sa carte d'accès au vestiaire, se voit interdire l'entrée par le policier de faction parce que ce dernier est frustré de la défaite des Canadiens de Montréal. Le président Ronald Corey lui demande même de s'excuser le lendemain. Ça joue dur autant sur la glace que dans les brasseries et sur la galerie de la presse. Les journalistes aiment attiser cette rivalité qui fait vibrer le cœur des Québécois chaque fois que les deux clubs croisent le fer. Simoneau est le premier à l'alimenter et il aime se trouver au cœur de cet affrontement.

Marc se souvient d'une situation pour le moins spéciale entre les deux équipes: «Le Canadien était à Québec pour le match du 20 décembre et je faisais mon émission de radio en direct du restaurant La Cage aux sports. Le restaurant était bondé de monde et je déclare sur les ondes que les Nordiques allaient être en tête pour la nouvelle année et que le père Noël allait être bleu à Noël. Guy Carbonneau et Patrick Roy avaient pris un taxi pour se rendre au Colisée de Québec et les deux écoutaient l'émission à la radio. Pas besoin de dire qu'ils m'attendaient de pied ferme. Le match se termine et le Canadien a gagné. J'entre dans le vestiaire des Canadiens et je ne sais pas qu'ils m'ont entendu en ondes. Aussitôt que j'entre, j'entends Carbonneau dire: "Il est où l'hos... de Simoneau?"» Les journalistes ont contribué grandement à ce que la rivalité reste bien installée, ce qui fut apprécié des partisans des deux équipes de la province.

Marc trouve très important de se dévouer pour le sport local dans la région; il en parle régulièrement en ondes et pour lui, appuyer les athlètes amateurs est la base de son travail journalistique. «Lorsque je n'aurai plus envie de me consacrer aux sports et aux athlètes amateurs, je m'en irai chez moi et je ferai autre chose. Tant que je serai dans le monde journalistique, ce sera une priorité pour moi», me disait-il lors d'une entrevue.

Il envisage plus que jamais de se consacrer au journalisme écrit. Avec sa vaste expérience, il peut sans conteste effectuer un travail qui saura intéresser les partisans. Son travail l'a amené à savoir tout ce qui se fait dans la région de Québec. Il est de première nécessité pour un quotidien d'avoir en place un journaliste de la trempe de Marc Simoneau. Reconnu pour son franc-parler, il n'hésite jamais à dire ce qu'il pense, n'en déplaise aux autres.

Lors de la série finale de la coupe Stanley de 1993, il est le premier à rendre publique la nouvelle que l'entraîneur Jacques Demers prie à Sainte-Anne de Beaupré. «J'avais su qu'il allait à cet endroit et j'avais pris soin de bien vérifier avant de rendre la nouvelle. Le curé m'avait dit que monsieur Demers était un croyant et avait le droit de venir ici», me raconte Marc.

Simoneau aime beaucoup le hockey, mais son sport préféré est le football, en raison des stratégies déployées. Le hockey n'est plus une aussi grande passion qu'avant, car selon lui, la qualité du spectacle s'est beaucoup dégradée. Il a eu la chance tout au long de sa carrière de faire des entrevues avec des personnalités très connues, du géant Ferré à Reggie Jackson, en passant par certains joueurs de football. Il est resté un enfant dans l'âme, il ne se gêne pas pour demander un autographe à un athlète qui l'impressionne. Le sport, c'est sa vie.

Il est depuis 25 ans un collectionneur de tout ce qui se fait dans le monde du sport. Seul Patrick Roy possède une collection de cartes de hockey plus imposante que la sienne. Quoi qu'on en dise, c'est grâce à des journalistes comme Marc Simoneau que nous, amateurs de hockey, pouvons nous identifier à des athlètes ou à des équipes de hockey. Il aura contribué à sa manière à la venue des Nordiques de Québec dans la Ligue nationale et aura avivé l'intérêt des Québécois pour notre sport national, ne reculant jamais devant un défi majeur.

NELSON STEWART

(Nelson «Nels Old Poison» Stewart)

Centre

Comment passer sous silence un joueur du calibre de Stewart, le premier de tous les temps à inscrire plus de 300 buts en carrière? Grâce à ses exploits, il est le premier à produire autant avec une rapidité hors du commun. Il est également grandement responsable du hockey moderne. Durant les années 50, deux noms étaient sur toutes les lèvres: Nels Stewart et Maurice Richard. Il est l'un des marqueurs les plus productifs de son temps, avec 324 buts en carrière, un record de la Ligue nationale de hockey jusqu'en 1952. Il est d'ailleurs présent au Forum de Montréal le 8 novembre 1952 lorsque le Rocket enfile son 325e but.

Très mauvais patineur et plutôt lent, Stewart est surnommé «Old Poison» en raison de la précision de ses tirs et de son habileté autour des filets. Il peut marquer des buts sous tous les angles et personne ne peut mieux que lui se démarquer dans le territoire adverse.

C'est justement la chasse au record du nombre de buts marqués par le Rocket qui nous amène à mieux connaître «Old Poison». Il n'a ni la popularité d'un Joe Malone, ni la prestance d'un Babe Siebert. Il est tellement lent que plusieurs observateurs disent de lui qu'il est paresseux. Il compense son manque de mobilité par sa dextérité et sa précision autour des gardiens de but adverses.

Nels est né à Montréal le 29 décembre 1902 et met très rapidement le cap sur Toronto pour aller jouer dans une ligue mineure de hockey. Après une saison à Parkdale, Stewart fait son entrée en 1920-21 dans l'Association amateur de hockey des États-Unis, avec la formation des Indiens de Cleveland. Très grand et costaud, il y passe cinq saisons complètes, se classant premier pour le nombre de buts marqués dans quatre de celles-ci et se méritant ainsi quatre championnats des marqueurs.

Impressionnés par ses prestations, les Maroons de Montréal courtisent Stewart. Il signe avec sa nouvelle équipe à titre d'agent libre le 25 juin 1925. C'est pour lui première expérience professionnelle dans le monde du hockey. Les Maroons mettent toutes les chances de leur côté puisqu'ils signent également Babe Siebert, un joueur de très grande envergure.

Les Maroons, qui ne parviennent pas à remporter de victoires avec leur équipe constituée de vétérans, décident de rajeunir leur équipe pour la saison 1925-26. Les résultats ne se font pas attendre et l'équipe de Montréal remporte la première coupe

Stanley de leur histoire contre Victoria. Stewart en est à sa première saison et déjà, il domine le jeu. De nombreux gardiens subissent les assauts de Stewart et plusieurs sont blessés. Lors des éliminatoires de 1928 contre les Rangers de New York, un lancer foudroyant atteint Lorne Chabot à l'œil gauche, provoquant une hémorragie. L'entraîneur, Lester Patrick, doit remplacer lui-même son gardien malgré ses 45 ans!

Dans les ligues mineures, Nels avait également joué à la défense, mais devant ses talents de marqueur, on lui demande de jouer au centre. Stewart domine la ligue en saison avec 34 buts et 42 points, pour remporter le seul championnat des marqueurs de sa carrière et s'assurer le trophée Hart. Pas si mal, pour une première saison!

Durant la saison 1929-30, Siebert, Stewart et Hooley Smith forment la «S-Line», un des trios les plus productifs de la ligue à cette époque. Nels est de toute évidence très à l'aise avec ses deux compagnons et marque 39 buts en 44 matchs – un sommet pour lui –, ce qui lui permet par ailleurs de remporter un deuxième trophée Hart. Le trio a la réputation d'être le plus rude de la ligue. En plus d'être productif en attaque, la «S-Line» peut également se tirer efficacement d'affaire lorsque le jeu devient physique. Nels a d'ailleurs dominé la ligue dans la colonne des pénalités en 1926-27, avec 133 minutes en 43 matchs.

Les opinions sont parfois partagées à son sujet. Selon certains, il ne se donne pas à fond mais pour d'autres, il est au contraire très productif. L'arbitre Cooper Smeaton déclare: «Stewart avait toujours l'habitude de ne pas se préoccuper de la rondelle et, si vous étiez chargé de le surveiller, il allait même jusqu'à vous faire la jasette, mais dès que la rondelle arrivait près de lui, il vous bousculait et se dirigeait directement vers le but».

Le 3 janvier 1931 est une date mémorable pour «Old Poison». Il établit alors un record qui tient toujours, marquant deux buts en quatre secondes contre les Bruins de Boston à Montréal. Cet exploit peu commun a été égalé en 1995 par Deron Quint, des Jets de Winnipeg. Toutefois, Stewart ne se soucie jamais de ses statistiques personnelles, privilégiant le rendement global de son équipe. «La victoire est la meilleure statistique qui soit, dit-il à un journaliste de New York après ses deux buts les plus rapides de l'histoire». Nels déclare également: «On oublie rapidement les records, mais pas les victoires importantes».

Le 17 octobre 1932, la «S-Line» est démantelée lorsque les Maroons envoient Stewart aux Bruins de Boston pour une somme d'argent et Siebert aux Rangers de New York. Nels devient un membre à part entière des Bruins. Ces derniers avaient connu, l'année précédente, une saison lamentable, avec seulement 15 victoires. La saison 1932-33, bien qu'elle nous permette d'apprécier le rendement de Stewart, ne permet pas aux Bruins de se rendre en finale. Les Bruins échangent le joueur vedette aux Américains de New York le 28 septembre 1935. Son séjour à New York sera de courte durée puisqu'il revient à Boston le 27 mai 1936, lorsque les Américains sont incapables de payer la somme exigée. Il retourne à New York le 19 décembre 1936, cette fois pour y rester.

Stewart prend sa retraite au terme de la saison 1939-40 et est intronisé au Temple de la renommée du hockey en 1962. Jusqu'au moment de sa retraite, il a su composer jour après jour avec les critiques des journalistes et les vitupérations des joueurs adverses. Malheureusement pour lui, à cette époque, les trophées Art Ross et Calder n'existaient pas encore. Il en aurait été sans contredit le grand gagnant. Qu'il ait été véritablement paresseux, – comme certains l'ont cru –, ou qu'il se soit donné à plein, comment ne pas inclure dans les 100 plus grands Québécois du hockey un joueur qui a marqué 324 buts en carrière, à une époque où il était si difficile d'atteindre le filet?

Quelques faits marquants de sa carrière:

➤ 9 saisons de plus de 20 buts et 2 saisons de plus de 30 buts.

➤ Remporte, en 1926 et 1930, le trophée Hart.

➤ Remporte, en 1926, le championnat des marqueurs.

➤ Marque 2 buts en 4 secondes le 3 janvier 1931 (un record).

➤ Capitaine des Américains de New York de 1937 à 1940.

➤ Une coupe Stanley en deux participations à la grande finale.

➤ Le premier joueur de l'histoire à marquer plus de 300 buts.

➤ Décédé le 21 août 1957.

➤ Intronisé au Temple de la renommée du hockey en 1962.

STEWART, Nelson «Nels Old Poison»   Source: LNH

Centre, gaucher 6'1", 195 lb
Né à Montréal, QC, le 29 décembre 1902; décédé le 21 août 1957
Temple de la renommée: 1962
Dernier club amateur 1924-25: les Indiens de Cleveland

						Saison régulière					Séries éliminatoires					
Saison	Équipe	Ligue	PJ	B	A	Pts	Pun	AN	BG	+/-	PJ	B	A	Pts	Pun	AN	BG
1925-26	Maroons de Montréal	LNH	36	*34	8	*42	119				8	*6	*3	*9	24		
1926-27	Maroons de Montréal	LNH	43	17	4	21	*133				2	0	0	0	4		
1927-28	Maroons de Montréal	LNH	41	27	7	34	104				9	2	2	4	13		
1928-29	Maroons de Montréal	LNH	44	21	8	29	74				–	–	–	–	–		
1929-30	Maroons de Montréal	LNH	44	39	16	55	81				4	1	1	2	2		
1930-31	Maroons de Montréal	LNH	42	25	14	39	75				2	1	0	1	6		
1931-32	Maroons de Montréal	LNH	38	22	11	33	61				4	0	1	1	2		
1932-33	Bruins de Boston	LNH	47	18	18	36	62				5	2	0	2	4		
1933-34	Bruins de Boston	LNH	48	22	17	39	68				–	–	–	–	–		
1934-35	Bruins de Boston	LNH	47	21	18	39	45				4	0	1	1	0		
1935-36	Américains de New York	LNH	48	14	15	29	16				5	1	2	3	4		
1936-37	Bruins de Boston	LNH	11	*3	2	5	6				–	–	–	–	–		
	Américains de New York	LNH	32	*20	10	30	31				–	–	–	–	–		
1937-38	Américains de New York	LNH	48	19	17	36	29				6	2	3	5	2		
1938-39	Américains de New York	LNH	46	16	19	35	43				2	0	0	0	0		
1939-40	Américains de New York	LNH	35	6	7	13	6				3	0	0	0	0		
	Totaux LNH	15 saisons	650	324	191	515	953				54	15	13	28	61		

Club de hockey Canadien

JEAN-GUY TALBOT

Défenseur

Vers la fin des années cinquante et durant les années soixante, les partisans et les mordus du hockey viennent applaudir de grands joueurs comme Jean Béliveau, Maurice Richard, Bernard Geoffrion et Jacques Plante. Ils viennent également pour voir jouer des joueurs un peu plus effacés comme Claude Provost et Jean-Guy Talbot, entre autres. Défenseur efficace et solide, Talbot connaît une belle carrière dans la Ligue nationale de hockey à une période où la contribution de chaque joueur est essentielle aux succès de l'équipe.

Même s'il n'a pas le brio des Doug Harvey ou Émile Bouchard, Talbot réussit tout de même à gagner sept coupes Stanley avec les Canadiens de Montréal et participe à autant de classiques du match des étoiles. Il prend part à la finale de la coupe Stanley à onze reprises, n'étant devancé à ce chapitre que par Maurice Richard, Jean Béliveau, Henri Richard et Red Kelly, qui dominent avec douze participations. Défenseur très fiable, il se fait rarement prendre à contre-pied et les bourdes dans son territoire se mesurent au compte-gouttes. En défense, il est capable de s'ajuster au style de jeu des autres équipes et lorsque le jeu devient un brin plus robuste, Jean-Guy est du cortège.

Né le 11 juillet 1932 au Cap-de-la-Madeleine, Jean-Guy Talbot joue son hockey junior avec les Reds de Trois-Rivières et le Flambeau de Trois-Rivières de la Ligue de hockey junior du Québec, de 1949 à 1952. Il poursuit son apprentissage avec les Cataractes de Shawinigan et les As de Québec de la Ligue de hockey senior du Québec. Déjà, chez les juniors, on apprécie la qualité de son jeu en défensive. Dick Irvin, de l'organisation du Canadien, n'a que des éloges pour Talbot, avant même qu'il ne dispute un seul match avec le grand club. «Sans être flamboyant, il est très fiable dans son territoire, il manque rarement sa première passe et ses sorties de zone sont presque toujours sans faille», affirme-t-il en juin 1954.

On raconte que chez les juniors, lors de la saison 1951-52, Talbot aurait expédié Scotty Bowman à l'hôpital lors d'un match de demi-finale entre l'équipe de Trois-Rivières, pour laquelle joue Jean-Guy, et le Canadien junior. Les deux adversaires se dirigent vers la rondelle à toute vitesse et ils échouent dans le fond du filet en territoire du Trois-Rivières. Talbot se relève, tandis que Bowman... reste étendu sur la glace sans bouger. Le gardien de but retire le filet de ses amarres pour permettre au médecin de s'affairer autour de Scotty. Tout le monde est inquiet, puisqu'il ne bouge pas du tout.

Au bout de quelques minutes, il reprend conscience, mais il est incapable de se relever. On demande la civière afin de l'escorter hors de la patinoire et le transporter au service médical. Il en sera quitte pour une commotion cérébrale. Plusieurs accusent Talbot d'y avoir été un peu fort avec Bowman, comme en témoigne l'escarmouche qui suit l'événement. «C'était tout simplement un accident», déclare Bowman peu de temps après son altercation avec Talbot.

Après avoir disputé trois rencontres en 1954-55, il se joint définitivement à l'équipe en début de saison 1955-56. Il est en quelque sorte le porte-bonheur du Canadien, puisque dès son arrivée dans la Ligue nationale de hockey, il aide le Tricolore à remporter cinq coupes Stanley consécutives, celles de 1956 à 1960. En plus de son talent défensif, Talbot est en mesure d'apporter sa contribution à l'offensive, comme en témoignent ses 47 points en 1961-62.

Après avoir connu de beaux succès pendant un peu plus de douze saisons avec les Canadiens, Talbot se met à voyager à travers la Ligue nationale et déploie son talent avec d'autres équipes. Laissé sans protection lors de l'expansion de 1967, il se retrouve avec les North Stars du Minnesota, pour n'y jouer que quatre rencontres avant de quitter pour Détroit et disputer 32 matchs avec les Red Wings. Il termine le reste de la saison 1967-68 à St. Louis. Son expérience, jumelée à celle de quelques autres vétérans, permet aux Blues de participer à la finale de la coupe Stanley contre... le Canadien de Montréal.

Finalement, en l'espace d'un an, Montréal y compris, le talentueux défenseur arbore les couleurs de quatre équipes différentes, ce qui affecte un peu son moral. À St. Louis, Scotty Bowman utilise son vétéran défenseur autant en défensive qu'à l'avant lors des désavantages numériques, se rappelant sans doute qu'à Montréal, Talbot s'était acquitté avec bonheur de cette double tâche. «Le jour où Toe Blake a décidé de m'utiliser à deux positions, il venait de prolonger ma carrière de quatre ou cinq ans», affirme Talbot au journaliste Denis Boulay en 1990.

Son séjour avec les Blues lui redonne le goût de la compétition. L'équipe en est à ses premières armes et la tenue des jeunes joueurs comme des vétérans donne des ailes à Jean-Guy. Bien qu'il soit bien installé dans la région de St. Louis, il est échangé aux Sabres de Buffalo le 4 novembre 1970. Il y jouera une saison seulement avant de prendre sa retraite.

À l'instar de plusieurs anciens joueurs des Canadiens de Montréal, il devient entraîneur dans la Ligue nationale. Le 11 novembre 1972, il remplace Alger Arbour derrière le banc des Blues de St. Louis et le 16 février 1973, c'est Lou Angotti qui lui succède. Durant la saison 1975-76, Talbot tente sa chance dans l'Association mondiale de hockey avec les Spurs de Denver, qui deviennent en cours de route les Civics d'Ottawa et cessent toute activité le 17 janvier 1976 après seulement 41 rencontres.

Après avoir raté les séries éliminatoires lors des saisons 1975-76 et 1976-77, John Ferguson, alors directeur des Rangers de New York, lui offre le poste d'entraîneur pour la saison 1977-78. Talbot revient donc dans la Ligue nationale de hockey l'espace d'une saison, avant d'être remplacé par Fred Shero.

Jean-Guy participe à plusieurs rencontres avec les Old Timers pour différents organismes à travers le Québec et le Canada. Joueur de golf à ses heures, il a laissé sa marque dans la Ligue nationale comme défenseur à caractère défensif. Il n'est pas membre du Temple de la renommée, mais il peut se souvenir avec fierté de ses sept coupes Stanley et de ses onze participations à la grande finale.

Quelques faits marquants de sa carrière:

➤ Nommé à la première équipe d'étoiles en 1961-62.

➤ Participation à 7 matchs d'étoiles.

➤ 7 coupes Stanley en 11 participations à la grande finale.

➤ A porté les numéros 23 et 17 avec les Canadiens.

TALBOT, Jean-Guy   Source: LNH

Défenseur, gaucher 5'11", 170 lb
Né à Cap-de-la-Madeleine, QC, le 11 juillet 1932
Dernier club amateur 1954-55: les Cataractes de Shawinigan

Saison	Équipe	Ligue	| Saison régulière								| Séries éliminatoires						
			PJ	B	A	Pts	Pun	AN	BG	+/-	PJ	B	A	Pts	Pun	AN	BG
1954-55	Canadiens de Montréal	LNH	3	0	1	1	0				–	–	–	–	–		
1955-56	Canadiens de Montréal	LNH	66	1	13	14	80				9	0	2	2	4		
1956-57	Canadiens de Montréal	LNH	59	0	13	13	70				10	0	2	2	10		
1957-58	Canadiens de Montréal	LNH	55	4	15	19	65				10	0	3	3	12		
1958-59	Canadiens de Montréal	LNH	69	4	17	21	77				11	0	1	1	10		
1959-60	Canadiens de Montréal	LNH	69	1	14	15	60				8	1	1	2	8		
1960-61	Canadiens de Montréal	LNH	70	5	26	31	143				6	1	1	2	10		
1961-62	Canadiens de Montréal	LNH	70	5	42	47	90				6	1	1	2	10		
1962-63	Canadiens de Montréal	LNH	70	3	22	25	51				5	0	0	0	8		
1963-64	Canadiens de Montréal	LNH	66	1	13	14	83				7	0	2	2	10		
1964-65	Canadiens de Montréal	LNH	67	8	14	22	64				13	0	1	1	22		
1965-66	Canadiens de Montréal	LNH	59	1	14	15	50				10	0	2	2	8		
1966-67	Canadiens de Montréal	LNH	68	3	5	8	51				10	0	0	0	0		
1967-68	North Stars du Minnesota	LNH	4	0	0	0	4	0	0	-6	–	–	–	–	–	–	–
	Red Wings de Détroit	LNH	32	0	3	3	10	0	0	=	–	–	–	–	–	–	–
	Blues de St Louis	LNH	23	0	4	4	2	0	0	+3	17	0	2	2	8	0	0
1968-69	Blues de St. Louis	LNH	69	5	4	9	24	0	1	+9	12	0	2	2	6	0	0
1969-70	Blues de St. Louis	LNH	75	2	15	17	40	0	0	+18	16	1	6	7	16	0	0
1970-71	Blues de St. Louis	LNH	5	0	0	0	6	0	0	-3	–	–	–	–	–	–	–
	Sabres de Buffalo	LNH	57	0	7	7	36	0	0	-20	–	–	–	–	–	–	–
	Totaux LNH	17 saisons	1056	43	242	285	1006				150	4	26	30	142		

Entraîneur   Source: LNH

Saison	Équipe	Ligue	| Saison régulière					| Séries éliminatoires				
			PJ	VIC	DÉF	NUL	%	PJ	VIC	DÉF	NUL	%
1972-73	Blues de St. Louis	LNH	65	30	28	7	.515	5	1	4	0	.200
1973-74	Blues de St. Louis	LNH	55	22	25	8	.473	–	–	–	–	–
1977-78	Rangers de New York	LNH	80	30	37	13	.456	3	1	2	0	.333
	Totaux LNH	3 saisons	200	82	90	28	.480	8	2	6	0	.250

WILLIAM TORREY

(William «Bill» Torrey)

Bâtisseur

Islanders de New York

Il est toujours difficile de mettre sur pied une nouvelle équipe au sein de la Ligue nationale de hockey. On doit souvent composer avec des joueurs rejetés par d'autres équipes et de jeunes joueurs prometteurs. Évidemment, les victoires se font rares et l'équipe est souvent déclassée par les autres clubs de la Ligue. Lorsqu'on est directeur-gérant d'une telle formation, la patience est essentielle. Il faut généralement de trois à cinq ans pour atteindre le seuil de la respectabilité.

Né le 23 juin 1934 à Montréal, William «Bill» Torrey se divertit en jouant au hockey pour s'amuser, sans plus. Il réussit tout de même à se frayer un chemin et à faire partie de l'équipe de l'université St. Lawrence, en banlieue de New York. Il obtient son diplôme en sciences en 1957. Ses études terminées, il décide d'abandonner le hockey en tant que joueur, ne possédant pas assez de talent pour faire carrière. Il n'abandonne pas complètement le hockey, pourtant, et occupe des postes de consultant avec diverses équipes des ligues amateurs à travers les États-Unis.

Son parcours l'amène à se joindre aux Hornets de Pittsburgh de la Ligue américaine de hockey en 1960, à titre de directeur des relations publiques et par la suite, comme directeur général de l'équipe. Il quitte son poste en 1965. Après quelques années à se consacrer à mi-temps au hockey, Torrey revient en force, cette fois pour y demeurer pendant plus de trente ans.

En septembre 1968, il amorce sa carrière dans la Ligue nationale de hockey en se joignant aux Seals d'Oakland à titre de vice-président directeur. Son influence se fait sentir dès son arrivée: les Seals, qui avaient terminé au dernier rang de la section Ouest en 1967-68, participent aux séries éliminatoires en 1968-69 et 1969-70. Il recommande plusieurs joueurs à son directeur-gérant, dont le Québécois Carol Vadnais.

Bill Torrey a toujours été attiré par le défi que représente une équipe à créer. Un grand bâtisseur, en plus de toutes les qualités requises, doit être doublé d'un fin stratège pour arriver à assembler sur la patinoire une équipe gagnante. Torrey doit cependant affronter un défi encore plus important lorsque les Islanders de New York font leur entrée dans la Ligue nationale pour la saison 1972-73. Il accepte d'emblée l'offre du propriétaire des Islanders de New York et devient directeur général de l'équipe.

La grande force de Torrey est un peu celle de Sammy Pollock: ne jamais échanger ses choix au repêchage. Torrey confie en 1974 à un journaliste de New York: «Jamais je n'échangerai un choix de première ronde au repêchage amateur.» Il ajoute: «Le repêchage est la base d'une équipe gagnante. Vous n'avez qu'à regarder ce que Sam Pollock a réalisé avec les Canadiens. Vous ne pouvez pas bâtir une bonne équipe si vous ne développez pas vos propres joueurs. C'est très important d'effectuer des échanges, mais jamais contre un premier choix amateur.»

À leur première saison, les Islanders produisent la pire fiche de l'histoire de la Ligue nationale de hockey avec seulement 12 victoires et 30 points en 78 rencontres. Torrey, de son côté, avec un calme désarmant, continue de suivre à la lettre son plan initial de bâtir avec de jeunes joueurs issus du repêchage et par la suite, d'effectuer des transactions pour améliorer son club.

L'équipe et son bâtisseur sont d'abord la risée de toute la population de New York. On peut lire dans un quotidien de la métropole new-yorkaise: «Les Islanders sont si mauvais qu'ils ne rivaliseraient même pas avec un club de la Ligue américaine. Bill Torrey est beaucoup trop patient et à ce rythme, son club ne sera compétitif que dans quinze ans.» Torrey ne se décourage pas et, au contraire, ne cède en rien à la pression médiatique et partisane. L'avenir devait lui donner raison.

Torrey fait taire ses dénigreurs grâce à de très bons choix de première ronde. Il choisit, entre autres, Billy Harris en 1972, Denis Potvin en 1973, Clark Gillies en 1974, Mike Bossy en 1977, Brent Sutter en 1980 et Pat LaFontaine en 1983. Il ne faut pas oublier le magnifique choix de deuxième ronde en 1974: Bryan Trottier.

Les Islanders sont rapidement devenus une puissance dans la Ligue nationale et en 1973-74, ils doublent presque leur total de points de 1972-73, avec une récolte de 56 points. Cette même saison, l'équipe de Long Island concède cent buts de moins à ses adversaires, soit 247, contre 347 la saison précédente.

Après avoir été écartés des séries éliminatoires lors de ces deux premières campagnes, les Islanders y participent pour la première fois au terme de la saison 1974-75. Jusqu'en 1979, ils ont de bonnes formations mais sont incapables d'atteindre la finale de la coupe Stanley. En 1978-79, grâce à une récolte de 116 points au classement, ils terminent au premier rang de la Ligue nationale. Mais ils sont éliminés en demi-finale par leurs ennemis jurés, les Rangers de New York.

Un signe quelconque de découragement chez Torrey? Pas du tout. Mais, de toute évidence, il est frustré d'avoir terminé au premier rang de la Ligue et de perdre devant les Rangers, par surcroît. Bill se retrousse les manches et promet aux partisans de l'équipe de faire mieux la saison suivante.

La saison 1979-80 s'avère plus difficile que la précédente, le club n'obtenant que 91 points au classement. Mais, le 10 mars 1980, Torrey effectue une transaction qui va propulser les Islanders jusqu'à leur première coupe Stanley: il acquiert le joueur de centre Butch Goring des Kings de Los Angeles, en retour de Billy Harris et Dave Lewis. À leur première présence en finale, les Islanders disposent des Flyers de Philadelphie. Bryan Trottier connaît des séries du tonnerre, accumulant

29 points en 21 matchs, dont 12 buts, deux sommets cette saison-là. Pour sa part, la nouvelle acquisition de Torrey, Butch Goring, répond aux attentes avec 19 points. Bryan Trottier remporte le trophée Conn Smythe et Bill Torrey voit sa patience récompensée et son rêve se réaliser.

Torrey tient promesse. Son travail, jumelé à celui de ses entraîneurs, fait en sorte que les Islanders mettent la main sur le prestigieux trophée au cours de trois autres saisons consécutives. Les victimes de l'équipe de Torrey ont été, en 1981, les North Stars du Minnesota, en 1982, les Canucks de Vancouver et en 1983, les Oilers d'Edmonton. Ces derniers mettent fin au règne des Islanders en les battant en finale dès la saison suivante. Par la suite, les Islanders connaissent des succès mitigés, mais la finale de la coupe Stanley semble toujours leur échapper.

Bill Torrey est nommé président des Islanders de 1980 à 1989 et gouverneur, de 1989 à 1992. En 1992-93, il est toujours consultant pour cette formation, mais en avril 1993, il devient président et gouverneur des Panthers de la Floride, qui font leur entrée dans la Ligue nationale de hockey pour la saison 1993-94.

À nouveau, il accepte de travailler à bâtir une équipe de l'expansion. Malgré ses succès avec les Islanders, plusieurs se demandent s'il aura la patience nécessaire pour parvenir à ses fins et faire des Panthers une équipe de premier ordre.

En 1995-96, les Panthers ont atteint, à la surprise de tous les experts, la finale de la coupe Stanley, s'inclinant en quatre rencontres face à l'Avalanche du Colorado. Torrey ne connaît pas autant de succès avec les Panthers qu'avec les Islanders, mais il met néanmoins sur pied une équipe de premier plan qui mérite amplement sa place au sein de la Ligue. Il y travaille d'ailleurs toujours.

Son charisme et sa détermination font de lui le récipiendaire du trophée Lester Patrick en 1983, pour avoir contribué le plus au domaine du hockey aux États-Unis. Il est intronisé au Temple de la renommée du hockey à titre de bâtisseur en 1995.

Force est de dire que Torrey n'a pas pris le chemin le plus facile pour atteindre la crédibilité dont il jouit aujourd'hui. Cet Américain d'origine québécoise a su prouver que la patience et les choix judicieux au repêchage permettent de réaliser de grandes choses. Il est, selon moi, de la même trempe que Sam Pollock et Lester Patrick. Sa place dans les 100 plus grands Québécois du hockey est sans conteste. Il est le dernier directeur général de la Ligue nationale de hockey à avoir dirigé son club vers quatre conquêtes consécutives de la coupe Stanley. Il est devancé uniquement par Frank J. Selke des Canadiens de Montréal avec cinq conquêtes entre 1956 et 1960, et Sam Pollock, également des Canadiens, avec quatre conquêtes entre 1976 et 1979.

GILLES TREMBLAY

Ailier gauche et analyste

Le 24 décembre 1945 est sans l'ombre d'un doute la date la plus importante de la jeunesse de Gilles. Âgé de huit ans, Gilles Tremblay s'adonne à son sport préféré, le ski. Toutefois, ce jour-là ne se déroule pas comme les autres. En effet, le petit Tremblay est victime d'une vilaine chute. Les résultats sont inquiétants: il se fracture la jambe.

Né à Montmorency, dans la région de Québec, le 17 décembre 1938, il est le plus jeune d'une famille de 14 enfants. Tout le monde s'adonne au sport dans la famille. Craignant de retourner sur les pentes de ski, il décide donc de chausser des patins. Il joue dans la rue avec les jeunes du quartier et, pour en retirer un certain plaisir, il s'amuse avec des amis plus âgés que lui. Il s'aperçoit très tôt qu'il possède un talent certain.

Un soir de 1956, les éclaireurs du Forum surveillent attentivement Gilles qui évolue dans la ligue métropolitaine pour le Canadien junior de Hull-Ottawa. Il poursuit d'ailleurs ses études à Hull lorsque Sam Pollock du club de hockey des Canadiens lui offre cent dollars pour signer avec la plus prestigieuse organisation de la ligue. Ne sachant que faire, il en parle à l'un de ses frères qui lui conseille de signer avec la plus grande organisation. S'il n'est pas à la hauteur, il aura la possibilité d'offrir ses services aux cinq autres formations de la Ligue nationale de hockey.

Boston, New York et Toronto veulent s'approprier ses services. Il débute avec les Canadiens en 1960-61, après les cinq coupes Stanley consécutives de l'équipe. On avait sans doute remarqué chez lui certaines qualités, car à cette époque les Canadiens dominent le sport.

En début de carrière, il joue de façon sporadique en compagnie de Jean Béliveau et Bernard Geoffrion. Cependant, il évoluera durant la majeure partie de sa carrière avec le gros Bill au centre et Yvan Cournoyer à l'aile droite. Il complète donc avantageusement le trio numéro un de l'équipe. Il est l'un des patineurs les plus rapides du circuit à l'époque, en plus d'être le joueur qui aura évolué le plus longtemps à la gauche de Béliveau.

Gilles se souvient de son premier match dans Ligue nationale de hockey contre les Red Wings de Détroit et son idole de jeunesse, Gordie Howe. Spécialiste en défensive, il a comme mission première de surveiller les meilleurs joueurs des équipes adverses. Ce soir-là, Tremblay joue contre le trio de Howe. Il réussit à contrer les efforts du joueur vedette des Wings et l'empêche de marquer. À défaut d'un réel talent de marqueur, Tremblay a l'avantage d'être plus rapide que Howe. Déjà, il impressionne par son habileté à anticiper et par sa rapidité.

Un jour, l'entraîneur Toe Blake lui dit: «Gilles, si tu veux être reconnu à ta juste valeur, tu devras aussi accumuler des points et faire des choses en zone adverse». Le message est compris: lors de la saison 1961-62, il contribue solidement à l'attaque et termine avec une fiche de 32 buts et 54 points.

Les Canadiens remportent quatre coupes Stanley avec Tremblay dans leurs rangs, mais ce dernier ne verra son nom gravé sur le précieux trophée qu'à deux reprises. En effet, des blessures l'empêchent de participer aux deux autres coupes. En revanche, il marque deux buts très importants dans les séries de la coupe Stanley en 1966. Le 28 avril 1966, lors de la grande finale contre Détroit, il marque deux buts, dont le but gagnant qui permet aux Canadiens de revenir de l'arrière (0-2) et de gagner la coupe Stanley.

Tout au long de sa carrière avec les Canadiens, Tremblay porte le numéro 21, à l'exception de ses deux dernières saisons où il endosse le chandail numéro 5, contre son gré. Gilles ne veut pas ce numéro par respect envers son ancien coéquipier, Bernard Geoffrion. Il me disait: «Pollock n'aimait pas Geoffrion, il ne voulait pas qu'on retire son chandail et lorsque je me présente dans le vestiaire en vue de la pratique matinale, je constate que tout mon équipement a été modifié; le chiffre 5 est maintenant mon nouveau numéro.»

Malheureusement, un vaccin contre la grippe de Hong Kong lui est néfaste. Les effets secondaires sont dévastateurs et très rapidement, les problèmes de dos et d'articulations apparaissent. Il dispute son dernier match le 11 février 1969. Après la rencontre, il souffre d'une crise d'asthme qui l'oblige à se retirer. Malgré tout, il décide de se donner une dernière chance en participant au camp d'entraînement de l'équipe l'automne suivant, mais en vain. Il doit abdiquer pour de bon.

Sa retraite est de courte durée puisqu'il reçoit une offre pour analyser les matchs des Canadiens à la télévision. Il devient le premier joueur de hockey canadien-français à accéder à un tel poste. C'est en 1970, aux côtés de René Lecavalier, qu'il entreprend sa deuxième carrière lors des matchs du samedi soir à Radio-Canada. Grâce à sa grande faculté d'imager ses analyses, on lui offre également les matchs à la radio. Radio-Canada n'ayant pas suffisamment de budget, les Canadiens acceptent de défrayer ses frais d'hôtel lorsqu'il voyage avec l'équipe.

Très nerveux à l'idée de travailler avec un spécialiste de la langue française tel que René Lecavalier, Tremblay demande à ce dernier s'il doit s'inscrire à des cours de français pour améliorer son vocabulaire et sa diction. Lecavalier lui répond avec un large sourire: «Si tu es réceptif à mes conseils, je vais te les donner moi-même, les cours.»

Il côtoie les joueurs et analyse leurs performances pendant 28 ans. Analyser plus de cent matchs de hockey par année s'avère extrêmement exigeant, mais son ardeur est telle qu'il exerce sa nouvelle carrière sans peine. Il a la chance, au fil des ans, de travailler avec des gens hautement qualifiés. Il doit une partie de sa réussite à Lecavalier, celui qui a francisé le vocabulaire du hockey.

Ceux qui ont vu Gilles évoluer sur la glace du Forum connaissent bien son impressionnant coup de patin et sa grande rapidité mêlée de robustesse. Grâce à sa passion pour le hockey et sa vision du jeu, Tremblay a su exceller tant sur la patinoire que sur la passerelle du Forum. Il ne connaissait pas la demi-mesure et le prix Gémeaux qu'il a partagé avec Claude Quenneville il y a quelques années est la preuve de l'excellence de sa contribution.

Quelques faits marquants de sa carrière :

➤ Un tour du chapeau en saison régulière.

➤ 4 points dans un match (3 buts et 1 passe).

➤ 5 saisons de plus de 20 buts et une saison de plus de 30 buts.

➤ Participation à 2 matchs d'étoiles.

➤ A porté les numéros 21 et 5 avec le Canadien.

➤ 2 coupes Stanley en 3 participations à la grande finale.

TREMBLAY, Gilles   Source: LNH

Ailier gauche, gaucher 5'10", 170 lb
Né à Montmorency, QC, 17 décembre 1938
Dernier club amateur 1958-59 : le Canadien de Hull-Ottawa

			Saison régulière								Séries éliminatoires						
Saison	Équipe	Ligue	PJ	B	A	Pts	Pun	AN	BG	+/-	PJ	B	A	Pts	Pun	AN	BG
1960-61	Canadiens de Montréal	LNH	45	7	11	18	4				6	1	3	4	0		
1961-62	Canadiens de Montréal	LNH	70	32	22	54	28				6	1	0	1	2		
1962-63	Canadiens de Montréal	LNH	60	25	24	49	42				5	2	0	2	0		
1963-64	Canadiens de Montréal	LNH	61	22	15	37	21				2	0	0	0	0		
1964-65	Canadiens de Montréal	LNH	26	9	7	16	16				–	–	–	–	–		
1965-66	Canadiens de Montréal	LNH	70	27	21	48	24				10	4	5	9	0		
1966-67	Canadiens de Montréal	LNH	62	13	19	32	16				10	0	1	1	0		
1967-68	Canadiens de Montréal	LNH	71	23	28	51	8	7	2	+28	9	1	5	6	2	0	0
1968-69	Canadiens de Montréal	LNH	44	10	15	25	2	0	0	+15	–	–	–	–	–	–	–
	Totaux LNH	9 saisons	509	168	162	330	161				48	9	14	23	4		

JEAN-CLAUDE TREMBLAY

(Jean-Claude «Le Magicien» Tremblay)

Défenseur

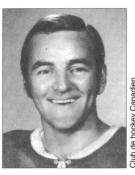

La force physique remarquable et la rapidité de cet homme de cinq pieds onze pouces et 170 livres en font un des défenseurs les plus habiles de la Ligue nationale de hockey. Chez le Canadien, entre 1959 et 1972, il n'écopera que d'un peu moins de 16 minutes de pénalité en moyenne par saison.

Jean-Claude est un joueur scientifique qui adopte son propre style; son talent est tel qu'il n'a pas besoin de recourir à des tactiques déloyales. Il privilégie sa propre méthode, qui consiste à effectuer des sorties de zone ultrarapides. Personne ne maîtrise mieux que lui la relance de l'attaque. De plus, lorsqu'il devient impossible de faire une passe à un coéquipier, il utilise sa technique du «lob» qui, comme au tennis, consiste à soulever la rondelle très haut dans les airs. Maîtrisant à la perfection cette technique du lob, il peut libérer son territoire sans provoquer de dégagement illégal.

Tremblay, qu'on surnomme «Le magicien» pour la qualité et la précision de ses passes, peut tout faire avec une rondelle. Claude Ruel se rappelle: «Déjà dans les mineures, il manipulait la rondelle comme il le voulait, comme si elle lui obéissait au doigt et à l'œil.» Il aura imposé son style de jeu tant dans la Ligue nationale que dans l'Association mondiale de hockey.

Le numéro 3 du Canadien est un véritable professionnel. Il n'y a chez lui aucune recherche du sensationnel et il est si constamment efficace qu'on l'oublie presque. Son jeu ne comporte aucune fioriture et il est doté d'un flegme à faire frémir ses entraîneurs. Il attire un adversaire tout près de lui et, en une fraction de seconde, la rondelle se retrouve comme par magie sur la palette d'un coéquipier.

Peu de joueurs de son époque possèdent un tel talent. Superbe patineur, Tremblay est un habile fabricant de jeux et sa capacité de sortir la rondelle de sa zone aux moments critiques est sans égale. Sa conception et son anticipation du jeu exceptionnelles proviennent de son expérience préalable comme joueur d'avant dans les ligues mineures, avant qu'il ne soit converti en défenseur.

Né le 22 janvier 1939 à Bagotville, Jean-Claude Tremblay fait son hockey junior avec le Canadien junior de Hull-Ottawa dès 1956. Sa meilleure saison est de toute évidence celle de 1959-60, alors qu'il joue sous les ordres de l'entraîneur Sam

Pollock. Il fait partie d'une équipe aux talents multiples avec des coéquipiers comme Ralph Backstrom, Gilles Tremblay et Robert Rousseau.

L'équipe est dans une classe à part et aucun club de la Ligue de hockey professionnelle de l'Est ne l'intimide. Le Canadien junior de Hull-Ottawa s'empare d'ailleurs de la coupe Memorial sans être inquiété. Il bat coup sur coup les équipes de Cap Breton, Toronto et Régina. Le talent de Tremblay est récompensé à sa juste valeur au terme de la saison puisqu'il est élu joueur par excellence de la Ligue de hockey professionnelle de l'Est. Devant la prestation de Jean-Claude, le Canadien l'invite à jouer onze matchs avec le grand club.

Un fait inusité, son premier match dans la Ligue nationale de hockey a lieu le 3 octobre 1959, alors que le Canadien, champion de la coupe Stanley la saison précédente, reçoit les étoiles de la Ligue nationale. Tremblay fait donc son entrée dans la Ligue par la grande porte: un match d'étoiles... remporté par le Tricolore 6-1.

Il se joint définitivement aux Canadiens de Montréal pour la saison 1961-62. La direction du Tricolore voit en Tremblay le successeur de Doug Harvey. Lors d'une entrevue en 1960, Frank J. Selke fait la prédiction suivante: «Son talent et son sens du leadership ne font aucun doute, il sera bientôt le successeur de Doug Harvey. Il deviendra l'un de nos piliers en défensive et nous fondons beaucoup d'espoir en lui.» Selke et la direction des Canadiens voient juste: Tremblay sera un atout majeur de la défense du Canadien, bien appuyé par les Terry Harper, Jacques Laperrière, Ted Harris et Serge Savard.

Tout au long de sa glorieuse carrière, Jean-Claude a mené le Canadien à sept championnats et à cinq coupes Stanley. Son nom est gravé sur la coupe Stanley pour la première fois en 1965. Il devait inscrire à nouveau son nom sur le trophée le plus prestigieux en 1966, 1968, 1969 et 1971. Il prend part à la classique annuelle du match des étoiles à sept reprises, en 1959, 1965, 1967 à 1969, 1971 et 1972.

Son grand talent est confirmé lors des séries de 1965 et 1966 alors que le Bleu-blanc-rouge remporte la coupe Stanley deux saisons consécutives. En 1965, Jean-Claude marque dix points, menant la Ligue au chapitre des assistances. L'année suivante, il termine deuxième marqueur des séries avec 11 points. N'eut été du brio du gardien Roger Crozier, des Red Wings de Détroit, il aurait sans l'ombre d'un doute mis la main sur le trophée Conn Smythe.

La victoire de 1971 est encore plus satisfaisante pour Tremblay, puisqu'il inscrit trois buts et 17 points en séries. Par surcroît, ce sont trois buts victorieux. Dans la série quart de finale contre les Bruins de Boston, tout d'abord, le Canadien tire de l'arrière 3-2 après cinq rencontres. Tremblay marque le but gagnant au cours du sixième match, le 15 avril 1971, et récidive lors du septième et décisif affrontement, le 18 avril. Il expédie presque à lui seul les Bruins en vacances, bien que les experts aient choisi Boston pour remporter les grands honneurs. Son troisième but victorieux est réalisé lors de la demi-finale, le 24 avril 1971, dans une victoire de 6-3 contre les North Stars du Minnesota.

À la suite de tels exploits, Tremblay est élu sur la première équipe d'étoiles en 1971 et sur la deuxième équipe en 1968. Ses statistiques sont excellentes pour un défenseur, car en 794 parties en saison régulière, il marque 57 buts et 306 assistances pour un total de 363 points. En séries éliminatoires, il fait scintiller la lumière rouge à 14 reprises pour compléter sa fiche avec 65 points.

Après une belle carrière avec le Canadien, Jean-Claude Tremblay est repêché par les Sharks de Los Angeles de l'Association mondiale de hockey, le 12 février 1972. En août 1972, les Sharks l'échangent aux Nordiques de Québec pour compensations futures. Il quitte donc la LNH pour se joindre aux Nordiques de l'AMH pour la saison 1972-73.

Durant son séjour de sept ans dans l'Association mondiale, Tremblay est égal à lui-même, aidant les Nordiques à vaincre les Jets de Winnipeg et à remporter ainsi, en 1977, la coupe Avco, l'emblème de la suprématie dans l'Association mondiale. Il est élu quatre fois membre de l'équipe d'étoiles, trois fois sur la première et une fois sur la deuxième. Il remporte de plus, en 1973 et 1975, le trophée Dennis A. Murphy, remis au défenseur par excellence de la Ligue.

Dans l'AMH, il se démarque comme l'un des défenseurs les plus offensifs, avec ses 424 points en 454 rencontres. Il domine la Ligue pour les assistances en 1972-73 avec 75 passes, et en 1975-76 avec 77 assistances.

Sa carrière prend fin au terme de la saison 1978-79. On ne l'a pas revu dans la Ligue nationale, malgré l'entrée de Hartford, Edmonton, Winnipeg et Québec dans le grand circuit. Il faut mentionner que les blessures ont contribué à son départ, puisqu'il a raté plusieurs rencontres lors de ses trois dernières saisons.

Plusieurs experts et amateurs de hockey sont surpris de constater qu'il n'est pas membre du Temple de la renommée. Le fait qu'il ait quitté la LNH pour l'Association mondiale a considérablement nui à ses chances d'être intronisé. Par contre, la contribution de Jean-Claude Tremblay à l'AMH est telle que les Nordiques retirent son chandail, le numéro 3.

Tremblay termine sa carrière dans l'organisation du Canadien comme éclaireur en Europe. C'est à lui qu'on doit des découvertes comme Oleg Pétrov et Saku Koivu. Malheureusement, le 7 décembre 1994, Jean-Claude rend l'âme à la suite d'un long cancer. Ronald Corey, ancien président des Canadiens, dit de lui: «Je perds un grand chum. Jean-Claude a été aussi un grand joueur et son nom devrait figurer parmi les meilleurs.»

Le célèbre Gordie Howe est, comme plusieurs, très étonné de savoir que «Jaycee» n'est toujours pas «immortalisé». «Tremblay mérite sa place parmi les immortels. N'a-t-il pas gagné une coupe de plus que moi?» Nombreux sont les experts qui espèrent encore voir un jour son intronisation.

Même si le Tricolore n'a pas retiré son numéro, on peut affirmer sans se tromper qu'il fut l'un des plus grands défenseurs de l'organisation montréalaise. Il aura appris à ses successeurs une tactique très utilisée aujourd'hui dans la Ligue nationale, le fameux «lob», et il fut jusqu'à la toute fin de sa carrière la pierre angulaire des systèmes de défense des deux organisations québécoises. Jean-Claude Tremblay aura disparu du monde du hockey en magicien.

Quelques faits marquants de sa carrière:

➢ Participation à 7 matchs d'étoiles dans la LNH.

➢ Une coupe Avco dans l'AMH.

➢ Remporte, en 1973 et 1975, le trophée Dennis A. Murphy dans l'AMH.

➢ 5 coupes Stanley en 6 participations à la grande finale.

➢ Son chandail numéro 3 est retiré par les Nordiques de Québec.

➢ A porté les numéros 21 et 3 avec les Canadiens de Montréal.

TREMBLAY, Jean-Claude «Le Magicien»   Source: LNH

Défenseur, gaucher 5'11", 170 lb
Né à Bagotville, QC, le 22 janvier 1939; décédé le 7 décembre 1994
Dernier club amateur 1958-59: le Canadien junior de Hull-Ottawa

Saison	Équipe	Ligue	Saison régulière								Séries éliminatoires						
			PJ	B	A	Pts	Pun	AN	BG	+/-	PJ	B	A	Pts	Pun	AN	BG
1959-60	Canadiens de Montréal	LNH	11	0	1	1	0				–	–	–	–	–		
1960-61	Canadiens de Montréal	LNH	29	1	3	4	18				5	0	0	0	2		
1961-62	Canadiens de Montréal	LNH	70	3	17	20	18				6	0	2	2	2		
1962-63	Canadiens de Montréal	LNH	69	1	17	18	10				5	0	0	0	0		
1963-64	Canadiens de Montréal	LNH	70	5	16	21	24				7	2	1	3	9		
1964-65	Canadiens de Montréal	LNH	68	3	17	20	22				13	1	*9	10	18		
1965-66	Canadiens de Montréal	LNH	59	6	29	35	8				10	2	9	11	2		
1966-67	Canadiens de Montréal	LNH	60	8	26	34	14				10	2	4	6	2		
1967-68	Canadiens de Montréal	LNH	73	4	26	30	18	1	1	+28	13	3	6	9	2	0	1
1968-69	Canadiens de Montréal	LNH	75	7	32	39	18	2	1	+29	13	1	4	5	6	0	0
1969-70	Canadiens de Montréal	LNH	58	2	19	21	7	1	0	+5	–	–	–	–	–		
1970-71	Canadiens de Montréal	LNH	76	11	52	63	23	5	4	+16	20	3	14	17	15	1	3
1971-72	Canadiens de Montréal	LNH	76	6	51	57	24	3	2	+52	6	0	2	2	0	0	0
1972-73	Nordiques de Québec	AMH	75	14	*75	89	32				–	–	–	–	–		
1973-74	Nordiques de Québec	AMH	68	9	44	53	100				–	–	–	–	–		
1974-75	Nordiques de Québec	AMH	68	16	56	72	18				11	0	10	10	2		
1975-76	Nordiques de Québec	AMH	80	12	*77	89	16				5	0	3	3	0		
1976-77	Nordiques de Québec	AMH	53	4	31	35	16				17	2	9	11	2		
1977-78	Nordiques de Québec	AMH	54	5	37	42	26				1	0	1	1	0		
1978-79	Nordiques de Québec	AMH	56	6	38	44	8				–	–	–	–	–		
	Totaux LNH	13 saisons	794	57	306	363	204				108	14	51	65	58		
	Totaux AMH	7 saisons	454	66	358	424	216				34	2	23	25	4		

RÉJEAN TREMBLAY
(Réjean «Le Bleuet» Tremblay)
Journaliste et auteur

Journal La Presse

Plusieurs grands noms nous viennent spontanément à l'esprit lorsque vient le temps de parler du monde journalistique. Il y a eu Jacques Beauchamp, Zotique l'Espérance et Charles Mayer. Chez nos contemporains, on cite des noms comme Bertrand Raymond, Yvon Pedneault et Pierre Ladouceur; il faut ajouter à cette magnifique liste Réjean Tremblay. Chaque journaliste possède son style propre, ses préférences pour certains sports et sa façon bien à lui d'amener la nouvelle aux lecteurs.

Né le 24 août 1944 à Saint-David-de-Falardeau, au nord de Chicoutimi, Réjean Tremblay termine ses études classiques et décroche un baccalauréat en lettres et en pédagogie. Plutôt malhabile au hockey, ayant appris à patiner trop tard, il pratique cependant plusieurs autres sports qu'il aime particulièrement: le ballon-balai, le baseball et le football, où il occupe la position de quart arrière.

Il fait d'abord du sport par plaisir et si le tennis prend une large place dans ses activités sportives, c'est surtout pour garder la forme et rencontrer des amis qui partagent les mêmes goûts que lui. Sans exceller dans une discipline en particulier, il possède le sens du sport avant tout et une bonne coordination en général, ce qui lui permet même encore aujourd'hui d'être assez actif.

En début de carrière, il enseigne durant neuf ans le latin et le grec. Il s'oriente ensuite vers le monde journalistique au *Progrès Dimanche* de Chicoutimi en 1970, puis au journal *La Presse* le 19 août 1974. À son arrivée, on l'achemine aux faits divers. En février 75, il a le choix entre la chronique de l'hôtel de ville ou couvrir les Canadiens.

Il préfère de beaucoup la couverture des Canadiens, car à cette époque, Réjean veut surtout voyager et être affecté au Tricolore signifie qu'il suivra l'équipe sur la route. Lorsqu'il a quitté sa terre natale pour la grande ville, il maîtrisait quelques langues, mais pas l'anglais. Il est évident que la couverture des activités d'un club de hockey de la Ligue nationale l'amène à faire ses classes et à apprendre rapidement cette langue. Comme Tremblay a toujours fait partie de la catégorie des gens déterminés, il ne s'écoule pas beaucoup de temps avant qu'il se fasse une niche auprès des athlètes professionnels.

Sans mentor, Réjean apprend en lisant la chronique de Claude Larochelle dans le journal *Le Soleil* de Québec. Tremblay se souvient: «Ce n'est pas tant le style d'écriture de Claude qui m'a influencé, mais plutôt l'approche humaine dont il faisait preuve avec les athlètes.» Réjean développe son propre style et très rapidement, la qualité de sa plume en fait l'un des plus grands journalistes au Québec. Aujourd'hui, sa crédibilité est solidement établie.

«Comme enfant, j'ai connu de très belles années lorsque les Canadiens de Montréal ont remporté les cinq coupes Stanley consécutives de 1956 à 1960, avec Jean Béliveau, Maurice Richard et Dickie Moore. Professionnellement, j'ai eu la chance de couvrir une équipe qui ne perdait pas souvent durant les années soixante-dix avec Guy Lafleur, Larry Robinson et Scotty Bowman», me disait Réjean lors d'une entrevue.

La journée de travail de Réjean Tremblay est un peu différente de celle des autres journalistes au Québec puisqu'il est également auteur de séries télévisées. Il se lève très tôt pour lire les différents quotidiens avant de relire les textes de ses séries écrits la veille. Toujours en matinée, il collabore à quelques émissions de radio avec des commentaires sur l'actualité sportive à CKAC (Montréal), CKRS (Chicoutimi) et CHRC (Québec). Ensuite, il consacre environ deux heures à l'écriture de quelques pages de ses différents projets pour la télévision.

Il est disponible le midi pour des dîners d'affaires, des conférences de presse ou tout simplement pour assister à un exercice du Canadien. Il se consacre entièrement pendant l'après-midi à la recherche et la rédaction de ses articles. En fin d'après-midi, il collabore à nouveau à différentes émissions de radio.

Son travail de journaliste l'amène à couvrir la course automobile partout à travers le monde. Passionné, Tremblay est avant tout intéressé par les jeux de pouvoir en coulisses et les stratégies déployées par les différentes écuries de la Formule 1. «Couvrir la Formule 1, c'est être au cœur d'une véritable guerre financière et technologique. Ce qui est passionnant, c'est d'être plongé dans une formidable partie d'échecs et d'essayer de décoder les vérités et demi-vérités», me confiait-il.

Depuis quelques années, Tremblay est ce qu'on appelle un *columnist*. La beauté de ce travail, c'est qu'un *columnist* ne sait jamais de quoi sera faite la journée suivante et quels seront les nouveaux défis à relever. Le papier du lendemain représente toujours pour lui un nouveau défi, de nouvelles choses à accomplir Le *columnist* a la possibilité de faire autant un reportage qu'une entrevue, et il exprime ses propres opinions. C'est sans l'ombre d'un doute la situation enviée et enviable de tout journaliste. Lorsqu'on connaît la grande carrière de Tremblay comme journaliste, on se demande souvent ce qu'il peut lui rester à accomplir dans ce domaine.

En plus d'être un journaliste réputé, Tremblay est également un auteur de miniséries et de téléséries. C'est Richard Martin, directeur des dramatiques à Radio-Canada, qui part le bal lorsqu'il demande à Réjean de lui écrire une série sur le hockey. En peu de temps, Réjean se met au travail pour créer, avec Fabienne Larouche et des hommes de métier comme Denis Héroux et Jean-Claude Lord, la télé-série qui devait révolutionner la télévision au Québec: *Lance et Compte*. Devant le succès monstre de l'émission, Réjean développe une certaine passion pour les séries et porte à l'écran les mini-séries *Le Masque*, *Miséricorde* et *Innocence*, suivies des télé-séries *Scoop*, *Réseaux* et *Urgence*. Fabienne Larouche et Réjean Tremblay sont les coauteurs de plusieurs séries, avant de poursuivre chacun de leur côté leurs brillantes carrières.

Il ne compte pas s'arrêter là puisqu'il y aura une suite à *Lance et Compte* qui s'intitulera *La Nouvelle Génération*, où l'on pourra voir quelques anciens personnages et de nouvelles figures. L'action se déroulera plusieurs années plus tard. Il a aussi écrit une série, *Casino*, qui attend juste de voir le jour à l'écran. Chose certaine, il n'est pas à court d'idées et combiner les métiers de journaliste et d'auteur lui permet de satisfaire sa passion: l'écriture.

Comme la plupart des grands journalistes, Réjean a interviewé les plus grands sportifs, tous sports confondus. Il me rappelait une entrevue avec le boxeur Muhammed Ali directement de son chalet, aux États-Unis. Tremblay avait été impressionné par le côté humain de l'athlète. La couverture des Jeux olympiques de 1980 à Moscou avait été pour lui très spéciale. Les Canadiens et les Américains avaient boycotté les jeux, ce qui laissait Réjean entièrement libre pour faire des reportages sur la vie en général.

Quand on lui demande si le hockey redeviendra un jour comme avant, Réjean Tremblay résume la situation ainsi: «Rien au monde ne revient comme avant. Le «rap» n'est pas Elvis, Elvis n'est pas Louis Armstrong, Louis Armstrong n'est pas Beethoven et Beethoven n'est pas Mozart.» Quoi qu'il en soit, Réjean Tremblay est l'un de nos plus grands journalistes et on se doit maintenant de l'inclure parmi les auteurs de séries télévisées les plus populaires du Québec. Il a accompli tellement de choses dans sa carrière que peut-être verrons-nous un jour une minisérie sur la vie de Réjean Tremblay. Même s'il n'est plus affecté à la couverture des Canadiens sur une base quotidienne, il est, en raison de la qualité de sa plume, l'un des plus grands du hockey.

CKAC

PIERRE TRUDEL

Journaliste

Depuis plus de vingt ans, Pierre Trudel prend plaisir à discuter avec de vrais mordus de sport, comme à l'époque des fameuses discussions de taverne. Trudel partage ses connaissances et son savoir-faire avec les profanes, les amateurs et aussi, certains experts. Il n'a pas vraiment le profil de l'expert, du moins pour un journaliste. Il se définit davantage comme quelqu'un qui aime le sport avant tout, sans être le plus grand des analystes. «Je ne suis pas un expert, même si j'ai mes propres opinions, et je n'hésite pas à les défendre», me dit-il en entrevue.

Il découvre le hockey très jeune, à l'époque où Jean Béliveau est la grande vedette des Canadiens de Montréal. Il s'identifie très longtemps à lui et collectionne même les articles de journaux qui le concernent. Il ne se bat qu'une seule fois à l'école, justement un peu à cause de Béliveau! Un jeune de son âge ne cesse d'invectiver Trudel et de dénigrer Béliveau. Illico, la bagarre entre les deux *Tom Pouce* éclate. Il ne faut pas s'en prendre au «Gros Bill», surtout en présence de Pierre Trudel.

Né le 10 juillet 1943 à Montréal, Pierre Trudel fait son cours classique dans la région de Rigaud où il est pensionnaire, jusqu'en Philosophie II. Au collège, il tente bien de jouer au hockey, mais pour le plaisir, sans plus. Défenseur peu habile, il abandonne et décide de pratiquer ce qui deviendra son sport préféré: le baseball. N'étant pas doué pour les autres cours obligatoires à l'époque, c'est-à-dire les mathématiques et les sciences, il se dirige vers le journalisme écrit. Trudel aspire à travailler dans le domaine du sport, mais se voit contraint d'entreprendre sa jeune carrière dans le journalisme artistique, faute de place du côté sportif.

Après avoir annoncé à son père qu'il quitte le cours classique pour travailler en communications, il décide d'offrir ses services à *Montréal-Matin*. Pierre s'y présente donc un soir dans le but de rencontrer Jerry Trudel. Il ignore qu'à l'époque, on ne se présente jamais un soir de *deadline*. L'accueil n'est pas des plus chaleureux. «Louis Chantigny m'a reçu dans son bureau et m'a expliqué qu'il n'y avait pas de place dans le sport mais que l'important, c'était de mettre les pieds dans la boîte et d'attendre les ouvertures», raconte Pierre Trudel.

Pendant plusieurs années, Trudel va cotoyer les vedettes, comédiens, animateurs et chanteurs. Voilà l'univers qu'il fréquente jour après jour. En 1965, il devient chroniqueur artistique à la très populaire émission *Jeunesse d'aujourd'hui* avec Joël Denis et Pierre Lalonde, et ce, pour 2 ans.

Pierre Trudel se plaît bien à travailler dans le monde du spectacle, mais il ne perd pas de vue le monde du sport. Même si les années passent, il n'abandonne pas l'espoir d'y faire son entrée. Il doit être patient, car les ouvertures sont rares.

Sa réputation croît dans le milieu des artistes, ce qui amène Edward Rémy et André Robert à l'inviter à se joindre au journal *Écho-Vedettes*. De 1972 à 1977, il interviewe les grandes stars et devient même, dans certains cas, une sorte de confident. Très professionnel, Trudel ne déçoit jamais les artistes sur qui il doit écrire des articles qui ne sont pas toujours encourageants.

Selon Trudel, le monde du spectacle est fascinant, mais assez superficiel. «Quand on rencontre une vedette, on peut facilement mesurer le degré de sincérité de ce qu'elle dit. Il y a souvent un côté "promotion de carrière" qui paraît, contrairement à la plupart des athlètes, par exemple», mentionne-t-il à un journaliste en 1979.

Il en a finalement par-dessus la tête du showbizz et se trouve enfin un emploi comme chroniqueur sportif au magazine *TV-Hebdo*. Toutes les semaines, il commente les événements télévisés dans plusieurs disciplines sportives. C'est à ce moment que Pierre réalise que le travail dans le monde du sport n'est pas de tout repos, mais très rapidement il s'ajuste, soutenu par sa passion pour les différents sports pratiqués au Québec. Lorsqu'on est pigiste, on doit souvent travailler plus fort et ne dépendre que de soi.

C'est par hasard qu'il se retrouve à l'émission *Les amateurs de sports* en 1979. Travaillant déjà à CKAC comme chroniqueur le samedi après-midi, il se voit offrir une émission quotidienne pendant le mois de juillet. Ce n'est pas un expert et il ne sait pas s'il aimera l'expérience, mais il accepte tout de même de relever ce nouveau défi, d'autant plus que l'expérience ne durera qu'un mois. Trudel se rappelle: «Succéder à Yvon Pedneault et Claude Mailhot n'est pas une mince tâche, mais je suis un homme de défi et j'ai accepté malgré le faible salaire de 50 $ par show.» La direction de CKAC ne voulait plus d'experts à l'animation, mais quelqu'un qui pouvait alimenter des discussions avec les gens sans être une véritable étoile de l'analyse. On aime ce qu'il fait et on lui propose de faire le mois d'août et si tout va bien...

Il obtient finalement la deuxième meilleure cote d'écoute de l'histoire de l'émission, même si plusieurs avaient prédit qu'il se casserait la gueule. Avertissement amical ou jalousie? Trudel y prend goût et voit sa passion première se réaliser petit à petit. Il travaille maintenant à ce qu'il aime le plus: les communications et le monde du sport. Sa tenue remarquable au micro incite la direction à prolonger son entente avec Trudel. «Ils m'ont oublié là et ils se sont aperçus que j'y étais encore vingt ans après», dit-il dans un éclat de rire.

Le type d'émission qu'il anime l'amène souvent à réagir à d'importantes nouvelles de dernière minute; il lui faut donc être prêt en tout temps, ce qui demande une certaine préparation. Le matin, il doit lire tous les journaux qui traitent plus particulièrement de sport, naviguer sur Internet, suivre les principaux bulletins sportifs, préparer les questions des différentes entrevues qu'il doit réaliser et finalement, s'assurer lui-même que les invités seront présents à l'émission. «La meilleure improvisation est celle que tu prépares», me dit celui qui considère le sport comme un divertissement plutôt qu'une passion.

On sait qu'il aime beaucoup les gens, qu'il est très tolérant. C'est à un type comme lui que les partisans aiment s'adresser lorsqu'ils veulent émettre une opinion, un commentaire. Les gens attendent parfois une heure avant de pouvoir lui parler tant il est populaire. Il s'est forgé une crédibilité en respectant les limites de chacun de ses invités et en n'exploitant que le côté sportif de l'athlète. Il ne s'intéresse pas du tout à la vie privée de ses invités. Il va chercher ce qui peut susciter l'intérêt de son public.

Son aventure à la radio le conduit, à l'automne de 1980, à faire les entrevues lors des entractes des matchs télévisés du Canadien de Montréal au *Hockey TVA*. Les offres se bousculent et en plus de connaître le succès, il est invité à animer l'émission magazine *Sport Mag* au milieu des années quatre-vingt, au réseau TVA. Trudel constate rapidement qu'aujourd'hui, les joueurs de hockey sont plus indépendants qu'il y a vingt ans; avec des salaires faramineux, ils vivent dans leur propre monde et ne sont plus aussi accessibles que jadis. C'est un milieu complètement différent de celui des artistes.

En 1984, il quitte CKAC pour animer une émission similaire intitulée *Parlons Sport*, à CJMS, pour laquelle on lui offre un contrat très lucratif. Plus tard, la fusion des deux chaînes, pour la création de Radiomédia, le ramène au bercail. Il déplore cependant la fin d'une concurrence saine et essentielle pour les amateurs de sports. Depuis qu'il a bifurqué dans le monde du sport, il y a plus de vingt ans, le métier de journaliste a considérablement changé et on voit aujourd'hui de plus en plus de «joueurnalistes», comme certains les appellent.

Pierre Trudel amasse de merveilleux souvenirs depuis le début de sa carrière, tant du monde artistique que sportif. Il n'est pas donné à tous de dormir dans le lit de la chanteuse Nanette Workman et Trudel en parle souvent: «J'ai dormi dans le lit de Nanette, mais le problème, c'est qu'elle n'était pas là», me raconte Pierre dans un éclat de rire incontrôlable. Honni soit qui mal y pense! Pierre a toujours su travailler sérieusement, mais ne s'est jamais pris au sérieux. Il ajoute toujours une bonne pointe d'humour lorsqu'il discute de sport avec ses auditeurs.

Il se souvient également d'une entrevue réalisée avec le boxeur Muhammed Ali. «À chaque pose commerciale, Ali dormait. Nous étions obligés de lui dire lorsque nous revenions en ondes. Et comme si ce n'était pas assez, il s'est amusé à se peigner tout le long de l'émission», se rappelle Trudel en invoquant des souvenirs cocasses.

Aujourd'hui, Trudel fait toujours partie du monde du sport, avec une chronique dans le quotidien *La Presse* et des interventions à CKAC comme analyste de l'actualité sportive, sans oublier son émission *Sport Dimanche* chaque semaine, où le mélange de sport et de revue artistique réussit bien. Il passe beaucoup de temps avec sa famille, qui a toujours été une priorité pour lui.

Pierre a eu la chance, au cours de sa carrière, d'exploiter différents médias du monde journalistique. Il me disait: «La télévision est importante pour la visibilité, la radio pour la spontanéité, mais le prestige demeure sans l'ombre d'un doute associé à l'écrit.» *Merci de vos commentaires. On passe à un autre appel, les amateurs de sports, bonsoir...*

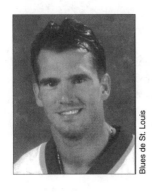
Blues de St. Louis

PIERRE TURGEON

Centre

On s'attend toujours à ce que le premier choix de la Ligue soit un surdoué. On attend de lui de grandes performances dès son premier match dans la Ligue nationale, sans lui laisser le temps de s'adapter. Immédiatement, les comparaisons avec les meilleurs fusent et la pression est omniprésente. Les enjeux sont de taille: un mauvais choix peut retarder l'évolution d'une équipe pendant quelques années. Les Sabres de Buffalo, quant à eux, ne se trompent pas lorsqu'ils choisissent Pierre Turgeon à la sélection amateur de 1987.

Bien avant de connaître du succès dans la Ligue nationale, Pierre Turgeon laisse sa marque au niveau midget. Il aide son club à remporter la coupe Esso à l'auditorium de Verdun, lors du tournoi international de hockey midget contre les jeunes hockeyeurs soviétiques.

Né le 28 août 1969 à Rouyn-Noranda, Pierre Turgeon, influencé par son frère Sylvain, ancien joueur de la Ligue nationale, commence à jouer au hockey comme gardien de but. Sur patins à trois ans, il accompagne régulièrement son frère sur les patinoires ou même dans la rue pour s'amuser avec des copains. Très souvent, sa mère l'amène patiner avec elle, car chez les Turgeon, le sport tient une grande place. Dès l'âge de six ou sept ans, Pierre décide qu'il préfère jouer à l'avant et abandonne la position de gardien de but.

Dès ses débuts au pee-wee, Turgeon a la chance d'être surclassé, ce qui l'amène à jouer junior à quinze ans. Il est toujours avec des joueurs plus âgés que lui. Il quitte la région de Rouyn pour s'établir dans une famille de Montréal, non sans éprouver des difficultés d'adaptation. «C'est difficile à quinze ans, car tu n'as plus ta mère et tu es loin de tout ton monde, mais c'était le prix à payer pour tenter de faire carrière dans le hockey», me confiait-il.

Voir son frère promu chez les juniors et ensuite dans la Ligue nationale le motive suffisamment pour mettre tout en œuvre pour réussir. Au niveau junior, de 1985 à 1987, il fait partie des Bisons de Granby de la Ligue de hockey junior majeur du Québec. À sa dernière saison junior, Turgeon inscrit 154 points, dont 69 buts; ce sont là des chiffres très éloquents qui démontrent son énorme potentiel en tant que joueur offensif et laissent présager un bel avenir dans la Ligue nationale. Ceci encourage la direction des Sabres de Buffalo, qui en avait fait son 1er choix au repêchage de 1987 à Détroit, le tout premier de la Ligue.

Il est l'un des six joueurs de l'histoire de la LHJMQ à avoir été un premier choix dans la LNH. Les autres sont Guy Lafleur en 1971, Dale Hawerchuk en 1981, Mario Lemieux en 1984, Alexandre Daigle en 1993 et Vincent Lecavalier en 1998. L'adaptation à la vie en anglais est très assez laborieuse au début : « Je ne parlais pas anglais et de voir des joueurs de grande envergure est assez impressionnant. Tu espères être à la hauteur. Lorsqu'un journaliste s'approchait, j'en tremblais, sachant que je ne pouvais communiquer dans sa langue. », se souvient Turgeon. Pierre est un homme sérieux, il travaille fort et se montre très mature pour son jeune âge. Les Sabres lui font entièrement confiance.

Cette première saison 1987-88 avec les Sabres est pénible et il a du mal à s'adapter à la vitesse des joueurs du circuit. La direction des Sabres lui rappelle qu'il doit se concentrer et faire ce qu'il faisait de mieux dans les mineures, c'est-à-dire marquer des buts, et qu'aucun objectif ne lui est imposé. C'est une année de transition sans pression pour Pierre. Mais dès sa deuxième saison, on constate un grand progrès puisqu'il double le nombre de ses points par rapport à sa saison recrue, passant de 42 points à 88.

Avec Dave Andreychuk à l'aile gauche et John Tucker à l'aile droite, Turgeon commence à remplir régulièrement les filets adverses et devient une menace constante. Il doit beaucoup à Andreychuk : « Dave m'a grandement aidé à exprimer mon talent sur la patinoire. Il allait faire la circulation devant le filet, ce qui nous donnait beaucoup de chance de marquer. »

Après quatre saisons magistrales à Buffalo, le directeur-gérant Gerry Meehan l'échange aux Islanders de New York le 25 octobre 1992 dans une méga transaction incluant plusieurs joueurs, mais principalement Pat LaFontaine. Quel choc de partir pour une nouvelle ville lorsqu'on est bien installé ! « Lorsque nous avons été échangés, ma femme Élisabeth était triste, car nous étions bien à Buffalo et nous savions qu'il faudrait tout recommencer », affirme Turgeon, qui parle à la première personne du pluriel tellement sa famille et lui ne font qu'un.

Néanmoins, son rendement n'est pas affecté et Pierre s'avère une valeur sûre pour les Islanders, qui cherchent à redevenir l'équipe des années quatre-vingt. C'est avec eux qu'il marque plus de 50 buts ; ce sera la seule fois de sa carrière. En 1992-93, il inscrit 58 buts et 74 mentions d'assistance pour 132 points, un sommet pour lui dans chacune de ces catégories. Bill Torrey, le directeur-gérant des Islanders, est très fier d'avoir mis la main sur un joueur comme Turgeon : « Nous bâtirons autour de lui pour les années à venir puisqu'il est un marqueur-né et qu'il aura un impact sur nos jeunes joueurs. »

Malgré quelques saisons à faire rêver à Long Island, Pierre est échangé aux Canadiens de Montréal le 5 avril 1995. C'est l'euphorie partout au Québec lorsqu'on nous dit que Turgeon est passé aux Canadiens. On imagine déjà qu'il sera le sauveur d'une équipe à la dérive depuis sa dernière victoire de la coupe Stanley, en 1993. Malheureusement, son passage à Montréal sera de courte durée, car les relations avec l'entraîneur Mario Tremblay sont pour le moins houleuses et, à sa demande, la direction accepte de se départir de ses services.

«Au camp d'entraînement, je suis allé voir Mario pour connaître ses intentions et savoir si j'allais jouer sur un troisième ou quatrième trio comme l'année précédente; il me dit qu'il n'y a pas de trio numéro un ou deux. Confiner un marqueur de 40 buts à un rôle défensif, c'est anormal, et de plus, Mario m'avait affirmé que je jouerais davantage, ce qui n'était pas le cas. Voyant qu'il n'y avait aucun changement comparativement à l'année précédente, j'ai demandé à Réjean Houle de m'échanger. C'est triste, car l'organisation a toujours été de première classe, mais j'étais dans le meilleur de ma carrière et je voulais jouer», me racontait Pierre avec une certaine tristesse dans la voix.

Il part pour St. Louis le 29 octobre 1996, ce qui met fin aux espoirs de la majorité des partisans de l'équipe. La nouvelle fait l'effet d'une bombe. Depuis, Turgeon est heureux avec les Blues et entend terminer sa carrière avec eux. «J'ai encore quatre ou cinq saisons devant moi et je préconise la stabilité avec ma famille. Mon souhait le plus cher est de remporter une coupe Stanley, et les Blues possèdent une équipe qui peut aspirer aux grands honneurs dans les années à venir.»

On admire chez lui l'élégance de son coup de patin, son maniement de la rondelle, sa capacité d'anticipation, ses feintes savantes en zone adverse et sa finesse. Récipiendaire du trophée Lady Bing en 1993, Turgeon a réussi un fait très rare dans la Ligue nationale: il a marqué au moins trente buts dans une saison avec quatre équipes différentes. Pierre est sans doute l'un des joueurs les plus difficiles à contrer dans la LNH, détenant cette rare qualité de se découvrir sans que la défensive adverse s'en rende compte.

Outre le hockey, sa priorité est sa petite ou plutôt... sa *grande* famille. Il aime s'occuper le plus souvent possible de son épouse et de ses quatre enfants, dont deux jumelles. Celui qui a participé à quatre matchs des étoiles nous a fait vibrer, nous fait vibrer et nous fera vibrer encore plusieurs années par la qualité de son jeu. De toute évidence, il sera un jour admis au panthéon du hockey.

Quelques faits marquants de sa carrière:

➢ 14 tours du chapeau en carrière.
➢ 7 saisons de plus de 30 buts, dont un sommet de 58 buts.
➢ Participation à 4 matchs d'étoiles.
➢ Remporte, en 1993, le trophée Lady Bing.
➢ Capitaine des Canadiens de 1995 à 1997.
➢ A porté le numéro 77 avec les Canadiens.
➢ Frère de Sylvain Turgeon.

TURGEON, Pierre   Source: LNH

Centre, gaucher 6'1", 195 lb
Né à Rouyn, QC, le 28 août 1969
1er choix des Sabres de Buffalo, 1er choix au repêchage de 1987
Dernier club amateur 1986-87: les Bisons de Granby

Saison	Équipe	Ligue	PJ	B	A	Pts	Pun	AN	BG	+/-	PJ	B	A	Pts	Pun	AN	BG
						Saison régulière								Séries éliminatoires			
1987-88	Sabres de Buffalo	LNH	76	14	28	42	34	8	3	-8	6	4	3	7	4	3	0
1988-89	Sabres de Buffalo	LNH	80	34	54	88	26	19	5	-2	5	3	5	8	2	1	0
1989-90	Sabres de Buffalo	LNH	80	40	66	106	29	17	10	+10	6	2	4	6	2	0	1
1990-91	Sabres de Buffalo	LNH	78	32	47	79	26	13	3	+14	6	3	1	4	6	1	0
1991-92	Sabres de Buffalo	LNH	8	2	6	8	4	0	0	-1	–	–	–	–	–	–	–
	Islanders de New York	LNH	69	38	49	87	16	13	6	+8	–	–	–	–	–	–	–
1992-93	Islanders de New York	LNH	83	58	74	132	26	24	10	-1	11	6	7	13	0	0	0
1993-94	Islanders de New York	LNH	69	38	56	94	18	10	6	+14	4	0	1	1	0	0	0
1994-95	Islanders de New York	LNH	34	13	14	27	10	2	2	-12	–	–	–	–	–	–	–
	Canadiens de Montréal	LNH	15	11	9	20	4	5	2	+12	–	–	–	–	–	–	–
1995-96	Canadiens de Montréal	LNH	80	38	58	96	44	17	6	+19	6	2	4	6	2	0	0
1996-97	Canadiens de Montréal	LNH	9	1	10	11	2	0	0	+4	–	–	–	–	–	–	–
	Blues de St. Louis	LNH	69	25	49	74	12	5	7	+4	5	1	1	2	2	1	0
1997-98	Blues de St. Louis	LNH	60	22	46	68	24	6	4	+13	10	4	4	8	2	2	0
1998-99	Blues de St. Louis	LNH	67	31	34	65	36	10	5	+4	13	4	9	13	6	0	2
1999-00	Blues de St. Louis	LNH	52	26	40	66	8	8	3	+30	7	0	7	7	0	0	0
	Totaux LNH	13 saisons	929	423	640	1063	319	157	72		79	29	46	75	26	8	3

ROGATIEN VACHON

(Rogatien «Rogie» Vachon)

Gardien de but et directeur gérant

Depuis plusieurs décennies, le Canadien de Montréal est reconnu pour la qualité de ses gardiens de but. C'est d'ailleurs une des raisons des nombreuses coupes Stanley que remporte l'équipe. Il suffit de penser à Georges Vézina, George Hainsworth, Bill Durnan, Jacques Plante, Ken Dryden et Patrick Roy. Il ne faut toutefois pas oublier que l'équipe possédait également, outre ces grandes étoiles, d'autres très bons cerbères. L'un d'eux a pour nom Rogatien Vachon qui, malgré sa petite taille, a su s'imposer dans la Ligue nationale, essentiellement avec le Canadien et les Kings de Los Angeles.

Il ne faut pas s'étonner que la Sainte Flanelle ait remporté pas moins de 24 coupes Stanley. Pour reprendre le dicton anglais, au baseball, *«The game is pitching»*, et au hockey, *«The game is goaltending»*. Bien que Vachon joue toujours dans l'ombre de plusieurs bons gardiens, il réussit néanmoins à faire sa marque dans la Ligue nationale. Les années passées à Los Angeles à travailler pour une organisation de deuxième ordre ont contribué grandement à le faire oublier et l'ont empêché d'être nommé au Temple de la renommée du hockey. Il est le seul gardien de l'histoire de la Ligue nationale à avoir gagné plus de 300 matchs sans être intronisé au panthéon du hockey.

«J'ai remporté 355 victoires et réalisé 51 blanchissages, gagné un trophée Vézina, remporté trois coupes Stanley avec le Canadien et j'ai été nommé le joueur par excellence lors de la coupe Canada de 1976», mentionne Vachon avec espoir d'y être admis un jour. Il a raison d'être confiant, car plusieurs sont admis vingt, trente ou quarante ans après avoir pris leur retraite. Certains sont déjà décédés depuis longtemps lorsqu'ils accèdent au Temple.

Né le 8 septembre 1945 à Palmarolle, en Abitibi, Rogatien Vachon joue régulièrement des matchs avec des joueurs de trente ans, alors qu'il n'en a que 13 ou 14. À 15 ans, Ronald Caron et Scotty Bowman lui font signer un contrat. Vachon commence à vraiment dévoiler son talent en 1963 avec l'équipe des Monarques de Notre-Dame-de-Grâce et se retrouve quelques mois plus tard avec le Canadien junior de Montréal, de la Ligue de hockey junior de l'Ontario. Il joue le début de saison 1965-66 avec les Canadiens de Thetford Mines de la Ligue junior du Québec, pour la compléter avec les As de Québec, de la Ligue américaine.

Après 34 rencontres en 1966-67 avec les Apollos de Houston de la Ligue centrale de hockey professionnelle, Rogatien est promu avec le Tricolore pour seconder Lorne Worsley pour le reste de la saison. Il impressionne grandement son entraîneur, Toe Blake, conservant une superbe fiche de 11 victoires, trois défaites et quatre parties nulles, pour une moyenne de 2.48. Il est tout aussi reluisant dans les séries éliminatoires avec 6 victoires, 3 défaites et une moyenne de 2.38.

Même si Vachon excelle durant la finale de 1967, ce sont les Maple Leafs de Toronto qui remportent la coupe Stanley en six rencontres. Punch Imlach, l'entraîneur des Leafs, le ridiculise rondement, déclarant à la presse que Vachon est un gardien de calibre junior B. «À le voir jouer, il ne fait aucun doute qu'il n'est pas du calibre de la Ligue nationale et qu'il devrait garder les buts dans le junior», mentionne Imlach à un journaliste de *The Gazette*. Incidemment, les Maple Leafs ne sont depuis plus jamais parvenus à mettre la main sur la coupe Stanley.

Vachon, qu'on appelle affectueusement «Rogie», ne s'en fait pas outre mesure et revient avec force la saison suivante. Il partage toujours le travail avec Worsley lors des saisons 1967-68 et 1968-69, avant de devenir le gardien numéro un du Tricolore en 1969-70 et 1970-71. Vers la fin de cette dernière saison, le Canadien rappelle un jeune gardien prometteur du nom de Ken Dryden pour disputer les six dernières rencontres de la saison, allouant seulement neuf buts.

Dryden impressionne tellement l'équipe que l'entraîneur Al MacNeil décide de commencer les séries éliminatoires avec lui. MacNeil ne regrette pas sa décision puisque Dryden mène le Canadien à la conquête de la coupe Stanley et remporte le trophée Conn Smythe. L'équipe a entre les mains un heureux problème: elle possède deux gardiens de grande envergure, mais Dryden est plus jeune. «J'ai préféré faire jouer Dryden pour deux raisons. Premièrement, personne ne connaissait les forces et faiblesses de Ken et son rendement de fin de saison laissait présager de bonnes séries éliminatoires», dit MacNeil après la victoire de la coupe Stanley.

De toute évidence, c'est le début de la fin pour Vachon à Montréal. «Avec l'arrivée de Dryden en 1971, j'ai demandé à Sam Pollock de me garantir une forme d'alternance avec Ken. Comme il ne pouvait pas me le faire, je lui ai demandé de m'échanger», raconte-t-il. Durant la saison 1971-72, après avoir pris part à une seule période de jeu durant laquelle il concède quatre buts, il est échangé aux Kings de Los Angeles en retour de quatre joueurs, dont Dale Hoganson et Denis Dejordy, le 4 novembre 1971. Ses débuts à Los Angeles sont très difficiles, car il ne réussit à remporter la victoire qu'à six reprises en 28 matchs. Il fait désormais partie d'une équipe qui ne possède que quatre années d'existence et qui patauge dans le fond du classement.

Lorsque Sam Pollock procède à la transaction, personne ne se doute qu'il vient non seulement d'enrichir les Kings d'un bon gardien, mais également d'un futur directeur-gérant et président.

Petit à petit, Vachon se taille une niche avec les Kings et devient le catalyseur dont l'équipe avait besoin, les élevant d'abord au seuil de la respectabilité, puis les menant à la victoire. Rapidement, il émerge comme la nouvelle coqueluche des partisans. Lors de ses 7 saisons avec les Kings, Vachon aura réussi à se faufiler à trois reprises au match d'étoiles, en 1973, 1975 et 1978. Même s'il ne termine pas sa carrière avec eux en tant que joueur, les Kings retirent le chandail numéro 30 lorsque Vachon prend sa retraite.

Chez les Kings, de 1971 à 1978, il excelle véritablement, ce qui permet à cette formation en difficultés d'être finalement respectée. Grâce au brio de Vachon lors de la saison 1974-75, les Kings talonnent le Canadien au classement de la section Norris, avec une récolte de 105 points.

Vachon réalise un exploit peu commun dans la Ligue nationale en devenant le tout premier cerbère à être crédité d'un but. Le 15 février 1977, les Kings de Los Angeles affrontent les Islanders de New York. Lors de la deuxième période, Vachon effectue un arrêt de la jambière et la rondelle va choir au centre de la patinoire. Les joueurs des Islanders se regroupent en prenant possession de la rondelle et au même moment l'arbitre lève le bras pour signaler une pénalité à retardement aux Kings. Le gardien des Islanders Glenn Resch est rappelé au banc dans le but d'envoyer sur la patinoire un sixième attaquant, dans l'espoir de marquer avant l'annonce de la punition.

L'équipe de New York déploie son attaque dans le territoire des Kings et le joueur de centre des Islanders, Bryan Trottier, placé à côté du filet de Rogie, décide de tenter une passe à son défenseur à la ligne bleue. La rondelle passe entre les deux défenseurs et se dirige lentement dans le filet vide à l'autre bout de la patinoire. Après plusieurs minutes de confusion, on entend l'annonceur maison: «*Los Angeles' goal, scored unassisted by the goaltender number 30, Rogie Vachon.*» Le règlement est clair, le dernier joueur à avoir touché la rondelle doit être crédité du but.

Après la rencontre, le juge vidéo regarde à nouveau la séquence du but de Rogie, pour s'apercevoir que l'attaquant Vic Venasky avait dégagé son territoire après l'arrêt de la jambière de Vachon. Le but est donc inscrit à la fiche de Venasky.

Après de bonnes années sous le soleil de la Californie, Vachon signe comme joueur autonome avec les Red Wings de Détroit, le 8 août 1978. Il ne connaît pas beaucoup de succès dans la ville de l'automobile, avec une équipe sans talent luttant très fort pour la dernière place de sa section. Les Wings l'échangent aux Bruins de Boston le 15 juillet 1980, en retour du gardien Gilles Gilbert.

Le cerbère de cinq pieds et sept pouces aura connu une brillante carrière dans la Ligue nationale. Il a démontré que sa petite stature n'était pas un handicap à son rendement, comme en témoigne une superbe statistique: aucun des six joueurs ayant obtenu un tir de pénalité contre lui n'est parvenu à faire scintiller la lumière rouge. Jude Drouin, Billy Harris, Joey Johnston, Gilbert Perreault, Dennis Polonich et Don Murdoch ont tous été victimes de la dextérité de Rogie.

Il annonce sa retraite au terme de la saison 1981-82 et retourne auprès des Kings de Los Angeles. Il occupe le poste de directeur-gérant de 1983 à 1992. Il est adjoint au président de 1992 à 1995, avant d'être nommé président en mars 1995. En avril 1996, il devient le directeur des opérations hockey et occupe maintenant le poste d'adjoint spécial au président des Kings. C'est lui qui a mis sur pied cette équipe qui, Wayne Gretzky en tête, est passée à deux doigts de remporter la coupe Stanley en 1993, contre Patrick Roy et les Canadiens.

Il aura fait connaître les Kings de Los Angeles, mais il aura également joué dans l'ombre de plusieurs autres gardiens. Il n'est sans doute pas de la trempe d'un Jacques Plante ou d'un Terry Sawchuk, mais il a su se faire apprécier des partisans de la ville des stars. Seule ombre au tableau, il aura œuvré dans une ville où le cinéma et le basketball intéressent davantage que le hockey. À défaut d'être membre du Temple de la renommée, je l'admets volontiers dans mon cercle des 100 plus grands Québécois du hockey.

Quelques faits marquants de sa carrière:

➢ Aucun des 6 joueurs qui l'ont affronté lors de tirs de pénalité n'a marqué.

➢ 355 victoires en carrière dans la LNH.

➢ Participation à 3 matchs d'étoiles.

➢ 3 coupes Stanley en 3 participations à la grande finale.

➢ Remporte, en 1968, le trophée Vézina.

➢ A porté les numéros 29, 30 et 1 avec les Canadiens de Montréal.

➢ Son chandail numéro 30 est retiré par les Kings de Los Angeles.

VACHON, Rogatien «Rogie»   Source: LNH

Gardien, gaucher 5'7", 170 lb
Né à Palmarolle, QC, le 8 septembre 1945
Dernier club amateur 1965-66: les Canadiens de Thetford Mines

					Saison régulière						Séries éliminatoires				
Saison	Équipe	Ligue	PJ	VIC	D	N	Mins	BA	BL	Moy	PJ	VIC	D	Mins	BA	BL	Moy
1966-67	Canadiens de Montréal	LNH	19	11	3	4	1137	47	1	2.48	9	*6	3	555	22	0	*2.38
1967-68	Canadiens de Montréal	LNH	39	23	13	2	2227	92	4	2.48	2	1	1	113	4	0	2.12
1968-69	Canadiens de Montréal	LNH	36	22	9	3	2051	98	2	2.87	8	7	1	507	12	1	1.42
1969-70	Canadiens de Montréal	LNH	64	31	18	12	3697	162	4	2.63	–	–	–	–	–	–	–
1970-71	Canadiens de Montréal	LNH	47	23	12	9	2676	118	2	2.65	–	–	–	–	–	–	–
1971-72	Canadiens de Montréal	LNH	1	0	1	0	20	4	0	12.00	–	–	–	–	–	–	–
	Kings de Los Angeles	LNH	28	6	18	3	1586	107	0	4.05	–	–	–	–	–	–	–
1972-73	Kings de Los Angeles	LNH	53	22	20	10	3120	148	4	2.85	–	–	–	–	–	–	–
1973-74	Kings de Los Angeles	LNH	65	28	26	10	3751	175	5	2.80	4	0	4	240	7	0	1.75
1974-75	Kings de Los Angeles	LNH	54	27	14	13	3239	121	6	2.24	3	1	2	199	7	0	2.11
1975-76	Kings de Los Angeles	LNH	51	26	20	5	3060	160	5	3.14	7	4	3	438	17	1	2.33
1976-77	Kings de Los Angeles	LNH	68	33	23	12	4059	184	8	2.72	9	4	5	520	36	0	4.15
1977-78	Kings de Los Angeles	LNH	70	29	27	13	4107	196	4	2.86	2	0	2	120	11	0	5.50
1978-79	Red Wings de Détroit	LNH	50	10	27	11	2908	189	0	3.90	–	–	–	–	–	–	–
1979-80	Red Wings de Détroit	LNH	59	20	30	8	3474	209	4	3.61	–	–	–	–	–	–	–
1980-81	Bruins de Boston	LNH	53	25	19	6	3021	168	1	3.34	3	0	2	164	16	0	5.85
1981-82	Bruins de Boston	LNH	38	19	11	6	2165	132	1	3.66	1	0	0	20	1	0	3.00
	Totaux LNH	16 saisons	795	355	291	127	46298	2310	51	2.99	48	23	23	2876	133	2	2.77

CAROL VADNAIS

(Carol «Vad» Vadnais)

Ailier gauche et défenseur

Dans les années soixante, chaque adolescent qui espère faire carrière dans la Ligue nationale de hockey et croit y parvenir rêve de faire partie de l'organisation du Canadien de Montréal. Carol Vadnais ne fait pas exception à la règle: jouer pour la Sainte Flanelle est sa source de motivation première.

Né le 25 septembre 1945 à Montréal, Vadnais commence ses activités de hockeyeur dès sa jeunesse en disputant des matchs dans la rue avec ses copains. À l'âge de 12 ans, voyant qu'il possède un certain talent, il s'inscrit dans une ligue organisée de la région de Montréal. Les Braves d'Ahuntsic sont les premiers à le remarquer et l'invitent à faire partie de leur équipe midget.

Vadnais se souvient d'un match très particulier où son club remporte une victoire de 21 à 0: «J'avais marqué sept buts et récolté huit assistances pour 15 points. Je venais de constater que j'avais un talent que les autres ne possédaient pas.» Il n'en est qu'à ses débuts. Après un court séjour dans la Ligue métropolitaine, Vadnais devient ailier gauche auprès des Monarchs de Notre-Dame de la Ligue de hockey junior du Québec.

Il connaît en 1963-64 une saison exceptionnelle de 39 buts et 88 points en seulement 44 matchs, ce qui lui vaut un contrat avec le Canadien junior de Montréal de l'Association de hockey de l'Ontario pour les saisons 1964-65 et 1965-66. Voilà sa chance de monter en grade et il ne rate pas l'occasion. Par contre, il connaît de nombreuses difficultés avec le Canadien junior. Il abandonne presque, car il ne peut tolérer l'attitude intransigeante de l'entraîneur Scotty Bowman. Il joue rarement et se sent découragé.

Quelques jours plus tard, Bowman le transforme en défenseur afin de remplacer Serge Savard, blessé au genou. L'attitude de l'entraîneur ne change toutefois en rien. Eddie Palchak, le gérant de l'équipement, l'encourage à ne pas abandonner. Vadnais se rappelle: «Tu possèdes trop de talent pour tout lâcher et tu n'auras pas Bowman comme entraîneur toute ta carrière. Un jour, tu joueras dans la Ligue nationale de hockey», lui disait Palchak.

Durant la saison 1966-67, Vadnais partage son temps entre les Apollos de Houston de la Ligue centrale de hockey professionnelle et les Canadiens de Montréal de la Ligue nationale. Après 21 matchs, il se fracture le bras et doit s'absenter pendant quelques semaines. Dès son retour, il s'impose avec ardeur à chacun des matchs de son équipe. Il est le premier à être rappelé par la direction des Canadiens pour pourvoir aux postes laissés vacants par des joueurs blessés. La saison suivante est en quelque sorte une réplique de la précédente: il joue 31 matchs avec les Canadiens et 36 avec Houston.

Vadnais dispute seulement 42 matchs en deux saisons avec les Canadiens avant d'être laissé sans protection pour le repêchage de l'expansion de la Ligue nationale de 1968. C'est suffisant pour faire partie des matchs de la coupe Stanley en 1967-68. Les Seals d'Oakland font alors leur entrée dans la Ligue et ont besoin d'un ailier gauche capable de s'imposer physiquement. Les Seals retiennent donc les services de Vadnais le 12 juin 1968 lors de la sélection des joueurs. Même s'il est déçu, il quitte le Tricolore pour la Californie, sachant qu'il jouera régulièrement. Il est nommé capitaine de son club dès son arrivée et retourne à son ancienne position, ailier gauche.

Le propriétaire de l'équipe, Charles Finley, possède également les A's d'Oakland de la Ligue américaine de baseball. À cette époque, les joueurs des A's portent des souliers à crampons blancs. Finley appelle Vadnais pour lui dire que tous les joueurs des Seals porteront dorénavant des patins blancs. «Plusieurs joueurs ont eu du mal à *casser* la bottine et nous trouvions farfelu de chausser des patins blancs; nous avions l'air de patineuses artistiques», dit Vadnais avec un large sourire.

«Je n'étais pas au bout de mes peines, puisque Finley m'avait dit également que les joueurs devaient avoir des lacets verts. À cette époque, ça n'existait pas. Nous trempions les lacets dans la peinture avant chaque match et on se lavait les mains avec de la térébenthine. Autre idée bizarre du propriétaire.», raconte-t-il lors d'une entrevue.

Les Seals mettent davantage d'énergie en marketing que sur la patinoire. Malgré une équipe au talent très limité, Vadnais se plaît beaucoup auprès d'eux. Il joue près de 30 minutes par partie et a la chance de pratiquer son sport préféré.

Durant la saison 1971-72, il apprend que plusieurs joueurs de la Ligue gagnent entre 38 000 $ et 42 000 $ par saison. Avec toutes les responsabilités qu'on lui confie, il décide de demander une augmentation de salaire au directeur-gérant de l'équipe, Garry B. Young. Vadnais déclare qu'il est le pilier de l'équipe et que 33 000 $ est une somme insuffisante. Essuyant un refus, il demande à la direction de l'échanger.

Ses vœux sont exaucés le 23 février 1972, alors qu'il quitte la côte ouest des États-Unis pour Boston dans une transaction impliquant plusieurs joueurs, dont Reggie Leach. Trois jours avant l'échange, il marque trois buts contre les Blues de St. Louis et le gardien Jacques Caron. Son premier match dans son nouvel uniforme, celui des Bruins de Boston, est disputé contre son ancien club, les Golden Seals de la Californie (auparavant les Seals d'Oakland).

Encore déstabilisé par la transaction, Vadnais manque de concentration. Les Bruins l'utilisent principalement au poste de défenseur. Vadnais me dit: «J'étais là physiquement, mais pas mentalement; j'étais encore sous le choc de la transaction.

Après deux périodes, les Seals menaient 6 à 3 et j'étais sur la patinoire pour cinq de leurs buts. Mes chums passaient à côté de moi comme si je n'étais pas là. Dans le vestiaire, Bobby Orr me dit en me faisant une pincette sur la joue, "Relaxe Vad, on va gagner."» Carol ne croit pas beaucoup à la victoire, car l'équipe affiche un retard de trois buts et il ne reste qu'une seule période. Orr a vu juste, toutefois, puisque les Bruins marquent cinq buts et remportent le match 8 à 6! «Les Golden Seals n'ont même pas touché à la rondelle», me confirme Vadnais.

Il connaît ses meilleurs moments en attaque avec les Bruins. En 1974-75, il termine la saison avec 59 points, puis 74 la saison suivante. Avec le légendaire Bobby Orr, il forme un duo défensif hors pair. Ses qualités en attaque ne laissent aucun doute. Rares sont les défenseurs qui possèdent un talent à l'offensive en plus de sa robustesse en défensive.

Vadnais passe un peu moins de cinq ans à Boston, mais remporte avec joie une deuxième coupe Stanley en 1971-72. Les Bruins jouent sans faille, sont puissants à l'attaque, solides en défensive et ils s'appuient sur un gardien de but de premier plan, Gerry Cheevers. Ils sont les grands favoris.

Malgré une clause de non-échange dans son contrat, Vadnais est échangé aux Rangers de New York par le directeur-gérant des Bruins, Harry Sinden. Vadnais raconte: «J'étais dans ma chambre d'hôtel, lorsque l'entraîneur Don Cherry est venu m'annoncer que j'étais échangé. Je lui mentionne que c'est impossible, que j'ai une clause de non-échange.» Le 7 novembre 1975, Vadnais quitte pour New York, à la demande même d'Émile Francis de l'organisation des Rangers. Francis l'a convaincu de se joindre à l'équipe, l'assurant qu'il ne courait aucun risque, bien au contraire. Son contrat est réajusté à la hausse et Vadnais est dédommagé pour son réaménagement dans cette grande ville américaine.

Il connaît plusieurs bonnes années avec les Rangers, toujours comme joueur défensif. Son expérience sert à plusieurs jeunes joueurs de l'organisation. Malheureusement, les Rangers ne réussissent pas à remporter la coupe Stanley, malgré une participation à la finale en 1978-79. Vadnais termine sa carrière au New Jersey avec les Devils en 1982-83. Le manque de sérieux des Devils, jumelé à un manque grandissant de motivation, l'incitent à prendre sa retraite comme hockeyeur.

Par la suite, Carol occupe différents postes: entraîneur adjoint au sein de l'organisation des Rangers pendant deux saisons, entraîneur-chef de l'équipe du Canadien junior de Montréal pendant trois ans et éclaireur pour le Tricolore. Aujourd'hui, Carol Vadnais partage son temps entre sa petite famille, ses chevaux de course à l'hippodrome de Montréal et sa deuxième carrière, dans le domaine de l'immobilier.

Il a été l'un des rares Québécois à réaliser son rêve de jeunesse. Son talent a toujours été reconnu, comme en témoignent ses six participations aux matchs des étoiles. Il n'a pas reçu d'honneurs à titre personnel, mais tout au long de sa carrière, la qualité de son jeu ne s'est jamais démentie. Il demeure l'un des bons défenseurs de l'histoire de la Ligue nationale de hockey. Mission accomplie, donc, pour celui qui, tout jeune, voulait faire une carrière professionnelle. Il dira souvent: «Je suis privilégié d'avoir joué avec le meilleur joueur de hockey au monde, Bobby Orr.»

Quelques faits marquants de sa carrière:

➤ Ailier gauche et défenseur dans la LNH.

➤ Deux tours du chapeau en saison régulière.

➤ Participation à 6 matchs d'étoiles.

➤ Deux coupes Stanley et 4 participations à la grande finale.

➤ A porté les numéros 17 et 24 avec les Canadiens.

VADNAIS, Carol «Vad»   Source: LNH

Ailier gauche/défenseur, gaucher 6'1", 185 lb
Né à Montréal, QC, le 29 septembre 1945
Dernier club amateur 1965-66: le Canadien junior de Montréal

			Saison régulière								Séries éliminatoires						
Saison	Équipe	Ligue	PJ	B	A	Pts	Pun	AN	BG	+/-	PJ	B	A	Pts	Pun	AN	BG
1966-67	Canadiens de Montréal	LNH	11	0	3	3	35				1	0	0	0	2		
1967-68	Canadiens de Montréal	LNH	31	1	1	2	31	0	0	-2	1	0	0	0	0	0	0
1968-69	Seals d'Oakland	LNH	76	15	27	42	151	4	4	-18	7	1	4	5	10	1	0
1969-70	Seals d'Oakland	LNH	76	24	20	44	212	7	0	-24	4	2	1	3	15	2	0
1970-71	Golden Seals de la Calif.	LNH	42	10	16	26	91	3	3	-3	–	–	–	–	–	–	–
1971-72	Golden Seals de la Calif.	LNH	52	14	20	34	106	7	2	-20	–	–	–	–	–	–	–
	Bruins de Boston	LNH	16	4	6	10	37	0	0	+2	15	0	2	2	43	0	0
1972-73	Bruins de Boston	LNH	78	7	24	31	127	1	3	+21	5	0	0	0	8	0	0
1973-74	Bruins de Boston	LNH	78	16	43	59	123	6	1	+35	16	1	12	13	42	1	0
1974-75	Bruins de Boston	LNH	79	18	56	74	129	6	2	+10	3	1	5	6	0	0	0
1975-76	Bruins de Boston	LNH	12	2	5	7	17	1	0	+1	–	–	–	–	–	–	–
	Rangers de New York	LNH	64	20	30	50	104	7	1	-17	–	–	–	–	–	–	–
1976-77	Rangers de New York	LNH	74	11	37	48	131	3	0	-20	–	–	–	–	–	–	–
1977-78	Rangers de New York	LNH	80	6	40	46	115	3	1	-25	3	0	2	2	16	0	0
1978-79	Rangers de New York	LNH	77	8	37	45	86	4	1	+14	18	2	9	11	13	0	0
1979-80	Rangers de New York	LNH	66	3	20	23	118	1	1	-1	9	1	2	3	6	0	0
1980-81	Rangers de New York	LNH	74	3	20	23	91	1	3	+19	14	1	3	4	26	0	0
1981-82	Rangers de New York	LNH	50	5	6	11	45	1	0	-2	10	1	0	1	4	0	0
1982-83	Devils du New Jersey	LNH	51	2	7	9	64	1	0	-32	–	–	–	–	–	–	–
	Totaux LNH	17 saisons	1087	169	418	587	1813				106	10	40	50	185		

GEORGES VÉZINA

(Georges « Le Concombre de Chicoutimi » Vézina)

Gardien de but

Lorsqu'on parle de constance, un nom nous vient immédiatement en tête: celui de Georges Vézina. Entre les saisons 1910-11 et 1924-25, il prend part à toutes les parties des Canadiens de Montréal. Vézina ne nous propose aucune statistique impressionnante: une moyenne de buts alloués par match de 3.28 dans la Ligue nationale de hockey et de 3.61 dans l'Association nationale. Certains se demandent même pourquoi le trophée remis au meilleur gardien de but porte son nom, alors que Vézina ne démontre que des résultats bien ordinaires. Il faut comprendre qu'à cette époque, les gardiens se devaient de rester debout en tout temps sous peine d'être pénalisés par l'arbitre. De plus, ils n'auront le droit d'immobiliser la rondelle qu'à partir de 1922.

Vézina réussit malgré tout treize blanchissages entre 1917 et 1925, véritable exploit compte tenu des difficultés auxquelles font face les gardiens. L'extraordinaire aventure de Vézina commence en février 1910, alors que les Canadiens effectuent une tournée de matchs hors-concours à travers le Québec. Un match est prévu entre le Tricolore et un club amateur de Chicoutimi dont le grand leader est le gardien Georges Vézina. Les deux équipes sont de forces tellement inégales que seule une poignée de spectateurs assiste au match.

Ce soir-là, Vézina bat les Canadiens à lui seul lors d'une victoire de 11-5, même si un quotidien de Montréal parle plutôt d'une victoire de 2-0 pour le club de Chicoutimi. Il faut toutefois se rendre à l'évidence: il s'agissait là de la victoire d'un club amateur sans âme, dont le principal moteur était Georges Vézina.

La marque de commerce de Georges Vézina, que l'on surnomme «Le Concombre de Chicoutimi», est son calme extraordinaire dans l'adversité. Un match de championnat contre Ottawa passe d'ailleurs à l'histoire, Vézina repoussant 78 des 79 tirs dirigés vers lui.

Joseph Cattarinich est le premier gardien des Canadiens en 1909-1910. Au cours de la saison, il devient cependant l'entraîneur de l'équipe à la demande de Jack Laviolette, qui agit lui-même à titre de capitaine et entraîneur. Il faut donc trouver un nouveau gardien de but. Vézina devient le premier choix de Cattarinich, qui garde encore en mémoire les exploits de Vézina lors du match hors-concours à Chicoutimi.

Fils de Georges Vézina, boulanger, et de Clara Belley, Vézina est né à Chicoutimi le 21 janvier 1887, et commence à jouer au hockey sans patins. Ce n'est qu'en 1908, soit à l'âge de 21 ans, qu'il en chausse une paire. Surnommé également «l'habitant silencieux», Vézina préfère jouer avec ses bottes, prétextant qu'il est plus facile de se déplacer lors des mouvements latéraux. Très rapidement, il constate que pour progresser dans le domaine du hockey, il doit apprendre à patiner.

Il fait donc ses débuts avec les Canadiens le 31 décembre 1910. Il est intéressant de constater que tout au long de sa carrière, Vézina n'a jamais signé de contrat avec l'organisation, préférant la parole d'honneur des gérants, en l'occurrence Joe Cattarinich, George Kennedy et Léo Dandurand.

Vézina devient très rapidement la nouvelle coqueluche des Montréalais et la nouvelle vedette de son équipe. Grâce à ses performances, il aide les Canadiens à gagner la coupe Stanley à deux reprises, en 1916 et en 1924, en plus de se rendre à la grande finale en trois autres occasions. Un des fils de Vézina, né le soir de la conquête de la coupe Stanley en 1916, est prénommé Marcel-Stanley.

Il connaît ses meilleurs moments durant la saison 1923-24, enregistrant une moyenne de 1.97 buts par match, en plus de mener la ligue avec trois blanchissages. Ses succès ne s'arrêtent pas là. Il blanchit Ottawa 1-0 lors du match d'ouverture des séries éliminatoires de la Ligue nationale de hockey. Vézina contrôle d'ailleurs le reste de la série contre les Sénateurs et permet aux Canadiens de progresser vers la Coupe Stanley. Par la suite, Calgary et Vancouver se heurtent aux acrobaties du gardien vedette pour s'incliner à leur tour devant le Tricolore. Le gardien des Canadiens accorde seulement six buts en six matchs, pour une moyenne de 1.00.

Vézina est le gardien d'office lorsque les Canadiens inaugurent le Forum de Montréal, le 29 novembre 1924, lors d'un match contre Toronto. La saison 1924-25 est dominée à nouveau par Vézina, qui commande d'ailleurs presque toutes les phases du jeu. Il se classe premier pour le nombre de parties disputées (30), les minutes jouées (1860) et la moyenne de buts alloués en saison (1.81). Il continue sans cesse de cumuler les exploits et domine aussi les séries éliminatoires, surtout pour le nombre de victoires, soit trois, dont un blanchissage.

Père de 22 enfants, Georges accorde bien évidemment beaucoup d'importance à sa famille. D'un naturel peu enclin à se plaindre, personne ne s'imagine que, le soir du 28 novembre 1925, Georges a rendez-vous avec son destin. Personne ne sait qu'il souffre d'une forte fièvre. Après un début de match dans un froid sibérien, Vézina démontre, malgré tout, son talent et sa dextérité. La fatigue, les étourdissements et les sueurs sur son front donnent toutefois quelques indices de ce qui se produira par la suite. Il s'effondre sur la patinoire de l'Aréna Mont-Royal après la première période du match inaugural de la saison 1925-26 contre Pittsburgh, devant 6000 spectateurs. Un silence absolu règne dans l'aréna pendant qu'on l'escorte hors de la patinoire. Sa carrière est terminée. En effet, c'est le premier signe d'une tuberculose déjà très avancée. Le 27 mars 1926, Vézina rend l'âme à l'âge de 39 ans.

Léo Dandurand, au nom des Canadiens, présente un nouveau trophée à la Ligue nationale de hockey pour la saison 1926-27. Après les trophées Hart et Lady Bing, le trophée Vézina est le troisième trophée individuel à voir le jour et sans doute le plus important de la Ligue nationale, car Vézina a toujours su démontrer une volonté et un courage exemplaires. La mémoire de Vézina est maintenant gravée à jamais et se perpétue depuis 1927 à travers ce trophée. Son successeur, George Hainsworth, en a été le premier récipiendaire.

La ville de Chicoutimi a honoré également sa mémoire en donnant son nom à un nouvel aréna bâti en 1947. Il a fait partie des douze premiers joueurs intronisés au Temple de la renommée du hockey en 1945. Plusieurs experts dans le monde du hockey disent que Vézina a été le plus grand gardien de tous les temps. Il est bien sûr impossible de comparer les gardiens de l'époque de Vézina et ceux des temps modernes, mais lorsqu'on parle de Québécois qui ont marqué le hockey par leur courage et leur talent, Vézina apparaît sans l'ombre d'un doute en tête de liste. Léo Dandurand déclarait en 1926: «Vézina est un gentilhomme, généreux, affable et charitable. Il n'est pas un joueur, gérant, capitaine, qui contrediront ce que je dis».

Quelques faits marquants de sa carrière:

➤ 7 saisons consécutives sans manquer un match.

➤ 2 coupes Stanley en 5 participations à la grande finale.

➤ A porté le numéro 1 chez les Canadiens.

➤ Décédé le 27 mars 1926.

➤ Un trophée porte son nom depuis 1927.

➤ Intronisé au Temple de la renommée du hockey en 1945.

VÉZINA, Georges «Le Concombre de Chicoutimi»   Source: LNH

Gardien, gaucher 5'6", 185 lb
Né à Chicoutimi, QC, le 21 janvier 1887; décédé le 27 mars 1926
Temple de la renommée: 1945
Dernier club amateur 1909-10: les Saguenéens de Chicoutimi

						Saison régulière							Séries éliminatoires					
Saison	Équipe	Ligue	PJ	VIC	D	N	Mins	BA	BL	Moy	PJ	VIC	D	N	Mins	BA	BL	Moy
1910-11	Canadiens de Montréal	ANH	16	8	8	0	980	62	0	3.80	–	–	–	–	–	–	–	–
1911-12	Canadiens de Montréal	ANH	18	8	10	0	1109	66	0	3.57	–	–	–	–	–	–	–	–
1912-13	Canadiens de Montréal	ANH	20	11	9	0	1217	81	1	3.99	–	–	–	–	–	–	–	–
1913-14	Canadiens de Montréal	ANH	20	*13	7	0	1222	64	*1	*3.14	2	1	1	0	120	6	1	3.00
1914-15	Canadiens de Montréal	ANH	20	6	14	0	1257	81	0	3.86	–	–	–	–	–	–	–	–
1915-16	Canadiens de Montréal	ANH	24	*16	7	1	1482	76	0	3.08	5	*3	2	0	300	13	0	2.60
1916-17	Canadiens de Montréal	ANH	20	10	10	0	1217	80	0	3.94	6	2	4	0	240	29	0	4.80
1917-18	Canadiens de Montréal	LNH	21	*12	9	0	1282	84	*1	*3.93	2	1	1	0	120	10	0	5.00
1918-19	Canadiens de Montréal	LNH	*18	10	8	0	1117	78	1	4.19	*10	*6	3	1	*636	37	*1	*3.49
1919-20	Canadiens de Montréal	LNH	*24	13	11	0	*1456	113	0	4.66	–	–	–	–	–	–	–	–
1920-21	Canadiens de Montréal	LNH	*24	13	11	0	1436	99	1	4.14	–	–	–	–	–	–	–	–
1921-22	Canadiens de Montréal	LNH	*24	12	11	1	1468	94	0	3.84	–	–	–	–	–	–	–	–
1922-23	Canadiens de Montréal	LNH	*24	13	9	2	1488	61	2	2.46	2	1	1	0	120	3	0	1.50
1923-24	Canadiens de Montréal	LNH	*24	13	11	0	1459	48	*3	*1.97	*6	*6	0	0	*360	6	*2	*1.00
1924-25	Canadiens de Montréal	LNH	*30	17	11	2	*1860	56	5	*1.81	*6	*3	3	0	*360	18	*1	3.00
1925-26	Canadiens de Montréal	LNH	1	0	0	0	20	0	0	0.00	–	–	–	–	–	–	–	–
	Totaux LNH	9 saisons	190	103	81	5	11586	633	13	3.28	26	17	8	1	1596	74	4	2.78
	Totaux ANH	7 saisons	138	72	65	1	8484	510	2	3.61	13	6	7	0	660	48	1	4.36

LORNE WORSLEY

(Lorne «Gump» Worsley)

Gardien de but

North Stars du Minnesota

Lorsqu'une équipe convoite la coupe Stanley, il lui faut compter sur un gardien de but de premier plan. Aujourd'hui, les équipes possèdent trois ou quatre gardiens, mais durant les années quarante et cinquante, les différents clubs de la Ligue nationale n'ont qu'un seul cerbère. Ce n'est qu'au début de la saison 1964-65 que les clubs utilisent deux gardiens en tandem. La carrière de Lorne Worsley chevauche ces deux époques. Il connaît d'ailleurs une très belle carrière professionnelle. Pour ceux qui le voient à l'œuvre, Worsley vole la vedette à lui seul. Rondelet et bedonnant, il est toutefois acrobatique et spectaculaire. Son courage est indéniable et il est le tout dernier gardien de but à jouer sans masque protecteur. On lui doit d'ailleurs ce mot: «Mon masque, c'est mon visage».

Né le 14 mai 1929 à Montréal, Lorne Worsley reçoit dès sa jeunesse le surnom de «Gump» pour sa ressemblance au personnage des bandes dessinées Andy Gump. Très jeune, il fait ses preuves dans les ligues mineures avant de se joindre aux Rangers de New York en 1952. Gardien d'élite pendant deux saisons avec les Cyclones de Verdun de la Ligue de hockey junior du Québec, Worsley fait ses débuts dans l'organisation des Rangers en 1948. Un soir de 1948, le club école des Rangers, les Rovers de New York, est à la recherche d'un gardien de but. L'éclaireur des Rangers à Montréal propose à la direction de donner une chance au jeune Denis Brodeur.

Le dimanche suivant, on cherche à contacter Denis pour lui proposer de se joindre à une équipe professionnelle. Malheureusement, Denis est au cinéma. L'éclaireur des Rangers appelle donc Lorne Worsley, qui accepte illico la proposition des Rangers. On connaît la suite: Brodeur n'obtiendra jamais une autre chance de faire ses preuves avec une équipe professionnelle et Worsley commence une carrière qui s'étendra sur trois décennies.

À sa première saison avec les Rangers en 1952-53, le gardien aux cheveux en brosse remporte le trophée Calder. La saison suivante, les Rangers le cèdent à leur club école, les Canucks de Vancouver de la Western Hockey League. Worsley affirme: «C'est bien simple, les Rangers n'ont pas accepté que je leur demande un boni de cinq cents dollars pour avoir gagné le trophée Calder.» Mais la situation n'est que temporaire, puisqu'il revient avec les Rangers pour la saison 1954-55. Son bon travail avec Vancouver lui aura permis de gagner en maturité et en assurance devant le filet. Il a d'ailleurs dominé la Western Hockey League, avec 39 victoires.

Même si les Rangers croupissent régulièrement dans les oubliettes lors du classement, Worsley semble toujours offrir de fortes prestations et les partisans de New York l'apprécient. Souffre-douleur de son entraîneur, Bill Watson, il est souvent la cible de critiques en tous genres de la part de ce dernier. Sa seule consolation est de pratiquer un sport qu'il affectionne énormément.

Après avoir joué pendant dix saisons avec les «Blueshirts» dans les bas-fonds du classement, Worsley se retrouve au sein du Canadien de Montréal le 4 juin 1963, en compagnie de Léon Rochefort, Dave Balon et Len Ronson, en retour de Jacques Plante, Don Marshall et Phil Goyette, dans l'une des plus importantes transactions de l'époque. «Quelques jours avant la transaction, dit-il, j'ai demandé au directeur-gérant Muzz Patrick s'il avait l'intention de m'échanger. Il me dit qu'il n'est pas question que je quitte les Rangers. Par la suite, j'entends à la radio que je viens de passer aux Canadiens. Je n'en crois rien, mais lorsque Frank Selke me le confirme, je dois faire face à l'évidence. Je suis déçu et content à la fois, car je me plais à New York, mais revenir à Montréal parmi les miens m'encourage beaucoup.»

À son arrivée, Lorne, qui partage le travail avec Charlie Hodge, se retrouve avec une équipe qui peut espérer chaque année gagner la coupe Stanley. C'est à Montréal qu'il se distingue de façon magistrale. Ses efforts sont récompensés lorsqu'il remporte une première coupe Stanley en 1965. C'est là son plus beau souvenir et sa contribution à la victoire a quelque chose de magique. Les Canadiens affrontent les Blackhawks de Chicago en finale de coupe Stanley. Après avoir gardé les filets dans les deux premiers matchs de la série finale, «Gump» se blesse un muscle de la hanche durant le troisième affrontement et il est remplacé. Pendant son absence du jeu, les équipes portent le compte à trois victoires chacune.

Malgré une injection dans le but d'insensibiliser la hanche, le médecin doute de ses chances de jouer lors du décisif septième match. Deux heures avant le début du match et malgré la douleur très présente, il obtient la permission de prendre part à la rencontre. Worsley, très fébrile, rejoint ses coéquipiers au vestiaire pour se préparer. Worsley se rappelle: «Voilà quinze ans que je joue au hockey et, pour la première fois, j'ai la chance de participer à un match qui décidera du vainqueur de la coupe Stanley. Je suis très nerveux, malgré mon expérience!» En quelques minutes, la nervosité disparaît et Worsley se distingue pour vaincre Chicago 4 à 0 et ainsi savourer sa première coupe Stanley.

Il récidive à trois reprises, en 1966, 1968 et 1969. Il domine même la Ligue nationale pour le nombre de victoires en séries éliminatoires, avec 8 en 1966 et 11 en 1968. Malgré de bonnes performances en séries, le trophée Conn Smythe lui a toujours échappé. Il a toutefois remporté le trophée Vézina en 1966 en compagnie de Charlie Hodge et en 1968 en compagnie de Rogatien Vachon.

Lorne n'a jamais eu la langue dans sa poche. Tous se souviennent du gardien bouillant et de ses prises de becs avec l'arbitre Red Storey. C'est à la suite d'un conflit avec l'entraîneur des Canadiens, Claude Ruel, que Lorne Worsley claque la porte en 1969-70. Son contrat est vendu quelques jours plus tard aux North Stars du Minnesota. Gump garde le filet durant cinq saisons pour eux avant de prendre sa retraite comme joueur. Toutefois, il reste avec l'organisation des North Stars à titre d'éclaireur jusqu'à sa retraite, le 30 juin 1988. Il est intronisé au Temple de la renommée du hockey en 1980.

Ses 21 saisons dans la LNH, il les doit à sa combativité et à son courage, car sans être le plus agile, il n'hésite pas à défendre le filet de son club, même sans masque. Quelle carrière pour celui qu'on trouvait rondouillard avec les joues gonflées et quelques kilos en trop! Ses 335 victoires en 21 saisons dans la Ligue nationale de hockey démontrent bien son grand talent, bien qu'il fut en quelque sorte l'antithèse de l'image typique de l'athlète.

Quelques faits marquants de sa carrière:

➤ Participation à 4 matchs d'étoiles.

➤ 4 coupes Stanley en 5 participations à la grande finale.

➤ Remporte, en 1953, le trophée Calder.

➤ Remporte, en 1966 et 1968, le trophée Vézina.

➤ Détient le record pour le plus de défaites de l'histoire de la LNH (352 revers).

➤ A porté les numéros 1 et 30 avec les Canadiens.

➤ Intronisé au Temple de la renommée du hockey en 1980.

WORSLEY, Lorne «Gump»   Source: LNH

Gardien, gaucher, 5'7", 180 lb
Né à Montréal, QC, le 14 mai 1929
Temple de la renommée: 1980
Dernier club amateur 1953-54: les Canucks de Vancouver

Saison	Équipe	Ligue	PJ	VIC	D	N	Mins	BA	BL	Moy	PJ	VIC	D	Mins	BA	BL	Moy
							Saison régulière							Séries éliminatoires			
1952-53	Rangers de New York	LNH	50	13	29	8	3000	153	2	3.06	–	–	–	–	–	–	–
1954-55	Rangers de New York	LNH	65	15	33	17	3900	197	4	3.03	–	–	–	–	–	–	–
1955-56	Rangers de New York	LNH	*70	32	28	10	*4200	203	4	2.90	3	0	3	180	15	0	5.00
1956-57	Rangers de New York	LNH	68	26	28	14	4080	220	3	3.24	5	1	4	316	22	0	4.18
1957-58	Rangers de New York	LNH	37	21	10	6	2220	86	4	2.32	6	2	4	365	28	0	4.60
1958-59	Rangers de New York	LNH	67	26	30	11	4001	205	2	3.07	–	–	–	–	–	–	–
1959-60	Rangers de New York	LNH	39	7	23	8	2301	137	0	3.57	–	–	–	–	–	–	–
1960-61	Rangers de New York	LNH	59	20	29	8	3473	193	1	3.33	–	–	–	–	–	–	–
1961-62	Rangers de New York	LNH	60	22	27	9	3531	174	2	2.96	6	2	4	384	22	0	3.44
1962-63	Rangers de New York	LNH	*67	22	34	10	*3980	219	2	3.30	–	–	–	–	–	–	–
1963-64	Canadiens de Montréal	LNH	8	3	2	2	444	22	1	2.97	–	–	–	–	–	–	–
1964-65	Canadiens de Montréal	LNH	19	10	7	1	1020	50	1	2.94	8	5	3	501	14	*2	*1.68
1965-66	Canadiens de Montréal	LNH	51	29	14	6	2899	114	2	2.36	10	*8	2	602	20	*1	*1.99
1966-67	Canadiens de Montréal	LNH	18	9	6	2	888	47	1	3.18	2	0	1	80	2	0	1.50
1967-68	Canadiens de Montréal	LNH	40	19	9	8	2213	73	6	*1.98	12	*11	0	669	21	*1	1.88
1968-69	Canadiens de Montréal	LNH	30	19	5	4	1703	64	5	2.25	7	5	1	370	14	0	2.27
1969-70	Canadiens de Montréal	LNH	6	3	1	2	360	14	0	2.33	–	–	–	–	–	–	–
	North Stars du Minnesota	LNH	8	5	1	1	453	20	1	2.65	3	1	2	180	14	0	4.67
1970-71	North Stars du Minnesota	LNH	24	4	10	8	1369	57	0	2.50	4	3	1	240	13	0	3.25
1971-72	North Stars du Minnesota	LNH	34	16	10	7	1923	68	2	2.12	4	2	1	194	7	1	2.16
1972-73	North Stars du Minnesota	LNH	12	6	2	3	624	30	0	2.88	–	–	–	–	–	–	–
1973-74	North Stars du Minnesota	LNH	29	8	14	5	1601	86	0	3.22	–	–	–	–	–	–	–
	Totaux LNH	21 saisons	861	335	352	150	50183	2432	43	2.91	70	40	26	4081	192	5	2.82

LES MENTIONS D'HONNEUR

Plusieurs joueurs ou personnalités ont marqué à leur façon le monde du hockey. Il était impossible de tous les inclure dans *Les 100 plus grands Québécois du hockey*. C'est pourquoi j'ai créé une liste de mentions d'honneur.

NOMS	POSITION ou PROFESSION
Claude Béchard	Juge de lignes
Daniel Bouchard	Gardien de but
Marcel Bonin	Ailier gauche
André Boudrias	Ailier gauche
Guy Charron	Centre
Marcel Desjardins	Journaliste
Kevin Dineen	Ailier droit
Garry Galley	Défenseur
Gilles Gilbert	Gardien de but
Phil Goyette	Centre
Jocelyn Guèvremont	Défenseur
Camille Henry	Centre
Michel Larocque	Gardien de but
Albert Leduc	Défenseur
Percy LeSueur	Gardien de but
Zotique L'Espérance	Journaliste
Pit Lépine	Centre
Kevin Lowe	Défenseur
Charles Mayer	Journaliste
Scott Mellanby	Ailier droit
Paddy Moran	Gardien de but

Bryan Murray	Entraîneur
Terry Murray	Entraîneur
Michel Normandin	Commentateur
Manon Rhéaume	Gardienne de but
Félix Potvin	Gardien de but
Marc Tardif	Ailier gauche
Gilles Villemure	Gardien de but
Michel Villeneuve	Journaliste

LES MEILLEURS PAR POSITION

Lorsqu'on parle de grands joueurs de hockey, on en retrouve à toutes les positions. Dans le but de susciter des débats ou des discussions, j'ai pris soin de classer ces grandes vedettes *québécoises* par ordre d'importance pour chacune des positions. J'ai pris en considération l'époque, les statistiques, les équipes et finalement, l'influence que ces joueurs ont eue sur notre sport national. Évidemment, vous pourriez changer l'ordre des joueurs et vous auriez tout aussi raison que moi. Amusez-vous à comparer mes choix aux vôtres et si vous en discutez avec d'autres, j'aurai atteint mon but.

GARDIENS DE BUT

Rang	Nom
1	Jacques Plante
2	Georges Vézina
3	Patrick Roy
4	Lorne Worsley
5	Martin Brodeur
6	Lorne Chabot
7	Bernard Parent
8	Rogatien Vachon
9	Charlie Hodge
10	Robert Sauvé

ENTRAÎNEURS

Rang	Nom
1	Scotty Bowman
2	Lester Patrick
3	Jacques Lemaire
4	Claude Ruel
5	Jacques Demers
6	Michel Bergeron
7	Pat Burns
8	Terry Murray
9	Bryan Murray
10	Eddie Johnston

AILIERS GAUCHE

Rang	Nom
1	Dickie Moore
2	Joe Malone
3	Michel Goulet
4	Luc Robitaille

AILIERS DROIT

Rang	Nom
1	Guy Lafleur
2	Maurice Richard
3	Bernard Geoffrion
4	Mike Bossy

5	Vincent Damphousse	5	Yvan Cournoyer
6	Gilles Tremblay	6	Didier Pitre
7	Richard Martin	7	Rodrigue Gilbert
8	André Boudrias	8	Robert Rousseau
9	Marcel Bonin	9	Claude Provost
10	Marc Tardif	10	Claude Lemieux

DÉFENSEURS		**CENTRES**	
Rang	**Nom**	**Rang**	**Nom**
1	Raymond Bourque	1	Mario Lemieux
2	Doug Harvey	2	Jean Béliveau
3	Sylvio Mantha	3	Nels Steward
4	Pierre Pilote	4	Marcel Dionne
5	Jacques Laperrière	5	Henri Richard
6	Émile Bouchard	6	Denis Savard
7	Guy Lapointe	7	Gilbert Perreault
8	Serge Savard	8	Jean Ratelle
9	Marcel Pronovost	9	Bill Cowley
10	Sprague Cleghorn	10	Pierre Turgeon

QUELS SONT VOS CHOIX ?

GARDIENS DE BUT	**ENTRAÎNEURS**	**AILIERS GAUCHE**
1	1	1
2	2	2
3	3	3
4	4	4
5	5	5
6	6	6
7	7	7
8	8	8
9	9	9
10	10	10

AILIERS DROIT	DÉFENSEURS	CENTRES
1	1	1
2	2	2
3	3	3
4	4	4
5	5	5
6	6	6
7	7	7
8	8	8
9	9	9
10	10	10

LES TROPHÉES
ET LEUR SIGNIFICATION

TROPHÉE	SIGNIFICATION	DATE DE CRÉATION	LIGUE
Coupe Stanley	Équipe championne des séries éliminatoires	1893	LNH
Hart	Joueur le plus utile à son équipe en saison régulière	1925	LNH
Lady Bing	Meilleur esprit sportif et gentilhomme	1925	LNH
Vézina	Meilleur gardien de but	1927	LNH
Calder	Recrue par excellence	1933	LNH
Art Ross	Champion marqueur	1948	LNH
Norris	Défenseur par excellence	1954	LNH
Conn Smythe	Joueur le plus utile à son équipe en séries éliminatoires	1965	LNH
Lester Patrick	Personnalité qui contribue le plus le hockey aux É.-U.	1966	LNH
Bill Masterton	Meilleur exemple de persévérance	1968	LNH
Lester B. Pearson	Joueur par excellence élu par l'Association des joueurs	1971	LNH
Jack Adams	Entraîneur par excellence	1974	LNH
Frank J. Selke	Attaquant défensif par excellence	1978	LNH
William Jennings	Équipe ayant alloué le moins de buts (remis au gardien)	1982	LNH

King Clancy	Leadership et engagement dans la communauté	1988	LNH
Dennis A. Murphy	Défenseur par excellence	1973	AMH
Louis A.R. Pieri	Entraîneur par excellence	1968	LAH
George H. Wilkinson	Champion marqueur	1947	LIH
James Gatschene	Joueur le plus utile à son équipe en saison régulière	1947	LIH
Ken McKenzie	Recrue par excellence	n/d	LCHP
Michel Bergeron	Recrue offensive par excellence	1981	LHJMQ
Guy Lafleur	Joueur le plus utile à son équipe en séries éliminatoires	1978	LHJMQ
Jean Béliveau	Champion marqueur	1970	LHJMQ
Jacques Plante	Gardien ayant maintenu la meilleure moyenne	1970	LHJMQ
Émile Bouchard	Défenseur par excellence	1976	LHJMQ
Jean Rougeau	Équipe championne du calendrier régulier	1984	LHJMQ
Michael Bossy	Meilleur espoir professionnel	1981	LHJMQ
Michel Brière	Joueur le plus utile à son équipe en saison régulière	1973	LHJMQ
Ron Lapointe	Entraîneur par excellence	1993	LHJMQ
George Parsons	Joueur le plus gentilhomme au tournoi de la coupe Memorial	1974	LCH
Eddie Powers	Champion marqueur	1946	LHJO

LES ÉDIFICES
QUI PORTENT LEUR NOM...

PERSONNALITÉS	ARÉNAS, CENTRES OU PAVILLONS	VILLES
Jean Béliveau	Colisée Jean-Béliveau	Longueuil
Jean Béliveau	Pavillon Jean-Béliveau	Victoriaville
Mike Bossy	Aréna Mike-Bossy	Laval
Raymond Bourque	Centre sportif Raymond-Bourque	Ville Saint-Laurent
Martin Brodeur	Aréna Martin-Brodeur	Saint-Léonard
Guy Carbonneau	Aréna Guy-Carbonneau	Sept-Îles
Yvan Cournoyer	Olympia Yvan-Cournoyer	Drummondville
Marcel Dionne	Centre Marcel-Dionne	Drummondville
Rodrigue Gilbert	Aréna Rodrigue-Gilbert	Pointe-aux-Trembles
Doug Harvey	Aréna Doug-Harvey	Montréal
Dave Keon	Aréna Dave-Keon	Rouyn-Noranda
Guy Lafleur	Aréna Guy-Lafleur	Thurso
Jacques Laperrière	Aréna Jacques-Laperrière	Rouyn-Noranda
Jacques Lemaire	Aréna Jacques-Lemaire	LaSalle
Réjean Lemelin	Aréna Réjean-Lemelin	Charlesbourg
George Mantha	Aréna George-Mantha	Montréal
Sylvio Mantha	Aréna Sylvio-Mantha	Montréal
Claude Mouton	Centre sportif Claude-Mouton	La Prairie
Jacques Plante	Aréna Jacques-Plante	Shawinigan
Maurice Richard	Aréna Maurice-Richard	Montréal
Jean-Guy Talbot	Aréna Jean-Guy-Talbot	Cap-de-la-Madeleine

Gilles Tremblay	Aréna Gilles-Tremblay	Beauport
Jean-Claude Tremblay	Centre sportif Jean-Claude-Tremblay	La Baie
Réjean Tremblay	Centre sportif Réjean-Tremblay	Falardeau
Rogatien Vachon	Aréna Rogatien-Vachon	Palmarolle
Georges Vézina	Centre Georges-Vézina	Chicoutimi

LES SIGLES
ET LEUR SIGNIFICATION

SIGLES	LIGUES	CALIBRES
LNH	Ligue nationale de hockey	Professionnel majeur
ANH	Association nationale de hockey	Professionnel majeur
AMH	Association mondiale de hockey	Professionnel majeur
PCHA	Pacific Coast Hockey Association	Professionnel majeur
LHPO	Ligue de hockey professionnelle de l'Ontario	Professionnel mineur
AHEC	Association de hockey de l'est du Canada	Professionnel mineur
AAH	Association américaine de hockey	Professionnel mineur
LAH	Ligue américaine de hockey	Professionnel mineur
LCHP	Ligue centrale de hockey professionnelle	Professionnel mineur
LIH	Ligue internationale de hockey	Professionnel mineur
LHO	Ligue de hockey de l'Ouest	Professionnel mineur
LHJMQ	Ligue de hockey junior majeur du Québec	Junior majeur
LCH	Ligue canadienne de hockey	Junior majeur
LHJQ	Ligue de hockey junior du Québec	Junior
LHJO	Ligue de hockey junior de l'Ontario	Junior
LMH	Ligue métropolitaine de hockey	Junior
LHPE	Ligue de hockey professionnelle de l'est du Canada	Junior
ACH	Association canadienne de hockey	Junior
Mtl-Jr.	Ligue de hockey junior de Montréal	Junior
AAAM	Association athlétique amateur de Montréal	Juvénile

LES ABRÉVIATIONS DANS LES TABLEAUX

Joueurs

PJ	Parties jouées
B	Buts
A	Assistances
Pts	Points
Pun	Punitions
AN	Buts en avantages numériques
BG	Buts gagnants
+/–	Plus et moins

Gardiens de but

PJ	Parties jouées
VIC	Victoires
D	Défaites
N	Matchs nuls
Mins	Minutes jouées
BA	Buts alloués
BL	Blanchissages
Moy.	Moyenne de buts alloués

Entraîneurs

PJ	Parties jouées par l'équipe
VIC	Victoires
DÉF	Défaites
NUL	Matchs nuls
%	Pourcentage de rendement de l'équipe (victoire/défaite/nulle)
*	Meneur dans la catégorie cette saison-là dans la ligue.

TABLE DES MATIÈRES

TABLEAUX